Berührungsängste?
Vom Umgang mit der Leiche

Carmen Thomas

Berührungsängste?
Vom Umgang mit der Leiche

BILDQUELLEN

S. 19 oben (Privatbesitz), S. 162: Historisches Museum Hannover, Hannover. S. 19 unten, 79, 150, 151, 154: Bestattungsmuseum Wien, Fotos: Atelier Wittigo, Wien. S. 20 rechts: mit freundlicher Genehmigung des Else-Lasker-Schüler-Archivs im Stadtarchiv Wuppertal, Wuppertal. S. 27, 168, 169, 225: © Carmen Thomas, Köln. S. 63, 64: © Fotograf Hans-Eberhard Lex, Hamburg. S. 66, 149: mit freundlicher Genehmigung der Carl Salm GmbH, Düsseldorf. S. 67: Ullstein Bilderdienst, Berlin. S. 68 links (Zeichnung Biedermann), 68 rechts, 70: mit freundlicher Genehmigung von Milan Ráček, Wien. S. 69: mit freundlicher Genehmigung der Pfarrgemeinde St. Michael, Wien. S. 72: Bildarchiv Preussischer Kulturbesitz, Berlin. S. 73: Koninklijk Instituut voor de Tropen, Amsterdam. S. 74: © Fotograf Achim Sibeth, Mörfelden-Waldorf. S. 75: Museum für Völkerkunde und Schweizerisches Museum für Volkskunde, Basel. S. 77, 78; (Foto: Frodien): Bilderdienst Süddeutscher Verlag, München. S. 78 rechts, 86: Deutsche Presse-Agentur, Hamburg. S. 80: Roger-Viollet, agence de presse, Paris. S. 82: mit freundlicher Genehmigung von Prof. Dr. Annemarie Bönsch, Wien. (Institut f. Kostümkunde, Hochschule für angewandte Kunst, Wien). S. 88 links: mit freundlicher Genehmigung der BILD-Zeitung, Hamburg. S. 88 rechts: Associated Press, Frankfurt/Main. S. 95: Bildarchiv Österreichische Nationalbibliothek, Wien. S. 96: mit freundlicher Genehmigung des Iparművészeti Múzeum, Budapest. S. 97: mit freundlicher Genehmigung des Rheinischen Bildarchivs, Köln. S. 148: Siemens-Museum, München. S. 152 links: © Fotograf Klaus H. Daams, Dortmund. S. 152 rechts, 153: mit freundlicher Genehmigung der Seebestattungs-Reederei Hamburg. S.163: © Christina García Rodero (c/o VU Agence des Photographes, Paris). S. 171, 173: mit freundlicher Genehmigung des Bestattungsinstituts Niedersachsen, Bremen. S. 172: mit freundlicher Genehmigung des Bestattungshauses Kentrup, Königswinter. S. 194: mit freundlicher Genehmigung von Helmut Hilger, Dürener Sargfabrik, Inden-Pier. S. 195: mit freundlicher Genehmigung des Bestattungshauses Pilartz, Köln. S. 196 links: mit freundlicher Genehmigung der Firma Hopf, Pietätsartikel GmbH, Reilingen. S. 196 rechts: mit freundlicher Genehmigung des Bundesverbands des Deutschen Bestattungsgewerbes, Düsseldorf. S. 203 - 209, 212: mit freundlicher Genehmigung von Prof. Dr. Hans Schadewaldt, Institut für Geschichte der Medizin, Universität Düsseldorf, Düsseldorf. S. 215 - 217: © Fotograf Rudolf Schäfer, Berlin.

Die Deutsche Bibliothek – CIP-Einheitsaufnahme
Thomas, Carmen:
Berührungsängste? Vom Umgang mit der Leiche/ Carmen Thomas. – Köln: vgs, 1994
ISBN 3-8025-1279-0

© Text: Carmen Thomas
© der deutschsprachigen Ausgabe:
vgs verlagsgesellschaft Köln 1994
Umschlaggestaltung: Papen Werbeagentur, Köln
Redaktion: Martina Weihe-Reckewitz
Satz und Layout: Werbestudio Schulz, Köln
Produktion: Ilse Rader
Druck: Universitätsdruckerei H. Stürtz, Würzburg
Printed in Germany
ISBN 3-8025-1279-0

Alle Rechte, insbesondere das Recht der Vervielfältigung und Verbreitung, vorbehalten. Kein Teil des Werkes darf in irgendeiner Form (durch Fotokopie, Mikrofilm oder ein anderes Verfahren) ohne schriftliche Genehmigung des Verlages reproduziert oder unter Verwendung elektronischer Systeme verarbeitet werden.

INHALT

Vorab 7
Warum ich dieses Buch geschrieben habe 7

Gefragt 25
Erfahrungen mit Tod und Toten 25

Gelesen 47
Historisches aus Westeuropa – Ein Blick zurück .. 55
Der „schmätzende Tod" 57
Testamente über Sterben und Tod 62
Zur Geschichte des Umgangs mit der Leiche ... 65

Einblick in Rituale anderer Kulturen 66
Bestattungsriten 66

Bestattungsriten aus dem christlichen Raum 77
Europa 77
Regionale Totenfeier-Gebräuche früher
und heute 77
Trauerriten in ostkirchlichen Gemeinschaften ... 83
Bestattungsriten in der DDR 83

Sonderformen der Leichenkonservierung 86
Prominente Leichen 86
Einfrieren 87
Balsamieren 89

Ein Buch zum Thema 90

Gehört 99
Die Sendung 99
Post zu der Sendung 123
Post, die später kam 126

Vom Umgang mit der Leiche 136
Meinungen zum Thema: Aufbahren für
Normalsterbliche 136

Wissenswertes zum Thema Aufbahren
Rechtliches 141
Die Leichenschau 142
„Aufbewahrung" von Leichen 144
Das „Leben" der Leiche 144

Bestattungsarten – und ihre Geschichte 146
Überblick 146
Kremierung 147
Ablauf einer Feuerbestattung 150
Ablauf einer Seebestattung 151
Ganzkörperspende 153
Außergewöhnliche Bestattungsformen 154
Vom deutschen Geist – der Friedhofszwang 155
Der Friedhof in der modernen Gesellschaft 160

Geantwortet ... 168
Die Profis im Umgang mit den Leichen ... 168
Bestatter und Bestatterinnen ... 168

Briefe zum Thema: Der letzte Mensch, der mich berührt? – Bestatter und Bestatterinnen ... 187
Beruf: Bestatter-in ... 194
Was Profis tun ... 196
Die Angehörigen als Kund-inn-en ... 199
Bestattungskosten ... 199

Geforscht ... 202
Was Leichen lehren – zur Geschichte der Sektion (Ein Beitrag von Prof. Hans Schadewaldt) ... 202

Gesehen ... 214
Die Gesichter der Toten ... 214

Zum Schluß ... 219

Anhang ... 223
Hilfen, Hinweise und Adressen ... 223
11-Gebote-Checkliste ... 223
Formalitäten im Sterbefall ... 223
Wunsch-Liste: Wenn ich tot bin ... 224
Informationsadressen ... 235
Literatur zum Thema ... 235
Hallo-Ü-Wagen: Sendung über den Tod ... 236
Dank ... 237
Register ... 238

Vorab

Warum ich dieses Buch geschrieben habe

Mit Pflaumenkuchen im Büro des Landfunks, das meiner Redaktion gegenüberlag, hat mein Interesse für dieses Thema vor fast 20 Jahren begonnen. Eine ältere Kollegin erzählte vom Tod ihres Vaters. Die Geschichte, die sie berichtete, habe ich nie mehr vergessen. Viele Jahre hat sie mich bewegt und dazu geführt, daß ich mich immer wieder in neuen Variationen an das schwierige Thema Tod herangetraut habe. Was mich am Bericht der Kollegin so berührte, schrieb ich schließlich in folgender Kolumne (übernommen aus: PRISMA, Wochenmagazin zur Zeitung, 46/1986) auf:

Liebe Kollegin Marlies,
In dieser Woche ist Buß- und Bettag, nur wenige Tage später Totensonntag. Immer zu dieser Jahreszeit, wenn ich sehe, daß die Menschen ihrer Verstorbenen gedenken, fällt mir die Geschichte wieder ein, die Sie mir vor fast 10 Jahren erzählten. Sie hat mich sehr beeindruckt.

Wir saßen beim Kaffee zusammen, und Sie berichteten, daß Ihr Vater vor längerer Zeit eines Samstags nachts gestorben sei. Die Mutter habe sich neben ihren Mann gelegt. Auch den ganzen nächsten Tag sei sie mit dem Toten allein gewesen, bevor sie Sonntag abend überhaupt jemand verständigt habe.

Damals habe ich mich richtig über Ihre Erzählung erschreckt und gedacht: „Wie kann man mit einem Toten alleine in der Wohnung bleiben und sich auch noch neben eine Leiche ins Bett legen."

Ich war noch jünger. Heute denke ich anders darüber. Und je älter ich werde, um so mehr erscheint mir so ein Abschied hilfreich. Nicht für die Toten. Eher für manche Sterbenden. Aber bestimmt für viele Lebenden.

Viel habe ich über meine spontane Scheu nachgedacht. Seither habe ich nur einmal kurz einen Toten gesehen. Ich glaube, daß diese Begegnung auch mit zu meinem Umdenken beigetragen hat. Sie fand in einem sehr modernen Leichenschauhaus statt. Dort werden die Toten mit Blumen und Kränzen dekoriert aufgebahrt. Angehörige und Verstorbene sind durch eine dicke Scheibe getrennt. Für viele ist diese Art der Aufbahrung sicher sehr pietätvoll. Aber mir fiel Ihre Geschichte ein. Und ich dachte – was, wenn dieser Tote ein von mir geliebter Mensch gewesen wäre. Hätte ich nicht doch den Wunsch gehabt, ihm ein letztes Mal über das Haar zu streichen? Seine kalten Hände zu berühren? Hätte sich der Tote wohl gewünscht, daß alle so distanziert von ihm Abschied nehmen mußten?

Im Angesicht des Verstorbenen wurde mir auf einmal klar, daß es vielleicht besser ist, wenn ich mir rechtzeitig Gedanken mache, wie ich mir den Abschied wünsche. Hinter so einer Scheibe? Für mich keine schöne Vorstellung.

Was gehört denn noch alles dazu? Welcher Friedhof? Welcher Sarg? Was man darin anzieht? Die Musik zur Totenfeier? Wer wie lange Reden halten soll? Ob alle, die es wollen, am offenen Sarg Abschied nehmen können? Die Grabgestaltung mit Pflanzen, Grabstein und Inschrift? Das Essen beim Leichenschmaus und die Genehmigung, daß es bei aller Trauer auch lustig sein dürfe?

Meine Güte, merken Sie, daß mir lauter Bräuche aus Großmütterchens Zeiten einfallen? Irgendwie habe ich die Vorstellung, daß die Menschen früher den Toten näher waren. So wie Sie es bei Ihrer Mutter beschrieben haben. Wem – außer bezahltem Pflegepersonal – kann man sich heute denn noch sterbend zumuten? Ein ein-

zelner Mensch ist mit so einer Aufgabe doch völlig überfordert. Und wer, außer dem Bestattungsunternehmer, weiß heute denn überhaupt noch, was mit einem toten Menschen zu tun ist?

Ob es nur eine Phantasie von mir ist, daß es früher ganz anders zugegangen ist? Heute erlebe ich: Die Beerdigung im kleinen Kreis. Möglichst flott. Keine langen Reden. Der Sarg geschlossen. Immer mehr verfügen in ihrem Testament das Krematorium für sich. Leichenschmaus? Bei vielen kein Denken mehr dran. Keine Zeit zum Sterben. Keine Zeit zum Totsein. Keine Zeit zum langsamen Verfallen. Keine Zeit zum Trauern.

Sicher ist Ihnen, die Sie etwas älter sind als ich, noch bewußter, wie viele Trauersitten in den letzten 40 Jahren bereits zerfallen oder im Zerfall begriffen sind. Erinnern Sie sich noch? Die Trauerzüge quer durch die Stadt? Der Bus mußte stehenbleiben, und alle, die nicht beteiligt waren, zogen den Hut. Am offenen Sarg sitzen in der Familie. Weinen ohne Scham, um den Schmerz zu überwinden. Menschen in Trauerkleidung, durch diese Sitte hilfreich gezwungen, so oft Auskunft zu geben, bis sie selbst begriffen hatten, daß der Mensch wirklich tot ist.

Na ja, es muß ja Gründe geben, warum das alles zerbricht. Was meinen Sie? War es das zwanghaft Starre? Das andere Extrem? Wo keiner und vor allen Dingen keine aus der Reihe tanzen durfte? Aber was bleibt zurück? Die große Freiheit und die große Unsicherheit, wie es denn wohl angemessen sei.

Ich habe mindestens zwei Monate bewußter gelebt, nachdem ich den Toten im Leichenschauhaus gesehen habe. Und ich habe mehr an meinen eigenen Tod gedacht. Erst damals begriff ich, wie wichtig mir das Verhalten Ihrer Mutter im nachhinein erscheint und wie sehr ich als Lebende die Toten brauche. Heute denke ich, daß es schön wäre, wenn sich neue Bräuche entwickeln könnten. Solche, die es den Lebenden und den Sterbenden mit dem Schwersten und Unvermeidlichsten leichter machen könnten – mit dem Tod.

Seit ich mich traue, mehr und intensiver darüber nachzudenken, habe ich ein ganz anderes Verhältnis zu den Toten gewonnen. An der Geschichte vom Tod Ihres Vaters ist mir klargeworden, daß die Toten etwas ganz Besonderes sind: Menschen, die sind und nicht mehr sind. In diesem ausgelöschten Zustand haben sie etwas Unauslöschliches, das mit zu ihrem Leben und mit zur Erinnerung an sie dazugehört.

Das sollte ich nicht leichtfertig wegschieben, sondern dafür nutzen, besser mit meinem eigenen Leben und Sterben fertig werden zu können. Dieser Umdenkprozeß ist für mich wichtig. Daß Sie mir den Anstoß dazu gegeben haben, dafür danke ich Ihnen im nachhinein.

Mit herzlichen Grüßen

Carmen Thomas

Bis zum Kaffeetrinken beim Landfunk war für mich als junge Frau das Thema völlig klar: Dieses ganze Brimborium um die Toten; der Quatsch mit der Beerdigung; Grabgestaltungsvorschriften von Oberspießern, die nichts als eine Dokumentation von deren Aktendeckel-Geschmack waren; die blöde Trauerkleidung; ein Leichenschmaus gar. Alles scheußlich. Das paßte so gar nicht in die Mitte der 70er Jahre. Für mich war deshalb die Lösung: Verbrennen, keine Friedhofskosten verursachen, kein langes Theater. Unverschämtheit höchstens, daß man sich nicht in seinem eigenen Garten ausstreuen lassen konnte.

Seit der Geschichte von Marlies habe ich das Thema Tod in immer neuen Facetten in Radiosendungen behandelt (vgl. Seite 236). Von Sendung zu Sendung bröckelte mehr von dieser klaren 70er-Jahre-Vorstellung. Dazu haben mir Menschen verholfen, die ihre Geschichten erzählt haben, und vor allem die Begegnung mit Leichen.

Ich fing außerdem an, mich zu erinnern. Onkel Fritz, einen Großonkel, hatte ich als Toten noch nicht sehen dürfen. Da galt ich als noch zu klein. Anders war es bei Onkel Josef:

Onkel Josef
Onkel Josef mochte ich fast am liebsten von der Verwandtschaft. Er besaß ein Motorrad. Ab 5 Jahren durfte ich manchmal, so klein ich war, mitfahren. Der hintere Sitz hatte einen eigenen Griff. Obwohl ich die Angst, den wulstigen Halt nicht fest genug umklammern zu können, nie verlor, war ich doch stolz, mit ihm ein Stück die Landstraße hinunterbrausen zu dürfen.

Onkel Josef war Bäckermeister. Seine Bäckerhose habe ich noch. Da sie mir um den Leib schlottert und doch nur wadenlang ist, trage ich sie zu Karneval. Auch wegen dieses lustigen Pepitas. Onkel Josef hatte schon immer ein graues, müdes Gesicht. Ich glaube, das kam von der Backstube und vom frühen Aufstehen. Aber auch davon, daß er seine evangelische Geliebte als Sohn erzkatholischer Eltern nicht hatte heiraten dürfen. So blieb Onkel Josef allein. Wie seine Schwestern.

Ich kann mich nicht an die Ursache erinnern. Aber eines Tages war Onkel Josef tot. Ich war entsetzt und traurig. Drei Tage lag er im Wohnzimmer aufgebahrt im Sarg. Alle kamen, um Abschied zu nehmen. Immer, wenn die anderen draußen waren, setzte ich mich ungläubig neben ihn. Ob er nicht doch wieder aufwachte? Ich starrte in sein Gesicht, das nur wenig blasser war als normal. Sein Mund schien sich fast zu einem Grinsen öffnen zu wollen. Ich konnte den Ansatz seiner schlechten Parodontosezähne sehen. Aber friedlich sah er aus. Nur – an einem Ohr, da war das Blut zu einem lila Fleck zusammengelaufen. Das fand ich ekelig und ängstigend. Dennoch setzte ich mich nicht auf die andere Seite, wo ich das Zeugnis des Verfalls nicht hätte sehen müssen.

Manchmal kam seine Schwester herein und drückte ihm – viel zu grob, wie ich fand – die Hände, die den Rosenkranz nicht so recht in ihrer Faltung behalten wollten, mit Macht wieder zusammen. Sie war Krankenschwester und kannte keine Berührungsängste.

Lange saß ich neben seiner Leiche – verwundert, staunend, fasziniert und angegruselt. So gerne hätte ich meine Hand auf seine gelegt. Schon aus Neugierde. Wie fühlt sich der Tod an? Dieses marmorne Fleisch. Aber auch aus Anteilnahme hätte ich ihn streicheln mögen. Ich traute mich nicht. Also überlegte ich, wie ich ihn wohl berühren könnte, ohne ihn anzufassen. Ich nahm einen Kuli und machte eine kleine Markierung auf seinen Daumenmuskel. Ich erschrak und schämte mich, als ich den blauen Strich sah. Was tat ich da? Ich beeilte mich zu denken: Ich möchte ihm etwas von mir mitgeben. So eine Art Grabbeigabe. Da weiß er, daß ich an ihn gedacht habe. Aber einen Kulistrich? Vielleicht merkt er es ja doch? Sollte ich ihn wieder abputzen? Das wagte ich gar nicht. Das wächserne Fleisch sah so fremd aus. Nein, nein, ihn anfassen, an ihm herumputzen, womöglich mit Spucke. Nein, das wollte ich um keinen Preis. Also blieb der Kuli drauf. Nun ging ich immer hin, wenn die anderen beim Toten standen und beobachtete ängstlich, ob sie mein Zeichen bemerkten. Keiner hat es gesehen.

Noch lange nach der Beerdigung habe ich überlegt, wie lange im Grab der Strich noch gehalten hat. Und wie er wohl verschwunden ist. Ob die Würmer so etwas auch fressen? Ob der Regen im Sarg Kulimarkierungen abwaschen kann?

In einer merkwürdigen Mischung aus Befriedigung und Beschämung blieb der Strich in meinem Gedächtnis. Erst als ich älter war, begriff ich, wie wichtig es für mich gewesen war, daß Onkel Josef noch drei Tage dagelegen hatte, und ich bei ihm hatte sitzen, weinen, ihn anschauen und als Leiche bestaunen können. Ein Toter ist etwas ebenso Einmaliges und Wundersames wie ein Neugeborenes.

Schade, daß mir niemand geholfen hat, ihn doch anzufassen. Denn berühren bedeutet be-greifen, es fassen. So war das also mit dem Totsein. Noch da und doch weg sein. Kalt und würdevoll, eklig und friedlich, einschüchternd-machtvoll und hilflos sein. Alles auf einmal. Beweint werden und sich zugleich nicht wehren können gegen grob drückende Schwestern und malende Nichten. Sein Anblick ist mir unvergeßlich. Er hat mir geholfen beim Abschied. Die Bäckerhose hätte ich sonst bestimmt längst weggeworfen.

Die nächsten Toten, die ich sah, waren in einer Kirche in Moskau aufgebahrt. Drei alte Frauen und zwei jüngere Männer. Um sie herum, laut weinend, ihre Angehörigen. In einer Mischung aus aufgeregter Neugier und großer Scheu wagte ich mich in ihre Nähe. Wie unbefangen die Angehörigen die Leichen drückten, küßten, laut weinend mit ihren Tränen benetzten. An die Gesichter der Toten erinnere ich mich bis heute genau. Am meisten beeindruckte mich ihre unbeschreibbare Aura. Es scheint tatsächlich etwas Besonderes von den Leichen auszugehen. Vielleicht ist es dieses große Spektrum an widersprüchlichen Gefühlen, das sie auslösen, das mir schon als Kind im Umgang mit der Leiche von Onkel Josef bewußt geworden war.

Nachdem ich den Artikel über den Vater meiner Kollegin veröffentlicht hatte, ereignete sich drei Jahre später folgende Geschichte: Nach einer Sendung kam eine Frau um die 60 auf mich zu und gab mir einen Strauß Erika. Sie wollte sich bei mir bedanken, sagte sie. Sie habe vor zwei Jahren ihren Mann verloren. Täglich habe sie ihn im Krankenhaus besucht. Sie wußte, daß er schwer krank war. Jeden Abend um sieben sei sie nach Hause gegangen, um am nächsten Tag ins Krankenhaus zurückzukehren. An einem Abend habe er sie plötzlich um halb elf angerufen. Sie solle sofort kommen. Er habe Angst, sterben zu müssen. Sie wußte, daß er kein Telefon im Zimmer hatte, und daß der Anruf bedeutete, daß er sich von allen Infusionen losgerissen hatte, um die Telefonzelle aufzusuchen. Sofort stürzte sie ins Krankenhaus. Mittlerweile hatte man ihn längst auf die Intensivstation verlegt, und er war gestorben. Es habe sie einiges an Überredung gekostet, darauf zu bestehen, daß ihr Mann noch einmal auf sein Zimmer zurückverlegt wurde. Das habe sie sich getraut in Erinnerung an die Geschichte meiner Kollegin Marlies. Zunächst sei sie sehr erschreckt gewesen. Ihr Mann habe sehr entstellt ausgesehen. Die ganze Nacht habe sie an seinem Bett gesessen, geweint, ihn gestreichelt, mit ihm geredet. Am nächsten Morgen sei er total verändert gewesen. Ganz friedlich habe er ausgesehen. Schön geradezu. Nichts von dem Schrecklichen sei übriggeblieben. Vor allem aber wisse sie heute, wie sehr ihr diese Stunden allein mit ihrem Mann geholfen hätten, mit der Trauer um seinen Tod fertig zu werden. Und dafür wolle sie sich bedanken.

Die Geschichte dieser Frau berührte mich so, daß ich sie oftmals bei Bekannten und Freund-inn-en erzählte. Sie hat manche, die sie gehört haben, ermutigt, als sie selbst betroffen waren, genauso zu verfahren. Und alle, die sich trauten, berichteten das gleiche: Daß die Leichen im Krankenhaus zunächst oft erschreckend ausgesehen hätten, und wie groß die Veränderung nach einigen Stunden des Streichelns, Weinens, des Dabeibleibens gewesen sei. Alle hatten den Eindruck, daß sie später mit ihrer eigenen Trauer besser zurechtgekommen seien, weil sie die Toten nicht einfach alleingelassen und den „Profis" überlassen hatten.

Auch für mich selber hatte dieser Bericht Folgen. Als eine Angehörige während einer langwierigen

Operation starb, habe ich gewagt, sie in der Leichenhalle zu besuchen. Es war ein erschreckendes Erlebnis. Sie sah wie ein Mordopfer, wie eine balinesische Tempel-Maske aus: Das Gesicht zur Fratze entstellt. Die Zunge wie ein Ballon aufgeblasen. Die Augen zugeschwollen. Eigentlich war sie nur noch an den Haaren zu erkennen. Der Bestatter hatte offenbar nicht damit gerechnet, daß wir sie noch sehen wollten.

Zunächst dachte ich, daß ich jetzt verstehe, warum viele sagen: „Ich möchte den Menschen so in Erinnerung behalten, wie ich ihn gekannt habe." Aber nach dem ersten Entsetzen habe ich gemerkt, wie wichtig es gewesen ist, daß ich sie angeschaut habe. Ich bin mir ziemlich sicher, daß diese Begegnung Folgen für mein eigenes Sterben haben wird. An ihr ist mir sonnenklar geworden, wie wichtig mir ein Tod in Würde ist. Die Angehörige hatte gewußt, daß ihr Ende bevorstand. Auch sie hatte angerufen, um uns mitzuteilen, daß sie glaube, jetzt sterben zu müssen. Trotzdem ist dann noch einmal „alles versucht worden". Heute denke ich, es wäre besser gewesen, sie in Frieden sterben zu lassen, statt noch einmal den großen Apparat in Gang zu setzen – zumal bei ihr, aufgrund ihrer Erkrankung, absehbar war, daß ihre Chancen gegen Null tendierten.

Der Anblick ihrer Leiche ist mir im nachhinein wertvoll: Mein Trauern war intensiver und kürzer, und ihr geschundenes Leichengesicht, das ich zusätzlich von ihr in mir trage, hat das Bild der Lebenden mahnend-bedeutsam für mich abgerundet. Es hat mir klargemacht, wie folgenschwer es ist, den Tod nicht annehmen zu können. Sicher viel leichter gesagt als getan.

Danach fielen mir die vielen Geschichten von Menschen ein, die ihren Tod angekündigt haben und dann auch tatsächlich kurze Zeit darauf verstorben sind. Die Sendung: „Abschied für immer – will ich mein Sterben erleben?" im Juni 1989 machte mir zum ersten Mal klar, daß das Sterben offenbar eine Leistung ist, die wir Menschen vollbringen können. Das Sterben scheint nicht notwendig etwas zu sein, was einem zustößt. Das gibt es sicher auch. Viele Menschen spüren aber wohl vorher, daß das Ende naht. Und wenn sie sich in einer akzeptierenden Umgebung befinden, in einem Klima, in dem sie sterben dürfen, kann dies das Sterben anscheinend verändern und zu einem würdevollen Abschied verhelfen.

Alle Sendungen zum Thema Sterben haben mir jedesmal ein Stückchen mehr gezeigt, daß der Tod mit zu den heftigsten Tabus unserer Gesellschaft gehört. Manche glauben, daß der Krieg und der Verfall der Rituale in dieser Zeit daran schuld sei. Andere wieder machen die Frauenemanzipation dafür verantwortlich. Wieder andere glauben, daß eine der Wurzeln darin liegt, daß wir den Krankenhäusern und der Medizin die entscheidende Verantwortung für Leben und Tod abgetreten haben. Und das, obwohl die meisten aus eigener Anschauung wissen, daß so viele dieser Institutionen eher einen blinden Fleck in puncto Humanität haben. Ein zuwendungsvoller, psychologisch geschulter Umgang ist oft reine Glückssache. Und daß das Sterben im Badezimmer oder allein, ohne Begleitung, oft Alltag und nicht nur ein Gerücht ist, wissen die meisten.

Für viele Profis gilt der Tod im Krankenhaus als Erzfeind. Ist er doch ein Zeichen, daß die Ärzt-inn-e-n versagt haben und daß ihrer Kunst Grenzen gesetzt sind. Ein Arzt berichtete mir: „Als junger Mediziner habe ich gekämpft wie ein Wilder, als bei meiner ersten Nachtschicht eine junge Frau sterben wollte. Was habe ich nicht alles mit ihr angestellt, nur damit sie nicht in meiner Schicht starb. Tatsächlich trat der Tod kurz nach dem Personalwechsel ein. Ich schäme mich noch heute, wenn ich mir überlege, was ich ihr alles angetan habe, was sie sicher auch gequält hat, anstatt mich in Ruhe an ihr Bett zu setzen und mit ihr die schwierige Situation durchzustehen. Aber das Erlebnis hat nicht dazu geführt, daß ich mein Verhalten spontan verändern konnte. Nicht nur, daß mir niemand beibrachte, was ich angemessenerweise tun könnte. Es war mir auch lästig; Menschen, die in meiner Schicht starben, führten zu einer Menge Papierkram, und außerdem zeigten sie mir immer, daß ich nicht gut genug war."

Das größte Tabu beim Tod scheint die Leiche selbst zu sein. Die Nachkriegsgenerationen schauen sich zwar Abend für Abend Massen von Fernsehtoten und Gewaltopfern in den Medien an. Echte Tote dagegen haben viele noch nie gesehen. Folge ist, daß, wenn jemand stirbt, sogleich Panik ausbricht. Blitzartig greifen viele zum Telefon und lassen die Leiche – egal zu welcher Tages- oder Nachtzeit – außer Haus schaffen, anstatt sich ungestört und in Ruhe zu verabschieden. Ein Bestatter sagte mir dazu: „Wie giftigen Sondermüll lassen manche um drei Uhr nachts den Partner oder die Partnerin, mit denen sie ein Leben lang Tisch und Bett teilten, entsorgen. Die Möglichkeit, Tote aus dem Krankenhaus nach Hause zu nehmen und von dort aus ohne Zwischenstation die Bestattung vorzunehmen, wird gar nicht in Betracht gezogen."

In diesem Buch möchte ich Sie, liebe Leser-innen, bekannt machen mit den Erlebnissen von Menschen, die mir zu einem veränderten Verhältnis zur Leiche, zum Umgang mit den Toten verholfen haben. Vielleicht kann das eine oder andere dazu beitragen, die Angst zu mildern, die Würde für Sie selbst, wenn Sie sterben, und für die Toten, mit denen Sie konfrontiert sein werden, zu wahren, und das Einmalige, was von Leichen ausgehen kann, zu nutzen. Doch das geht nur in Ruhe, und man muß wissen, daß – sobald jemand von außen informiert wird – die „Behördenuhr" tickt: 36 Stunden bzw. 1½ Tage dürfen Tote ohne und 3 mit Sondergenehmigung am Sterbeort bleiben.

Lesen Sie selbst:

Frau H. G. aus Witten, Krankenschwester:
Mir als Schülerin, wie auch jetzt als examinierter Schwester ist der Umgang mit sterbenden Menschen schwergefallen. Sind die Menschen verstorben, so strömen sie innerhalb kürzester Zeit einen eigenartigen Geruch aus. Dieser Geruch machte mir bei der letzten Versorgung ganz besonders zu schaffen. Deshalb mied ich den Gang in die Leichenhalle, wo es ging (z. B. wenn Angehörige den Verstorbenen noch einmal sehen wollen).

In einem anthroposophisch orientierten Krankenhaus lernte ich eine mir bis dahin unbekannte Beobachtung kennen. Innerhalb von drei Tagen verändert der Verstorbene sein Gesicht. Meist verschwinden die Spuren von Qual und Schmerz. Statt dessen strahlt häufig – nicht bei jedem Verstorbenen – das Gesicht Ruhe und Gelassenheit aus. Manchmal kam mir der Eindruck, der Verstorbene will seinen Hinterbliebenen eine Botschaft vermitteln: „Fürchte Dich nicht!" Allerdings ist diese Beobachtung in der Regel nur in anthroposophischen Krankenhäusern zu machen. Dort werden die Verstorbenen bis zu fünf Tagen aufgebahrt.

Herr U. L. aus Baesweiler
Letzte Woche besprachen Sie ein Thema, das mich sehr bewegte. Ich habe vor knapp drei Wochen meine Frau im Alter von 27 Jahren verloren. Sie starb an einem kurzen, aber heftigen Krebsleiden.

Die letzten zwei Wochen waren nur noch ein Dahinsiechen. Jedoch denke ich, daß sie friedlich eingeschlafen ist, in der Geborgenheit des eigenen Hauses, in ihrem Bett, an meiner Seite.

Wir schliefen Hand in Hand ein, denn wir wußten beide, daß es in den nächsten Tagen oder Wochen passiert...

Morgens um acht Uhr fand ich sie friedlich, tot in ihrem Bett.

Geistesgegenwärtig habe ich sie gepflegt und gewaschen wie jeden Morgen und erst nach 1½ Stunden die Familie benachrichtigt.

Es war für mich mein persönlicher Abschied, mit Blumen, Öllicht usw. Als die Familie kam, ging alles seinen Lauf, Arzt, Pastor, Bestatter. Trotz allem war meine Frau noch bis nachmittags 16 Uhr im Haus. Wir haben mit dem Pastor an ihrem Bett gebetet ...

Trotz allem muß ich immer wieder für mich sagen, daß es gut war, den Tod so zu erleben und den Abschied, als irgendwo in einer anonymen Klinikschublade. Ich konnte in den Stunden so oft zu ihr, wie ich wollte, und ich hatte auch viel mit ihr geredet, was sie gerne anziehen möchte etc.

Am Tag danach haben wir sie ein letztes Mal gesehen. Eingesargt in ihrem Brautkleid, mit Blumen in der Hand und ihrem Lieblingskuscheltier.

Soweit meine Schilderung, gerne hätte ich den Beitrag näher verfolgt. Durch diesen Tod meiner geliebten Frau habe ich eine viel positivere Beziehung zum Thema Bestattung bekommen. Ich schaffe es heute, vor Dienstbeginn, gegen 7.15 Uhr morgens, auf den Friedhof zu gehen. Das wäre früher für mich undenkbar gewesen.

Herr C. S. aus Bonn schickte außer seinem Brief zum Thema: „Was Leichen lehren – Anatomie und Pathologie" noch die Abbildung der Totenmaske von Else Lasker-Schüler (s. Abb. Seite 20).

In den Jahren 1962–1971 verbrachte ich meine gymnasiale Schulzeit in einer Klosterschule in Bayern. Kloster und Klosterschule waren durch einen langen Gang miteinander verbunden. Links von diesem Gang befanden sich u. a. Küche und Klosterpforte. Rechts davon lagen etliche kleine Besucherzimmer.

Wenn nun einer der Patres oder Laienbrüder gestorben war, wurde er bis zur Beerdigung offen in seinem Sarg in einem dieser Zimmerchen aufgebahrt. Während der ganzen Zeit blieb die Tür zum Gang hin geöffnet.

Das bedeutete, daß alle Schüler (zwischen 10 und 19 Jahre alt) in dieser Zeit mehrmals täglich an dem Toten vorbeikamen: auf dem Weg zum Gottesdienst, beim Essenholen etc. Außerdem wurden wir angehalten, irgendwann ein Gebet bei und für den Toten zu halten.

Ich muß sagen, ich habe diesen Brauch – im Gegensatz zu einigen anderen Gepflogenheiten – in sehr guter Erinnerung. Er hat mir später sehr geholfen.

Zum Beispiel bald darauf, als ich als Zivildienstleistender in einem Altersheim zweimal mit einem Sterbenden allein war. Vor allem aber, als einer meiner Brüder durch Selbstmord, ein anderer durch einen Unfall umkam.

Angesichts der Würde, der Ruhe und des Ernstes, den Tote „ausstrahlen", kann man jedem, der den Tod eines geliebten Menschen nicht verwinden kann, nur empfehlen – das ist die Lehre, die ich aus meinen Begegnungen mit Toten gezogen habe –, den Toten wenigstens einmal direkt zu betrachten.

Für den Weiterlebenden ist es – vielleicht gegen sein Erwarten – oft die einzige wirkliche Hilfe. Für den Toten aber ist es ganz sicher die einzige „Ehrenbezeigung", die noch irgendeinen Sinn macht.

Frau M. W. aus Köln schrieb:
Warum ich Ihnen heute schreibe, sind Ihre Sendungen über „Tod und Sterben". Im Laufe vieler Jahre brachten Sie es auf eine sensible und nachvollziehbare Weise fertig, mich und sicher auch viele andere dem Gedanken näherzubringen, daß dieses Thema uns alle – direkt oder indirekt, früher oder später – betrifft. Schon alleine die Tatsache, darüber öffentlich zu reden und zu erfahren, wie sich Menschen ihren Tod vorstellen, wo sie sterben wollen, wie sie bestattet werden wollen, wie

wir mit Leichen umgehen, hat mich veranlaßt und bestärkt, dem Gedanken an den Tod (besonders meinen eigenen) in meinem Leben einen wichtigen Platz einzuräumen.

Als meine Schwester unheilbar an Krebs erkrankte und feststand, daß sie nicht mehr lange zu leben hatte, war mir immer die Quintessenz aus Ihren Sendungen vom „würdevollen Umgang mit Sterbenden und Toten" gegenwärtig. Das hat mir geholfen, besonders nach ihrem Tod. Die Erfahrungen, die ich an jenem Todestag gemacht habe, als ich sah, wie sich die Leiche (das Wort hätte ich früher vermieden) meiner Schwester im Laufe des Tages sichtbar veränderte, wie sie sich anfühlte und wie ich letztendlich akzeptieren konnte, daß sie gestorben war, habe ich – zunächst für mich selbst – aufgeschrieben. Vielleicht interessieren Sie meine Schilderungen. Für mich war dieses Erlebnis zukunftsweisend: Nie werde ich es zulassen, daß ein nahestehender Mensch kurz nach seinem Tod „weggeschafft" wird. Dem Gestorbenen die vielgepriesene „letzte Ehre erweisen", muß am Totenbett stattfinden und nicht erst auf dem Friedhof. Immer mehr komme ich zu der Erkenntnis, daß, wenn wir wieder behutsamer mit unseren Toten umgehen, sich auch der Umgang mit den Lebenden positiv verändert.

Der Anruf kam an einem Sonntagmorgen im Oktober kurz vor 9.00 Uhr. Gerade hatte ich noch überlegt, ob ich Brot zum Frühstück decken oder doch lieber Croissants aufbacken sollte. Meine Schwester A. war am anderen Ende der Leitung. Kurz und knapp teilte sie mir mit, daß sie in wenigen Minuten bei mir sein würde. Das Krankenhaus, in dem meine Schwester R. seit dreieinhalb Monaten mit Krebs lag, hatte um das Erscheinen der nächsten Angehörigen gebeten. Meine Mutter saß im Wagen meiner Schwester. Sie wirkte sehr gefaßt und konzentriert. Ihre einzige Sorge war, „zu spät" zu kommen.

Auf der Fahrt in die Klinik sprachen wir kein Wort miteinander. Jede von uns war mit ihren eigenen Gedanken und Gefühlen beschäftigt. Ich versuchte, mich genau an den gestrigen Tag zu erinnern. Wie war das noch: Eigentlich wollte ich gar nicht ins Krankenhaus. Ich war doch schon in der Woche jeden Abend dagewesen. An diesem Samstag sollte unser vernachlässigter Haushalt auf Vordermann gebracht werden. Und dann, am späten Nachmittag, entschloß ich mich doch, alles stehen- und liegenzulassen und zu R. zu fahren. Sie hatte sich bedankt für mein Kommen und gesagt, daß sie keine Schmerzen habe, aber schrecklich müde sei. Ihr Mann, meine Mutter und A. waren auch da. Die Stimmung im Krankenzimmer war diesmal gedämpft und bedrückend. Nicht wie sonst: fast heiter und fast gelassen. Niemand von uns wußte so richtig, was gesprochen werden sollte. Unsere Themen waren das trübe Wetter, wie geht es diesem oder jenem? Was sagen die Ärzte? Wir unterhielten uns meist flüsternd. Irgendwie war die Atmosphäre nicht danach, ein lauteres Wort zu sprechen. Ich war richtiggehend erleichtert, als R. dann sagte, daß sie schlafen möchte, und wir dann doch gehen könnten. Beim Rausgehen bemerkte ich, daß R.s Augen besonders groß und die Haut fast durchsichtig wirkten. Und wie so oft lächelte sie zum Abschied. Meine Schwester A. flüsterte auf dem Weg zum Ausgang: „Die R. stirbt."

Ich schob den Gedanken zur Seite. Bei Krebskranken wußte man ja nie so recht, wann es wirklich „aus" war. Schon oft hatte ich mich von R. verabschiedet mit dem bangen Gefühl, ob sie wohl die Nacht überleben würde. Und am nächsten Tag saß eine strahlende R. im Bett und lachte mir die Sorgen weg.

Bald waren wir am Krankenhaus angekommen. Erst beim Aussteigen bemerkte ich, daß ich mein knallrotes Kostüm angezogen hatte. Ob das wohl passend war? Tausend Belanglosigkeiten schossen mir durch den Kopf. Ich wollte den Gedanken nicht an mich herankommen lassen, daß wir da oben auf dem 4. Stock eine Tote vorfinden würden, oder noch schlimmer für mich, eine Sterbende. Am liebsten hätte ich noch einen Spaziergang durch den Park gemacht. Meine Mutter entwickelte auf dem Weg zur Station ein Tempo, das mich zum Staunen brachte. Erst vor kurzem hatte sie einen Schlaganfall erlitten und war seitdem gehbehindert. Der Wunsch, noch rechtzeitig zu ihrer kranken Tochter zu kommen, ließ ihr Flügel wachsen. Auf dem Flur kam uns eine Ärztin entgegen. Nein, R. ist noch nicht tot, aber es sei in den nächsten Minuten damit zu rechnen. R. lag in gekrümmter Haltung auf dem Bett. Ihr Mann hielt sie. Daneben stand ihr jüngster Sohn, der leise weinte. Der ältere Sohn war in einem Ferienlager in der Eifel und ahnte noch nichts. In meiner Erinnerung war die Situation, als wir ins Zimmer traten, betriebsam und fast hektisch. Ein Krankenpfleger und eine Krankenschwester standen am Bett und bemühten sich, R. ruhig zu halten. Mit dem Erscheinen meiner Mutter entspannte sich R. Sie konnte sterben. Ich vermied es zunächst, ihr ins Gesicht zu sehen. Ich dachte, ich könnte es nicht ertragen. Vielmehr sah ich mir die umherstehenden Personen an, ihre Hilflosigkeit, ihre Verzweiflung. Als jemand sagte, es ist vorbei, fing mein Neffe an, hysterisch zu schreien. Erst jetzt konnte ich meine Schwester genauer ansehen.

Es muß ein langer, verzweifelter Kampf gewesen sein. Ihre Gesichtszüge waren verzerrt wie nach einer langen Anstrengung und ihr Körper verkrampft. Ich nahm meinen Neffen in den Arm und ging mit ihm aus dem Zimmer. Eine Schwester bot uns an, in die Küche zu gehen. Hier beruhigte sich der Junge langsam. Es war schwer für mich, die richtigen Worte zu finden. Ich stand selbst noch zu sehr unter dem Eindruck des Geschehens. Und was erzähle ich einem neunjährigen Kind, dessen Mutter gerade gestorben war? Jedes tröstliche Wort kam mir floskelhaft vor. Ich konnte ihn nur im Arm halten und versuchen, ihm so Halt zu geben. Später fragte ich die Schwester nach dem Geschehen.

Sie erzählte mir, daß R. gegen 7.30 Uhr den Wunsch geäußert hatte, zu duschen. Ihrer eigenen Aussage zufolge, fühlte sie sich gut und stark. Nach dem Duschen hatte sie einen Pfleger gebeten, ihr den Sessel an die geöffnete Balkontür zu stellen. „Es ist so ein schöner Tag", soll sie gesagt haben. Kurze Zeit später fand der Pfleger sie in gekrümmter Haltung im Sessel sitzend und nicht mehr ansprechbar. In der Zwischenzeit wurden ihr Mann und meine Mutter angerufen. Der Tod sei erst eingetreten, als meine Mutter im Zimmer war.

Auf Wunsch meines Neffen gingen wir zurück ins Sterbezimmer. Meine Schwester hatte ein Einzelzimmer, und die Ärztin und das Pflegepersonal waren einverstanden, daß wir das Zimmer an dem Tag so lange nutzen konnten, wie wir wollten. Das war eine große Beruhigung für uns, hatten wir doch dadurch die Gelegenheit, uns von R. zu verabschieden, ohne den Druck, daß sie gleich abgeholt würde.

R. sah aus, als schliefe sie in ihrem Bett. Wie sie da lag, auf dem Rücken in ihrem hübschen rosa-weiß-gestreiften Nachthemd, das Kinn hochgebunden mit einer dünnen Mullbinde, mit übereinandergelegten Händen und geschlossenen Augen, hatte ihr Anblick jeden Schrecken für mich verloren. Ihr Gesichtsausdruck war zwar wesentlich entspannter, aber es war nicht das Gesicht, das ich kannte. Ich hatte den dringenden Wunsch, ihr zu sagen, daß ich sie vermissen werde, sie zu streicheln und zu küssen, denn ich spürte, daß sie noch da war und daß sie mich wahrnehmen würde, wo auch immer sie jetzt sei. Ihre Haut fühlte sich noch warm und zart an.

Unsere Mutter saß auf einem Stuhl neben dem Bett. Sie hielt mit ihrer Hand die Hände ihrer Tochter und streichelte ihr immer wieder übers Gesicht. Sie sprach kein Wort, wir wußten aber, daß sie mit ihrem toten Kind Zwiesprache hielt. In dieser Stellung verharrte sie den ganzen Tag.

Wir anderen unterhielten uns leise. Jedem und jeder

von uns fiel eine Episode ein. R. lebte in unseren Erzählungen. Je länger sie tot war, um so lebendiger wurde sie noch einmal für uns. Die Gespräche verliefen so, als sei sie noch anwesend und könne jedes Wort mithören.

Nach und nach trafen meine anderen Geschwister und deren Angehörige ein. Ich bin ihnen entgegengegangen und sehe noch ihre bangen Gesichter vor mir. Ihre Angst, das Zimmer zu betreten, war groß. Eigenartig: Genauso mußte ich noch vor kurzer Zeit ausgesehen haben. Und nun hörte ich mich sagen, daß es gar nicht schrecklich ist, sich die Tote anzusehen, und wie wunderbar es ist, sich von ihr verabschieden zu können.

Weil ich ab und zu das Zimmer verlassen hatte, konnte ich, wenn ich zurückkam, die Veränderungen in R.s Gesicht deutlich erkennen. Die Gesichtszüge waren mittags so entspannt und friedlich, daß ich es erst nicht glauben konnte und dachte, meine Phantasie würde mit mir durchgehen. Aber alle anderen bestätigten diese Beobachtung. Immer mehr kam das hübsche, vertraute Gesicht von R. zurück. Sie hatte das gleiche – wie zu ihren Lebzeiten, wenn sie ihrer Sache sicher war – leicht ironische Grinsen um den Mund. Ein Auge blinzelte dazu. Es war kaum zu fassen. Ihre Haut und ihre Fingernägel hatten sich inzwischen leicht gelblich gefärbt und fühlten sich an wie feinstes Bienenwachs. Die Adern unter der Haut zeichneten sich deutlich ab. Eine fast heitere Gelassenheit machte sich in dem Zimmer breit. Es war wie bei einem Familientreffen, bei dem R. die Hauptrolle spielte. Hier waren nicht die Trauernden die Hauptpersonen. So ähnlich mußte es auch ein befreundetes Ehepaar meiner Schwester empfunden haben, das sie nachmittags besuchen wollte. Sie wußten noch nicht, daß R. gestorben war. Sie wunderten sich über die vielen Besucher, und erst als mein Schwager sagte, daß seine Frau tot sei, nahmen sie den Leichnam auf dem Bett wahr. So makaber es klingen mag: Die Situation war nicht ohne Komik. Natürlich verleugnete niemand von uns die Trauer um R. Aber niemand von uns war verzweifelt, sondern hoffnungsfroh, daß sie von ihren Leiden erlöst und nun an einem anderen Platz war, zu dem wir noch keinen Zutritt hatten, von dem wir aber ahnten, daß es ihn gab.

Ich bin an diesem Tag öfter auf den Balkon gegangen. Es war der schönste Oktobertag, an den ich mich erinnern kann: Die Sonne schien auf die buntgefärbten Blätter der Bäume, und der Himmel war strahlend blau. Es war, als hätte sich die Himmelstür geöffnet. Dieses Bild und der Anblick meiner friedlich daliegenden, toten Schwester veranderten mein Denken über das Sterben und über den Tod. Ich bewahre es als kostbaren Schatz in meinem Herzen auf.

Erst als es draußen dunkel wurde, entschied meine Mutter, daß es an der Zeit war, uns jetzt noch einmal von R. zu verabschieden und nach Hause zu gehen. Ich drückte meiner Schwester einen Kuß auf den Mund. Ich war sicher, daß es ihr recht war, jetzt alleine zu bleiben, und mein rotes Kostüm fand sie auch nicht unpassend.

Oft denke ich darüber nach, ob R. nicht schon an jenem Samstagabend gespürt hat, daß es ihr letzter Abend sein würde. Und ob sie nicht froh gewesen wäre, wenn jemand von uns gesagt hätte: „Ich bleibe bei dir." Sie wollte es uns sicher leicht machen, und wir waren so erleichtert, daß sie uns weggeschickt hat. Ich weiß es nicht. Darüber nachzudenken, lohnt sich auf alle Fälle. Denn es ist sicher ein Unterschied, beim Sterben dabeizusein, jemanden sterben zu sehen oder jemanden, der schon gestorben ist, anzusehen.

Ich frage mich heute, welche Rolle die Trauer um den Tod meiner Schwester an diesem Tag für mich gespielt hat, ob ich verzweifelt war über ihren Tod. Ich weiß nur: An diesem Tag habe ich nicht geweint. Viele Male vorher schon. Immer, wenn ich mit ansehen mußte, wie die Schmerzen und die Verzweiflung sie veränderten, wie sie in tiefste Depressionen fiel, die trügerische Hoffnung auf eine Genesung und dann die absolute Gewißheit, letztendlich an dieser Krankheit sterben zu müssen. Alles das hat mich zum Weinen gebracht. Viel früher als für uns war für R. klar, daß sie sich mit ihrem Schicksal abfinden mußte. Und sie hat es geschafft. Die Würde, mit der sie sich auf ihren Tod vorbereitete, sich mit ihm „abfand", wie sie uns Kraft und Trost spendete, war unbeschreiblich. Wir wußten, daß sie schon vorher ihr Begräbnis geregelt hatte, in welchem Kleid und mit welchem Schmuck sie bestattet werden wollte. Sie konnte darüber mit einer Leichtigkeit reden, daß es mir oft die Sprache verschlug.

Und ich habe oft noch geweint, wenn ihr Platz leer blieb bei Geburtstagen oder bei Gelegenheiten, wenn sich die Familie trifft. Dann merke ich besonders, daß in der Kette ein Glied fehlt. Oder ich vermisse ihre Stimme und wie sie immer sagte: „Hallo, Moni."

Dankbar bin ich den Ärzten und dem Pflegepersonal der Station, daß sie es uns ermöglichten, diesen letzten Tag, ungestört vom Klinikalltag, mit R. zu verbringen, daß sie da waren, als wir sie brauchten und für die Frage, ob wir einen Kaffee haben wollten.

Frau I. S. aus Düsseldorf
Mein Vater verbrachte seine vier letzten Lebenswochen in einem Krankenhaus; er litt an einem Hirntumor, und die unerträglichen Kopfschmerzen waren nur durch eine genau dosierte Therapie zu mildern. Meine Mutter ließ sich mit aufnehmen, um die letzten Wochen und Tage mit ihm zusammen verleben zu können.

An einem Freitag gegen 19 Uhr rief mich meine Mutter an. Mein Vater war gerade gestorben. Natürlich hatte ich den Impuls, sofort ins Krankenhaus zu eilen, aber mein Mann ist nierenkrank, wir dialysierten zu Hause, und ich mußte die Mindestzeit von drei Stunden abwarten. Gerade als ich endlich aufbrechen wollte, rief mich meine Mutter wieder an. Die nahen Verwandten waren ins Krankenhaus gekommen, um Abschied von meinem Vater zu nehmen und hatten sie anschließend nach Hause begleitet. Also fuhr ich in mein Elternhaus, und dort redeten wir noch bis weit in die Nacht hinein über meinen Vater. Als wir schließlich zu Bett gingen, weinte meine Mutter sehr, weil mein Vater jetzt „so allein in dem kalten Leichenkeller" liegen müsse. Ich fühlte große Trauer, vor allem aber ein Gefühl starken Verlustes, daß ich meinem Vater nicht mehr unseren Familiengruß, „Adieu", hatte sagen können. Ich hätte so gern noch bei ihm gesessen, ihn gestreichelt, „mit" ihm gesprochen und ihn betrachtet.

Heute verstehe ich nicht, warum ich nicht meinen Gefühlen gefolgt und noch mal ins Krankenhaus gefahren bin. Und heute weiß ich, daß wir meinen Vater auch mit nach Hause hätten nehmen und dort aufbahren können, um noch ein letztes Mal mit ihm zusammenzusein und ihn würdig betrauern zu können. Heute würde ich mich das trauen. Dazu haben mir die Hallo-Ü-Wagen-Sendungen über Tod und Sterben einerseits die Informationen geliefert. Andererseits habe ich durch die Berichte der Menschen bei Ihnen meine ursprünglich vorhandenen Gefühle ernst zu nehmen gelernt, so daß ich heute sicher anders handeln kann und werde.

Wie sehr sich das Verhältnis zu den Toten in den letzten fünfzig Jahren gewandelt hat, zeigte mir auch die Geschichte, die mir Willy Millowitsch über den Tod seines Vaters erzählte. Auf heute übertragen wäre eine solche Beerdigung weder für viele gut vorstellbar noch rechtens.

Willy Millowitsch im Mai 1994:
Ich habe während des Krieges Fronttheater gemacht. Mein Vater konnte ja gar nicht mehr. Er hatte Herzbeutelvereiterung. Wurde aber aus dem Krankenhaus hier ausgewiesen und kam nach Rolandseck ins Ausweichkrankenhaus. Da kamen wir eines Tages dort an,

meine Schwester und ich. Der Hausmeister kommt: „Na, Herr Millowitsch, was wollen Sie denn hier?" Ich sage: „Fragen Sie nicht. Das wissen Sie doch: meinen Vater besuchen." „Ja", sagt er, „da kommen Sie aber acht Tage zu spät. Ihr Vater ist schon acht Tage tot." In der Garage lag er. Sie hatten ihn nicht aufgebahrt, sondern auf einem Wägelchen liegen. Außerdem waren da nicht nur mein Vater, sondern 30 andere Tote und ungefähr 40 bis 50 kleine Kinder. Denn auf der Insel gegenüber, da war ja die Frauenstation. Und die Kinder, die da gestorben sind, die Babys, die wurden alle in Schuhkartons gelegt, und die lagen in der Garage. Da sind wir ganz schnell, meine Schwester und ich, mit dem Motorrad wieder zurück und haben dem Hausmeister gesagt: „Wir kommen morgen wieder."

Und dann habe ich in Lövenich einen Wagen organisiert. Einen Lieferwagen. Und habe in Rodenkirchen irgendwo einen Schreiner gefunden. Der hat mir einen Sarg zusammengenagelt. In zwei Stunden hatte ich den Sarg. Den haben wir auf den Wagen getan, und dann sind wir dahin. Wir haben Kleider mitgenommen, umgezogen, eingepackt. Wir haben unseren Vater geholt.

Da lag er auf dem Anhänger hinten drauf. Aber das war nicht erschreckend für mich. Es war alles so selbstverständlich. Das mußte ja geschehen. Das mußte gemacht werden.

Wir kommen also mit dem Wagen zurück nach Weiden. Ich gehe in die NSDAP, in die Ortsgruppe da. Ich sage: „Ich möchte gerne meinen Vater begraben. Mein Vater, der ist tot und ..." „Wo haben Sie den Totenschein?" Ich sage: „Entschuldigen Sie, ich hab' keinen Totenschein. Meinen Vater habe ich in Remagen geholt, er liegt draußen auf dem Auto und den will ich gerne ..." „Ohne Totenschein! – Kommt nicht in Frage." Ich sage: „Wie, ohne Totenschein. Ich hab' den Toten da, ich brauch keinen Schein! Ich habe ihn original als Toten." „Das ist Unsinn. Das können wir nicht. Da können wir nichts mit anfangen. Holen Sie einen Totenschein, und dann begraben wir ihn." Ich sage: „Sagen Sie mir mal, wie soll ich denn wieder nach Remagen kommen, bei dem Dreck und Durcheinander, das wir hier haben?" „Wo ist hier ein Durcheinander? Hier geht alles normal seinen Weg!" „Ist das wahr?" „Ja, na selbstverständlich! Es ist alles in Ordnung." „Gut, ich danke Ihnen. Ich fahre nach Remagen. Ich hole den Totenschein."

Dann bin ich hinaus zum Auto und bin zum Bürgermeister in die Goethestraße gefahren. Den kannte ich gut. Der Vater kannte ihn auch gut. Der sagte: „Morgen früh. Fünf Uhr. In Weiden auf dem Friedhof wird er begraben. Ist das klar?" Da sind wir morgens alle hin, zu sechs Mann dahinter, und da haben wir ihn begraben. Wir haben ihn erst Mitte der fünfziger Jahre da rausgeholt, und er ist nach Melaten gekommen ins Familiengrab. Und da liegt er nun heute mit allen Familienmitgliedern.

Auf mich selbst hat das alles keinen Einfluß gehabt. Über Tod und Beerdigung sollen andere nachdenken. Und aufgebahrt werden – da habe ich gar nicht darüber nachgedacht. Um Gottes willen. So wichtig bin ich ja nicht. Wer will, der soll auf den Eisenmarkt gehen. Da steht mein Denkmal, das ich eigentlich gar nicht wollte. Aber sie haben es aufgestellt. Und ich habe es als für die Millowitsch-Dynastie angesehen, für die ganze Familie, die seit 1845 im Theater am Hänneschen spielt. Die haben es verdient. ◆

Noch eine Begebenheit hat mich sehr berührt: 1990 starb der Maler Georg Meistermann. Seine Witwe lud mich an sein Totenbett ein. Mitten im Wohnzimmer war er aufgebahrt, eine altrosa Rose auf der Bettdecke. Das Gesicht entspannt und ruhig. Wieder spürte ich dieses Ergriffensein, ein Gefühl, das ich in dieser Form nur beim Anblick von Toten kenne. Ganz

Zwei Hausaufbahrungen, aufgenommen etwa zur Mitte dieses Jahrhunderts. Die Toten liegen in ihren eigenen Betten, die mit Blumensträußen geschmückt sind.

unbefangen und freundlich redete seine Frau mit ihm. Wie zur Antwort rann ihm plötzlich aus dem rechten Mundwinkel ein kleines Rinnsal Blut. Und das, obwohl er schon über 24 Stunden tot war. Sie nahm ein Taschentuch und sagte ganz zart: „Komm, quäl dich nicht mehr. Es ist ja schon gut." Noch eine Zähre sickerte aus seinem Mund. Ich traute meinen Augen nicht. Denn eigentlich hätte das doch gar nicht sein können. Es war wie ein Etwas-sagen-Wollen. Die Zeit mit dem Toten ist mir noch jetzt wie ein Geschenk.

Ich weiß nicht, ob diese Szene dazugehört, oder ob mich seine Totenmaske, die Edeltrud Meistermann von ihrem Mann machen ließ, auch derart berührt hätte, wie sie es jetzt vermag. Verblüffend: jede Pore, jede Falte, der Ausdruck des toten Gesichts. Wie geht das? Wie macht man das? Ich ging zu dem Bildhauer Heribert Kaleen, der die Maske gemacht hat. Er erläuterte es mir ganz genau. Aber vorstellen konnte ich es mir doch nicht. Deshalb probierten wir es aus. Das Gesicht wird eingefettet, die Haare müssen behutsam abgedeckt werden. Lebende bekommen Strohhalme in die Nase. Zwei Lagen Gips werden nacheinander auf das Gesicht mit Pappmanschette zum Abnehmen geschüttet – eine Lage eingefärbt und eine weiß. Meine Güte, da wird es richtig schwarz vor Augen. Mir war vorher nicht klar, wieviel Licht die Lider noch durchlassen. Das Gewicht ist, wenn der Gips trocknet, so erheblich, daß es sicher zu leichten mimischen Veränderungen kommt: Wangen nach hinten, Nase platter. Und dann wird es richtig heiß, wenn der Gips abbindet. Dann ein schmatzendes Geräusch, und das Negativ ist da. Das wird nach dem Trocknen mit Schellack bepinselt und danach wieder mit Gips ausgegossen. Die farbige Gipsschicht hilft nachher bei der Orientierung, das Positiv vom Negativ trennen zu können.

Totenmasken – ein spannendes eigenes Thema. Heribert Kaleen weiß, daß es sie schon immer gegeben hat, vom Pharao Echnaton über Schiller, Haydn, Beethoven und Napoleon bis hin zu der Unbekannten aus der Seine, die seit Anfang dieses Jahrhunderts bis heute viele Wohnstuben ziert. Wie eigenartig. Diese Riesenangst vor dem Tod und dann das Bildnis einer Leiche im Wohnzimmer. Der Zufall will, daß am Abend nach dieser Prozedur ein Film über sie läuft. Elisabeth Bronften, die das Buch *Nur über meine Leiche* verfaßt hat, mutmaßt darin, daß die Unbekannte aus der Seine der Versuch gewesen sei: „... den Tod als etwas nicht Gefährliches, Harmloses, als etwas Schönes darzustellen und er deshalb in dieser Form ins Wohnzimmer geholt werden konnte".

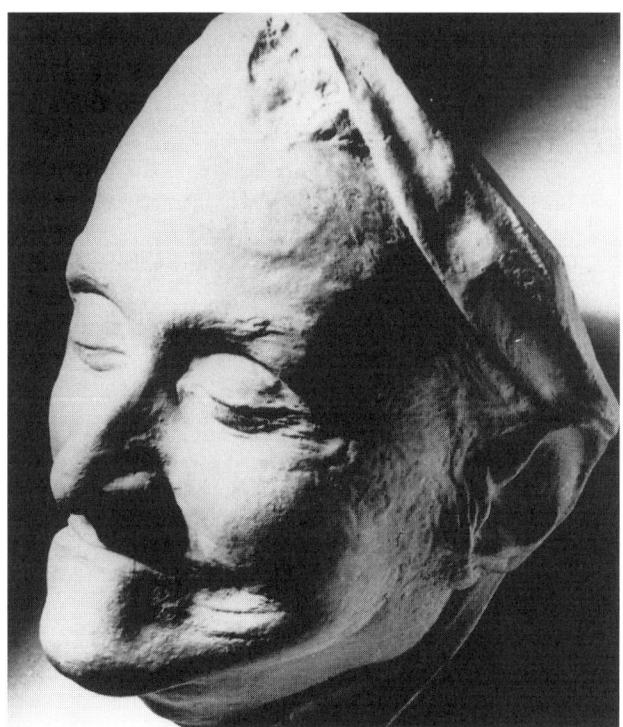

Die Totenmaske von Else Lasker-Schüler.

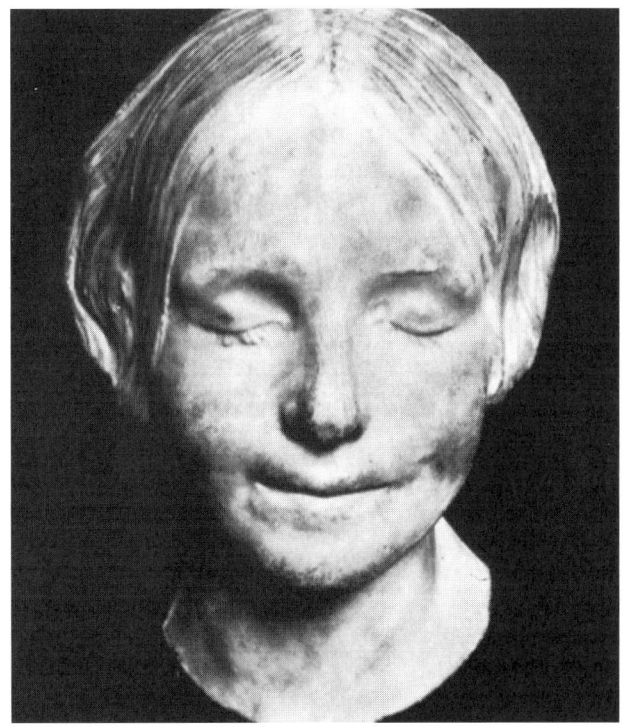

Die Unbekannte aus der Seine.

Eine Antwort habe ich noch nicht, warum die Masken ausschließlich von Toten gemacht werden und dennoch bei ihrer Darstellung keine Verwendung finden. Ist es, wie Heribert Kaleen sagt, das Nicht-loslassen-, Nicht-gehen-lassen-Können? Ist die Totenmaske ein Symbol dafür, dem Verfall ein Schnippchen geschlagen zu haben? Den Tod handhabbar zu machen? Ihn an sich heranlassen, die Leiche ohne Indiskretion betrachten zu dürfen? Hat das vielleicht etwas von dem bekannten „Gaffer-Syndrom" bei Autobahnunfällen? Vielleicht gibt es ja nicht nur eine Todessehnsucht, sondern auch eine Totensehnsucht in uns? Warum sonst üben Leichen eine so große Faszination auf die meisten Menschen aus, daß wir uns jeden Abend Tote aller Arten im Fernsehen antun und Hinrichtungen sicher auch heute noch gut besucht wären? Kann es nicht sein, daß wir die Toten richtig brauchen? Leben uns andere Völker nicht vor, daß der Tod nicht zwangsläufig schrecklich sein muß? Das stumme, verleugnende Grauen im Umgang mit Leichen ist ja erst ein Neuerwerb vieler westlicher Kulturen, und daß es auch bei uns einmal anders gewesen ist, bedeutet, daß es ja nicht immer so bleiben muß. Vielleicht lassen sich neue, zeitgemäße Rituale finden, die uns im Umgang mit Toten helfen.

Muß ich schon wieder spielen, was ich will? Erinnern Sie sich noch an diesen Satz eines Kindes aus den 70er Jahren? Die gesamte Tragik von Freiheit auf den Punkt formuliert. Natürlich ist das Wunderbare an Freiheit, daß jeder Mensch auf seine Weise einen Weg finden kann. Darin liegt auch heute die Chance. Zugleich hat das damit verbundene Vakuum etwas Lähmendes. Viele Briefe und Gespräche zu den Themen Sterben und Tod ergaben Fragen wie:

Möchten Sie selbst wahrnehmen dürfen, wenn Sie sterben?

Wann brauchen Sie von Ihren Angehörigen Sätze wie: „Ach, nun red' doch nicht so was", „Darüber können wir später sprechen" oder „Du mußt doch gar nicht sterben." Und wann brauchen Sie, daß die Angehörigen mit Ihnen aushalten, daß es soweit ist?

Kann es sein, daß ein Mensch um sein Sterben betrogen wird, wenn er anfängt, aus Rücksicht auf die Hinterbliebenen seinen eigenen Zustand, wenn er um ihn weiß, zu verleugnen?

Könnten für Sie offene Gespräche eher eine Beruhigung darstellen?

Kann eine konkrete Vorstellung von dem, was während des Sterbens und danach mit uns passiert, vielleicht beim Sterben behilflich sein?

Was ändert es, wenn ich selbst die Vorbereitungen treffe? (Gerade fällt mir ein, daß ich einmal einen Trauerbrief mit der Handschrift der Verstorbenen bekam. In den schweren, einsamen Nächten vor dem Tod hatte sie für alle, die sie zu ihrer Trauerfeier einladen wollte, bereits die Umschläge geschrieben. Erst dachte ich, wie makaber. Heute vermute ich, daß sie sich so wahrscheinlich auf ihr nahes Ende in Ruhe vorbereitet hat. Und ein bißchen Spaß hat es ihr bestimmt gemacht, als sie sich das Erstaunen der Empfänger-innen ausgemalt hat.)

Das Ritual der Trauer und viele Kenntnisse darüber sind fast verlorengegangen. Daß dies geschah, hat sicher ernst zu nehmende Gründe (z. B. wenn das Ritual vorschrieb, daß Frauen nach dem Tod ihres Mannes lebenslang Schwarz zu tragen hatten, dann bedeutete das ja fast so etwas wie lebendig gestorben zu sein – eine sanftere Art der Witwenverbrennung.) Daher stehen wir heute vor einer schwierigen Wahl. Grob unterteilt lassen sich drei Alternativen ausmachen: Entweder man knüpft an Altes an, oder man erfindet ein eigenes Ritual, oder man tut so, als ob der Tod für eine-n selbst nicht stattfände und überläßt alles allen und niemandem. Dann geht alles seinen Gang. Bestatter-in, Friedhofshalle, Kühlraum, Ratlosigkeit beim Sterben, beim Totsein, am Grab und auf dem Grab. Fallen Ihnen Menschen ein, die zu Ihrem Sterben kommen könnten? Und wer wäre ohne Zeitdruck bereit, sich Ihres toten Körpers anzunehmen? Wer kann Sie wo aufbewahren, und wer würde zum Abschied gerne kommen? Wem trauen Sie sich, das „zuzumuten"?

Viele Gespräche, die ich zu diesen Fragen geführt habe, zeigten, daß die meisten Angehörigen Angst, Scham und Unsicherheit, bestimmte Handlungen wie Waschen oder Nicht-Waschen, Umkleiden etc. zu übernehmen, erst dann überwanden, wenn sie damit dem Wunsch des Verstorbenen oder der Verstorbenen entsprachen. Damit war auch die Konkurrenz unter der Sippschaft beseitigt. Denn wer darf überhaupt was an Ihnen machen? Der älteste Sohn? Die jüngste Tochter? Die Mutter? Der Vater? Welche der Freundinnen oder Freunde? Die, die gebeten wurden, berichteten, daß sie meist die Nachricht mit Schrecken aufgenommen hätten. Doch im nachhinein empfanden sie eine tiefe Erleichterung und manche sogar eine Auszeichnung. Von selbst wären die meisten viel zu unsicher gewesen, solche heute intim gewordenen Dinge für einen anderen Menschen zu tun. Selbst – oder gerade – wenn es Vater oder Mutter, Geschwister oder andere nahe Verwandte betraf.

Daß es sich lohnt, die Leichen wieder zu berücksichtigen und in unser Leben zurückzuholen, belegen am überzeugendsten die Menschen, die die Toten nicht mehr gesehen haben. Oft sind sie jahrelang mit einem Zweifel herumgeirrt, ob die betreffende Person überhaupt wirklich gestorben sei. Fast alle schildern einen besonders langen Trauerprozeß mit all seinen Symptomen: Schlaflosigkeit, Depression, Unkonzentriertheit, Antriebslosigkeit, Gereiztheit und/oder Rückzug, Nahe-am-Wasser-gebaut-Sein in scheinbar unwichtigen Situationen und vor allem die Fata Morgana, den Toten oder die Tote dauernd irgendwo wiederzusehen.

Es gilt also, eine Wissenslücke zu schließen: Was kann ich für mich wollen, wenn ich sterbe, tot bin, bestattet werde. Wer soll etwas für mich tun, und wer davon will es? Wie kann ich das regeln? Wie kann ich andere unterstützen, und wie kann ich sie meine Bereitschaft wissen lassen? Welche Kenntnisse brauche ich? Muß eine Leiche wirklich immer gewaschen werden (so wie das eigenartige Gerücht, daß eine Hebamme eine Schüssel heißen Wassers brauche – wozu – zum Kinderverbrühen?)? – Was will er oder sie im Sarg tragen, womit wird er oder sie zugedeckt? Das soll unter anderem in diesem Buch stehen.

Etwas anderes ist mir inzwischen aber genauso wichtig: Kennen Sie noch den Spruch „Wer nicht hören kann, muß fühlen" aus der Schwarzen Pädagogik? Heute gilt dieser Spruch offenbar in Abwandlung: „Wer nicht fühlen kann, muß messen." Unser ganzes Leben scheint so ausgerichtet zu sein. Prächtiges Obst ohne Aroma, das nur wegen seiner Maße zu Handelsklassen zugelassen wird. Schadstoffobergrenzen: krebsverdächtige Klarspüler, Filz-Stink-Stifte, gesundheitsschädliche Holzschutzmittel werden zugelassen. Die Nase reicht nicht. Es muß gemessen werden. Gentechnisch manipulierte Nahrungsmittel: Der klare Menschenverstand reicht, sich auszurechnen, daß irgendwann daraus eine Katastrophe erwachsen wird. Oder Klimaveränderungen: Erst lange nach dem Empfinden der Bevölkerung konnte sie von den Meteorologen endlich nachgemessen werden.

Vielleicht ist es mit den Leichen ebenso. Viele Menschen stellen sich die Frage, ob die Toten nicht doch eine längere Übergangsphase „erleben"? Die Schilderungen von Scheintoten oder die von Angehörigen, die bei den Leichen bleiben, und die Erkenntnis, daß in der Geschichte und in fast allen Kulturen die Toten nie allein gelassen wurden, sondern sie immer noch über längere Zeit begleitet wurden, spräche dafür – auch wenn unsere Geräte keine Herztätigkeit und keine Hirnströme mehr messen können. Die Berichte klinisch Toter, die, wie im Traum, sich und die Situation von oben ganz klar sahen und Einzelheiten des Gesprochenen genauestens hörten, wären Indizien. Ein anderer Aspekt wären die Totenwachen. Merkwürdig doch, daß in fast allen Kulturen zum Teil noch heute die Toten weder Tag noch Nacht alleingelassen wurden und werden. Dazu allenthalben die Bilder von der sich erst langsam lösenden Seele zu fast allen Zeiten. Wenn es eine Übergangsphase gibt, dann braucht man Gespür dafür, ob das überhaupt wissenschaftlich nutzbar ist? Oder wäre das tatsächlich erwünscht? Müßte sich dann nicht vieles ändern?: Ab in die Kiste, in die Kühlkammer, oder das reguläre Auswaiden für Transplantationen?

Viele der Kulturen, die wir hochnäsig primitiv nennen, haben beredte Bilder dafür, daß sie von der langsamen Loslösung der Seele vom Körper wissen. Ob tatsächlich das Träumen der am ehesten vergleichbare Zustand sein kann, um sich in Annäherung ein Bild davon zu machen? Auch beim Träumen handelt es sich um ein für andere auf keinen Fall nachvollziehbares Phänomen von großer Lebendigkeit und Dramatik, das ja kaum von den Träumenden selbst verstanden wird. Von der Logik scheint der Übergang im Tod – auch für nicht-religiöse Menschen – zumindest denkbar zu sein, wenn man alle vorhandenen Beobachtungen zusammennimmt.

Immer wieder fällt mir der Vergleich mit dem Urin ein, an dessen medizinischem und handwerklichem Nutzen in bestimmten Bereichen für mich nach 10 Jahren Wissenssammlung inzwischen kein Zweifel mehr besteht. Auch dieses Wissen drohte fast zu versickern. Inzwischen bricht es in vielen Ländern der Erde wieder auf. Vielleicht ist es auch im Umgang mit den Leichen möglich, alte Erfahrungen wieder zugänglich zu machen. Anfangen läßt sich damit, zuerst einmal mit dem unsinnigen Gerücht vom „Leichengift" genauso aufzuräumen wie mit der Mär, daß Urin, die einzige sterile Körperflüssigkeit, die jeder Mensch für sich hat, giftig sei (wo er in Wahrheit nur eine Art Hausapotheke in der Blase ist).

Etwas zu wissen bedeutet nicht, daß man automatisch sein Verhalten ändern wollte oder könnte. Aber wenn der „Vergiftungsgedanke" entfällt, wird es vielleicht leichter, über die Berührungsängste nachdenken zu können. In diesem Sinne wünschte ich mir, viele Zuschriften mit detaillierten Beobachtungen im Umgang mit Toten von den Lesern und Leserinnen dieses Buches zu bekommen. Vielleicht kann auf diese Weise auch hier – wie bei dem Buch über Urin – ein Anstoß für eine sensible systematische Forschung gegeben werden (siehe auch Fragebogen „Wunsch-Liste", Seite 226 ff.).

Von Erfahrungen und Erwartungen

Gefragt

Erfahrungen mit Tod und Toten

Das Thema „Umgang mit der Leiche" hat zahlreiche Aspekte. Dazu gehört zum Beispiel die Überlegung: Wie gehe ich mit meiner eigenen Leiche um (schließlich müssen die 36–120 Stunden vom Todeseintritt bis zur Bestattung irgendwie verbracht werden)? Warum ist es Menschen, die oft stundenlang vor ihren vollen Kleiderschränken stehen, weil sie sich angemessen kleiden möchten, plötzlich so egal, wie sie als Tote aussehen? Glauben Sie, liebe Leser-innen, daß es Ihnen wirklich völlig gleichgültig ist, wie die Menschen, die dann unausweichlich noch mit Ihnen zu tun haben, Sie vorfinden? Die Ärzte und Ärztinnen, die gerade (Not-)Dienst haben, die Sie untersuchen müssen, um den Totenschein auszustellen. Die Amtsärzt-inn-e-n, die Sie auf jeden Fall noch einmal vollständig aus- und ankleiden (lassen) müssen, bevor Sie verbrannt werden dürfen? Die Bestatter-innen, die Sie vielleicht als letzte berühren? Ist es Ihnen tatsächlich egal, ob das junge oder alte, Männer oder Frauen, sympathische oder unsympathische Menschen sind, die Sie so intim, wie es zur Totenbehandlung üblich ist, anfassen dürfen? Wäre es Ihnen nicht doch etwas angenehmer, zu wissen, wer diese letzten Dienste an Ihnen vornähme?

Und wie steht es mit dem Umgang mit der Leiche anderer, Ihnen nahestehender Personen? Wäre es nicht vielleicht doch eine Erleichterung, wenn Sie einen klaren Auftrag von Ihren Eltern, Ihren Kindern, Geschwistern, Onkeln oder Tanten, Ihren Großeltern hätten? Daß geäußerte Wünsche und klare Informationen für die Hinterbliebenen hilfreich sein können, zeigt z. B. folgender Brief:

Eine Hörerin aus Grevenbroich, die ungenannt bleiben möchte. (Sie wurde um Einwilligung gebeten, daß der Brief veröffentlicht werden darf. – Anm. d. Autorin):

Mein Brief bezieht sich weder auf eine Ihrer letzten Sendungen noch ist er zum Vorlesen gedacht. Ich habe einfach das Gefühl, Ihnen schreiben zu müssen. Ich bin 37 Jahre und habe schon als Jugendliche Ihre Sendungen gehört. 1982 wurde meine erste Tochter geboren, und ich war nach 10 Jahren Berufstätigkeit froh, wieder jeden Donnerstag bei Ihrer Sendung „dabeizusein". Viele Ihrer Sendungen haben in unserer Familie zu Gesprächen geführt. Vieles ist bewegt worden – einiges sogar ins Rollen gekommen. Je älter unsere Älteste – Meike – wurde, um so mehr wurde sie in die Gespräche einbezogen. Es ergab sich zwangsläufig, daß auch Themen behandelt wurden, die eigentlich nicht unbedingt „kindgerecht" sind. Aber Ihre natürliche Art, auch mit solchen Themen umzugehen, hat Brücken gebaut. Am 1. Oktober 1992 hatte ich erstmals Gelegenheit, einer Ihrer Sendungen live beizuwohnen. Es war in Neupriesterath, und es ging um das Thema „Frauen als Priester". Ich war mit meiner Freundin dort. Wir waren total angetan, und daheim habe ich Meike endlos von diesem Vormittag erzählt; nicht ahnend, daß das unser letzter gemeinsamer Nachmittag sein sollte.

Meike ist Freitag mittag auf einer Straße hier im Dorf angefahren worden und war so schwer hirnverletzt, daß niemand mehr helfen konnte. Meike ist am frühen Abend gestorben.

Was in den nächsten Tagen ablief, haben Sie zum Teil mitgestaltet. Durch Ihre Sendungen wußten wir, was bei einer Beerdigung möglich ist. Was man mit dem „Bestatter" klären muß. Wir hatten mit Meike über das Thema „Trauerkleidung" gesprochen und kannten ihre Meinung! (So kam es, daß bis auf den Priester niemand in Schwarz erschien!) Wir haben so viel wie möglich selbst erledigt (Anzeige, Post, Grabgestaltung), um nicht das Gefühl zu haben, vor dem Letzten, was wir für Meike tun können, zu kneifen. Wir haben sie nicht nur durch 10 Jahre glückliches Leben, sondern auch durch ihren Tod begleitet.

So furchtbar das alles ist – es geht uns relativ gut. Heute! Ich weiß nicht, was morgen ist oder nächste Woche. Aber ich weiß, daß Sie, Frau Thomas, und Ihr Team mir und meinem Mann sehr geholfen haben. Und wir hoffen, daß unsere Kraft unserer zweiten Tochter Britta hilft, mit Meikes Tod zu leben. Britta ist kurz nach dem Tod ihrer Schwester 7 Jahre alt geworden und spricht inzwischen oft von Meike.

Ich danke Ihnen für Ihre Hilfe.

Eine weitere Facette des Themas sind die Profis, die Menschen, deren Alltag darin besteht, sich handfest mit dem Tabu und mit den toten Körpern zu befassen. Wie geht es ihnen damit? Wie schaffen sie das? Auch darum geht es in diesem Buch.

Im folgenden möchte ich Ihnen eine Auswahl von Interviews, die ich mit verschiedenen Menschen geführt habe, vorstellen. Sie alle erhielten das nebenstehende Erzählgeländer. Was hätten Sie wohl selbst darauf geantwortet?

R., 15 Jahre, Schüler, Rosenheim:
Ich persönlich habe noch nie einen Toten gesehen. Da bin ich auch eigentlich gar nicht scharf drauf. Ich bin 15 Jahre alt. An meinen Tod habe ich gedacht, als mein Vater gestorben ist, das war vor zwei Jahren. Ich habe eigentlich noch nie richtig über den Tod nachgedacht. Ich habe keine Angst vor dem Tod oder so.

Ich würde mich gern feuerbestatten lassen. Also kein Umkleiden, kein Gewasche, kein Aufbahren. Eine einfache Feuerbestattung. Ein Redner? Na ja gut, Redner. Da ist jeder gut, dem was einfällt. Ich schätze mal, einer von meinen Freunden. Musik – habe ich eigentlich keine bestimmten Wünsche. Friedhof – das wird auf meine Umgebung ankommen, wo ich wohne. Sonst möchte ich mich im Familiengrab bestatten lassen. Leichenschmaus – ja, ich schätze mal, daß die Gemeinschaft nachher zum Essen gehen wird, irgendwohin. Die sollen essen, was ihnen schmeckt. Aber hinterher noch zusammensitzen, das sollen sie auf jeden Fall.

Vom Bestatter habe ich eigentlich keine Vorstellungen, ob alt oder jung. Das wird auf denjenigen ankommen, der meine Beerdigung veranlaßt. Ein Bestattungsinstitut ist ja doch eine ziemliche Erleichterung, was das betrifft. Der Bestatter soll einfach für einen Sarg sorgen und für die Grabbilder, also diese kleinen Dinger, wo drinsteht, wer – wann – wo, mit Foto usw. Beim Tod meines Vaters haben wir auch irgendwie ein Bild ausgewählt. Dann einen Spruch dazu, Geburts- und Todesdatum und vorne noch eine Waldlandschaft. Das dient in Süddeutschland dazu, zu sehen, wer gestorben ist, um den Angehörigen und Freunden das zu vermitteln: irgendwelche Gedichte oder Sprüche oder auch ein Zitat des Toten, um einem das Ganze näherzubringen. Das wird bei der Beerdigung verteilt. Der Spruch bei meinem Vater war: „Wer im Gedächtnis seiner Lieben lebt, der ist nicht tot, der ist nur fern."

Ich möchte meine Mutter bestatten, wenn sie vor mir stirbt. Ich will sie beerdigen. Wahrscheinlich werde ich sie feuerbestatten, weil sie das wahrscheinlich auch wünscht.

An einer Beerdigung stelle ich mir eigentlich nichts schön vor. Der Tod eines Menschen ist für meine Begriffe immer schlimm. Außer wenn man alt ist, irgendwie Schmerzen hat und leidet. Dann denke ich doch, ist der Tod eine willkommene Sache. Ich halte wenig davon, den Menschen ewig leiden zu lassen.

An Berufen kenne ich bloß Bestattungsinstitute oder Totengräber. Von früher noch Pfarrer, die auf den Beerdigungen sprechen. Ja, das war's dann auch.

Erzähl-"Geländer"

wann habe ich Tote gesehen	wie	wo	mit wem
	das war für mich	daraus habe ich gelernt	
an mich als Leiche gedacht	wann	warum	
Welche Wünsche für mich	was	soll geschehen / will ich tragen	
	wer soll mich	kleiden / waschen	
	möchte ich	geschminkt / aufgebahrt	werden
wie soll sein	Sarg	Grabbeigaben	
	Grab	Grabstein	Friedhof
	Redner-innen	Musik	Leichenschmaus
Welche-n Bestatter-in	Geschlecht	Alter	Aussehen
	was soll er/sie	tun / nicht tun	
mit wessen Leiche möchte ich zu tun haben	was würde ich für die Person	tun / nicht tun	
	was stelle ich mir	schön / schlimm	vor
Welche Berufe fallen mir im Umgang mit Leichen ein	was denke ich über diese Menschen		
	wofür	bewundere / bedauere	ich sie
Was ich noch sagen möchte			

Ich würde niemals Bestatter werden oder Pfarrer. Nein, Kirche, Leiche, Tote – das ist nicht mein Fall. Ich bewundere diese Leute, daß sie sich mit den Angehörigen auseinandersetzen. Das ist sicherlich nicht ganz leicht. Denn man weiß nicht, wie sie reagieren. Das ist sicherlich nicht ganz einfach, sich jedem Menschen anzupassen. Das finde ich schon toll, daß sie das versuchen.

Ich denke, man soll dem Toten doch seinen Frieden lassen, wenn er erst mal tot ist. Nicht groß rausschminken und dann aufbahren. Das halte ich für ungut. Man soll den Toten so in Erinnerung behalten, wie man ihn als Lebenden gesehen hat. Nicht irgendwie als Leiche im Sarg. Das ist dann ja doch der Eindruck, der bleibt. Ich werde wahrscheinlich in irgend so einen Raum kommen, wo sie dann alle an meinem Sarg vorbeipilgern, vielleicht ein paar Blümchen ablegen, und dann werde ich wohl bestattet werden. Daß die mich dann angucken können, nein, das wäre mir nicht recht. Also ich meine, wenn sie mich gerne anschauen wollen, dann sollen sie mich anschauen. Aber ich halte nichts davon. Ich habe mir meinen Vater auch nicht angesehen. Ich hätte es sicherlich gekonnt. Aber dann hätte ich ihn als Toten gesehen. Und das ist nicht das, was ich wollte. So habe ich meinen Vater als lebenden, fröhlichen Menschen in Erinnerung. Er war selten krank, sehr selten. Und ich wollte nicht die Leiche nach dem Unfalltod sehen.

Bei den Leuten, die den Toten noch mal sehen möchten, denke ich, daß sie sich damit abfinden wollen, daß der Mensch tot ist. Ich denke mir, sie wollen sehen, daß da nur noch eine Hülle drin liegt, und daß da nichts mehr ist, was irgendwie Schmerzen empfindet, oder daß der Körper noch irgendwie in Mitleidenschaft gezogen wird. Ich meine, was soll man mit einer leeren Hülle? Man soll an die Seele denken. Nicht ans Grab rennen und Blümchen stiften. Das halte ich für sinnlos.

Das Grab meines Vaters, das gibt mir nichts. Im Gegensatz zu meiner Oma und meiner Großtante. Die gehen jeden Tag in die Kirche, beten für die Toten, gehen an den Gräbern vorbei. Das mag jetzt vielleicht irgendwie faul von mir klingen, oder weil ich keine Lust habe. Aber nein, ich halte nichts davon, Leichen anzubeten oder irgendwie am Grab zu stehen und einen auf Show zu machen wie z. B. meine Tante. Vor dem Tod ihres Vaters, also meines Großvaters, hat sie ihn vorher schon zwei Jahre nicht mehr gesehen wegen eines unehelichen Kindes. Sie ist auch nicht gekommen, als der Tote gewaschen und angezogen wurde. Sie kam nur zur Beerdigung, hat sich vorne hingestellt und hat unheimlich auf die Tränendrüse gedrückt und: „Oh, mein Vater, ich hab' ihn ja so geliebt" gesagt. Und dasselbe bei meinem Vater. Sie ist zur Beerdigung gekommen, wieder gefahren. Sie kommt nicht zum Todestag. Aber Allerheiligen stellt sie sich ans Grab und macht einen auf Show.

Organe spenden? Wenn jemand meine Organe braucht, soll er sie nehmen. Das ist mir ziemlich egal, ja, ich meine, wenn sie jemandem das Leben retten.

Meine Mutter im Tod anzufassen? Das kommt sicherlich auch auf die Situation an. Ob ich jetzt nur der Bestattung halber mit ihr zu tun habe oder ob ich sie irgendwie tot auffinde, sie irgendwohin bringen muß, waschen und so weiter. Dann könnte ich mir das durchaus vorstellen.

Berührungsängste hätte ich absolut nicht. Eigentlich bei niemandem. Auch wenn ich Fremde tot auffände und mich irgendwer darum bittet, würde ich das machen. Ich denke, durch den Tod meines Vaters hat sich insofern das Verhältnis zum Tod geändert, daß ich nicht irgendwie riesige Ängste vor dem Tod habe. Außerdem bin ich der Ansicht, wenn jemand tot ist, ist es nur für die Übriggebliebenen der Schmerz. Für den Toten selber, denke ich, ist die Sache wesentlich besser. Das ist das Leben.

Als ich hörte, daß mein Vater gestorben sei, habe ich in erster Linie an meine Mutter gedacht. Das war meine größte Sorge nach dem Tod meines Vaters. Ich habe sicherlich anfangs hysterisch reagiert. Hab' mich dann allerdings wieder gefangen. Ja, ich bin zusammengebrochen. Und habe mich doch dann gefangen und hab' mich damit abfinden müssen, daß er tot ist. Wobei ich das anfangs noch nicht richtig gerissen habe – also das ist mir nicht in Fleisch und Blut übergegangen. Bis es dann soweit war, ist doch einige Zeit vergangen. Ungefähr ein Jahr. Das ist ein Prozeß. Der kommt mit der Zeit. Aber ich habe in erster Linie an meine Mutter gedacht: Wie geht's meiner Mutter? Wie wird die es verkraften? Was wird später sein mit meiner Mutter? Ich habe mir um mich irgendwie keine Sorgen gemacht. Was mit meiner Schwester war, weiß ich nicht. Die ist noch in einem kindlichen Alter, so nach dem Motto: „Der Papi ist jetzt im Himmel und spielt da Kegeln beim Gewitter." Oder: „Er sitzt jetzt auf der Wolke und trinkt sein Weißbier." Also die verkraftet das ziemlich kindlich. Ich selbst habe geistig und psychisch durch den Tod meines Vaters meiner Ansicht nach schneller gelernt als andere Fünfzehnjährige. Ich bin geistig, denke ich, auf einem höheren Entwicklungsstand, weil ich durch den Umgang mit meiner Mutter und den Tod meines Vaters sicherlich sehr viel nachgedacht habe und nicht einfach die Ereignisse habe ziehen lassen. Aber ich bin schlechter in der Schule geworden. Ich muß jetzt noch kämpfen. Es ist alles über meinem Kopf zusammengebrochen. Es ist immer mehr geworden. Und ich bin auch nicht mehr fertig geworden. Das hat sich dann auf die Noten ausgewirkt. Ich muß jetzt noch immer kräftig nachlernen. Denn ich hab' damals doch ziemlich viel versäumt. Und ich versuche das jetzt – so gut es geht – wieder auszugleichen.

Die Kraft, die ich meiner Mutter geliehen habe, die habe ich von mir selber genommen. Ich habe mir selbst eigentlich nirgends Kraft geholt. In der Schule kamen verschiedene Religionslehrer und haben mir ihre Hilfe angeboten. Sie haben auch angeboten, den Tod zu besprechen und so weiter. Das haben sie dann aber später wieder vergessen. Wir haben nur zwei Stunden lang über Tote gesprochen, die wieder zurückgekommen sind, und über die Übergangsphase zwischen kurz nach dem Tod und der Ewigkeit sozusagen. Alle haben so ziemlich dieselben Aussagen gemacht: Man sieht sich und sieht ein Licht, das auf einen zukommt; und es ist eigentlich so, daß man dann nicht mehr in seinen Körper zurück will. Die Toten möchten lieber da bleiben, wo sie gerade sind, denke ich mir mal. Nicht wieder irgendwie auf die Erde, wo das Leben doch ziemliche Probleme mit sich bringt.

Getröstet hat mich diese Vorstellung, daß es so eine Übergangsphase gibt, nicht. Ich kann mir das nicht vorstellen. Ich war ja noch nicht klinisch tot. Ich denke mir, daß man nicht weiterdenkt nach dem Tod. Nur bis man dann endlich mal drüben ist, in der Übergangsphase. Da kriegt man sicherlich noch einiges mit, was der Geist dann auch behält. Die Übergangsphase – denke ich – zieht sich höchstens über dreißig Minuten, wobei doch dann das Zeitgefühl bei den Toten unwichtig ist. Aber nachher, glaub' ich, ist nichts mehr. Denn das wäre doch unerträglich für den Menschen. Ewigkeit – das kann man sich nicht vorstellen als Mensch. Ich mir zumindest nicht. ◆

B., 7 Jahre, Schülerin, Schwester von R., Rosenheim:
Ich habe noch nie einen Toten gesehen. Noch gar nicht. Auch meinen toten Papa nicht. Da habe ich bloß gedacht: Wann sterb' ich bloß.

Mir ist das eine unangenehme Vorstellung, an meinen Tod zu denken. Sehr. Aber wenn ich mir das mal vorstelle, dann möchte ich, daß mich meine Mama schön schminkt. Und dann ziehe ich ein Dirndl im

Sarg an. Das möchte ich von der Mama angezogen kriegen. Ja, und das ist die Hauptsache, daß ich gewaschen werde.

Offen im Sarg liegen möchte ich gern, damit mich meine Mama sehen kann und mein Bruder. Sonst wüßte ich niemanden mehr. Mitschülerinnen? Nein, bloß nicht. Auf gar keinen Fall. Die regen mich zu sehr auf.

Ich möchte in einem Sarg mit Blumen drauf liegen. In einem richtig tollen Sarg. Braun, hellbraun. Und in den Sarg hineingelegt hätte ich gerne Blumen. Kein Kuscheltier, keinen Schmuck. Nur Blumen: Tulpen und Rosen. Sumpfnelken auf keinen Fall. Die Tulpen sollen gelb und die Rosen rot sein. Richtig knallrot. Und das Grab, das ich mir wünschen würde – das weiß ich jetzt noch gar nicht. Das Grab von meinem Papa sieht schön aus. Es ist aus Stein, hat Zacken drin. Dann hat's einen Grabstein. Und es hat ein Gesteck darauf. Mit der Schule gehen wir jeden Mittwoch, Donnerstag und Freitag hin. Da gehen wir mit dem Religionslehrer hin. Jede Woche dreimal. Da beten wir. Was wir noch da machen? Das weiß ich jetzt gar nicht mehr. Die ganze Klasse geht dahin. Zu meinem Papa, zu dem von meiner Freundin und zu den toten Omas und Opas. Die meisten finden das langweilig. Ich find' das schön, beim Papa zu sein. Dann denke ich: Papa, warum hast Du nicht länger gelebt? Und dann bin ich auch oft wütend. Und wie! – Weinen? Nein, kann ich vor der Schule nicht bringen. Da würde ich mich vor den Mitschülern schämen. Meine Freundin, die weint oft. Aber die schämt sich dann nicht.

Auf meinem Grabstein soll ein Gesteck stehen. Aber ein Spruch auf dem Grabstein, das muß nicht unbedingt sein. Nur der Name und das Geburtsjahr, 31. Juli 1986. Daß da am Grab einer 'ne Rede hält, das kann ich mir nicht vorstellen. Und Musik, weiß ich jetzt keine. Außer einer vom Weihnachtssingen. Da wüßte ich eine. Die weiß ich jetzt aber nicht auswendig.

Und hinterher ordentlich essen, ja, das sollen sie: Schweinsbraten. Nur schade, daß ich dann kein Stück davon essen kann. Das ist eine Sauerei.

Den Bestatter von meinem Papa habe ich nicht gesehen. Ich war ja gar nicht auf der Beerdigung. Traurig darüber bin ich schon manchmal. Den Papa habe ich das letzte Mal kurz vor seinem Tod gesehen. Im Krankenhaus, eine Minute vorher. Aber dann mußte ich raus. Es war schon schlimm. Da war ich fünf. Ich weiß nicht mehr, wie der Papa da aussah. Aber wir haben ein Bild. Das könnte ich schnell holen. Der Papa ist nach einem Autounfall gestorben. Inzwischen weiß ich, daß, wenn das heute passieren würde, daß ich den Papa dann gerne noch mal sehen würde. Dann würde ich ihn noch mal genau ansehen. Und dann könnte ich mir auch besser vorstellen, wie das ist, wenn der tot ist.

Ein Bestatter für mich sollte eine Frau sein. 30 Jahre ungefähr. Lange Haare, blond, blaue Augen, wie ich.

Ich kann mir nicht vorstellen, mal mit der Leiche von einem anderen Menschen zu tun zu haben. Nein. Das kann ich mir überhaupt nicht vorstellen. Leichentussi! Ich möchte höchstens Säuglingsschwester werden. Aus meiner nahen Verwandtschaft, die könnte ich schminken. Ja, auch was Schönes anziehen. Mehr wüßte ich eigentlich gar nicht. Das könnt' ich mir auch bei meiner Freundin und bei dem Mann von meiner Freundin vorstellen. Obwohl – der lebt noch gar nicht, der existiert noch nicht. Bei Oma und Opa? Nein! Aber bei der Mama und bei meinem Bruder. Daran schön vorstellen kann ich mir gar nichts. Ich möchte halt keine Toten sehen. Da graust's mir. Mein Papa hatte Blut im Gesicht. Der hatte einen Verband.

Berufe, die mit Toten zu tun haben – da kenn' ich einen, glaub' ich. Im Leichenschauhaus. Ich war da noch nie. Das habe ich im Fernsehen mal gesehen. Und überhaupt, wenn man erst mal tot ist, dann weiß man nichts mehr. Ja doch, wenn man im Himmel ist, sagt meine Mama, dann weiß man schon noch, was passiert ist. Aber wenn dann der nächste Tag ist, dann weiß man nichts mehr, glaub' ich.

An Papas Stimme kann ich mich noch erinnern. In meinem Zimmer habe ich drei Bilder von ihm. Ein Poster, ein großes Bild, und dann habe ich noch so ein kleines. Mit denen spreche ich, wenn ich mich freu. Aber auch, wenn ich Kummer habe. Dann sag' ich dem Papa, was mich bedrückt.

Der Tod, das kann einem so schnell passieren, daß man sich das gar nicht vorstellen kann, wie schnell das geht. ◆

Frau R. K., 53 Jahre, Yogalehrerin, Allgäu:
Tote habe ich in meinem Leben noch nicht gesehen. Aber ich hatte viel mit Toten zu tun. Weil mein Vater sehr früh gestorben ist. Da erinnere ich mich, daß es für mich als Kind eigentlich immer ganz schlimm war: Diese Spaziergänge auf den Friedhof. Und dann Papas Grab anschauen. Und den Grabstein. Und ich hab' mir als Kind immer vorgestellt, daß mein Papa, den ich gerne gekannt hätte, drunter liegt. Und ich hab' dann mit sehr viel Inbrunst sein Grab von Blättern befreit. Und wieder ein neues Blümchen hingestellt. Aber gefallen hat mir das nie. Und das war dann eine so starke Prägung für mich, daß ich Friedhöfe gemieden habe.

Das nächste war, als mein Bruder gestorben war. Da war ich weit weg in Frankreich. Man konnte mich nicht erreichen. Aber seltsam war, daß ich in dieser Nacht zweimal einen Traum vom Tod hatte. Einen so starken Traum. Ich wußte aber nicht, wer gestorben war: Als ich dann anrief am Morgen, hörte ich, es ist zu Hause etwas Schlimmes passiert. Mein Bruder Georg war gestorben. Ganz plötzlich, ohne Vorzeichen. Er war damals 50 Jahre alt. Und da war ich irgendwo traurig, daß ich nicht dabei war. Aber andererseits war ich irgendwo froh, daß ich jetzt nicht genau an diesem Grab wieder sein mußte, wo ich als Kind so viele Stunden verbracht hatte: Da war ich wohl ein Stück feige. Ich hab' da gern gekniffen. Das war nicht so schlimm für mich, daß ich nicht bei seiner Beerdigung dabei war.

Ich als Leiche? Das wundert mich sehr, daß ich jetzt in den letzten zwei Jahren immer wieder drüber nachdenke, wie das Sterben und die Zeit danach für mich ist. Ich bin jetzt über 50, und ich denke auch, daß das so eine Phase ist in meinem Leben, daß ich jetzt anfangen muß, mich auseinanderzusetzen, wie das dann wohl zu Ende gehen wird. Auch, was dann sein wird mit mir.

Sehr stark habe ich mich neulich damit auseinandergesetzt. Da war ich in so einer speziellen Krebsklinik, die wohl so ein Stück Endstation bedeutet für die Menschen. Dort werden die Patienten sehr, sehr liebevoll betreut. Da spielen Medikamente weniger die Rolle als das menschliche Miteinandersein. Und da habe ich durch die Begegnung mit einem Patienten eine völlig veränderte Einstellung zum Sterben bekommen. An ihm habe ich erlebt, daß er bis zu seinen letzten Stunden geistig ganz wach war. Er wurde immer schöner im Ausdruck, obwohl sein Gesicht – er war erst 48 – das Gesicht eines alten Mannes war. Seine Augen wurden immer jünger, schöner und strahlender. Da war eine ganz große Sympathie zwischen uns beiden. Das war sehr seltsam. Wir haben sehr schöne Gespräche geführt. Fast bis zum Schluß. Und als er in einer Nacht gestorben ist, da habe ich mir selber vorgestellt, ich bin jetzt tot. Und ich hab' mir vorgestellt, wie ich mich fühle. Daß meine Seele dann noch dasein wird. Es ist schön, wenn man in dieser Aufbewahrungskapelle dort ist. Es werden für den Menschen Blumen bereitgestellt und bunte Tücher, und das Pflegepersonal geht mit runter und begleitet, und man ist überhaupt nicht allein in dieser Zeit. Und dann bin ich weiter in meinen Gedanken und habe mir vorgestellt, wie das ist, wenn man in den Sarg reinkommt. Und ob ich dann noch „Antennen" habe. Und daß ich es als eng, dunkel und kalt empfinde. Und was mein Körper dann macht, nach einiger Zeit da unten in der Erde. Und das war schon ein bißchen beklemmend, wie ich mir vorgestellt habe, wie ich dann wirklich zerfalle und vielleicht auch wieder rausmöchte. Aber es geht ja gar nicht.

Wenn ich sterbe und tot bin, wünsch' ich mir schon sehr, daß ich sterben darf mit Menschen. Daß ich nicht allein sterbe. Auch aufgebahrt werden, wünsch' ich mir. Und zwar so, daß das wieder zu Hause sein sollte. Ja, ich stell' mir vor, daß das irgendwie warm gemacht wird, mein Totenbett. Da würde ich gern so eine Yoga-Matte drunter haben. Eigentlich würde ich gern ein schönes Kleid tragen. Weiß nicht, ob mich mein Sohn so ankleiden könnte? Und waschen? Das könnte mein Sohn. Der ist so praktisch veranlagt. Das trau' ich ihm gut zu. Ich glaub', daß dann die Tochter sich mit dem Kleid leichter tun könnte. Geschminkt werden möchte ich auf keinen Fall. Ich möchte ja so ausschauen, wie ich bin. Und ich stell' mir das auch nicht gräßlich vor, wie ich dann ausschau. Vielleicht geschmückt mit Blumen. Ja, ich finde Blumen schön, die meine Kinder dann für mich aussuchen würden. Da hätte ich keine Wünsche. Ich möchte aber nicht gleich weggeschafft werden. So auf den Sondermüll. Sondern ich möchte schon bleiben dürfen. Denn ich glaub' ja daran, daß mein Körper eben ein Kleid ist, was ich jetzt ablege, und daß ich als geistiges Wesen dann weiterlebe. Deshalb möchte ich doch Zeit haben, daß ich mich orientieren kann. Da stell' ich mir vor, daß es leichter ist, wenn Menschen bei mir sind und vielleicht mit mir beten. Ich könnt' mir vorstellen, ich bete mit, ich fühle mit und ich bin noch eine Weile da, bevor ich mich lösen kann.

Über meinen Sarg mache ich mir allerdings keine größeren Gedanken. Und Grabbeigaben? Da will ich eigentlich auch nichts mitnehmen. Das Grab, das ist wirklich so eine Sache. Da wäre mir am liebsten, ich wäre in einer Felsspalte vielleicht. Ich möchte verbrannt werden. Und daß man die Asche so richtig in die Felsspalte hineingeben könnte, in die Natur, wo ich ja herkomme, und wo ich ja auch bleibe. Um den Grabstein mache ich mir auch keine Gedanken. Allerdings, wenn's nicht so geht mit meiner Felsspalte oder mit dem Wasser, wo man mich reinstreut, dann wünsche ich mir schon so was wie einen Felsen. So wie er halt in der Natur zu sehen ist. Und der Friedhof, das ist etwas, was ich auch noch nicht weiß.

Rednerinnen und Redner? Also die haben ja auch so dazu beigetragen, daß ich mich immer vor Beerdigungen gedrückt habe. Ich finde das irgendwie entwürdigend für einen Menschen, daß er sich von wildfremden Menschen sagen lassen muß, wie sein Leben war und wie er war. Mir wär das allerliebste, es würde ein Kind von mir sich hinstellen können und irgendwas erzählen. Was Lustiges, oder was wir zusammen erlebt haben, wo ich mich sehr unbeholfen angestellt habe. Irgendeine Begebenheit aus unserem Leben. Und Musik würde ich mir schon wünschen. Das fände ich schöner für meine Seele, daß die dann mitschwingt und sich mitfreut. Und da find' ich Orgelmusik sehr schön, weil ich Orgel als Instrument schon immer geliebt habe. Da würd' ich mir von Messiaen was wünschen, was ganz Gewaltiges.

Der Leichenschmaus, der gehört absolut dazu für mich. Das würde ich auch sehr gerne vorher planen. Und dann wünsche ich mir, daß meine Lieben begreifen, daß ich ganz neugierig bin auf das, was kommt. Und daß ich auch so im letzten Jahr entdeckt habe, daß ich mich freue, wenn ich dran denke. Daß ich mich richtig freue, so gespannt bin, was da kommt, und daß ich mir so viel Neues drunter vorstellen kann. Und ich stelle mir auch vor, wenn die den Leichenschmaus verzehren, daß ich dann nicht weg bin, sondern irgendwie mit dabei. Ich möchte, daß die auch fröhlich sind. Vielleicht sollten sie erst mal mit Witzen anfangen, damit das so langsam kommt. Und dann fröhlich sein.

Über den Bestatter oder über die Bestatterin habe ich mir noch nie Gedanken gemacht. Ich sehe zwar in unserem Dorf, daß es meist alte Männer sind. Die ziehen sich immer ganz schwarz an. Und es ist auch gut so. Also da trau' ich jedem Menschen, daß er mich gut unter die Erde runterbringt. Na ja, vielleicht ist ein älterer Mensch verständnisvoller, wenn er meinen Sarg hereinläßt als ein junger Mensch, der eben noch so ein Stück weiter weg ist vom eigenen Tod. Und ich denke, die Männer sind wahrscheinlich kräftiger als Frauen. Auf keinen Fall sollen sie mich so richtig in das Grab hereinhauen, daß meine Knochen vor Schreck wieder hochspringen. Ich wünsch' mir schon, daß sie mich sanft reinlassen und an das denken, was sie gerade tun, und nicht grad an den Leichenschmaus denken, der gleich stattfindet.

Wenn ich selbst einmal mit einer Leiche zu tun hab', dann stelle ich mir vor, daß es für mich viel einfacher ist, wenn ich den Menschen auch gern hab'. Dann kann ich mit seiner Leiche echter und einfacher umgehen. Einen solchen Menschen würde ich gerne vorbereiten und waschen und ankleiden. Aber ich würde auch gerne noch mit dem Menschen ganz intensiv zusammenbleiben, mit ihm sprechen wollen, mindestens über Stunden oder besser Tage. Was ich nicht tun würde, daß ich diesen Menschen gleich wegschaffen lasse. Daß ich anrufe, hier ist jemand tot, holen Sie ihn ab. Das wär mir ganz schrecklich und unmöglich. Das stelle ich mir auch schlimm vor, daß mir dann ein Mensch entrissen wird, und ich kann nicht Abschied nehmen.

Die Berufe, die ich mit den Leichen verbinde, sind natürlich Leichenbestatter und dann das Beerdigungsunternehmen und der Berufszweig, der die Grabsteine und die Särge fertigt. Es soll ja auch richtige Totenkleidung geben und die ganzen Kissen, auf die man dann gebettet werden kann. Das kommt mir in den Sinn dazu.

Ich denke über die Menschen, daß das bestimmt ein Zufall war, wie sie ausgerechnet zu diesem Beruf gekommen sind. Vielleicht ist das Unternehmen schon lange in der Familie und geht eben mit den Familienangehörigen immer weiter. Aber ich denk' nicht, daß einer jetzt in der Schule beschließt, daß er Leichenbestatter wird. Ja, ich bewundere die Menschen, daß sie etwas tun, was die meisten eben nicht tun wollen. Und daß sie da an ihrem Platz stehen und den Menschen helfen, die ihre Hilfe suchen. Ich kann mir vorstellen, daß sich solche Berufsgruppen manchmal wünschen, sie wären lieber Hebamme geworden oder hätten in einem Krankenhaus mit Neugeborenen zu tun.

Ja und dann habe ich in diesem Jahr auch noch eine Geschichte gehört, die mich sehr verwundert hat, wie man mit einem Toten umgehen kann. Da hat nämlich eine Frau ihre Großtante einfrieren lassen, weil sie sonst einen Urlaub nicht hätte antreten können, auf den sie sich schon so lange gefreut hatte. So hat sie deswegen kurzentschlossen die Großtante einfrieren lassen und hat die Beerdigung für die Zeit nach ihrem Urlaub angesetzt. Da lagen dann 10 Tage dazwischen bis zur Bestattung. Es war auf jeden Fall ziemlich einfach möglich, denn diese Entscheidung fiel innerhalb eines halben Tages. ◆

Herr H. S., 31 Jahre, Masseur, Oberstaufen:
Als Tote gesehen habe ich die Großmutter meiner damaligen Freundin. Die war aufgebahrt in einer Leichenhalle. Das war das erste Mal, daß ich einen Toten gesehen habe. Das ist jetzt vielleicht fünf Jahre her un-

gefähr. Und das hat mich schon ein bißchen schockiert. Anderseits war das auch interessant, wie friedlich die eigentlich dagelegen ist. Also, ich hätte nicht hingehen können und sie anlangen oder so. Das wäre nicht gegangen. Aber sie hat doch einen sehr friedlichen Gesichtsausdruck gehabt. Schockierend war einfach der erste Moment, wie ich hingekommen bin. Ich habe zwar gewußt: „Die ist tot." Aber ich war doch nicht vorbereitet, daß man sie sehen konnte. Die war hinter so einem Glas aufgebahrt. Ich hatte noch nie einen Toten gesehen. Und plötzlich lag da eine. Sie war ziemlich bleich. Einfach die Tatsache, daß sie tot war, das hat mich schockiert.

Ich habe seitdem keinen Toten mehr gesehen, obwohl letztes Jahr meine beiden Großeltern gestorben sind. Da habe ich auch die Möglichkeit gehabt, noch einmal reinzugehen und die Toten zu sehen. Das habe ich nicht gemacht, weil, beim Opa – der ist zuerst gestorben, der hat einen Schlaganfall gehabt – mir die Familienangehörigen, die ihn gesehen haben, gesagt haben, daß der echt schlimm aussieht: Sein Gesichtsausdruck, überhaupt, so eingefallen. Man würde ihn gar nicht wiedererkennen. Und das hat mich dann davon abgehalten, reinzugehen. Denn ich wollte ihn einfach so in Erinnerung haben, wie ich ihn gekannt habe. Ich wollte nicht, daß, wenn ich dann mal an ihn denke, ich das Bild vor mir hab', wie er als Toter aussieht. Bei der Oma war es eigentlich genauso. Obwohl sie gesagt haben, daß sie besser aussieht als der Opa. Sie ist auch ganz friedlich gestorben. Aber ich bin trotzdem nicht rein, obwohl ich sie ja sehr gern gehabt habe, meine Oma. Der Gedanke, daß ich sie vielleicht doch hätte angucken sollen, kommt auch jetzt noch. Ich bin mir unsicher, ob das das Richtige war, daß ich da nicht rein bin. Aber damals wollte ich es einfach nicht. Ich weiß auch nicht, ob ich jetzt, falls ein Angehöriger stirbt, wieder so handeln würde, daß ich nicht reingehe. Vielleicht würde ich jetzt reingehen. Das könnt' ich mir vorstellen. Aber irgendwie ist es so ein Zwiespalt, in dem ich jetzt bin. Und vielleicht wäre ich jetzt nicht so zwiespältig, wenn ich damals reingegangen wäre.

Ich als Leiche? Das ist eigentlich etwas, das ich auch ein bißchen verdränge. Ich lebe jetzt. Und als Leiche, da denk ich, daß ich ganz arg kalt werde. Damit brauch' ich mich jetzt noch gar nicht so befassen. Aber als Kind, da habe ich oft abends, wenn ich im Bett lag, daran gedacht, daß man mal stirbt oder auch, daß Angehörige sterben. Und es war dann ganz schlimm. So ganz kalt ist es mir da geworden. Das war schlimm, der Gedanke, daß ich auch mal sterbe. Und daß ich dann im Sarg liege und die Würmer kommen. Und daß dann überhaupt nichts mehr ist. Da war ich so acht, vielleicht neun. Das hat mir Angst gemacht. Auch, wenn meine Großeltern mal nicht mehr sind. Diese Gedanken hatte ich da auch. Und das hat mir sehr viel Angst gemacht. Oder wenn die Mutter nicht mehr ist. Oder der Hund, gell, wenn der mal nicht mehr ist. Daran kann ich mich noch gut erinnern. Der Hund ist auch gestorben. Und es war ganz schlimm, wie er gestorben ist. Aber mich hat gewundert: Ich konnte nicht weinen drüber. Ich habe zwar sehr getrauert. Die ganze Familie hat geweint, aber bei mir kamen keine Tränen. Das war auch bei meinen Großeltern so, als die gestorben sind. Da kamen auch keine Tränen. Da habe ich mich über mich selbst gewundert. Ich dachte, das ist doch nicht normal. Du mußt jetzt weinen.

Meine Mutter ist geschieden. Zu meinem Vater, der lebt noch, habe ich keinen Kontakt. Aber ich habe meine Großeltern sehr, sehr gemocht, und die sind jetzt auch nicht richtig tot für mich. Das ist auch was. Das ist so, als ob die noch da wären. Vielleicht hängt das damit zusammen, daß ich sie nicht tot gesehen habe? Ich habe ein Bild von denen bei mir stehen. Und wenn ich die dann sehe, dann bin ich so in Gedanken und möchte mit denen reden. Und ich habe auch das Gefühl, daß die noch da sind. Ich glaube auch, daß es ein Wiedersehen gibt, bestimmt. Irgendwann mal.

Ich, für mich, ich will eigentlich verbrannt werden, weil einfach der Gedanke, daß man da im Sarg liegt und vor sich hin gammelt ... Da finde ich Verbrennen besser: Da ist man Asche, und dann ist es vorbei. Das ist, glaube ich, für mich das Richtige.

Über die Zeit vom Tod bis zum Verbrennen habe ich mir eigentlich noch keine Gedanken gemacht. Wer soll mich umkleiden? Das muß ja jemand machen. Also mir ist es irgendwie peinlich, daran zu denken, daß mich als Leiche jemand umkleidet. Und ich weiß nicht, ob ich das einem Angehörigen oder so jemandem aufbürden möchte. Also vielleicht wäre mir das sogar ein bißchen peinlich, wenn das jemand machen würde, den ich gut kenne. Mir wäre es am liebsten, wenn man mich überhaupt nicht umkleiden würde.

Und waschen? Nein, das muß eigentlich auch nicht sein. Und geschminkt möchte ich auch nicht werden. Und aufgebahrt? – Ja. Aber hinter einer Glasscheibe, daß jeder dann reinkommen kann, Abschied nehmen, wenn er möchte. Und wenn er mich lieber nicht sehen will, auch nicht gezwungen ist, sondern daß das jeder selber entscheiden kann.

Ich krieg' ja dann eine Urne, und der Sarg vorher, der muß eigentlich gar nicht besonders aussehen. Es muß nicht so ein teurer sein. Was Billiges tut's auch.

Als Grabbeigabe – mein Foto vielleicht. Ich fotografiere sehr gern und viel. Das ist das einzige, was mir einfällt. Ja, und der Fotoapparat und die Bilder natürlich auch, die ich gemacht habe. Ich habe auf meinen Reisen viele Bilder gemacht. Die könnte man auch reintun. Aber dann sind sie ja der Nachwelt nicht erhalten. Obwohl – okay, die könnte man nachmachen.

Das Grab, das habe ich mir auch schon vorgestellt. So am Meer irgendwie. Die Asche ins Meer streuen. Diese Weite – damit dann verbunden sein. Das stelle ich mir schön vor. Der Grabstein entfiele dann ja auch. Und Friedhof, ja, der entfiele dann eigentlich auch.

Als Redner? Vielleicht die Angehörigen, oder wenn jemand was sagen will. Das wäre mir vielleicht am liebsten. Besser, als wenn jemand Fremdes, der irgendwas dichtet, redet, wäre jemand, der mir etwas sagen will. Das wäre vielleicht schön. Und nicht solche Trauermusik.

Leichenschmaus? Wenn's dann allen schmeckt, ich weiß es nicht. Mir schmecken Früchte ganz gut. So etwas vielleicht.

Vom Bestatter habe ich eigentlich keine besondere Vorstellung. Das ist mir eigentlich, glaube ich, egal. Ja, vielleicht eher älter. Und vom Geschlecht her, vielleicht eher ein Mann, wenn ich so überlege. Bei einer Frau hat man vielleicht auch ein anderes Schamgefühl. Tun soll er halt das, was er tun muß. Wenn er zum Beispiel das arrangieren kann mit einer Seebestattung, das wäre toll. Und das mit der Verbrennung. Was er nicht tun soll: Daß er mich noch groß wäscht oder so. Also der soll dann nicht groß an mir, also der Leiche rummachen, sondern mehr die Sachen tun, mit denen er die Angehörigen ein bißchen entlastet.

Für Angehörige würde ich auf jeden Fall alles tun, was ich tun kann: Die ganzen Laufereien, das müßte ich ja dann machen. Aber das würde ich dann auch „gern" tun. Ich weiß nicht, ob ich die Person waschen könnte oder so. Das kann ich jetzt nicht sagen. Da hilft mir auch mein Beruf als Masseur nicht dabei. Denn da habe ich mit lebenden Körpern zu tun. Ich weiß nicht, wie es ist, wenn man Kinder hat. Ich glaube, dann ist es wieder anders. Dann würde man das vielleicht sogar tun wollen. Bei Geschwistern und Eltern oder bei meinen Großeltern hätte ich es nicht tun können. Die hätte ich nicht waschen können.

Mir würde helfen, wenn die Person sich das klar

gewünscht hätte, was passieren soll. Aber das ist vielleicht auch etwas, wo man sich sträubt, darüber zu reden. Dazu mal klar Stellung zu beziehen, was man will. Das ist mir auch bei meinen Großeltern aufgefallen. Die haben mal so geredet und mal so, wenn sie mal nicht mehr sind. Dann, als sie tot waren, da wußten wir nicht richtig, was wir jetzt machen sollten. Zum Beispiel der Friedhof. Meine Oma, die wollte immer da, wo ich herkomme, beerdigt werden. Sie kommt normal aus Würzburg. Und dann ganz plötzlich fing sie an, sie will nicht in Würzburg beerdigt werden. Und dann war sie tot, und wir wußten nicht, was wir machen sollen. Ich finde, das ist was, wo man drüber reden sollte, was man will und was man nicht will.

Bei Menschen, die beruflich damit zu tun haben, glaube ich einfach, daß für die vielleicht die Hemmschwelle dort verlorengeht. Genauso wie bei mir beim Massieren. Irgendwann geht die Hemmschwelle verloren, jemanden anzufassen. Das ist für die Bestatter wahrscheinlich was ganz Alltägliches, so wie wenn ich jemanden massiere. So ist das, wenn die eine Leiche waschen oder umziehen.

Sonst fallen mir außer Bestattern noch Pfarrer und Gärtner ein. Und Leute, die den Grabstein machen. Und bewundern tue ich die eigentlich, wenn die trotzdem noch irgendwo einen Respekt vor dem Toten bewahren. Also ich habe von meiner Mutter gehört, wie mein Großvater abtransportiert wurde. Das muß furchtbar gewesen sein. Wie eine Sache! Gar nicht wie ein toter Mensch. Wie ein Stück Holz oder so. Das finde ich nicht schön.

Vielleicht bedaure ich diese Menschen ein bißchen darum, daß sie eigentlich nur mit Toten zu tun haben. Oder was heißt nur? Ich bin lieber mit Lebenden zusammen. Und so würde ich das eigentlich schlimm finden, wenn ich nur mit Toten zu tun hätte. Okay, das haben die ja auch nicht. Die haben ja auch mit Angehörigen zu tun.

Zum Thema überhaupt: Man sollte sich vielleicht schon zu Lebzeiten Gedanken machen und vielleicht auch mit der Familie darüber reden, was man eigentlich will, wie man sich das dann vorstellt, wenn man stirbt. Und vielleicht auch, wie das ist, wenn man mal ein Pflegefall wird. Vielleicht ist es einem ja peinlich, wenn die Familie einen waschen muß oder so. Das gehört einfach mal ausgesprochen, auch wenn jemand noch jünger ist.

Ich habe mir auch schon darüber Gedanken gemacht, ob ich Organe spenden würde. Grundsätzlich würde ich das auch tun, nur habe ich einfach Angst, daß man dann vielleicht zu früh aufgegeben wird, wenn jetzt zufällig diese Niere gebraucht wird.

Ich war übrigens auf Bali. Das hat mich einmal ein bißchen schockiert, wie Angehörige da richtig fröhlich sein können bei einer Beerdigung. Und andererseits hat mich das auch zum Nachdenken veranlaßt, warum das für die so ist. Sie sind ja auch Menschen mit Gefühlen. Und da habe ich mir gedacht, daß die vielleicht anders denken, und daß es vielleicht mit der Religion zusammenhängt. Die glauben einfach, man wird wiedergeboren, und daß dann das einzelne Leben nicht diese Wichtigkeit hat, wie wir es uns jetzt vorstellen. Die haben halt den Toten in den – ich weiß nicht, wie man das nennt, ich sag jetzt mal – Sarg gelegt. Und dann sind sie damit gelaufen, haben sich immer im Kreis gedreht. Und dann haben sie ihn aufgebahrt, dann diesen reichgeschmückten Sarg geschlossen. Ja, und dann haben sie das verbrannt. Man hat also gesehen, wie die Leiche verbrannt worden ist. Ja, und die Balinesen, die waren eigentlich ganz gut drauf. Die haben sich gefreut. Das war fast wie ein Fest. Fröhlich waren die. Ganz anders als bei uns, wo jeder mit den Tränen kämpft. Ich habe keinen einzigen weinen sehen.

◆

Frau E. B., 57 Jahre, Kauffrau, aus Österreich:
Ich hab' nur einmal einen Toten gesehen in meinem ganzen Leben. Da war ich Kind. Das war ein Großonkel. Ich war eigentlich entsetzt. Da war ich vielleicht 15. Also, ich war entsetzt, weil dieses Starre, Bewegungslose für mich so fremd war. Das war etwas, was für mich kein Lernprozeß in dem Sinne war, weil der Tod ja noch weit weg war in dem Alter.

Über mich als Leiche habe ich schon nachgedacht. Für mich ist eigentlich der Gedanke, daß ich verbrannt werde, das Vertrauteste. Das ist es, was ich gern möchte. Ich möchte weder geschminkt noch gewaschen werden, noch in einen Sarg. Ich möchte nur verbrannt werden. Mein Körper ist eigentlich das Kleid, was ich für diese Inkarnation mitbekommen habe und das ich wieder ablege, wenn ich in einen anderen Seinszustand wechsle. Und dieses Kleid ist für niemanden mehr gut. Also ist es mir eigentlich egal, was damit passiert. Aber ich möchte die Erde sauber zurücklassen. Deshalb möchte ich, daß ich verbrannt werde, und Asche zu Asche kommt.

Was ich jedoch gern hätte, wäre, wenn die Menschen, die mir besonders nahestehen, auch noch lange bei mir sind, nachdem ich tot bin. Denn ich glaube, daß die Seele sich nicht sofort vom Leib trennen kann, und daß die Menschen, die ich besonders liebe, mir dabei behilflich sind. Das würde ich genauso für die Menschen tun, die ich besonders liebe. Das gehört einfach meiner Meinung nach zum Sterben dazu und zum Tod: dieses Abschiednehmen – eben dieses Dabeisein.

Ob ich aufgebahrt werde oder ob ich in meinem Bett, in meinem Sterbebett liege, das ist eigentlich nebensächlich.

Das Grab bedeutet für mich nichts anderes als eine Erinnerungsstätte, ein Ort, wo ich an den, der da drin liegt oder dessen Asche da drin beerdigt ist, denken kann. Das ist so ein Ritual in unserer Familie, z. B. zu Weihnachten geht die ganze Familie nicht in die Kirche, sondern auf den Friedhof. Da bringen wir einen Tannenbaum hin. Und da werden die Kerzen angezündet. Und wir stehen um das Grab und denken an die, die da drin sind, und was sie uns bedeutet haben. Diese Tradition finde ich schön. Und ich würde mich freuen, wenn das an meinem Grab so wäre.

Die Beerdigung – darüber habe ich mir auch schon den Kopf zerbrochen. Zumal ich vor kurzem aus der Kirche ausgetreten bin und ich ja nicht damit rechnen kann, daß ein Pfarrer an meinem Grab spricht, was ich sowieso nicht gut finde, weil der ja nichts von mir weiß. Meistens rattert er da sein Salbader herunter, mit mehr oder weniger großer Beteiligung. Ich hab' mit meinem ältesten Sohn besprochen, daß er das an meinem Grab sagt, was er fühlt oder für richtig hält, oder was er mir sagen will.

Die Musik würde ich den anderen überlassen. Daran liegt mir nicht viel. Ich mag Musik sehr gerne. Ich würde das auch schön finden. Aber nachdem ich ja nicht kirchlich ausgesegnet werde, wird auch keine Orgelmusik stattfinden. Und es ist auch nicht üblich, daß sie am Grab Musik machen.

Ich würde mich sehr freuen, einen lustigen Leichenschmaus zu haben, und wenn sich da Menschen treffen, die mit mir zu tun hatten zu meinen Lebzeiten und die eben meinen Heimgang miteinander feiern. Was sie essen sollen, hab' ich mir noch nicht überlegt. Die sollen à la carte essen.

Ich habe mir auch noch überlegt, ob mir das wichtig wäre oder mir etwas ausmachen würde, wenn meinem Körper ein paar Organe entnommen werden. Ich war auch schon mal dazu entschlossen, so ein Formular zu unterschreiben, aber es ist dann wieder irgendwie in die Unwichtigkeit gesunken. Jetzt eben denke ich wieder dran. Ich glaube, in meinem jetzigen Bewußtseinszustand und in meiner Einstellung zu diesen Dingen würde ich heute nein sagen. Ich glaube nämlich nicht, daß so an Menschen herumgedoktert und

-technisiert werden soll und jeder Mensch die Würde haben soll, so zu sterben, mit den Organen, die er von Natur aus mitbekommen hat. Ich weiß jetzt auch aus verschiedener Literatur, daß Menschen sehr große Schwierigkeiten psychischer Natur haben, mit fremden Organen zu leben. Es gibt inzwischen sogar Therapeuten, Organtherapeuten, die diese seelischen Probleme nach der Transplantation heilen müssen bei den Transplantierten. Ich kann mir nicht vorstellen, daß das sehr gut ist für den Menschen, und drum möchte ich auch nicht meine Organe dafür hergeben.

Wenn ich diesen Abschied mit meinen Lieben gewährt kriege, dann ist es mir egal, was mit meinem Körper dann geschieht, ob der Bestatter männlich, weiblich ist, was er für ein Alter hat.

Zu tun haben möchte ich mal mit den Leichen meiner engsten Familie. Aber auch mit den Leichen meiner Freunde, zu denen ich genau dieselbe enge Beziehung habe wie zu meinen Kindern oder zum Bruder, zu meinem Mann. Ich würde für die Person dasselbe tun, was ich mir wünsche, daß es für meine Leiche getan wird, nämlich ein liebevolles Abschiednehmen von dem Kleid, von der äußeren Hülle, die das Kleid für die Seele war, die mir nahestand. Bei anderen würde ich alles tun, um zu verhindern, daß dieses Organisationsgetue sofort beginnt. Also, das muß hinausgeschoben werden, so lange, bis ich bereit bin und damit einverstanden bin, daß es jetzt beginnt. Daß ich in meinem Inneren fertig bin mit dem Abschiednehmen. Danach bin ich bereit, daß die Organisation der Beerdigung beginnen kann. Denn ich stell' es mir schlimm vor, wenn mir die Leiche vorzeitig entzogen wird, bevor ich den Abschied vollzogen habe. Oder ich stell' mir auch schlimm vor, wenn ich den Menschen durch einen Unfall verliere und die Leiche bis zur Unkenntlichkeit verstümmelt ist. Diesen Anblick stell' ich mir schlimm vor.

Berufe im Umgang mit Leichen fallen mir ein: Der Leichenbestatter und der, der dieses Bestattungsinstitut hat, der einem dann die Art, wie die Beerdigung vor sich gehen soll, mittels eines Katalogs erläutert, die Preise und die Särge. Aber mir fällt auch der Beruf eines Priesters ein und der Beruf des Arztes, der einem mitteilt: Jetzt ist er oder sie gestorben. Was gibt es sonst noch für Berufe? Totengräber. Natürlich auch diese Männer, die die Särge tragen auf ihren Schultern. Und die Klageweiber in den asiatischen Kulturen und bei den Griechen. Aber es gibt auch den Beruf des Therapeuten, der einen hinführt zur Trauerarbeit, der wichtig ist für manche Menschen, die mit der Tatsache des Todes zu kämpfen haben, denen er hilft, darüber hinwegzukommen und das zu verarbeiten.

Ich denke, daß diese Menschen das als Beruf gewählt haben und daß das etwas mit ihnen zu tun hat. Das sind vielleicht Seelen, die diesem Geschehen sehr nahe sein möchten. Ich würde das nie als Beruf wählen. Ich bewundere sie nicht, weil ich eben glaube, jeder hat seinen Beruf gewählt, freiwillig meistens. Es gibt natürlich auch Umstände, so wie Krieg z. B., wo halt Soldaten abgestellt werden, die Leichen zu verscharren, wo das nicht freiwillig ist. Die sind dann schon zu bedauern. Aber wenn einer ein Leichenbestattungsinstitut hat und da bestimmt nicht schlecht verdient und sich das erwählt hat, der ist nicht zu bedauern. Ich denke auch, daß, so traurig diese Anlässe sind, so werden sie schon irgendwo einen Ausgleich finden. ◆

Frau A. B., 51 Jahre; Politikerin, Köln:
Als Leiche gesehen habe ich meine Schwiegermutter. Das war 1987. Da war sie aufgebahrt, lag in dem Sarg kurz vor ihrer Beerdigung. Das war schon sehr bewegend, aber einfach auch schön, daß wir von ihr auf diese Weise Abschied nehmen konnten. Auf der anderen Seite war das auch unheimlich abstrakt. Das war

sie dann schon nicht mehr selber, sondern jemand anderes. Daraus habe ich gelernt, daß es einfach wichtig ist, ordentlich Abschied zu nehmen von dem Menschen. Das war nun auch so, daß wir sie im Sterben begleitet haben. Wir waren alle ganz in der Nähe an ihrem Sterbebett. Als es mit ihr zu Ende ging, haben die verschiedenen Kinder und Enkelkinder rund um die Uhr gewacht. Das war sehr wichtig. Auch für sie selber, glaube ich, wichtig, daß sie ordentlich sterben konnte. Sonst habe ich selbst noch den Kardinal Frings gesehen, der wie eine Puppe im Dom lag. Und dann sieht man natürlich jede Menge Tote im Fernsehen und in den Zeitungen. Gemein fand ich die Darstellung von dem Barschel in der Badewanne. Unglaublich! Ich finde, daß man den Menschen als Leiche in einer Hinsicht widerlich indiskret behandelt, also wie eine öffentliche Ausstellung. Da braucht man mehr Respekt. Ich finde auch, daß man Menschen sehr indiskret behandelt, wenn man sie so ausschlachtet, wie das jetzt mit Leichenteilen geschieht. Oder mit diesen Versuchen, die man mit Leichen gemacht hat. Unglaublich! Auf der anderen Seite ist das natürlich sehr tabu, sich mit dem Tod zu befassen. Weniger die Leiche selbst, meine ich, als den Tod.

Ich selbst als Leiche – da habe ich eigentlich noch nicht großartig drüber nachgedacht. Wenn ich jetzt Wünsche äußern sollte, möchte ich eigentlich nicht aufgebahrt werden, obwohl ich das ja bei meiner Schwiegermutter durchaus akzeptiert habe. Ich möchte schon, daß meine Angehörigen von mir Abschied nehmen können, weil das ja auch so die Existenz abschließt. Aber ich möchte nicht öffentlich zugänglich sein und auch keine besonders aufwendigen Klamotten. Gewaschen werden will ich nur dann, wenn ich vielleicht so entstellt wäre, daß es für andere ganz scheußlich ist. Dann meine ich, sollte man mich etwas zurechtrichten. Ich möchte nicht geschminkt werden. Vor allen Dingen wünsche ich mir einen möglichst schlichten Sarg. Und dann will ich in einem Krematorium verbrannt werden und in einer Urne beigesetzt werden. Grabbeigaben möglichst wenig, weil ich das für überflüssig halte.

Ein Grab finde ich schon ganz wichtig, und auch einen ordentlichen Grabstein. Mir gefallen ja in Frankreich die Friedhöfe so. Da gehe ich immer gucken. Denn die Pariser Friedhöfe, die haben es ja schwer in sich. Die verschiedenen Gräber, wie das Grab von der Piaf, von Heinrich Heine usw. habe ich gesehen. Die haben dort verschiedenartige Ornamente. Das finde ich sehr schön und sehr interessant. Denn ein Grab, wo nichts drauf ist, das ist eigentlich schade. Oder die ganz glatten, normierten Granitsteine, die finde ich etwas trist. Lieber eine schöne Figur, irgendwas. Ich wollte ja immer, daß mein Onkel seine Figur mit aufs Grab kriegt, die er besonders geliebt hat in seinem Garten. Da ging es um ein Hündchen. Ich weiß gar nicht, ob sie ihm das hingestellt haben. Da müßte ich mal nachgucken. Aber was ich da drauf haben wollte? Also, ein Stein, finde ich, gehört schon da hin. Ich finde auch, daß das Grab gepflegt werden sollte. Ich habe auch das Grab von meiner Großmutter übernommen. Meine Mutter und meine Tante, die wollten nichts damit zu tun haben. Da liegen so viele Verwandte. Ich habe jetzt die Grabpflege übernommen und wundere mich gerade. Denn jetzt fällt mir ein, daß ich noch keine Rechnung gekriegt habe. Das ist ein besonderes Grab: In Köln-Melaten gibt es ja diese sogenannten „ewigen Gräber". Das war im vorigen Jahrhundert eine Bürgerstiftung, die zusammen diesen neuen Friedhof vor der Stadt als moderne Errungenschaft geschaffen hat. Die wichtigen Kölner Bürgerfamilien hatten sich dann da ein ewiges Grab gesichert. Und mein Onkel, der ja alter Kölner war, hat auch ein ewiges Grab geerbt. Jetzt aber geht die Stadt daran, die ewigen Gräber nicht mehr als solche anzuerkennen. Das finde ich einen schrecklichen Traditionsbruch. Das dürfte man nicht. Auch genauso, daß man auf diesen Dorffriedhöfen nicht mehr beerdigen kann, weil sie, glaube ich, finden, daß die Beschickung der Dorffriedhöfe ein bißchen zu aufwendig wäre.

Die letzte Beerdigungsfeier, auf der ich war, war die für die Opfer von Solingen in der Moschee in Köln. Das war ganz merkwürdig. Es war zunächst einmal schrecklich traurig, ein sehr trauriger Anlaß, auch für die Angehörigen. Aber es hat mich beeindruckt, mit welcher Würde die das gemacht haben. Die Aufbahrung der Leichen, die dann mit dem Körper eine bestimmte Ausrichtung haben müssen. Sie haben auch eine besondere Art, sich zu verabschieden, die von unserer abweicht: Die Art, wie die Gebete gesprochen wurden, ist besonders. Da wird sich in besonderer Weise verneigt. Ich kann das nicht so genau beschreiben, aber es war ganz eigenartig.

Zurück zu mir. Also, einen Leichenschmaus möchte ich haben. Das finde ich sehr schön, wenn die Leute sich hinterher treffen. Und die Musik? Ich liebe natürlich das Requiem von Mozart. Aber es soll auch nicht zu traurig sei.

Ich halte ja nichts davon, daß die Beerdigungen so tierisch teuer sind. Diesen Aufwand halte ich für ziemlich unsinnig. Und es braucht auch nicht geredet zu werden. Oder das müßten dann die Angehörigen bestimmen, wie sie es gern hätten. Wenn die das so wollen, sollen sie reden. Wenn die das nicht wollen, sollen sie nicht reden.

Also, wie gesagt: Musik und ein Leichenschmaus. Und dann, daß der Sarg ordentlich ins Krematorium abduftet und die Urne in die Erde kommt. So stelle ich mir das vor. Das erschreckt mich nicht die Spur. Die meisten Leute haben, wie ich weiß, schreckliche Angst davor. Aber das kann ich nicht sagen. Möglicherweise kriegt man die Angst ja, je näher der Tod rückt. Aber ich find' das ganz gut, wenn man sich da vorher Gedanken drüber macht. Denn sterben müssen wir ja alle.

Der Bestatter soll die rein technische Seite übernehmen: Die Leiche herrichten und in den Sarg packen. Ich sehe nicht ein, warum die Angehörigen das machen sollen. Nachher stinke ich ja vielleicht auch.

Was ich nicht möchte, ist ausgeschlachtet werden. Vielleicht bin ich ja altmodisch. Ich meine zwar, die Leute sollten ihre Niere spenden. Inzwischen bin ich aber auch eh zu alt dazu. Aber ich möchte das nicht pauschal und vorab genehmigen, weil ich denke, daß da auch Mißbrauch geschehen könnte. Also: Verkaufen sollten sie mich nicht, sondern ordentlich unter die Erde bringen.

Zu tun haben möchte ich auf jeden Fall mit den Leichen meiner Angehörigen. Von ihnen Abschied nehmen. Ich würde mich vielleicht vergewissern, daß sie ordentlich im Sarg liegen. Aber ich würde das nicht unbedingt alles selber machen wollen, die da herzurichten. Muß nicht unbedingt sein.

Was ich mir schlimm vorstellen würde, ist, wenn die Menschen, die man liebt, unter Umständen sehr schrecklich zugerichtet oder entstellt sind. Aber das kann man sowieso nicht ändern durch zuviel Manipulation. Das kann man nur begrenzt ändern. Wenn ich zum Beispiel denke, daß mein Bruder unseren jüngeren Bruder identifizieren mußte, als der bei einem Verkehrsunfall umgekommen war, das war schrecklich. Ich selbst habe ihn nicht mehr gesehen. Aber ich denke inzwischen bei meinem Vater, der ist im Krieg gefallen, daß man ihn nie hat sehen können, wie er war, und wo sie ihn begraben haben, da hat man das Gefühl, daß ein Schlußpunkt nicht richtig gesetzt ist.

Als Berufe im Umgang mit Leichen fallen mir diese ganzen Beerdigungstechniker ein. Da gibt es ja die Geschichte von „Klein Erna, Herrn Pietät und Takt", das ist der vom Beerdigungsinstitut. Wie Klein

Erna ihren Großvater im Sarg so schön zurechtgemacht sieht. Er sah aus ganz wie im Leben. Mit dem Zylinder auf dem Kopf. Und der Zylinder hat auch gehalten, ganz wie im Leben. Klein Erna fragt dann, wie sie es denn gemacht haben. Und dann hat sie auch diesen Herrn Pietät und Takt gefragt und der sagt: „Ganz einfach, kleine Tapeziernägel."

Bei der Beerdigung einer meiner Großmütter in Hamburg hat der Pastor immer von ihrem Hund erzählt. Das fand ich sehr merkwürdig. Der konnte die Namen der Kinder und Angehörigen nicht sagen. Aber er konnte erzählen, wie sie mit ihrem Hund gegangen ist und wie der hieß. Da hat der die halbe Predigt drauf verbracht. Na ja, das kann auch sehr lustig sein.

Also, meine Einfälle: Pastoren, Leichenwäscher und die Herren von den Beerdigungsinstituten, und dann noch die Popen. Ich bewundere diese Leute nicht, und ich bedaure sie auch nicht.

Was ich zu dem Thema sonst noch sagen möchte? Da gibt es ein Buch von Philip Ariès über die Geschichte des Todes, da kann man sehr viel über das Verhältnis zu Leichen drin lesen. Das finde ich kulturgeschichtlich sehr interessant. Da kann man sich auch auseinandersetzen mit dem Tod. Das fand ich besonders wichtig, weil wir ja einfach gar keine Kategorien mehr haben, damit umzugehen, weil wir eine Gesellschaft sind, in der mindestens eine Zeitlang überhaupt kein Verhältnis zum Tod mehr da war, auch zu der Art, wie alte Menschen zu Tode kommen dürfen. Ich meine, man muß irgendwann das Recht haben, ordentlich zu sterben und nicht durch alle möglichen Machenschaften, wie z. B. eine Maschine, in Gang gehalten zu werden. Das ist fürchterliches Leiden, was dann eintritt, wenn der Mensch nur noch leidet und nicht mehr die Fähigkeit hat, rational damit umzugehen. Und wenn dann die Angehörigen alles Mögliche tun, damit der nicht stirbt, obwohl sie eigentlich wissen, daß er stirbt. Und das ist ganz ambivalent, das Verhältnis. Und dann erfährst du, daß du schon fünfmal von jemandem Abschied genommen hast, und der Mensch ist immer noch lebendig, aber überhaupt nicht mehr der Mensch, den man kennt, weil sie dann schon schrecklich verfallen sind, und sich auch der Charakter verändert. Wenn man das dann sieht, daß die anderen Angehörigen das gar nicht verdauen können, dann finde ich schon, daß das ein wichtiges Thema ist. Die Lektüre von diesem Buch hat mir sehr viel gebracht, um einfach ein Verhältnis dazu zu finden, welche Bedeutung der Tod für das Leben hat; für die Art, wie Menschen dieses Thema auffassen, wie man unterschiedlich damit umgehen kann, und daß man auch eine gewisse Kultur braucht, um sich mit dem Tod auseinanderzusetzen. Und wenn man die nicht hat, ist es ein ganz schreckliches Loch. Dann entsteht sowohl dieser tabuisierte Kummer, daß man nicht mehr richtig leiden darf, weil alle Leute das immer verdrängen, als auch diese schnöde Materialisierung. Beides ist der Auswuchs des Unverhältnisses unserer Gesellschaft zum Tod. Und da kann man eben an den alten Kulturen eine Menge lernen. ◆

Herr C. L., 68 Jahre, Regisseur, München:
Ich habe einen „Fasttoten" gesehen: Vor dem Tod meines Vaters im vorigen Jahr. Ich hatte ein sehr gespaltenes Verhältnis zu meinem Vater. Der sah aus wie Friedrich der Große am Ende. Er war ja ein alter Soldat gewesen. Es hätte ihm wahrscheinlich sehr geschmeichelt, so auszusehen. Er hat im Koma gelegen und beim letzten Mal, als ich ihn besuchen wollte, war er schon tot. Er war in der Nacht zuvor gestorben. Da war ich gerade unterwegs. Ich habe ihn tot nicht mehr gesehen; aber so gut wie, weil er mehrere Wochen im Koma gelegen hat und künstlich ernährt wurde. Seine Leiche, die habe ich nicht mehr gesehen. Die war

schon – wie man so schön sagt – versorgt. Sonst habe ich bei einem Autounfall einen Toten gesehen. Blutig. Das ist ein Vorgang, zu dem man auf Anhieb keine persönliche Emotion entwickelt. Es macht einen weniger betroffen, weil es ein so wahnsinnig neutraler Alltag ist, und man sich selber die Frage versucht zu beantworten: Was habe ich daraus gelernt? Welchen Fehler hat er begangen, daß er in diese Situation gekommen ist?

Als Kind? Wenn ich so weit zurückgehe. Ja, sicher. Im Krieg. Ich bin 68 Jahre alt. Und im Krieg habe ich Tote gesehen. Ich muß aber ehrlich sagen: Meinem Naturell entsprechend habe ich das damals selbst mit 18, 19, 20 überhaupt noch nicht begriffen oder begreifen wollen. Da habe ich doch wahrscheinlich ziemliche Verdrängungseffekte in Gang gesetzt, die ich erst im Laufe der Zeit mit der Ernsthaftigkeit der existentiellen Auseinandersetzung verloren habe.

Ja, nach Bombenangriffen in Berlin. Ich muß jetzt wirklich überlegen. Darunter war allerdings auch ein Freund, der ganz jung gestorben war. Und das ist auch so eine Geschichte, daß, wenn man einen jungen Toten sieht, man ganz anders denkt, als wenn man einen alten Toten sieht. Der junge Tote ist fast schon etwas Beneidenswertes, weil er auf dem Höhepunkt seines Lebens ganz unerwartet auf einmal in den Tod befördert wird – nach dem Wort: Wen die Götter lieben, nehmen sie früh zu sich, wird der Junge die Wege eines alternden Menschen, wie es häufig vorkommt – Siechtum, Krankheit – halt nicht mehr erleben und ist im Vollbesitz seiner Kräfte auf einmal weggepustet worden. Ich habe damals gedacht, soweit ich das überhaupt noch nachvollziehen kann: Wie schön, toll!

Ich als Leiche? Na ja, das ist natürlich grotesk, jemand, der beruflich damit umgeht, Geschichten zu schreiben, zu erfinden und sie zu verfilmen, an den ist das natürlich eine groteske Frage. Im Alter von 60 Jahren denkt man natürlich daran. Aber ich habe ein sehr kühles Verhältnis dazu entwickelt. Von Angst überhaupt gar keine Spur. Tagtäglich gibt es Situationen, wo man daran denkt, was wäre wenn.

Was ich dann tragen möchte? – Keinen schlechten Eindruck hinterlassen. Das bedeutet nicht, im Smoking liegen. Umkleiden soll mich nur derjenige, dem ich nahestehe. Kein Bestatter! Die sollen ihre Finger davon lassen. Gewaschen werden? Wenn's notwendig ist. Ich möchte nicht geschminkt werden. Ich möchte auch nicht aufgebahrt werden. Ich möchte überhaupt das Interesse meiner Umgebung nicht haben. Das versteht sich teilweise aus meinem beruflichen Werdegang. Menschen, die einem im Leben kein Interesse entgegengebracht haben, denen nehme ich nicht ab, daß sie mir auf einmal Interesse entgegenbringen, nur weil ich zufälligerweise tot bin.

Der Sarg? Also ein Baumstumpf, ein ausgehöhlter, würde mir genügen. Denn mir wäre das individuelle Begräbnis am liebsten, wie bei meinem Hund, den ich im Wald irgendwo vergraben habe. Das wäre mir auch das liebste.

Grabstein? Nein, ein Felsstein genügt. Friedhof? Nein. Ich denke, es gibt Wege, um dem Zwang der gesellschaftlichen, bürokratischen Uniformität eines Friedhofs zu entgehen. Ansonsten halte ich den Friedhof für notwendig, um überhaupt die vielen Menschen in irgendeine Ordnung zu bringen. Sonst gäbe es Chaos. Aber das muß ja nicht für mich persönlich gelten. Die Alternative wäre möglicherweise, so man noch im Besitz seiner Kräfte ist, daß man einen Weg sucht, sich einfach persönlich verschwinden zu lassen. Zum Beispiel in einen Vulkan springen. Es gibt noch andere Möglichkeiten. Wer eine sehr starke Beziehung zur Natur hat, wird wahrscheinlich auch die Möglichkeit entdecken, irgendwo an irgendeinem Punkt, der von den Menschen nicht mehr gesehen wird, zu verschwinden.

Musik? Um Gottes willen! Bitte welche?! Und Leichenschmaus? Nein, nein, nein. Das verbietet sich von selber. Ich denke, daß die Person, die mich überlebt, mit der ich zusammengelebt habe, und die paar Freunde vielleicht einmal zusammenkommen und darüber reden und selbstverständlich gut essen sollten. Aber es als Leichenschmaus zu apostrophieren, so wie man das in bäuerlichen und manchen anderen Gesellschaften bei einem ins Grab Gesenkten tut, um anschließend diesen Leichenschmaus zu begehen, der immer etwas von Klatsch und von den Vorzeichen einer Auseinandersetzung mit den Erben bereits in sich birgt – nein, bitte nicht. Das ist ja furchtbar.

Bestatter, Bestatterin? Na ja, gut, wenn sich das nicht schon ausschließt durch das, was ich vorher gesagt habe, meine ich, daß ich, wenn es schon nicht zu umgehen ist, einen sympathischen älteren gern hätte oder einen Menschen, wenn man ihn wirklich als Menschen bezeichnen soll, und keinen Geschäftsmann, der sich verstellt. Ich selber hatte damit zu tun durch eine Publikation, eine Filmgeschichte, die ich gemacht habe. Deshalb weiß ich, mit welchem eingeübten Tremolo Bestatter in der Lage sind, lebensmäßig unerfahrenen Menschen etwas vorzumachen und Betroffenheit zu verkaufen. Im großen und ganzen möchte ich das ausschließen. Ich möchte mit den Leuten nichts zu tun haben. Und wenn ich etwas damit zu tun habe, dann bitte nicht vorab.

Mit wessen Leiche möchte ich zu tun haben? Das würde ich auch wieder nur auf den internen Kreis beziehen: Frau, Freund, und damit hat sich's auch. Ich möchte das für keinen Fremden tun. Erst recht nicht für einen, den ich vorher gekannt habe und nicht recht geschätzt habe. Ich möchte nicht lügen und heucheln. Und wenn ich ihm vorher die Pest an den Hals gewünscht habe, möchte ich hinterher nicht noch einmal feststellen wollen: Es tut mir leid, daß er tot ist.

Aber es gibt mit Sicherheit auch Situationen, vor die der Mensch gestellt ist. Nehmen wir an, wir wären in Situationen mit drin, die ich ja gar nicht ausschließen möchte, so wie die Dinge sich entwickeln, dann kann ich mir vorstellen, daß es auch Menschen gibt, die man nicht kennt, für die man gerne etwas tun würde, wenn so etwas passiert: Daß neben einem einer fällt, der von einem Scharfschützen abgeknallt wird. Da würde ich versuchen, den entweder anständig zu begraben und nicht – was heute auch an der Tagesordnung ist – ihn auszuplündern und ihm auch noch die Schuhe auszuziehen. Oder ich denke an die literarisch ausgeschlachteten Geschichten, wo Flugzeuginsassen nach einem Absturz überlebt haben, weil sie die Mitinsassen gefressen haben. Das kann ich mir persönlich nicht vorstellen.

Bei den Berufen im Umgang mit Leichen da habe ich nur Vorurteile. Ich denke zwar, es muß den Leichenbestatter geben, es muß den Friedhofsgräber, den Totengräber geben. Aber es gibt auch den Scharfrichter, es gibt die Folterer. Die Assoziationen können sicherlich noch weiter fortgesetzt werden. Ich kann sie alle noch nicht mal bedauern. Es gibt Berufe, die sind notwendig für diese Gesellschaft. Aber man muß sie nicht machen. Das ist eine eigene Wahl, die man zu treffen hat. Und ich denke auch, daß man eine eigene mentale Voraussetzung braucht, um das tun zu können. ◆

Frau R. T., 50 Jahre, Redakteurin, Bulgarien, Köln:
Den ersten Toten habe ich gesehen, da war ich sechs Jahre alt. Und zwar wurde im Lesesaal der Bezirksbibliothek irgendein Parteibonze aufgebahrt. Ich bin mit meiner Freundin mit der Schultasche hingegangen, um mir das anzuschauen. Es muß mich so aufgeregt haben, daß ich meinen Mantel verloren habe. Ich weiß noch, daß meine Mutter sehr geschimpft hat, weil ich zu spät und ohne Mantel nach Hause kam. Ich erinnere mich aber nicht, wie der Mann ausgesehen hat.

Es war etwas Neues. Ich wollte sehen, wie so ein toter Mensch aussieht. Ich war sehr aufgeregt. Aber mich hat das Gefühl irgendwie erfreut. Gelernt habe ich daraus nichts.

An mich als Leiche habe ich gedacht, als mein Vater gestorben ist. Denn meine Mutter hat sich sehr darum gekümmert, was mit ihm passierte. Daraufhin habe ich nachgedacht, wie ich das mit mir haben möchte: Ich möchte in einem sehr teuren Sarg begraben werden. Der ganze Sarg soll mit roten Rosen bedeckt sein, so wie bei meinem Vater. Also, ich nehme an, ein gutes Begräbnis kostet 10 000,- bis 15 000,- DM. Ich will bestimmen, was ich trage. Ich nehme an, ich würde gern irgendein sehr schickes, dunkles Kleid tragen. Ich hoffe, ich weiß, wann ich sterbe.

Wer mich umkleiden soll? Darüber habe ich nicht nachgedacht. Ich weiß es nicht. Will ich gewaschen werden? Ja. Ich möchte gerne sehr sauber sein. Ich will geschminkt sein. Ich soll schön aussehen. Und ich soll aufgebahrt werden. Über das Grab habe ich nicht nachgedacht. Ich will eine Urne. Und neben meiner Mutter und meinem Vater. Als Grabstein hätte ich gern einen Naturstein. Und da auf dem Stein von meinen Eltern kein Platz mehr ist, möchte ich gern einen eigenen Stein haben.

Grabbeigaben? Ich denke immer so an chinesische Begräbnisse. Ich würde gern meinen Lieblingsring anhaben. Redner? Gerne. Ich möchte z. B., daß meine Freundin was sagt. Und falls ich sterbe, wenn ich noch im Dienst bin, daß mein oberster Chef spricht. Und ich möchte, daß unheimlich viele Leute da sind. Auf dem Grabstein sollen nur Geburts- und Todestag stehen.

Mit welchen Leichen ich zu tun haben möchte? Darüber habe ich nicht nachgedacht. Ich weiß es nicht. Wenn jemand von mir etwas verlangen würde, würde ich es tun. Aber freiwillig würde ich mich nicht mit einer Leiche beschäftigen. Also ich könnte sie nicht waschen. Ich glaube, ich würde mich ekeln. Ich könnte sie vielleicht schminken.

Was ich mir schön vorstelle dabei? Irgendwelche schönen Blumen, oder etwas für den Menschen, der gestorben ist, zu tun, was der sich gewünscht hat. Schlimm stelle ich mir vor, etwas zu tun wie z. B. ein Onkel von mir, der meine Mutter küssen wollte, als sie Leiche war. Das ekelt mich.

Die Bestatter – von denen möchte ich gerne, daß sie jung sind. Sie sollen nicht so aussehen wie im Film, so widerlich und immer schlecht gelaunt. Es sollen Männer sein. Mich stören Uniformen. Da sehen sie eigentlich sehr militärisch aus. Ich verstehe nicht, warum Sargträger so etwas anhaben. Sie sollen den Sarg tragen, mich aufbahren und später auch den Sargdeckel drauftun. Aber sie sollen mich nicht berühren, wenn ich eine Leiche bin. Das sollen nur Leute tun, die mich lieben. Nicht fremde Menschen. Also ich kann mir vorstellen von z. B. meinem Bruder oder meinen engsten Freund-inn-en angefaßt zu werden.

Welche Berufe fallen mir im Umgang mit Leichen ein? Ja, die Menschen in der Anatomie, wo die Leiche hinkommt. Pathologen. Ich denke über diese Menschen, daß sie durch den Umgang mit dem Tod gelernt haben, sich nicht mehr zu ekeln. Bewundern tue ich diejenigen Mediziner, die an der Leiche vielleicht feststellen können, an welcher Krankheit der Mensch gestorben ist, so daß ich oder jemand anderes dadurch gewisse Rückschlüsse ziehen kann. Das finde ich sehr wichtig. Ich bedauere sie auch, weil ich mir meine Leiche nicht schön vorstelle.

Was ich noch sagen könnte, ist, daß ich die Leiche meiner Mutter schnell weghaben wollte. Sie hat gestunken. Und sie hatte mich während ihrer schweren Krankheit gequält, weil sie sehr elend und lange (acht Monate) an Krebs zu Hause gestorben ist. Da wollte ich nichts mehr mit ihr zu tun haben. Sie sollte unter die Erde kommen. Sie ist in der Nacht gestorben. Aber ich habe erst morgens den Bestatter angerufen. Gefürchtet habe ich mich nicht vor der Leiche. Aber angenehm war es mir nicht, bestimmt nicht. Ich habe sie angeschaut. Ich habe überlegt, ob ich den Mund zumachen sollte. Der war auf. Aber ich habe mich nicht getraut.

Grundsätzlich ist es ein Thema, über das ich nicht gerne nachdenke, weil es mir so eine Angst einjagt. Weil ich, wenn ich über meinen eigenen Tod nachdenke, so ein Ekelgefühl empfinde. Das ist mit dem Geruch verbunden, den meine Mutter hatte. Das ist das Ekelhafte. Sie hat wohl alles unter sich gelassen. Und dann stinkt das sehr. Ich habe auch sämtliches Bettzeug weggeworfen. Es roch nach Leiche.

Wichtig finde ich, wie man mit der Leiche umgeht und wie man sich von ihr verabschiedet. Ich finde es in der orthodoxen Kultur schöner, weil alle Leute da hingehen. Das ist kein Trauerfest. Die weinen zwar und heulen, aber nachher trinken alle Cognac und sind bester Laune und sprechen und sehen sich oft zum ersten Mal nach Jahren wieder.

Dann denke ich noch an das Begräbnis einer Freundin, die alles bestimmt hatte: Wie ihre Leiche angezogen wird, wie das Begräbnis auszusehen hat, welche Blumen, welche Musik, in welchem Restaurant wir essen, wer eingeladen wird und wer wo sitzt. Ich fand das toll. Es war alles in ihrem Sinne, und die Angehörigen hatten keine Schwierigkeiten, es zügig und nach ihrem Geschmack zu tun. Das Begräbnis trug ihre Handschrift und war so ein letztes Zeugnis von ihr. Damit fiel uns der Abschied viel leichter. ◆

A., 15 Jahre, Schülerin, Solingen:
Eine Leiche habe ich bisher noch nicht gesehen. Ich war aber nahe dran. Ich war an diesen Tagen nicht zu Hause. Es war mein Vater. Er ist vor einem Jahr gestorben. Ich war damals im Urlaub mit meiner Oma, und meine Mutter war bei meinem Vater. Ich hätte ihn schon gern ein letztes Mal gesehen.

Ich habe mir mich als Leiche noch nicht vorgestellt. Ich habe mir nur vorgestellt, daß alles traurig sein wird, wenn ich mal sterbe, und eben, wie das Ganze ablaufen wird.

Ich bin katholisch und würde gerne auf einem katholischen Friedhof begraben werden. Was ich tragen will – ist mir eigentlich egal. Also, es muß nicht ein Kleid sein. Und wer mich umkleiden soll, das ist mir auch egal. Gewaschen und geschminkt werden möchte ich doch. Aber das muß niemand Bestimmtes tun. Und aufgebahrt auch, je nachdem, wie ich sterbe.

Der Sarg – da habe ich eigentlich keine besonderen Ansprüche. Es soll nur ein guter sein. Also schon ein Eichensarg. Das Grab sollte eigentlich eine Gruft sein, wo ich dann mit meiner Familie zusammen reinkomme. Der Grabstein sollte eben auch entsprechend auf die Familie bezogen sein.

Als Redner möchte ich unseren Pater haben, weil wir auch mit dem befreundet sind. Und als Musik sollte die gespielt werden, die ich zu diesem Zeitpunkt gerne höre oder gehört habe. Im Moment ist es so das Neueste, was gerade „in" ist. Aber schon etwas Gedämpftes, ungefähr „Ace of Base" zum Beispiel. So etwas, was nicht ganz so wild ist und mir aber auch gefallen würde.

Das Alter, in dem ich sterben möchte, kommt auf die Situation an. Wenn ich ziemlich schwer krank wäre, und es ist nicht zu heilen, dann möchte ich ziemlich schnell sterben. Ansonsten schon so bis 80 vielleicht.

Der Bestatter – das ist mir egal. Wir hatten jetzt einen guten Bestatter bei meinem Vater, mit dem wir auch befreundet waren. Aber der ist ja bis dahin sicher nicht mehr. Er sollte sich dann um meine Angehörigen ein bißchen kümmern und nicht alles so formal machen.

Ich hätte schon gerne noch mit der Leiche meines Vaters zu tun gehabt, und auch mit der von meiner Mutter, wenn sie sterben würde in nächster Zeit. Auch mit meiner Oma und eigentlich mit allen, mit denen ich befreundet bin, mit meinem Freund und so. Je nachdem, wie nahe sie mir stehen würden, würde ich sie auch waschen und umkleiden. Aber wirklich, sie müßten mir dann schon sehr nahe stehen. Das würde ich bei den meisten nicht tun.

Was ich zu dem Thema noch sagen möchte: Ich meine eigentlich auch auf Grund meiner Religion, daß es nach dem Tod bestimmt noch irgend etwas geben wird. Ich kann mir nicht vorstellen, daß es zu Ende ist. Aber was da noch kommt, das kann keiner sagen. Ich habe zwar schon viel über dieses Thema gelesen, zum Leben nach dem Tod. Ich glaube das auch. Aber ob das unbedingt so stimmt? Denn die waren ja auch nicht richtig tot. Aber ich habe vor dem Tod eigentlich keine große Angst. Ich warte einfach mal ab.

Der Tod meines Vaters, das war meine allererste Beerdigung, die ich miterlebt habe. Es ist mir zwar immer noch sehr fremd, dieses Thema, aber nicht mehr so wie vorher. Mein Vater ist im Oktober gestorben und war von Januar bis Oktober sehr krank. Man konnte wirklich auch sehen, wie er leiden mußte. Es war wohl das Beste für ihn, zu sterben. Denn so ging es nicht mehr weiter. Ich kam gerade vom Reiten, und meine Oma erzählte mir das. Ich hab' das zuerst überhaupt nicht geglaubt, weil ich mir das nicht vorstellen konnte. Erst als ich dann mit meiner Mutter gesprochen hatte und ein bißchen darüber nachgedacht hatte, wurde mir die Situation bewußt. Das war dann mehr als ein Schock. Dieses Jahr Weihnachten – also ein Jahr danach – war es noch schlimmer als letztes Jahr. Es hat sich dann ein bißchen gesetzt. Eigentlich weine ich nicht viel. Direkt danach schon. Auch auf der Beerdigung. Ich hatte danach auch Alpträume. Ich glaube auch nicht, daß es in der nächsten Zeit für mich abgeschlossen sein wird. Ich gehe öfter zum Friedhof, als ich vorher gegangen bin. Wir haben ja auch noch Sachen, die sehr an meinen Vater erinnern. Bilder, die wir in der letzten Zeit gemacht haben, Bilder von der Beerdigung und so. Man wird eben immer wieder daran erinnert. Wenn ich meinen Vater noch einmal gesehen hätte als Toten – je nachdem, wie er dann ausgesehen hätte –, hätte man sich vielleicht klarmachen können, daß dieser Körper eben nur eine Hülle ist. Aber ich weiß es nicht. Es ist etwas kompliziert. Er war damals ja schon abgeholt worden, als ich gekommen bin. Ich war im Sauerland, und die Fahrzeit dauerte ungefähr zwei Stunden. Ich war erst zu Hause, als alles schon geregelt war. Als ich zurückkam, war er in der Leichenhalle. Meine Mutter hat mir aber erzählt, wie er ausgesehen hat. Es gab zwei Zeitpunkte, wo sie ihn gesehen hat. Als sie ihn morgens gefunden hat, muß er wohl ganz toll ausgesehen haben. Überhaupt nicht mehr krank und so. Und hinterher, als der Notarzt gekommen ist und die Decke runtergetan hat, konnte man schon sehen, daß er sich durch den Wärmestau schon verändert hatte. ◆

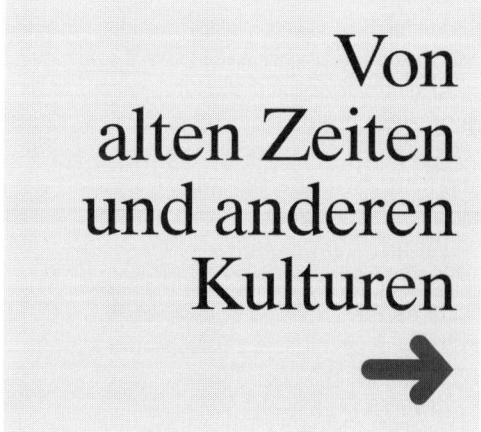

Von alten Zeiten und anderen Kulturen →

Gelesen

Vermutlich sind wir Menschen die einzigen Lebewesen, die ihr Leben lang im Bewußtsein dessen leben, daß sie sterben müssen. Schon älteste Höhlenmalereien von vor über 40 000 Jahren zeigen Begräbnisrituale und Zeichnungen, auf denen Tote mit zusammengebundenen Händen und Füßen in Hockstellung dargestellt sind. Alle Religionen und Mythen belegen die Tatsache, daß wir um unsere Endlichkeit wissen. In den meisten Religionen finden sich die Menschen nicht mit dem Tod ab. Sie lehnen sich gegen ihn auf, schaffen neue Welten, in denen der Mensch doch noch „weiterleben" kann. Das Verschwinden, die Nichtexistenz ist etwas, was offenbar so furchtbar ist, daß es sich nur in wenigen Kulturen als gegebene Tatsache findet. Die Vorstellung, daß andere sterben müssen, fällt uns leichter, als sich mit der eigenen Endlichkeit auseinanderzusetzen. Das Thema erschüttert die Menschen unserer Kultur meist zutiefst. Und am liebsten wird es hier verdrängt. In unserer industrialisierten Gesellschaft, in der die Menschen funktionieren müssen, damit die Gesellschaft funktioniert, scheint es nötig, die Tatsache des Todes zu verleugnen. Wenn hier alle ständig daran dächten, daß morgen sowieso alles, was sie besitzen und wofür sie sich plagen, unsinnig wird, würden viele die Härte, die Anpassung an den Alltag, deren Brutalitäten und Demütigungen vermutlich ganz anders betrachten. Zur Daseinsform dieser Gesellschaft ist es wichtig, daß die Menschen sich möglichst sicher und zufrieden fühlen. Und das scheint hier besser zu gelingen, wenn der Tod versteckt wird.

In den westlichen Industrieländern ist der Umgang mit der Leiche genauestens bürokratisch geregelt: Schnell aus dem Haus, schön geschminkt, damit der Tod nach Schlaf aussieht, eine Materialschlacht mit Blumen am Grab. Dann entsorgt und vergessen. Möglichst keinen Sterbeprozeß unter den Augen all jener, die ja dann beginnen könnten, über den Sinn des Lebens nachzudenken, wenn sie sich mit ihrer Endlichkeit auseinandersetzten. Denn den Gedanken an den eigenen Tod können viele besser unterdrücken, wenn sie die, die ihn schon erfahren haben, nicht mehr sehen.

Auf der Erde existieren viele Extreme nebeneinander: Gesellschaften, die langanhaltende, ausladende Bestattungsriten kennen. Solche, die in dem Bewußtsein leben, daß die Geister der Toten leben bleiben oder immer wieder zurückkehren können. Andere wieder, wie z. B. die Kautschuk-Arbeiter-innen in Brasilien, die so verelendet sind, daß sie überhaupt keine Bestattungsrituale mehr haben und ihre Toten ganz vergessen. Manchmal reicht es dort nicht mal mehr dazu, die Leichen zu verscharren.

Von berühmten Toten oder besonders interessanten Leichen sind die Zeitungen voll. Über den Massentod bei Hunger und Seuchen finden sich bestenfalls kurze Notizen. Die Presse gibt ein schiefes Bild über die Art der Leichen: ca. 2000 Kinder sterben im Jahr durch Verkehrsunfälle. Weit über 100 werden von ihren Eltern zu Tode geprügelt. 7–12 sterben alljährlich durch Sexualmorde. Der Eindruck, der in der Öffentlichkeit entsteht, scheint genau umgedreht.

Tote haben etwas Einmaliges. Sie funktionieren nicht mehr. Sie sind zu nichts mehr zu gebrauchen oder zu überreden. Sie lassen sich nicht mehr bedrohen. Sie sind die Fremden, bei uns die Unberührbaren. Im Tod sind alle gleich und verhalten sich unerlaubt asozial. In unseren Ländern wird der Tod erst seit wenigen Jahrzehnten verbannt. In unseren Städten stirbt man jetzt im Krankenhaus oder still und einsam in der Wohnung, Arme wie Reiche und – noch nicht so oft, wie in den Drittweltländern – auf der Straße. Sterbende und Tote gelten bei uns als Zumutung.

Nach dem Ex-und-Hopp-Prinzip unserer Waren werden auch die Leichen möglichst rasch beiseite geschafft, und auch das Andenken soll nicht so lange lebendig gehalten werden. Der Friedhof hat eine Mauer, wenigstens Hecken. Dann ein Loch in den Boden, ein paar kurze Bemerkungen, Erde, Kränze obendrauf. Dann läuft die Pacht. 20 Jahre lang. Danach muß man hierzulande die Gräber neu kaufen oder mieten. Es ist nicht einmal genug Platz da für die Toten. Da die Menschen unserer Kultur verlernt haben, mit den Leichen umzugehen, gibt es Spezialist-inn-en. In Amerika heißen sie Thanatologen. Das sind Ärzte und Ärztinnen, deren Aufgabe es ist, das Sterben möglichst leise und reibungslos zu garantieren. Auch hier gibt es immer mehr Hospiz-Einrichtungen (s. Seite 235), die uns die Sterbenden abnehmen. Sie sind eine Antwort darauf, daß Krankenhäuser oft schmählich darin versagen, den Sterbenden und Toten ihre Würde zu lassen. Denn für zuviele Krankenhäuser ist der Tod eine Schande. Er zeigt, daß der Arzt oder die Ärztin doch nur Halbgötter in Weiß sind bzw. der oder die Kranke nicht gehorsam genug die Anweisungen des Personals befolgt hat. Deshalb erscheint auch der nächste Schritt nur logisch: Daß nämlich denen, die nicht mehr ordentlich „funktionieren", im Motor-Austausch-Verfahren „Ersatzteile" eingebaut werden. Was später psychologisch mit diesen Menschen los ist, interessiert wenig. Sie erfahren nicht, ob sie ein männliches oder ein weibliches Herz eingepflanzt bekommen und wer welches Leben mit welchem Herzschmerz oder welchen Herzensfreuden damit geführt hat.

Viele sehen eine der Wurzeln, warum wir so verfahren, in der christlichen Religion: In der Bibel wird der Tod ausschließlich abgelehnt. Nur ein Tod wird glorifiziert: Der von Jesus am Kreuz, der nur deshalb stirbt, damit die Menschen das Ewige Leben erlangen können. Sein Sterben am Kreuz ist fast der einzige öffentlich durchgängig gezeigte Tod. Ausnahmen sind vielleicht die Totenmasken von Beethoven und von der Unbekannten aus der Seine, die seit Beginn unseres Jahrhunderts merkwürdigerweise als Büsten die Bürgerstuben zieren.

In unserem Kulturkreis sterben heute 80 Prozent aller Menschen im Krankenhaus. Die meisten Agonien werden qualvoll verlängert. Denn man hat ja Geräte und Medikamente, die eingesetzt werden wollen – aus Hilflosigkeit, sich dem Tod zu stellen, und auch, um sie auszuprobieren. Ein hoher Prozentsatz der Patienten und Patientinnen stirbt allein, weil die Angehörigen nicht rechtzeitig gerufen werden, weil sie keine Unterstützung vom Personal erhalten, den Sterbenden beizustehen. Denn auch das Krankenhauspersonal selbst ist meist nicht dazu ausgebildet, dazubleiben und mit dem Patienten oder der Patientin in Würde die letzten Stunden durchzustehen. Also scheint es oft einfacher, mit dem Einsatz von Technik und Drogen die Betreffenden „auszuschalten".

Viele Autor-inn-en, die sich mit diesem Thema beschäftigt haben, sind der Meinung, daß die Auflösung der Familien, die jahrhundertelang hauptsächlich durch die Frauen zusammengehalten wurden, Grund für die veränderten Sterberiten und den verlagerten Sterbeort ist. Heute sind viele Frauen hierzulande nicht länger bereit, sich aufzuopfern. Sie haben selbst angefangen zu leben. Dementsprechend arbeiten sie oft außer Haus. Die Bereitschaft, mit zu erdulden und mitzuleiden, scheint früher erschöpft – ein wohl nicht mehr umkehrbarer Prozeß. Alte Leute und ihr Wissen taugen in dieser Kultur nichts mehr. Sie werden immer häufiger in Heime abgeschoben, sind den Familien nur noch eine Last. Die Zahl von Selbstmorden im Alter, auch durch Medikamente, Trinken oder Sichaufgeben, steigt. Da hier der Tod als natürliches, würdevolles Ereignis abhanden kommt, befürchten viele, daß auch ein würdevolles Leben abhanden kommen kann. Menschen werden zu Massenwaren, zu auslaufenden Modellen, bestenfalls noch interessant für das Auswaiden und als Untersuchungsobjekt in der Anatomie oder bei Versuchen für den TÜV, wie die Diskussionen im Dezember 1993 zeigten:

Leichen werden ausgenommen – Organhandel oft ohne Wissen der Angehörigen
Ärztekammer: Eine seit Jahren gängige Praxis

In deutschen Kliniken werden Leichen systematisch geplündert; den Verstorbenen werden Hirn- und Muskelhäute, Knochen, Gehirne, Augen und Hüftgelenk-Prothesen entnommen. Das berichtet das Hamburger Nachrichten-Magazin „DER SPIEGEL" in seiner jüngsten Ausgabe. Die Leichenteile werden demzufolge an Pharmaindustrie und Forschungsinstitute geliefert – meist ohne Einwilligung von Angehörigen.

Den als Aufwandsentschädigung deklarierten Preis dafür kassierten meist die in den Pathologien angestellten Sektionshelfer – oft auch die Institute selbst.

Bundesgesundheitsminister Horst Seehofer (CSU) will klären, ob die Angaben so zutreffen. In diesem Fall müßten rechtliche Konsequenzen geprüft werden, sagte er am Wochenende.

Der Vizepräsident der Bundesärztekammer, der Dürener Pathologe Jörg Hoppe, bezeichnete es als gängige Praxis, bei zulässigen Obduktionen nicht verwesende Organe herauszuschneiden. Damit werde lebenden Menschen geholfen. „Dank dieser Organe können Blinde wieder sehen und Taube wieder hören", sagte Hoppe. Auf diese Praxis hätten die Ärzte seit Jahrzehnten hingewiesen. „Es hat bislang niemand einen Anlaß gesehen, daraus einen Skandal zu machen." Die Organentnahme bei zulässigen Obduktionen sei nicht verboten. Derzeit würde im Durchschnitt etwa bei zehn Prozent aller Verstorbenen eine „interne Leichenschau" vorgenommen.

Ein am Kasseler Klinikum beschäftigter Sektionshelfer sagte dem „SPIEGEL", mit dem Geld werde die „Kaffeekasse" der Pathologie gefüllt. Verantwortliche der Pharmafirmen beriefen sich darauf, sie gingen von einer Einwilligung der Spender beziehungsweise deren Angehörigen aus. Dabei verließen sie sich auf die Kliniken. Angehörige der Verstorbenen würden meist weder informiert noch um Erlaubnis gebeten, behauptet indessen der „SPIEGEL". Der Handel mit Leichenteilen profitiere von einer rechtlichen Grauzone. Wegen der komplizierten Krankenhausbestimmungen wüßten die Patienten oft nicht, daß sie mit ihrer Unterschrift unter den Aufnahmevertrag oft einer späteren Öffnung ihrer Leiche zustimmten.

Seehofer bezeichnete eine Entnahme von Organen und Geweben aus Toten ohne Wissen der Angehörigen als „zumindest ethisch höchst bedenklich". Mediziner dürften ethische Grenzen nicht selbst setzen. Das sei Sache des Gesetzgebers. Der Vorsitzende des Gesundheitsausschusses im Deutschen Bundestag, Dieter Thomae (FDP), empfahl Krankenhauspatienten, Formblätter der Kliniken vor Operationen sorgfältig durchzulesen.

(Kölner Stadtanzeiger 6/12/1993)

DER SPIEGEL berichtete unter dem Titel:

Rammbock in die Flanke

Crashtests mit Leichen, seit 28 Jahren eine umstrittene Disziplin der Unfallforschung, kamen in die Schlagzeilen. Auch Körper toter Kinder wurden eingesetzt. Gerichtsmediziner stellten sich hinter ihre Heidelberger Kollegen. Die Unfallexperten brauchen die Daten, um ihre Testpuppen verläßlicher zu machen.

Einbandagiert wie eine ägyptische Mumie ging der Mann auf seine letzte Fahrt. Sein Gesicht von den anwesenden Pressefotografen ablichten zu lassen, verbot die Pietät. Denn die kurze Reise endete grausam. Wenige Sekunden beschleunigte der auf Schienen dahingleitende Sitz, bis er mit 50 Stundenkilometern vor einem festmontierten Auto-Armaturenbrett ruckartig stoppte. Der Passagier, nicht angegurtet, wurde gegen die Windschutzscheibe katapultiert.

Bilanz des schaurigen Experiments: Das Jochbein gebrochen, die Nase fast abgetrennt. Auf der Stirn klafft eine tiefe Wunde. Das rechte Augenlid ist gespalten. Der verheerend verstümmelte Versuchskandidat hatte nichts gespürt. Er war vor dem Test schon tot.

Diesen makabren Beleg für den Nutzen des Sicherheitsgurts erbrachte die Wayne State University in der amerikanischen Autostadt Detroit – vor 28 Jahren. Die Öffentlichkeit erfuhr damals von einem der ersten Crashtests, bei denen Leichen anstelle von künstlichen Testpuppen verwendet wurden („DER SPIEGEL" 44/1965).

Derlei „biomechanische Versuche" machten später Schule. In Deutschland führte der Heidelberger Professor Georg Schmidt, heute 71, Ende der sechziger Jahre die ersten Unfallversuche mit Toten durch, unterstützt von der Forschungsvereinigung Automobiltechnik, einem Zusammenschluß der deutschen Autohersteller. Seitdem wird diese Forschungsdisziplin argwöhnisch beäugt. „Nächtens, unter großer Geheimhaltung", schrieb die „Frankfurter Rundschau" am 24. März 1973, würden in Heidelberg „Leichen auf einen Katapultschlitten gesetzt". Eine Lawine der Empörung wurde losgetreten, die bald wieder abschmolz. Die Tests gingen weiter. Auch Wissenschaftler anderer medizinischer Hochschulen, zum Beispiel in Hannover, begannen „Schlittenversuche" mit Toten. Geheimgehalten wurden sie nicht. Die Forschungsergebnisse waren bei der Bundesanstalt für Straßenwesen (BAST) immer einsehbar.

Jetzt meint „Bild" den Skandal um „Professor Horror" Dimitrios Kallieris und seinen Chef Rainer Mattern enthüllt zu haben. Die Forscher, am Rechtsmedizinischen Institut der Universität Heidelberg für den Leichencrash zuständig, agierten allerdings nie im verborgenen.

„Völlig lächerlich" findet der Berliner Rechtsmediziner Helmut Maxeiner die Aufregung um die fahrenden Leichen von Heidelberg. Bei einer Obduktion oder einer Organtransplantation, so Maxeiner, würden die leblosen Körper schließlich nicht minder gräßlich verunstaltet. „Und bislang hat ja wohl noch keiner gefordert, das Sezieren von Leichen zu verbieten."

In höchsten Tönen lobpreist der Verkehrsunfallforscher Hans König vom Gerichtsmedizinischen Institut der Uni Tübingen die Kollegen am Neckar: „Viele Autofahrer verdanken ihr Leben jenen makaber wirkenden Crashversuchen."

Da könnte was dran sein. So lieferte Kallieris schon vor neun Jahren wertvolle Hinweise, wie sich der Seitenaufprallschutz von Fahrzeugen verbessern ließe. Der Forscher hatte nacheinander 15 Leichen „zwischen 21 und 59 Jahren" in Rohkarosserien des Opel Kadett gezwängt. Sodann ließ er jeweils einen Rammbock mit 50 km/h in die verwundbare Flanke der ruhenden PKW-Hüllen sausen.

Äußerlich waren die Toten nach dem wuchtigen Stoß fast unversehrt. Nur zwei der 15 „angestoßenen Testobjekte" hatten erkennbare Kopfverletzungen. Auf bedrohliche Risse und Frakturen stieß der Heidelberger Rechtsmediziner hingegen in den kalten Eingeweiden der Toten – die festgestellten Rippenbrüche, Wirbelsäulenverletzungen und die „Ablösungen der Bandscheiben von den Wirbeldeckplatten" waren noch vergleichsweise harmlose Unfallfolgen. Bei fast allen Leichen klafften nach dem Crash tiefe Risse in der Leber, an denen ein Lebender innerlich verblutet wäre. In dem braunroten Organ zirkuliert ständig ein Viertel der Blutmenge eines Menschen.

Volle Rückendeckung bekommt der jetzt attackierte Toten-Tester auch von den Herstellern der Dummy-Puppen: Sie wären ohne die Erkenntnisse aus Leichentests völlig aufgeschmissen. „Die entscheidenden Daten" für die Dummy-Entwicklung werden aus Crash-Versuchen mit Toten bezogen, bestätigt Edgar Janssen, 38, Leiter der Biomechanik-Forschung des niederländischen Dummy-Herstellers TNO, der alle deutschen Autohersteller mit Testpuppen beliefert.

Die ersten Dummys aus den sechziger Jahren glichen in ihrer Konsistenz eher steinernen Statuen als verletzlich-weichen Menschen. Selbst bei dem 1972 in den USA eingeführten Norm-Dummy „Hybrid II", mit dem noch heute Standardtests gefahren werden, klagen Experten über ein gewaltiges anatomisches Mißverhältnis: Der metallische Stützapparat, entsprechend dem Knochenbau des Menschen, ist neunmal so schwer wie die Weichteile, also Organe, Muskel- und Gewebemasse. Beim Menschen ist es genau umgekehrt.

Neuere Puppen, etwa der 1989 von General Motors eingeführte „Hybrid III" oder der Seitencrash-Spezialist „Eurosid" von TNO, gleichen dem schlaffen Vorbild schon besser.

Die ISO-Vorschriften, nach denen die Dummys genormt werden, basieren vorwiegend auf der Auswertung der Leichenversuche. Ob die Belastung, die die elektronischen Nervenstränge der Testpuppe beim Crash melden, lebensgefährlich oder tödlich ist, kann man nur wissen, wenn die Daten von „echten" Insassen vorliegen.

Fast völlig im dunkeln tappen die Dummy-Bauer in einem Punkt. Janssen: „Wir kennen die Grenzwerte von Kindern nicht." Es gibt kaum Daten. Die Forscher in den USA, die bisher die meisten Leichenversuche gemacht haben, schreckten bisher vor Tests mit toten Kindern zurück. Die Heidelberger Forscher brachen das Tabu. Acht tote Kinder wurden von ihnen bisher in Crashtests eingesetzt. Damit stellten sie sich ethisch ins Zwielicht, betraten für die Wissenschaft aber möglicherweise interessantes Neuland.

Aus Unfallanalysen des HUK-Verbandes wissen die Forscher, daß kleine Kinder beim Aufprall oft schwere Halsverletzungen davontragen. Der Kopf eines Kindes ist, verglichen mit dem restlichen Körper, entscheidend schwerer als bei Erwachsenen. Daher werden die Halswirbel beim Frontaufprall wesentlich stärker belastet. Genaue Kriterien für die Herstellung von Kindersitzen können aber erst aufgestellt werden, wenn aus der Leichenforschung die Daten bekannt sind. Dafür wären „noch viele Tests nötig", meint Dummy-Experte Janssen. Doch die dürfte es nach der jetzt aufgeflammten Diskussion so bald nicht wieder geben. Abgesehen von allen ethischen Streitpunkten ist es ohnehin schwierig, für Crashtests geeignete Kinderleichen zu beschaffen. Kinder sterben fast immer durch Gewalteinwirkung oder an schweren Krankheiten. Körperlich stark versehrte Leichen sind aber für solche Versuche ungeeignet. Crashpionier Georg Schmidt: „In Frage kommen eigentlich nur Leichen von Kindern, die durch Ertrinken oder Vergiftung ums Leben gekommen sind."

Wo die Heidelberger Forscher die acht toten Kinder für ihre Tests herbekommen haben, bleibt unklar, da Kallieris bisher noch keine schriftliche Einwilligung der Eltern präsentierte. Nebulös erzählt Georg Schmidt von einem Fall, in dem eine Mutter ihr Kind tötete und daraufhin Selbstmord beging. Eine fragwürdige Anekdote.

Alle plötzlich Empörten, auch die Heidelberger Staatsanwaltschaft, die wegen „Störung der Totenruhe" ermittelt, müssen sich allerdings fragen lassen, ob sie schlecht informiert waren oder nicht ehrlich sind. Überrascht kann eigentlich keiner sein. Die erste öffentliche Stellungnahme zu den Vorgängen in Heidelberg gab Kultusminister Wilhelm Hahn am 10. Mai 1973 vor dem Landtag in Stuttgart: „Die Untersuchungen mit Leichen sind seit mindestens Mitte Juni 1967 bekannt. Die Heranziehung von Leichen zur Forschungsarbeiten ist grundsätzlich nicht verwerflich, wenn dies im Interesse der Gewinnung von wissenschaftlichen Erkenntnissen zur Gesunderhaltung der Menschen erfolgt."

(DER SPIEGEL 48/1993)

Wie in unserer Gesellschaft heute mit Toten umgegangen wird, wie tief die Ehrfurcht vor dem Leben gesunken ist und vor allem, wohin diese Entwicklung voranzuschreiten droht, zeigt die aktuelle politische Diskussion um eine neue Gesetzgebung zum Transplantationsgesetz, in dem festgelegt werden soll, daß jedem „Toten" Organe entnommen werden dürfen, wenn keine ausdrückliche Verweigerung vorliegt. Angehörige müssen nicht gefragt werden. Dazu Auszüge aus einem Artikel aus dem „SPIEGEL".

Im Vorzimmer des Todes

Organtransplantateure in Not: Die Zahl der verfügbaren Organe sinkt, das Vertrauen der Bevölkerung schwindet. Jetzt wird auch noch die Grundlage ihres ganzen Metiers angezweifelt. Theologen, Hirnforscher und Intensivmediziner fragen: Sind Organspender mit totem Hirn und schlagendem Herzen wirklich tot?

Im Tod sind alle Menschen gleich. So war es jahrtausendelang. Seit 25 Jahren gilt diese Weisheit nicht mehr. Jetzt gibt es Hirntote und Herztote, Ganzhirntote und Teilhirntote, NHB-Kadaver und Anenzephale. Alle sind sie tot, zumindest ein bißchen. Und Ärzte, Theologen und Philosophen streiten sich: Wie tot muß ein Mensch sein, um auch tot genannt zu werden?

Seit Todkranke künstlich beatmet werden, kann jedes Organ einzeln sterben; der Tod wird zerlegt in Einzeltode. Das Sterben kann Tage, Wochen, Monate dauern. Tausende auf den Intensivstationen dämmern in verschiedenen Vorzimmern des Todes.

. . .

Läßt sich in dieser Grauzone eine Grenzlinie ziehen, die Tote von Lebenden scheidet? Was heißt überhaupt tot: Zählt der Tod des Körpers, der Person oder der Seele? Und wann genau verläßt die Seele ihren Körper?

Die Intensivmedizin ist ins Terrain der Theologen und Philosophen vorgedrungen. Ehedem spitzfindige Erörterungen über die Trennung von Leib und Seele haben plötzlich praktische Bedeutung gewonnen: Kann ein Hirntoter, dessen Körper noch zu 97 Prozent lebt, als tot bezeichnet werden? Ist umgekehrt ein Mensch auch dann noch lebendig, wenn er nie mehr ins Bewußtsein zurückkehren wird?

Unbequeme Fragen für die Ärzte. Denn die Antwort entscheidet darüber, wann ein Mensch zur Organtransplantation freigegeben werden darf.

1967 wurde zum erstenmal ein menschliches Herz verpflanzt. Es war kein Zufall, daß schon ein Jahr später eine Ethikkommission der Harvard University beschloß, die Diskussion mit einer neuen Definition des Todes zu beenden: Der Mensch ist tot, wenn alle Funktionen des Gehirns vollständig erloschen sind.

Apalliker, anenzephale Säuglinge und Menschen mit anderen Teilausfällen des Gehirns wurden den Lebenden zugeschlagen. Die Ganzhirntoten wurden ins Reich des Todes eingemeindet.

Seither beteuern die Mediziner: Hirntote sind tot, das sei wissenschaftlich erwiesen. Doch neuerdings, gerade zweieinhalb Jahrzehnte nach seiner Aufrichtung, ist das Dogma vom Hirntod ins Wanken geraten. Nicht nur Theologen, auch Hirnforscher, Neurologen, Psychiater und Intensivmediziner melden plötzlich Bedenken an.

Das Hirntodkonzept sei „empirisch und logisch falsch", urteilt der Bremer Hirnforscher Gerhard Roth. Auch der hannoversche Psychiater Johann-Christoph Student betrachtet es als „völlig unakzeptabel", Hirntote für tot zu erklären. Sie würden schlicht zu Tode definiert, weil die Ärzte nicht den Mut aufbrächten, zuzugeben, daß sie Organspender bei lebendigem Leib zerschneiden. Ein Hirntoter sei vielmehr „ein Lebender minus Hirn", pflichtet ihnen der Gladbecker Internist Linus Geisler bei. Willkürlich würde an einer bestimmten Stelle im Sterbeprozeß die Trennlinie zwischen Leben und Tod gezogen. Vor allem der Fall des Erlanger Babys, das im Leib einer hirntoten Frau heranwachsen sollte, nährte Zweifel; Zweifel nicht nur am Sinn der fortschreitenden Apparatur. Dürfen Leichen Kinder kriegen? fragten damals, Ende 1992, die Kritiker der High-Tech-Medizin. Können Schwangere Leichen sein? fragten die Gegner des Hirntodbegriffs. Darf ein Körper tot genannt werden, der noch 40 Tage lang einen Fetus ernähren kann? Der, als die Leibesfrucht gestorben war, diese als tot erkennen und durch spontane Kontraktionen der Gebärmutter abstoßen konnte?

. . .

Vor allem Pfleger und Schwestern aus den Intensivstationen fürchten die hirntoten Zwitterwesen. Für einen Pfleger kann es ein ziemlicher Schock sein, wenn er beim Wechseln der Kopfkissen von einem Toten umarmt wird, oder wenn die Leiche mit den Beinen tritt, als ob sie laufen wollte.

Aber so etwas kommt vor – wie bei dem Seeräuber Störtebeker, der nach seiner Enthauptung kopflos an seinen Kumpanen vorbeilief und sie damit vor dem Todesurteil rettete. „Spinalreflexe" lautet die Erklärung, mit der sich Schwestern und Ärzte beruhigen. Die spontane elektrische Entladung von Nervenzellen im Rückenmark, lehrt die Medizin, könne bei Hirntoten zur Innervierung von Muskeln führen. Der Tote ist trotzdem tot, wirklich tot, das müssen sich die Schwestern immer aufs neue in den Kopf hämmern. Denn die verunglückten Motorradfahrer, die abgestürzten Alpinisten, die Selbstmörder sehen nicht toter aus als die Lebenden im Bett nebenan. Wie diese atmen sie über einen Tubus, der in ihre Luftröhre geschoben ist. Sie werden über einen Tropf ernährt und scheiden Urin aus. Ihre Haut ist rosig und warm.

Die Ermittlung des Unterschieds zwischen Leben und Tod ist zur Sache von Experten geworden. Ihnen ist es vorbehalten, die drei Symptome zu diagnostizieren, die den Patienten zum Toten machen: Koma, Atemstillstand und Ausfall der Hirnstammreflexe.

. . .

Die Feststellung des Todes macht die Leiber der Hirntoten zu Organkonserven, „Menschengemüse" (human vegetables), wie es die Amerikaner nennen. Ein eigener Zweig der Intensivmedizin, die „Spenderkonditionierung", befaßt sich damit, wie solche am Leben erhaltenen Leichname zu versorgen sind: Intensivmedizin für Tote.

Zwar sprechen viele Schwestern die röchelnden Körper noch mit ihren Namen an. So sind sie es gewohnt, wenn sie bewußtlosen Patienten Blut abnehmen, wenn sie die Beatmung überprüfen oder den Tropf einstellen. In Wahrheit kommt ihr Einsatz zwei, vier, vielleicht zehn Kranken zugute, die sie nie kennenlernen werden. Die Pflege der Schwestern gilt nicht dem Patienten, sondern seinen Organen.

Während ein Hirntoter versorgt wird, ist bei Eurotransplant im niederländischen Leiden schon die Maschinerie angeworfen, die Tote ausschlachtet und damit Leben rettet. Dort ist der Tote bereits verteilt: Die Nieren sind für zwei Dialysepatienten in Heidelberg und Groningen bestimmt, die Leber für einen Hamburger Alkoholiker im Leberkoma, das Herz für eine Patientin mit Herzmuskelschwäche in Berlin. Auch auf Lunge, Augenhornhäute, Bauchspeicheldrüse, Knochen und Darm warten womöglich bereits Kranke. Wenn die Chirurgenteams aus Hamburg, Heidelberg und München einfliegen, sitzt der Anästhesist noch am Kopf der Leiche. Während die Chirurgen Bauch und Brustkorb öffnen, Organe und Arterien freipräparieren, hat er die Aufgabe, den Kreislauf zu kontrollieren, die Atmung, die Temperatur: Das, was die Mediziner die „lebenswichtigen Funktionen" nennen. Erst wenn endlich der Schlauch angeschlossen ist, durch den Perfusionslösung in die Organe des Hirntoten fließt, ist der Moment gekommen, in dem die Chirurgen ihre derben Witze machen und sich die angestaute Spannung in Lachen entlädt. Jetzt heißt es: „Anästhesie kann abtreten."

Denn nun ist die Aufrechterhaltung der Lebensfunktionen des Toten nicht mehr länger vonnöten. Das unheimliche Zwischenreich – nicht mehr am Leben, noch nicht tot – ist verlassen.

Dieses Zwischenreich ist das Terrain der Transplantationschirurgen. Nur weil es Tote gibt, deren Körper leben, lassen sich Herzen, Lungen und Lebern zur Transplantation gewinnen. Zweifel am Hirntod bedeuten deshalb für die Transplanteure Zweifel an ihrem ganzen Metier. Zudem scheint ihnen der Zeitpunkt denkbar schlecht, die längst abgeschlossen geglaubte Hirntoddebatte erneut zu entfachen: Erstmals in der Geschichte des noch jungen Medizinzweigs stagniert die Zahl der Transplantationen, teilweise ist sie schon rückläufig. Airbag und Seitenaufprallschutz lassen den Organnachschub stocken. Gleichzeitig sinkt das Vertrauen der Bevölkerung in die Ersatzteilmedizin. Verbreitet ist die Angst, organgierige Transplanteure könnten sich über den Körper eines Sterbenden schon hermachen, wenn noch Leben in ihm wohnt.

Bei jedem vierten Hirntoten lehnen die Angehörigen inzwischen eine Organentnahme ab. Noch vor einem Jahr passierte das nur bei jedem fünften.

...

Die Transplantationsmedizin wird nie zur Routine werden können. Denn sie bleibt abhängig vom Nachschub an Toten – eine Begleiterscheinung, um so makabrer, je mehr der Organmangel zum Dauernotstand wird.

Schon heute ist die Diskussion um das Transplantationsgesetz unverhohlen von dem Bemühen bestimmt, neue Organressourcen zu erschließen. Und der medizinische Fortschritt wird die Schere zwischen Organangebot und Organnachfrage immer weiter auseinanderklaffen lassen.

...

In den Augen vieler US-Mediziner gibt es nur einen Weg, den Organnotstand zu bekämpfen: Mehr Tote müssen her. Und die soll ein neues „Teilhirnkriterium" liefern.

...

Ihnen soll ein anderer Typ Toter Organnachschub für ihre experimentellen Extremtransplantationen liefern: Der NHB-(Non-Heart-Beating-)Kadaver. Nach diesem Konzept darf bei einem Patienten die künstliche Beatmung abgeschaltet werden, wenn er zuvor schriftlich den Wunsch bekundet hat, nicht länger mit Maschinen und Medikamenten am Leben gehalten zu werden. Zwei Minuten nach dem Herzstillstand – eine Wiederbelebung wäre theoretisch noch möglich – kann der Totenschein ausgestellt werden: Der NHB-Kadaver wird damit zur Transplantation freigegeben. Eile ist geboten, sonst verderben die nicht mehr mit Sauerstoff versorgten Organe.

Den Pittsburgher Ärzten ist es sogar gelungen, solches Erschließen neuer Organressourcen als Maßnahme im Interesse der Spender darzustellen. Man habe vor allem „das Recht des Patienten" im Blick, „auf lebenserhaltende Maßnahmen zu verzichten, und Organe zu spenden", heißt es in einer Pittsburgher Erklärung, die das „Management terminaler Patienten" regelt.

Vielen deutschen Ärzten jagt die schamlose Organjagd ihrer amerikanischen Kollegen Angst ein. „Wenn wir erst anfangen, den Hirntod aufzuweichen", fürchtet der Berliner Intensivmediziner Jürgen Link, „geraten wir auf eine schiefe Ebene, wo es kein Halten mehr gibt."

(DER SPIEGEL 24/1994)

Historisches aus Westeuropa – Ein Blick zurück

Über lange Zeit – im ersten Jahrtausend nach Christi – ist die ritualisierte Szene des Todes selbst ebenso bedeutsam gewesen wie das Zeremoniell, das bis heute überdauert hat. Es begann damit, daß sich der kranke Mensch zur Erde oder ins Bett niederlegte, umgeben von seinen Angehörigen. Er warf einen kurzen, bedauernden Rückblick auf sein Leben, bat um Verzeihung und Wiedergutmachung für die von ihm angerichteten Schäden, er empfahl alle Angehörigen und Hinterbliebenen Gott, wählte manchmal sein Grab aus und äußerte mit erhobener Stimme und öffentlich seinen letzten Willen (das war die Vorform des Testaments). Dann folgte mit zum Himmel erhobenen Händen das Sterbegebet, das der Sterbende selbst begann, in dem er seine Schuld eingestand. Als nächstes sprach er ein sehr altes, von der Synagoge übernommenes Gebet, die Absoute. Ein Priester erteilte daraufhin die Absolution in Form eines Kreuzzeichens oder durch Besprengen mit Weihwasser.

Das Leichenbegängnis selbst umfaßte vier Teilelemente:

1. Die Absoute
So wurde die Wiederholung der Absolution (lat. Freisprechung von Sünden, Sündenvergebung; Anm. d. Red.) genannt, wie man sie dem oder der Sterbenden zusprach, solange er oder sie noch lebten. Zur „Absoute" versammelten sich Zelebrant und Meßdiener. Dieses war das einzige religiöse Teilelement.

2. Die Trauerbekundung
Die Umstehenden äußerten auf heftigste Weise ihren Schmerz. Sie zerrauften sich die Haare, küßten den Leichnam oder äußerten sich tranceähnlich zum Lobe des Verstorbenen (hier liegen die Ursprünge der Leichenrede).

3. Das Totengeleit
Der Leichnam wurde in das Leichentuch gewickelt. Meist blieb das Gesicht unverhüllt. Dann wurde er von einigen seiner Freunde zu der Stelle geleitet, wo er der Erde oder dem Sarkophag (gr.-lat. „Fleischverzehrer" – Steinsarg, Prunksarg; Anm. d. Red.) übergeben werden sollte. Es war eine weltliche Zeremonie mit heidnischer Vergangenheit. Meist folgte sie bestimmten Regeln, zum Beispiel einem bestimmten Weg mit festgelegten Unterbrechungen oder Stationen.

4. Die Bestattung
Sie war kurz und ganz unfeierlich. Nur manchmal wurde über dem Sarkophag noch eine neue Absolution gesprochen.

Diese Rituale waren für Arme und Reiche gleich, wenn auch die Sarkophage der Reichen aus Marmor waren und ihnen reich gekleidete Ritter, die damals noch nicht Schwarz trugen, das Geleit gaben. Die Handlungsabläufe waren dieselben. Sie spiegelten Hingabe an das Schicksal und den Willen, nichts zu dramatisieren.

Im Hochmittelalter, von 1250 bis 1350, verschwand die Gleichheit im Tod. Auch der Tod selbst geriet unter den Einfluß neuer Glaubensvorstellungen, nämlich der des persönlichen Jüngsten Gerichts. Noch immer versammelten sich Angehörige, Freunde und Freundinnen um den/die Kranke-n. Doch gleichzeitig traten in der Vorstellung Himmel und Hölle ins Sterbezimmer. Auf der einen Seite Christus und die Allerheiligen – auf der anderen Seite Dämonen, die das Rechnungsbuch in Händen hielten, in dem die guten und bösen Taten des Sterbenden verzeichnet waren. Gott war Schiedsrichter bei dieser letzten Prüfung, die den Menschen unmittelbar vor ihrem Tod noch auferlegt wurde. Himmel und Hölle wurden Zeugen des Kampfes des Menschen mit dem Bösen. Es lag in der Macht der Sterbenden, im Augenblick ihres Todes alles zu gewinnen oder zu verspielen. Der Dämon führte bei der Prüfung den Sterbenden alles vor Augen, was der Tod ihnen zu rauben drohte, was sie besessen und leidenschaftlich geliebt hatten. Wenn sie einwilligten, darauf zu verzichten, waren sie gerettet. Wenn sie es aber mit ins Jenseits hinübernehmen wollten, waren sie verdammt.

Unter dem Druck der Kirche und aus Angst, das Jenseits nicht genießen zu dürfen, wollten sich die Sterbenden geistlicher Garantien versichern. Häufig zitiert werden Fälle reicher Kaufleute, die in dieser Situation einen großen Teil ihres Vermögens dem Kloster überließen, in das sie sich zurückzogen, um dann dort sterben zu können. Über lange Zeit hielt sich sogar die Sitte, sich vor dem Tod die Kutte des Mönchs zu nehmen und nur noch einen Teil des Nachlasses auf die leiblichen Erben übergehen zu lassen: Abtretungen an Arme, Hospitäler, Kirchen und Orden wurden üblich. Die Mönche brachten dem Spender oder der Spenderin ein Gefühl besonderer Dankbarkeit entgegen und drängten darauf, daß ihr Beispiel nachgeahmt werde. Sie errichteten sichtbare Gräber mit rühmenden Grabinschriften – etwas Außergewöhnliches und der Tradition Widersprechendes. Auf diese Weise wurde die Angst der Reichen – die ja oft mit zweifelhaften Mitteln die Reichtümer an sich gebracht hatten – vor ewiger Strafe gemildert. Der Reichtum wurde im nachhinein durch seine Bestimmung für Kirchen, Hospitäler und Klöster gerechtfertigt. Erstmals tauchten in Testamenten Formeln auf, die Reichtum unter bestimmten Bedingungen sogar legitimierten: „Die Güter, die Gott, mein Schöpfer, mir zugewendet und verliehen hat, will ich in Form eines Testamentes oder letzten Willens auf die folgende Weise übereignen und verteilen." Von der Mitte des 17. Jahrhunderts an kam noch eine neue Formel hinzu, um Erbschaften für kirchliche Institutionen zu legitimieren: „Um durch dieses Mittel Frieden, Freundschaft und Eintracht unter den Kindern zu erhalten."

Das sichtbare Grab, das im Hochmittelalter äußerst selten geworden war, findet sich seit dem 12. Jahrhundert wieder als Mittel, um die Fortdauer der Existenz der Verstorbenen im Himmel wie auf Erden zu bestätigen. Damit wird den Menschen der unsterbliche Ruhm der Toten vor Augen geführt. Allerdings war die mahnende Erinnerung an die Verstorbenen, die inmitten der Heiligen unsterblich und unter den Menschen berühmt war, einer kleinen Minderheit von erlauchten Persönlichkeiten vorbehalten.

Ab dem 13. Jahrhundert verlor die Absoute ihre Bedeutung und wurde durch eine größere Anzahl von Gebeten und religiösen Handlungen ersetzt. Anstelle der Trauerbekundungen der Angehörigen rezitierten nun Mönche während der Totenwache die Totenfürbitte. Es folgten zahlreiche Messen aufeinander, die oft über Stunden, Tage, manchmal Wochen dauerten. Zunächst fanden diese serienmäßig gelesenen Messen außerhalb der eigentlichen Trauerfeierlichkeiten statt.

Vom 14. Jahrhundert an wurde das Leichenbegängnis eine zunehmend religiöse Zeremonie. Die Stunden und Tage nach dem Tod standen im Zeichen der Rezitation von Totenfürbitten und Lesungen von Messen. Damit war auch notwendig, daß zahlreiche Kleriker an der Zeremonie teilnahmen. Selbstverständlich wurden sie dafür bezahlt. Wie Mönche, so sollten auch Arme anwesend sein. Damit war das letzte Geleit nicht mehr Sache einiger Gefährten und Angehöriger, sondern eine feierliche Prozession, an der Kleriker, Geistliche, Laien, Arme und etliche Fackel- und Kerzenträger teilnahmen.

Während zunächst noch der Leichnam auf einer Bahre oder Trage transportiert wurde, erfolgte das Geleit später in einem Schrein oder Holzsarg. Die Empfindung von Trauer wurde nicht mehr durch Gebärden und Schreie, sondern durch die Kleidung und Farbgebung zum Ausdruck gebracht. Erst im 16. Jahrhundert wurde Schwarz als Trauerfarbe allgemein üblich. Je angesehener, reicher und mächtiger ein Verstorbener war, desto mehr Priester, Mönche und Arme waren in seinem Gefolge. Auch Bettelmönche, die die Armut freiwillig gewählt hatten, waren erwünscht: Die Armut mußte präsent sein, um nicht nur geringfügig gelindert und getilgt, sondern um im Gegenteil auch deutlich sichtbar zu werden, als das Schauspiel eines notwendigen kompensatorischen Ausgleichs.

Erst ab dem 13. Jahrhundert wurden durch pompöse Grablegungen die Unterschiede zwischen Armen und Reichen deutlich. Zwar konnten die Armen in ländlichen Gebieten noch sicher sein, daß Nachbarn und Freunde bei ihrem Leichengang anwesend waren. In den Städten aber waren Arme und Alleinstehende nicht mehr der Solidarität einer Gruppe sicher. Weder Gefährten noch Trauergäste, weder Priester noch Arme. Für sie gab es kein Trauergeleit, keine Messe. Deshalb wandte sich die große Strömung von Nächstenliebe gegen Ende des Mittelalters (um 1500) den Beerdigungen der Armen zu und nahm sich ihrer an. Bruderschaften begannen sich an den Bestattungen zu beteiligen, die Vorläufer der Nachbarschaftshilfen, die sich in Resten bis heute in manchen ländlichen Regionen erhalten haben und heute in Genossenschaftsbewegungen, wie zum Beispiel der „Begleitung e.G." in Köln oder Bonn (s. Seite 162 ff.) wieder aufleben.

Der „schmätzende Tod"

In der zweiten Hälfte des 18. Jahrhunderts erregte die Nachricht Aufsehen, daß von Leichen Infektionen und Gefahrenherde durch toxische Gase ausgehen könnten, die auch über den Gräbern schweben würden. Berichte über giftige Geruchsschwaden und explodierende Giftgasblasen, die angeblich gleich reihenweise Menschenleben forderten, häuften sich.

Deshalb legte eine neue Regelung fest, daß die Friedhöfe aus den Städten entfernt werden sollten. Innerhalb von drei Jahrzehnten wurden jahrtausendealte Gewohnheiten umgestürzt. Die neuen Hygienevorstellungen hatten plötzlich eine Situation geschaffen, derer man sich früher nicht bewußt war.

Allerdings hatte schon vorher der deutsche Arzt Garman (1640–1708) aus der Literatur und aus eigenen Beobachtungen beschrieben, daß zu manchen Zeitpunkten aus Gräbern Laute zu vernehmen waren: „Vor einer drohenden unheilvollen und ansteckenden Seuche verschlingen die Toten in ihren Gräbern, vor allem die weiblichen Geschlechts, ihre Leichentücher oder Gewänder mit dem deutlichen Geräusch fressender Schweine (daher gewöhnlich auch: schmätzende Tote) und saugen, schlucken, kauen, schlingen an ihnen, so viel sie nur können." Derartige Phänomene waren schon häufiger beobachtet worden. 1552 in der Nähe von Freiburg, 1553 in Schlesien, 1565 in Martisburg. Sie galten als sichere Anzeichen für eine Epidemie, die eine Stadt oder eine Familie befiel. Im Jahre 1572 wurde berichtet, daß sich derartiges auch in Polen ereignet habe. Die Pest habe erst aufgehört, als die schmätzenden Leichen enthauptet waren. Es wurde die Frage aufgeworfen, ob das die Leichen von Hexen waren.

Zwar glaubte Garman nicht an die Macht der toten Hexen, dafür versuchte er die Fakten durch die Tätigkeit von Vampiren, von leichenfressenden Tieren und die große Hitze im Erdinnern zu erklären. Letztlich aber kam er zu dem Schluß, daß der Teufel als Instrument des Zornes der Rache Gottes am Werke sei.

Erst in der zweiten Hälfte des 18. Jahrhunderts wiesen Ärzte mit kritischer Betrachtungsweise die wundersamen Begebenheiten als Leichtgläubigkeit zurück, bestätigten jedoch, daß Friedhöfe und herkömmliche Bestattungsbräuche ungesund seien. Was katholische Domherren des Hamburger Doms wohl nicht daran hinderte, mit dem Tod ein Geschäft zu machen: Selbst konfessionelle Schranken spielten keine Rolle, wenn es darum ging, eine Grabstelle in der Kirche für ordentliches Geld zu verkaufen. Neben Katholiken wurden hier Reformierte, Lutheraner, Anglikaner, ja sogar Selbstmörder bestattet. Man schätzt, daß bis zu seinem Abbruch 1806 25 000 Leichen im Hamburger Dom und in seiner unmittelbaren Umgebung untergebracht wurden. Unter den Steinplatten waren oft vier Särge übereinandergestapelt. Es muß ein schauderhafter Totengeruch im Dom geherrscht haben, den man mit Räucherkerzen zu übertünchen versuchte. Zum sonntäglichen Gottesdienst brachten sich Kirchgänger-innen Gewürzsträußchen mit, um von Zeit zu Zeit daran zu riechen.

Daß sich um die Toten und ihr angebliches Eigenleben von altersher Gerüchte und merkwürdige Vorstellungen rankten, die sich teilweise bis in die heutige Zeit hartnäckig halten, zeigen die folgenden Darstellungen aus einem Handwörterbuch von 1932:

Aus dem HANDWÖRTERBUCH DES DEUTSCHEN ABERGLAUBENS

Leiche: *Das Sterben ist ein Übergang von einem Zustand in einen andern. Nach dem Volksglauben ist der Tote eben nicht tot, wenigstens nicht sofort. Der Leichnam behält alle möglichen Lebenszeichen an sich, in Ausnahmefällen sogar besonders deutliche und starke; er kann nicht nur hören, er sieht, ja er bewegt sich sogar. Darum werden auch alle Rücksichten auf ihn genommen, wie wenn es sich eben um einen Lebenden handelte. Und die Verabschiedung, sein Hinausschaffen erheischen ganz besondere Rücksichtnahmen, damit er nicht durch irgendein Versehen beleidigt werde und sich nachher räche. Dieser Glaube schimmert in vielen Bräuchen noch durch, wenn auch manchmal nur unklar oder umgedeutet. Er findet eine starke Stütze in der Pietät, die auch der nicht Abergläubische der Leiche gegenüber empfindet.*

Diese Beobachtungen haben dazu geführt, daß der Begriff vom „lebenden Leichnam" geprägt wurde. ...

Lebenszeichen: *Noch heute treffen wir vielfach das Gefühl, daß die Leiche heimlich lebe, die Unmöglichkeit, sich den Verstorbenen wirklich tot vorzustellen. Der Tote hört und sieht alles, was bis zum Begräbnis um ihn vorgeht, nur kann er nicht sprechen, der Tote hört noch 3 Stunden oder länger, die Seele löst sich erst nach 2 Stunden oder erst beim Glockengeläute, er geht im Hause um und beobachtet die Trauer der Überlebenden. Der Tote will Ruhe haben, man soll nicht zuviel weinen und klagen; der Tote kann (in Sagen) einen Lebenden packen und festhalten; man ruft ihn beim Namen, damit er die Starre verliert und gekleidet werden kann. Wenn es donnert, steckt man in Posen ein Stück Stahl neben den Toten in den Sand, worauf er ruht, sonst würde er weiterwachsen. Daneben finden wir die dualistische Auffassung: die Seele bleibt bis zum Begräbnis beim Körper und wird zuweilen sichtbar, ein alter und weit verbreiteter Glauben ... ... Wie die Leiche noch im modernen Recht als Persönlichkeit ehrenvoll behandelt wird, hat Schreuer gezeigt (Eisenbahntransport in Personenzügen, Beförderungsschein, nicht Frachtbrief). Die Unterschrift des Toten unter ein Testament gilt, wenn sie mit seiner Hand geschrieben, solange die Leiche noch warm ist.*

Leichenstarre: *Ist die Leiche beim Ankleiden steif, so muß man sie dreimal beim Vornamen rufen, dann wird sie weich. ...*

Aussehen, Gesicht: *Ebenso unheilvorbedeutend wirken auch andere Erscheinungen, die den Leichnam als noch lebend erscheinen lassen: Warmbleiben, Lächeln, Rotbleiben des Gesichts. Bleibt der Leichnam, eine Hand oder auch nur das Leintuch lange warm, so folgt bald ein neuer Todesfall in der Familie. Sieht der Tote freundlich aus, so holt er bald jemand aus der Familie oder dem Dorfe nach; oder es heißt, er lacht sich in den Himmel hinein, wird selig. Lächelt der Tote, so zieht er einen Verwandten nach, der ihm lieb war. Dasselbe geschieht, wenn sich das Gesicht wenig ändert, wenn die Fingerspitzen blau werden, oder wenn die Leiche auf dem Stroh noch einmal seufzt. Anderseits gilt in Legenden das Frischbleiben der Leiche als Zeichen der Heiligkeit. . . .*

Augen: *Allgemein Brauch ist es, daß dem Toten die Augen zugedrückt werden, sobald der Tod eingetreten; es ist Pflicht des Sohns, des nächsten Angehörigen, oder es muß ein Nachbar, ein Fremder tun. In altnordischer Zeit gehörte es zur „Leichenhilfe". . . .*

. . . Um die Augen geschlossen zu halten, legt man auch in Branntwein getauchte oder feuchte Lappen, Feuersteine, Kastanien, Pferdebohnen (Kindern), Scherben oder kleine Geldstücke (Kupfer) drauf. Die Geldstücke werden vor dem Einsargen wieder weggenommen und an den ersten Bettler verschenkt oder Angehörigen als Heckpfennige gegeben.

Mund, Nase: *Gleiche Vorschriften und gleicher Aberglaube gelten für das Verschließen des Mundes; er soll sofort nach Todeseintritt verschlossen werden, man bindet ein Tuch ums Kinn oder legt eine Zitrone oder ein Gesangbuch oder eine Bibel drunter. Die Juden der Bukowina legen dem Toten einen Scherben auf den Mund, im Tirol soll man ihm früher den Mund verstopft oder gewaltsam zusammengepreßt haben, in Ungarn geschieht das Verstopfen mit Erde nur bei unverhofft Gestorbenen. Wie bei den Augen heißt es auch hier, wenn der Mund offen bleibe, hole der Tote bald jemand nach, er rufe einen.*

. . . man müsse dem Toten einen grünen Rasen unters Kinn legen oder das Halstuch fest zuschnüren, damit er nicht an den Kleidern schmatzen und nachzehren könne. Als Warnung heißt es, wer Löffel stehle oder wer auf dem Kirchgang esse, während die Glocken läuten, dem bleibe im Tode der Mund offen stehen.

Selten wird dem Toten auch die Nase zugebunden oder es werden ihm Nase und Ohren mit Baumwolle verstopft.

Erklärungen: *Als Erklärung, warum Augen und Mund des Toten verschlossen sein müssen und auch Ohren, Nase und überhaupt alle Leibesöffnungen verstopft werden, heißt es, die Seele entweiche durch diese, und man wolle sie dadurch im Körper festhalten; drum kommt es vor, daß schon am Sterbenden diese Handlungen vorgenommen werden, man hält damit die Seele im Körper gefangen, begräbt beide und braucht den Toten nicht mehr zu fürchten. Daneben lebt aber auch noch das nicht-animistische Gefühl, daß offene Augen, offener Mund, rote Backen, Ausbleiben der Leichenstarre ein Weiterleben des Leichnams verraten, das als unheimlich, gefährlich empfunden wird und verhindert werden muß. Die offenen Augen speziell können den bösen Blick haben, der offene Mund die Neigung zum Nachzehren verraten. . . .*

Zauberkraft der Leiche: *Die Leiche ist tabu, d.h. ihr Zustand wird als unrein empfunden, sie besitzt Zauberkraft, die entsprechend den verschiedenartigen Gefühlen der Hinterbliebenen bald als gefährlich gefürchtet, bald als heilkräftig benutzt wird. Diese von der Leiche ausgehende (gute oder böse) Zauberkraft kann sich auf alles, was in der Nähe ist, übertragen, auf das Haus, die Angehörigen, Leute (und Dinge), die mit ihr in Be-*

rührung kommen; schon das bloße Ansehen kann gefährlich sein. Allgemein verbreitet ist die Furcht vor einer Leiche, auch der eines Angehörigen; doch bleibt meist unbestimmt, wovor man sich eigentlich fürchtet. . . .

Ansehen: *Man soll die Leiche mit Du anreden, man soll nicht nach dem Alter des Toten fragen. Fremde Leute dürfen die Leiche vor dem dritten Tag weder sehen noch anrühren . . .*

. . . nach bretonischem Glauben dient das Küssen gerade zu Abwehr- und Heilzwecken, oder es nimmt einem die Furcht vor dem Tod.

Berühren: *Das Berühren der Leiche wird, je nachdem die von ihr ausgehende Zauberkraft als schädigend (unrein) oder heilend empfunden wird, verschieden aufgefaßt. . . .*

. . . Das Anfassen der Totenzehe wird zurückgeführt auf die ursprüngliche Absicht einer Kraftübertragung, die allerdings anfänglich nur einen Sinn hatte bei besonders „machtbegabten" Toten, heutzutage aber auf alle gleichmäßig sich übertragen hat. Daraus erklärt sich, daß gerade bestimmte Teile des Toten (Kopf, Hand, Fuß) berührt werden, aber auch, daß es manchmal speziell von Kindern ausgeführt werden soll. Zu trennen von diesem Brauch ist die Vorschrift, bei der Totenverabschiedung der Leiche die Hand zu reichen.

Sieht man eine Leiche an, so soll man sie an Arm, Hand oder Zehe fassen oder ihr mit der flachen Hand über die Wange streichen, dann erscheint einem der Verstorbene nicht. Wer die Furcht verlieren will, muß, ohne daß andere es wissen, nach Dunkelwerden zu einer Leiche gehen, das Gesicht derselben mit der Hand überstreichen, seine Hand in die der Leiche legen und deren beide Füße mit seinen beiden Händen eine Minute lang halten. Auch das Berühren des Sarges hat wohl denselben Sinn. Um die Furcht vor dem Toten zu verlieren, soll man ihn auch an der Nase fassen.

Zehe: *Besonders eigentümlich, ja abstoßend mutet uns heute die Vorschrift an, die Leiche bei der Zehe zu fassen oder gar hineinzubeißen. Vielfach heißt es, von Furcht im allgemeinen oder vor dem Toten könne man sich befreien, wenn man ihn an der Zehe, speziell der großen Zehe des rechten Fußes, anfaßt, sie schüttelt oder klemmt; manchmal wird es von den Hinterbliebenen, manchmal nur von den Kindern verlangt. Mit derselben Absicht soll man den Toten in die Zehe beißen, auch dies soll speziell von Angehörigen und Kindern getan werden. Als Zweck des Anfassens und Beißens wird auch angegeben, der Tote erscheine einem dann nicht, kehre nicht zurück. Eine Abschwächung liegt wohl vor, wenn es heißt, man müsse die Zehe oder nur die Schuhsohlen bloß küssen. 1667 wurde die Leiche des Papstes in der Kirche so aufgebahrt, daß das Volk die Füße küssen konnte. Pfister sieht in diesem Brauch, indem er Parallelen aus primitiven Kulturen heranzieht, einen Zauber, um Kraft aus dem Toten auf den Lebenden übergehen zu lassen. Dieser Deutung am nächsten kommt es, wenn etwa vorgeschrieben wird, einer Leiche in die Zehe zu beißen oder auch ihr die Nägel an Händen und Füßen abzubeißen, um sich von Zahnweh oder schwerem Leiden zu befreien. Abgeblaßt liegt der Brauch wohl auch darin, wenn es heißt: Kinder oder Verwandte sollen dem Toten die Socken anziehen, das sei Pietätsdienst. In Bosnien darf niemand am Kopfende des aufgebahrten Toten, sondern nur am Fußende vorbeigehen.*

Heilzauber: *Berührung der Leiche dient speziell dem Heilzauber. Den Ausübenden scheint dabei vorzuschweben, daß man damit entweder ein Leiden auf den Toten überträgt, es mit ihm verwest, verschwindet, oder daß von der Leiche eine abtötende Zauberkraft ausgehe. Seltener ist die Auffassung, die Leiche eines vorzeitig Gestorbenen enthalte noch mehr Lebens- und Zauberkraft. Allerlei Übel werden so durch Berühren* einer Leiche geheilt: Handschwitzen heilt man, indem man mit der Hand einem über das Gesicht herunterfährt; ebenso Warzen, indem man sie über eine Leiche oder speziell deren Gesicht streicht, sie verschwinden, wie der Tote verwest. Auch Geschwüre, Ausschlag, Auswüchse bringt man auf diese Art zum Verschwinden, oder man bestreicht das Gesicht einer Leiche, am besten der eines unschuldigen Kindes, mit der Hand und mit dieser das kranke Glied; . . .

Hand, Finger: Ebenso heilt man Flechten und Ausschlag, Muttermäler und Leberflecken, sehr häufig auch Kröpfe (schon bei Plinius), eine Vorschrift aus dem Rheinland lautet: der Leiche wurden mit einem Strick die Hände zusammengebunden, der Kranke mußte den Strick später lösen, dann unter Anrufung des Leichennamens die Hände des Toten 3 Minuten lang sich um den Hals legen und den Strick, womit die Hände des Toten gebunden waren, 3 Tage unter dem Hemd auf der bloßen Haut tragen. Ebenso werden Überbeine, Gewächse, Brüche, Halsschmerzen, Zahnweh, Augenleiden, Brand- und andere Wunden geheilt. Spezielle Vorschriften lauten: es müsse die Hand eines toten Kindes sein, es muß verstohlen, schweigend, in der Dunkelheit geschehen, der Tote muß vom anderen Geschlecht als der Leidende sein. Öfters wird auch ein Spruch dazu gesagt, z. B.: „Der Himmel ist hoch. Der Krebs ist rot. Die Toteshand ist kalt. Damit still ich diesen Brand." Auch ein bloßer Spruch ohne Berührung kommt vor.

In manchen Fällen, besonders bei Zahnschmerzen, wird vorgeschrieben, bloß mit dem Finger einer Leiche – am besten wirkt der Zeigefinger der rechten Hand – die schmerzende Stelle zu drücken oder streichen. Vereinzelt stehen folgende Zauberwirkungen der Leiche: Taucht man in die Milch den Finger eines Toten, so setzt sich der Rahm so hoch im Topfe an, als der Finger eingetaucht war. Mit Blut und Speichel eines Irren soll man das Hinterhaupt eines Toten befeuchten, damit der Kranke soviel Verstand bekomme, als der Tote gehabt.

Leiche im Haus: Die Anwesenheit einer Leiche macht das Haus und die Angehörigen unrein, dieser Zustand greift oft aufs ganze Dorf über. Die Folge ist besonderes Verhalten der Hinterbliebenen, Unterlassen verschiedener Tätigkeiten, Kenntlichmachen des gefährlichen Hauses, Abwehrmaßregeln besonders, wenn die Leiche das Haus verlassen hat. Dabei gehen wieder die zwei Vorstellungen durcheinander: daß die Leiche selbst noch Gefühl hat und rücksichtsvoll behandelt werden will und daß die Seele sich bis zum Begräbnistag bei dem Körper aufhält und man sich hüten muß, sie zu belästigen oder zu verjagen.

. . . Daß man nach einem Todesfall 4 Wochen lang nichts im Haushalt ändern soll, hängt wohl mit dem Glauben an die Rückkehr des Toten zusammen. Manche Leute fürchten sich, nachts an einem Sterbehaus vorbeizugehen, aus Angst vor dem Toten.

Haus gezeichnet: In Sizilien war Brauch, die Türen schwarz zu färben; in der Bretagne hängt man zwei schwarze Trauermäntel vors Haus. Wenn in Luzern ein kleiner Rat gestorben war, wurde bei der Spitalkirche ein alter schwarzer, mit Pelzwerk gefütterter Mantel aufgehängt und einen Tag so gelassen. Heute werden in der Schweiz und anderswo am Trauerhaus die Läden ganz oder halb geschlossen; in Köln schließen auch die nächsten Nachbarn ein wenig den Fensterladen. Früher war Brauch, daß der Nachtwächter, solange die Leiche im Hause lag, am Abend einen Sterbegesang vor der Türe sang; dies sollte die Wirkung haben, daß die Seele gut zum Himmel fahre.

Arbeit einstellen: Alle nicht notwendige Arbeit soll unterlassen werden; auch hier greift das Verbot oft auf die ganze Gemeinde über und bezieht sich meist auf die Arbeit „in der Erde", die auch den Angehörigen speziell verboten ist. Hier liegt wohl noch der Glaube vor, daß die Arbeit (die Saat) durch die von der Leiche ausgehende schädigende Zauberkraft verdorben werde; drum heißt es auch in Rußland, die Saat würde nicht aufgehen. . . . Öffentliche Belustigungen, Tänze werden im Dorfe abgesagt.

Verschiedenes: Solange die Leiche im Hause liegt, nimmt man alle Rücksicht auf den Toten, damit er nicht gestört, die Seele nicht verscheucht werde. Abwehrbräuche setzen erst ein, wenn der Sarg gehoben und hinausgetragen wird. Der Stubenboden wird nicht gewischt, damit es nicht im Hause so leer werde, man bestreut ihn nicht mit frischem Sand, weil ihn der Tote sonst im Schoße hinaustragen müßte. Wenn nach der Aufbahrung die Stube gewaschen wird, muß ein Stück freibleiben, d. h. nicht gewaschen werden, sonst findet der Verstorbene keinen Platz im Himmel.

Aufbahrung: Die Aufbahrung der Leiche, die immer vorgenommen wird, sofern diese nicht sofort bestattet wird, hat ursprünglich den Zweck, den Toten auf sein weiteres Schicksal, den Wegtransport aus seinem Heim und die Bestattung vorzubereiten. Er wird gewaschen, gekleidet, geschmückt, vielleicht auch vorsichtshalber gefesselt, bewacht, gespeist. Die Totenklage wird angestimmt. So wird seine Trennung von den überlebenden Angehörigen langsam durchgeführt, seine neue Stellung zu ihnen wird reguliert, zu seiner und der Angehörigen Zufriedenheit und Sicherheit.

Raum: Der Tote darf vor dem Begräbnis nicht aus dem Sterbezimmer gebracht werden. Manchmal erfolgt die Aufbahrung auf der Diele (im Sarg) unter dem „Leichbalken", im Hausflur unter der Stiege ins obere Stockwerk, in der Scheune oder Tenne, in einer abgelegenen Kammer, einem dunklen Raum, wenn der Hausflur zu eng ist, auch im Freien vor der Tür.

Im 16. und 17. Jahrhundert sollen die geschmückten Leichen auch auf Straßen und Kirchhöfen zur Parade ausgestellt worden sein. Der Brauch, den Toten in der Kirche aufzubahren, war wohl als Schutz gegen die Angriffe böser Geister gemeint. Meist wird Platzmangel der Grund für Aufbahrung außerhalb der bewohnten Räume sein, auch wenn die Leiche in den Backofen oder in den Keller verbracht wird. . . .
(Hrsg. unter besonderer Mitwirkung von E. Hoffmann-Krayer und Mitarbeit zahlreicher Fachgenossen von Hanns Bächthold-Stäubli, Berlin/Leipzig 1932/33, Walter de Gruyter & Co).

Testamente über Sterben und Tod

Bis zu Beginn des 18. Jahrhunderts hatten Testamente eine religiöse Funktion. Sinn und Zweck war es, den Menschen zu zwingen, den Tod zu bedenken, solange noch Zeit war. Mit minutiöser Genauigkeit wurde besitmmt: das Glaubensbekenntnis, die Beichte der Sünden, die Wiedergutmachung von Schäden, die Wahl des Grabes und zahlreiche Bestimmungen zugunsten der Seele, wie Messen und Gebete, die mit dem Todeskampf einzusetzen hatten und zu festgesetzten Zeiten immerwährend gelesen werden sollten. Nichts wurde dem Zufall oder der Gutwilligkeit der Angehörigen überlassen. Wenn auch die Verwandten am Sterbebett anwesend waren, waren die Sterbenden mit ihrem Drama dennoch allein. Es vollzog sich – nachdem die Kirchenvertreter die Totenfeier an sich gezogen hatten – nur zwischen den Sterbenden und dem göttlichen Richter, den Dämonen und Heiligen. Deshalb war die Familie in die Verfügungen, die der Erblasser für die Ruhe seiner Seele und die Wahl seines Grabes traf, nicht einbegriffen.

Im Laufe des Jahrhunderts änderten sich Zweck und Funktion des Testaments. Die religiösen Floskeln verflachten, die Familie wurde wieder gegenwärtiger. Die Beziehungen zwischen den Sterbenden und ihren Angehörigen hatten sich verändert. Die Sterbenden gaben ihre mißtrauische Haltung den ihnen Nahestehenden gegenüber auf und brauchten keine rechtlichen Garantien mehr, um sich die Achtung ihrer letztwillentlichen Verfügung in bezug auf ihren Körper und ihre Seele zu sichern. Von nun an überließen sich die Sterbenden mit Leib und Seele ihren Familien. Von daher verschwinden empfindsame und fromme Klauseln aus den Testamenten.

Während des ersten Jahrtausends unserer Zeitrechnung wurde der Tod nicht als Trennung von Körper und Seele, sondern als geheimnisvoller Schlaf des unteilbaren Seins aufgefaßt. Deshalb war es von entscheidender Bedeutung, einen sicheren Ort zu wählen, an dem man den Tag seiner Auferstehung in Frieden erwarten konnte. Seit dem 12. Jahrhundert war man jedoch der Ansicht, daß die Seele mit dem Tode den Körper verlasse und bald einem individuellen Gericht unterworfen würde. Demnach war die Seele angesichts des Todes allein. Der Körper wurde der Kirche und der Familie zugleich überlassen.

Vom 14. bis zum 18. Jahrhundert wurde die Grabwahl von zwei Motiven beeinflußt: Der frommen Verpflichtung mit Rücksicht auf die Pfarrgemeinde und der Verpflichtung gegenüber der Familie. Da die zu Bestattungszwecken genutzten Seitenkapellen der Kirche nicht ausreichten, konnten nur aristokratische und reiche Familien dort bestattet werden.

Gegen Ende des 18. Jahrhunderts wurde in Frankreich die Bestattung in Städten und Kirchen verboten. Vor den Toren der Städte entstanden die neuen Friedhöfe. Dort wurden kleine Denkmäler für Einzelpersonen oder Paare errichtet. Größere Denkmäler, Kopien gotischer Kapellen, waren Familien vorbehalten. Im Verlauf des 19. Jahrhunderts verbreitete sich der Brauch des Familiengrabes, das oft in Form von Ka-

Grabstätten auf dem Pariser Friedhof Père-Lachaise.

pellen angelegt wurde. Die ersten Gemeinschaftsgräber der neuen Friedhöfe waren verkleinerte Nachahmungen der Seitenkapellen von Kirchen. Um die Jahrhundertmitte wurden diese Kapellen miniaturisiert, also auf ein kleines „Häuschen" reduziert. Doch ihre Formen und Elemente, Glasfenster, Kerzen und Altar, behielten sie zunächst. In diesen Familiengräbern wurden im Verlauf des Jahrhunderts zuweilen Dutzende von Leichen zusammengepfercht.

Die Franzosen zeigen gegenüber diesen Familiengräbern bis heute eine große Anhänglichkeit. Häufig sind drei, vier Generationen dort zur Ruhe gebettet. In einer sich verändernden, unüberschaubaren Welt wurde das Grab zur Heimstatt der Familie. Es gibt Berichte z.B. über eine Wäscherin, die sich zu Lebzeiten eine sehr teure Grabstätte kaufte, die sie für sich und ihre Kinder bestimmte. Eines Tages stritt sie sich mit ihrem Schwiegersohn und schloß ihn zur Strafe von diesem so wichtigen Ort aus: „Ich habe ihm gesagt, daß er nie in meinem Grab beerdigt sein werde."

Heute kann man sich kaum vorstellen, welch große Anzahl von Leichen Klöster und Kirchen jahrhundertelang bargen. Aus Platzgründen wurden kaum ausgebleichte Gebeine immer wieder umgebettet, und Kirchenbesucher-innen oder Kund-innen der Friedhofsläden, die in den Friedhofsgalerien wie Märkte angesiedelt waren, liefen immer wieder Gefahr, auf ein vom Totengräber vergessenes menschliches Überbleibsel zu stoßen. Denn im Mittelalter lebte man in einer Vertrautheit mit den Toten, die uns heute nahezu anstößig erscheint. Auf den Friedhöfen gab es Läden, Märkte, Tänze, verrufene Spiele. Man schien den Toten nicht den Respekt entgegenzubringen, den wir heute glauben, ihnen schuldig zu sein.

Gegen Mitte des 18. Jahrhunderts wurde die Friedhofsordnung Tagesgespräch. Die Anwohner von Friedhöfen begannen Klage zu erheben und Bittschriften zu verfassen. Ärzte und Chemiker veröffentlichten wissenschaftlich fundierte Beobachtungen über tödliche Gefahren durch die Beisetzung in Kirchen. Der Friedhof wurde im Ansehen der Öffentlichkeit zu einem Herd von Fäulnis und Ansteckung, den es zu zerstören galt. 1785 und 1786 wurde der alte Friedhof in Paris durchgeackert. Mehr als 20000 Leichen wurden mit ihren Leichentüchern exhumiert und in tausend Wagenladungen als Gebeine in Steinbrüche geschafft. Die weitere Zerstörung der Friedhöfe wurde dann von der Revolution aufgehalten. Andere Friedhöfe wie Père-Lachaise, Montmartre und Montparnasse lagen zu der Zeit, als sie angelegt wurden, noch außerhalb der Stadt. Es hatte jedoch um 1760 niemand vorausgesehen, daß sich Paris innerhalb weniger Jahrzehnte so vergrößern würde, daß sie bald wieder innerhalb der Grenzen der Metropole lagen. Die Friedhöfe wurden danach zwar nicht mehr eingeebnet. Dafür setzte man weitere Bestattungen aus und errichtete neue Friedhöfe außerhalb des gewachsenen Paris.

Inzwischen hatte sich die öffentliche Meinung wieder geändert. Wissenschaftliche Veröffentlichungen wiesen nun nach, daß Friedhöfe nie gesundheitsschädlich und die von den Autoren des 18. Jahrhunderts zitierten Fälle mangels genauer Kenntnisse der Phänomene märchenhaft oder falsch verstanden worden waren. Inzwischen störte die unmittelbare Nachbarschaft zu Friedhöfen niemanden mehr. Was sich jedoch gehalten zu haben scheint, ist das Ammenmärchen vom Leichengift. Dazu ein Auszug aus dem „Lexikon der letzten Dinge":

Père-Lachaise, der größte Stadtfriedhof von Paris, wurde 1802 angelegt.

Leichengift

Ein Leichengift im eigentlichen Sinne des Wortes gibt es nicht, trotzdem wird seine Existenz bei medizinischen Laien als unstrittig angesehen. Für Umgang mit der Leiche gilt: Eine Schadwirkung infolge Hautkontakt oder Einatmung aufgrund von Leichengift ist auszuschließen. Bei oraler Aufnahme oder Injektionen sind toxische Wirkungen bei eingetretener Fäulnis möglich: 1. durch Bakterientoxine, auch von Fäulniskeimen, 2. durch Spaltprodukte infolge Eiweißfäulnis („biogene Amine" oder „Leichen-Alkaloide" oder „Ptomaine"). Wirklich gefährlich sind mikrobielle Infektionen, wobei aber Leichengift keine Rolle spielt. Bei frischeren Leichen Gefahr der Infektion z. B. mit Sepsis-Erregern, Tuberkulose, Hepatitis, AIDS, Typhus (besonders gefährlich: Verletzung des Obduzenten bei Autopsie). Bei länger gelagerten Leichen nach neueren Forschungen krankheitserregende Gefahr von Schimmelpilzen möglich (wahrscheinlich über Jahrhunderte vermehrungsfähig).

(Prof. Dr. Günther Gesenich in: Lexikon der letzten Dinge, hrsg. v. Walter Beltz, Pattloch Verlag, Augsburg 1993)

Während im 18. Jahrhundert die Devise galt: keine Stadt mehr mit Friedhöfen, kehrte sich das im 19. Jahrhundert um in: keine Stadt mehr ohne Friedhöfe. Die Angst vor den Toten wich einer neuen Einstellung. Der moderne Totenkult setzte nun den Kult um den Körper und einer dem körperlichen Erscheinungsbild verpflichteten Erinnerung an die Stelle einer angemessenen Repräsentation des Verstorbenen.

Zur Geschichte des Umgangs mit der Leiche

Im Alten wie im Neuen Testament werden bestimmte Begräbnisriten beschrieben: Den Toten wurden die Augen geschlossen, sie wurden geküßt, gewaschen, mit wohlduftendem Öl und aromatischen Kräutern gesalbt. Der Leichnam wurde in ein Leinentuch gehüllt, Hände und Füße mit Binden umwickelt, das Antlitz der aufgebahrten Verstorbenen mit einem Schweißtuch bedeckt. Erwähnt werden auch Totenklage, Trauerfristen und Begräbnismahl.

Das Judentum erachtete das Begräbnis als wichtige Pflicht. Alle Gläubigen mußten sich um die Bestattung in besonderer Weise kümmern. Die Bestattung war heiliges Gesetz, das auch gegenüber Fremden, Verbrechern und zum Tode Verurteilten galt. Deshalb wurde die Leiche Johannes des Täufers, die von Jesus und die des Stephanus zur Bestattung freigegeben.

Im Urchristentum erhielt die Trauer über den Tod durch die Auferstehung Christi einen neuen Sinn. Deshalb mußte der Bestattungsritus den Sinn des Lebens und Sterbens in Worte fassen. Was in der Taufe begann, fand im Tod der Christ-inn-en seine Vollendung im Ostermartyrium Jesu. So beinhalteten die Gebete der Bestattungsliturgie, daß die Verstorbenen vom Tod zum Leben übergehen, in den Chor der Heiligen aufgenommen werden sollten und voll teilhaben mögen an der Hoffnung auf die Wiederkunft des Herrn und die Auferstehung vom Tod.

Während in der christlichen Frühzeit die Verstorbenen zu Hause aufgebahrt wurden, entstand erst später die Sitte, den Leichnam zur Kirche zu bringen, wo an der Zeremonie auch Angehörige, Verwandte und Nachbarn teilnahmen.

Die heidnische Totenklage oder das jüdische Wehgeschrei ließen sich nicht mit dem Auferstehungsglauben vereinbaren. Deshalb beteten Christ-inn-en für ihre Verstorbenen, statt Schmerzensschreie auszustoßen. Aus dem germanisch-heidnischen Ritual stammte der „Totenvigil", die Totenwache, verbunden mit teuflischen Gesängen und vom Satan eingegebenen Tänzen, was dazu führte, daß die Kirche solche Vigilien verbot und als wirksamstes Argument dafür betrachtete, daß der Leichnam nicht mehr zu Hause behalten werden durfte.

Schon im Urchristentum wurde mit dem Sterben und der Bestattung eine Eucharistiefeier (Abendmahl) verbunden. Daraus entwickelten sich Trauerzeiten und Tage des Gedenkens an die Verstorbenen. Früher hatte jede Gemeinde ihr eigenes Ritual. Der Gang zum Friedhof zum Beispiel hatte im Prozeß der Verarbeitung der Trauer einen Sinn. Da das alles verlorenzugehen droht, sehen heutzutage viele die Gefahr, daß die fehlenden Rituale pathologische, d. h. krankhafte Auswirkungen im Trauerprozeß haben könnten. Ein gutes Ritual bietet nämlich die Möglichkeit, Trauer in helfender Weise auszuleben. Trauer sollte nicht zurückgehalten oder verdrängt werden. Das Ritual muß Wege zeigen, wie Hinterbliebene ihre Gefühle äußern und vielleicht ihren Glauben an die Auferstehung bekunden können. Deshalb haben Rituale eine wichtige Brückenfunktion zwischen den Toten, den Trauernden und ihrer Umgebung einerseits und zwischen Gefühlen wie Angst, Wut, Schmerz, Hoffnung und dem Auferstehungsglauben andererseits. Rituale können den Hinterbliebenen helfen, mit Einsamkeit und Verzweiflung fertig zu werden, neue Lebensfreude zu entwickeln und einen neuen Kontakt zu den Mitmenschen aufzubauen.

Einblick in Rituale anderer Kulturen

Bestattungsriten

Wie Bestattungen ablaufen, war seit jeher abhängig von Geographie, Religion und Gesellschaftsordnung. Erdbestattungen in einfacher Form gab es schon in der mittleren Altsteinzeit, 50 000 Jahre vor Christi Geburt. Den Toten wurden unter anderem Nahrungsmittel ins Grab gelegt. In der jüngeren Steinzeit ging der Bestattung der Skelette häufig die sogenannte „Plattformbestattung" voraus: Das Beisetzen einer Leiche auf einem Gerüst oder in der Krone eines Baumes. Diesen Brauch gibt es heute noch in China als „Himmelsbestattung", bei der Tote den Raubvögeln, Raben, Krähen, Elstern etc. überlassen werden.

Särge wurden erstmals 4000 vor Christi im Reich der Sumerer zwischen Euphrat und Tigris verwendet. Der Lebensinhalt der Ägypter war von dem Glauben

Ein Totenbett in Australien. Stich aus: lllustriertes Familienjournal, 1861.

Die älteste Pyramide der Welt, die Stufenpyramide des Djoser, wurde um 2800 v. Chr. erbaut.

erfüllt, für die Götter zu leben und zu sterben (etwa 3000 v. Chr.). In dieser Zeit entstanden die größten Grabbauten der Welt, die Pyramiden. Die Grabkammern wurden wundervoll ausgemalt und geschmückt, der Leichnam einbalsamiert und in einen Sarkophag gelegt. Die Leiche wurde in Binden gehüllt. Den Toten gab man Kleider, Speisen und Schmuck mit ins Grab. Man glaubte, daß die Leichen vom Grab aus die Reise in das Totenreich antreten würden. Das Totenreich lag im Westen, im Land der untergehenden Sonne. Bisweilen wurden auch Hunde oder Sklav-inn-en und Diener-innen mitbegraben, damit der Herr oder die Herrin im neuen Reich alles Nötige vorfinden könne. Das wichtigste war, daß die Seele des Königs oder der Königin geschützt würde vor einer Entheiligung. Deshalb versuchte man die Grabkammern in den Pyramiden durch Geheimgänge, Sackgassen und sogar Todesfallen vor Ruhestörern zu schützen. Noch heute glaubt man daran, daß auf Grabräuber-inne-n ein Fluch lastet. Die prächtigsten Totenkulte sind aus der Zeit der ägyptischen Pharaonen überliefert.

In Ägypten hat man zwischen 2600 v. Chr. und dem 6. Jahrhundert n. Chr. alle Verstorbenen mumifiziert. Die riesigen Mumienvorräte führten in der Renaissance zu einem schwunghaften Handel: Man verwendete Mumien in pulverisierter Form als Aphrodisiakum (den Geschlechtstrieb anregendes Mittel, „Liebestrank"; Anm. d. Red.) und als Allheilmittel. Mark Twain streute sogar das Gerücht, daß man Mumien im 19. Jahrhundert in Ägypten als billigen Brennstoff benutzt habe. Die Dampfkessel der Eisenbahnlinie zwischen Kairo und Khartum seien damit beheizt worden.

Methoden der künstlichen Mumifizierung sind das Räuchern (etwa bei Schrumpfköpfen in Ecuador) oder das Dörren der Leichen in der Sonne (so bei den Guanchen auf den Kanarischen Inseln). Mumien gab es nicht nur in Ägypten, sondern zum Beispiel auch bei den Naturvölkern in Australien, Neuguinea, Peru, Chile und Ecuador. Über die ägyptischen Mumien weiß man jedoch am meisten:

Nach den religiösen Vorstellungen der alten Ägypter bedeutete der Tod nicht das Ende des Lebens, sondern er stellte nur einen Übergangszustand dar: Die Seele entfernte sich vorübergehend vom Körper, um sich nach einer unterschiedlich langen Zeit wieder mit ihm zu vereinigen. Dann konnte der Tote in einem jenseitigen Land das Leben in ewiger Gesundheit, Schönheit und Jugend weiterführen. Voraussetzung dafür war die Erhaltung des Körpers – damit Ba, der Seelenvogel, zu gegebener Zeit wieder in ihn hineinschlüpfen konnte.

Die Zeremonie des Einbalsamierens dauerte 70 Tage. Zuerst entfernten Priester und Sachverständige einen Großteil des Gehirns mit Metallhäkchen durch die Nasenlöcher. Die noch im Schädel verbliebene Gehirnmasse wurde mit entsprechenden Drogen aufgelöst. Der Unterbauch wurde mit einem scharfen Stein auf der linken Seite geöffnet, sodann entfernte man die Eingeweide. Anschließend wusch man die Bauchhöhle mit Palmwein aus und füllte sie mit Duftstoffen wie zerstoßener Myrrhe oder ähnlichem. Dann wurde die Öffnung wieder geschlossen. Die Eingeweide bestattete man in eigenen Gefäßen, den sogenannten Kanopen – oder sie wurden auf spezielle Weise präpariert und als kleine Pakete wieder in den Körper gelegt.

Nach dieser Prozedur betteten die Einbalsamierer den Körper 35 – 40 Tage in Natron, was ihm Feuchtigkeit entzog. Schließlich wurde die Mumie noch einmal gewaschen und mit sehr feinen Leinenbinden eng umwickelt, erst die Finger, die Hände und die Füße, dann der übrige Körper. Die Wickeltechnik an den Gliedern war so fein, daß Finger, Zehen, Füße, Hände ihre natürliche Form behielten. Die äußere Umhüllung des ganzen Körpers geschah mit einer netzartigen Wickeltechnik, so daß sich ein bestimmtes Muster ergab. Alle Leinenbinden wurden vor dem Wickeln in wohlriechende Duftstoffe getaucht, was sowohl ihre Haltbarkeit stärkte als auch dem Leichnam einen ange-

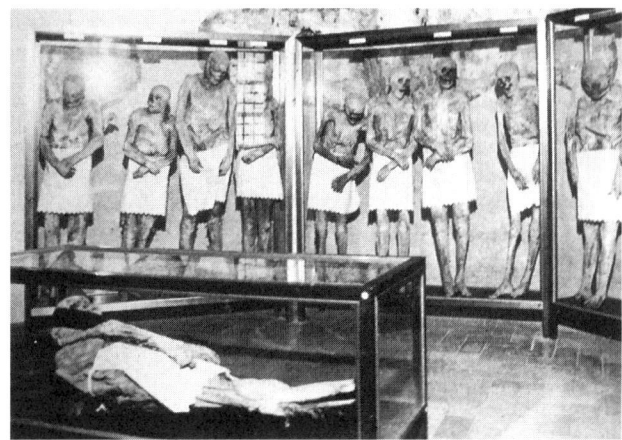

Die Mumien von Venzone.

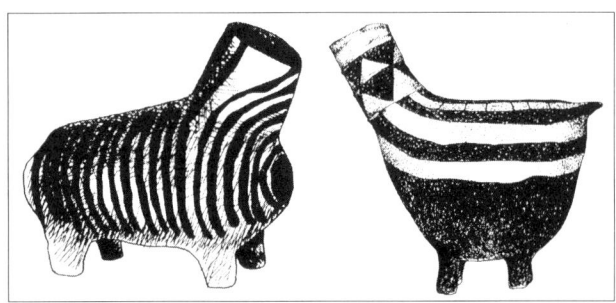

Eingeweidekrüge (Kanopen) aus Simbabwe.

nehmen Geruch verlieh. Jeder dieser Schritte war von religiösen Zeremonien begleitet; zwischen die verschiedenen Leinenbindenschichten wurden oft Amulette beigelegt.

Es gab verschiedene Methoden des Einbalsamierens, die sich in Zeitaufwand und Kostspieligkeit unterschieden: Das Entfernen von Gehirn und Eingeweiden von Hand beispielsweise war teurer als ihre Auflösung durch eingespritztes Zedernöl; für ärmere Familien gab es noch billigere Drogen.

Auch „heilige" Tiere wie Katzen oder bestimmte Vögel wurden mumifiziert und in den Grabstätten beigesetzt.

Die Mumiengräber sind immer wieder geplündert worden; schon im 2. Jahrtausend v. Chr. gab es nur noch wenige unberührte Grabstätten. Grabräuber waren häufig vermutlich die Arbeiter, die sich in den unterirdischen Bauwerken auskannten.

Im Mittelalter und in der Renaissance brachte man sich gern Mumien als kuriose Reiseandenken mit nach

Hause. Zwar waren die Seeleute in der Regel abergläubisch und duldeten keine einbalsamierten Leichen an Bord, aber es wurden immer wieder welche mitgeschmuggelt. Bis in die Neuzeit hinein wurden Mumien zu Medikamenten verarbeitet. „Echte ägyptische Mumie" (*mumia vera aegyptica*), pulverisiert, galt als Allheilmittel und war noch 1924 bei der Firma Merck für 12 Goldmark das Kilo zu erhalten.

Es gab Zeiten, da wurde das Auswickeln von Mumien als großes Ereignis gefeiert, dem Wissenschaftler, Kirchenleute und Künstler beiwohnten. Heute kann man Mumien mit wissenschaftlichen Geräten untersuchen, wodurch einiges über Alltag, Kultur, aber auch Krankheit und Medizin im alten Ägypten bekannt wurde. Mikroskopische Untersuchungen zum Beispiel zeigen, an welchen Krankheiten die Personen gestorben sind; auch die Ägypter-innen litten schon an Krebs, Karies, Herzinfarkt, Arterienverkalkung, zu hohem Blutdruck, Bandscheibenschäden und Rückgratverkrümmung. Allerdings waren Infektionskrankheiten noch verbreiteter: Lepra, Pest, Pocken, Tuberkulose.

Bei wissenschaftlichen Untersuchungen wird dem balsamierten Körper das durch Austrocknung entzogene Wasser wieder zugesetzt. Dann nehmen Knorpel und Muskeln, sogar das Lungengewebe, die Arterien und Venen wieder ihre alte Struktur an und quellen fast zu normaler Größe auf, so daß man den Mageninhalt analysieren oder Tb-Spuren im Lungengewebe feststellen kann. Sogar die eingeschrumpften Augäpfel bekommen fast wieder ihre normale Größe, wenn auch die feinen Netzhautstrukturen zerstört bleiben. Man kann aus Knochen, Schädel und Zähnen auf Ernährung und Lebensalter schließen; sogar Blutgruppenanalysen sind möglich.

Das erste größere Interesse an Mumien in Europa geht ins 13. Jahrhundert zurück. Damals entdeckte man die zermahlenen Mumien als Heilmittel. Zu dieser Verwendung kam es auf Umwegen: „Mumie" ist ursprünglich ein persisches Wort und bezeichnet ein natürlich entstehendes schwärzliches Erdpech oder Bitumen, das schon früh in der Heilkunde verwandt wurde, ein Kohlenwasserstoffprodukt, das sehr selten ist. Es diente, kostbar verpackt, als Geschenk für Könige. Da „natürliche Mumien" so selten waren, sah man sich nach einem Ersatzprodukt um und fand es in den schwarzen, harzigen Substanzen, mit denen die Ägypter-innen die Körperhöhlung der Mumien ausfüllten. Sie verwandten manchmal – aber keineswegs immer – Bitumen. Doch nun wurden Mumien per se zum pulverisierten Heilmittel. Vor allem im 16. und

Schwangere junge Frau aus den Katakomben der Michaelerkirche in Wien.

17. Jahrhundert waren Mumien als Heilmittel verbreitet; Apotheken schmückten ihre Auslagen bisweilen mit echten, aus Ägypten importierten Mumien. Im 16. Jahrhundert begann man Mumien zu fälschen, weil die Nachfrage aus Europa so groß war. Mumien wurden außerdem im 19. Jahrhundert zur Papierherstellung verwendet. Man benutzte dafür die umhüllenden Leinenbinden. Allerdings war die Qualität des Papiers nicht besonders gut, so daß dieser Verwendungszweck sich nicht durchsetzte.

Im 18. Jahrhundert galt es als schick, sich Mumien als Souvenir von Reisen nach Ägypten mit nach Hause zu nehmen. Es gehörte zu den gesellschaftlichen Attraktionen, die mitgebrachten Mumien in geladener Gesellschaft auszuwickeln. Dabei genoß man das feierliche Grausen und spekulierte auch ein wenig auf die Schmuckstücke und Amulettbeigaben, die sich gelegentlich in die Leinentücher gewickelt fanden. Beim Auswickeln wurden die Mumien in der Regel zerstört. Sie fielen in Stücke, zerkrümelten bis auf die Knochen zu Staub. Manche Gastgeber solcher Mumien-Auswickel-Parties verschenkten Knochenteile. So brachte Kronprinz Friedrich-Karl von Preußen 1882/83 eine Mumie mit nach Berlin, die er bei einer Herrengesellschaft in seinem Jagdschloß auswickeln ließ. In der Stadt Hamm wurde in den achtziger Jahren des 19. Jahrhunderts ein „Mumienverein" gegründet: Die Mitglieder zahlten Beiträge, von denen ein Ägyptologe den Erwerb einer ägyptischen Mumie finanzierte, die dann nach seiner Rückkehr feierlich ausgewickelt wurde. Berührungsangst scheint damals jedenfalls eher ein Fremdwort gewesen zu sein.

Zu einem anderen Kulturkreis. Ein Blick nach Mykene: Heinrich Schliemann grub im ehemaligen Troja Grabkammern aus der Zeit von 1500 v. Chr. aus. Dabei wurden große Goldschätze gefunden. Die Menschen waren mit goldenen Gesichtsmasken begraben worden. Bis heute weiß man nicht genau, um wessen Gräber es sich handelt. Aus anderen Forschungen ist lediglich gesichert, daß die Trojaner im Gegensatz zu den Griechen ihre Toten verbrannten und die Asche außerhalb der Stadtmauer in Tongefäßen beisetzten.

Die Griechen bestatteten ihre Leichen, weil nach ihrem Glauben der Charon die Toten über den Fluß Styx oder Archaron in die Totenwelt übersetzte. Aus der Quelle Lethe konnten die Seelen der Toten Vergessenheit trinken, so daß ihnen die Mängel des Diesseits nicht mehr bewußt waren.

Die Kreter bestatteten im 14. Jahrhundert v. Chr. ihre Toten in tiefen Schachtgräbern mit zahlreichen Grabbeigaben. Für sie war der Tod nichts Bedrohliches. Sie hatten die Vorstellung von einem ewigen Frühlingsgarten, wo getanzt und musiziert wurde. Entsprechend fehlt eine schreckliche Höllen-Phantasie. Schlangen waren bei ihnen kein Sünden-Symbol, sondern Haustiere, die Glück brachten. Deshalb lockte man sie sogar mit Nahrung in die Wohnung.

Hallstattzeitlicher (ca. 750 – 450 v. Chr.) Grabhügel in Großmugl, Niederösterreich. Zu dieser Zeit beerdigte man zumindest die großen Fürsten meist mit Pferd und Wagen in Grabkammern unter solchen großen Hügeln.

Über die Totenkultur Osteuropas und Sibiriens erfuhr man mehr, als Peter der Große (1672–1725) in Sibirien große Grabhügel bergen ließ, in denen wertvolle Goldfiguren und Schmuck gefunden wurden. Neben reichen Grabbeigaben fand man mitbeerdigte Pferde und Hanfkörner. Die dort beerdigten Toten waren die Skythenfürsten. Zu ihrer Zeit, 500 n. Chr., wurden die Grabanlagen oft verbissener verteidigt als die Wohnanlagen der Lebenden. Die Skythenfürsten wurden nach einem langen Mumifizierungsproze\ß inmitten von geräumigen Erdhügeln beigesetzt. In einem gut erhaltenen Skythengrab fand man einen Mann mit einer Kopfwunde und neben ihm eine vergiftete Frau. Man nimmt an, daß der Mann in der Schlacht gefallen war und die Frau ihm freiwillig, selbstvergiftet, ins Grab folgte.

Zu den Sieben Weltwundern der Antike zählt das Mausoleum von Halikarnassos. Es wurde von König Mausolus Karien 352 v. Chr. für sich selbst errichtet. Daher stammt der Name Mausoleum. Alexander der Große erreichte diesen als sehr schön gepriesenen Bau 50 Jahre später und zerstörte ihn.

In Indien entstand das Taj Mahal. Darin liegt Mumtaz-i-Mahall (Auserwählte des Palastes), die mildtätige Frau von Chaiahang, 1612 n. Chr. Sie war wegen ihrer unermüdlichen Sozialarbeit, für die sie einen großen Teil ihres Vermögens ausgab, so beliebt, daß der Schah Jahan (1627–1658) aus Trauer über ihren Tod das weltberühmte Grabmal in elfjähriger Bauzeit errichten ließ. Es soll nach damaliger Währung rund 360 Millionen Mark gekostet haben.

Starb in China oder Japan jemand, so wurde der Sarg mit dem Bildnis des/der Toten in einem Raum des Hauses der Familie zwischen brennenden Fackeln aufgestellt. Jede-r der Freund-inn-e-n und Verwandten brachte Kräuter und Weihrauch mit und verrichtete ein stilles Gebet. Speisen und Früchte wurden niedergestellt und sollten an die Zeit erinnern, in der der/die Verstorbene noch mit den Lebenden zusammensaß und aß. Hausaltäre mit dem Namen der/des Verstorbenen werden bis heute aufgestellt. Man verrichtet täglich Gebete davor und zündet Räucherstäbchen und Kerzen an.

Das Verbrennen der Toten ist ein alter Bestattungsritus der Hindus und wird dort bis heute praktiziert. Die Asche wird anschließend in einen Fluß, meist in den Ganges, verstreut. Damit kehrt der/die Tote in den Kreislauf der Unsterblichkeit zurück.

In verschiedenen Zeiten und Kulturen wurden tote Herrscher-innen und Held-inn-en in Booten auf dem Meer ausgesetzt und so bestattet. Im Christentum war die Seebestattung eine hygienische Notwendigkeit, denn die Schiffe waren oft Monate unterwegs und besaßen keinen Kühlraum.

Wem Feuer und Erde heilig sind, wie den Parsen, einer Religionsgemeinschaft im Iran und in Indien, kann die Toten weder vergraben noch verbrennen. Deshalb legen die Pars-inn-en die Toten auf Türme und überlassen sie dem Verfall und dem Fraß der Geier.

Die verschiedenen Bestattungsriten bei den unterschiedlichen Völkern sind unzählbar. Allein auf einer winzigen Insel Melanesiens existieren 21 verschiedene Arten der Leichenbeisetzung. Zwei Hintergründe gelten als Ursprünge für Bestattungsriten: entweder die Angst vor der Tatsache des Todes oder auch vor möglichen Untaten der/des Verstorbenen oder der Wunsch der Hinterbliebenen, sich mit den Gestorbenen weiterhin verbunden zu fühlen. Häufig vermischen sich beide Motive. Fast alle Bestattungsriten gehen von der Idee des lebenden Leichnams aus. Das ist besonders deutlich bei Völkern, die ihre Toten eintrockneten, mumifizierten und einbalsamierten.

Die Ku-ku.ku-ku in Neuguinea trocknen bzw. räuchern ihre Toten zehn Wochen am offenen Feuer, bis sie wie Mumien sind. Wie bei vielen anderen Naturvölkern nimmt die Totenklage in dieser Zeit extreme Formen an. Tagelang müssen die Verwandten über und über mit Schmutz beschmiert neben der Leiche hocken und jammern. Im ersten Schmerz werfen sie sich zu Boden, essen Erde, raufen sich die Haare und bringen sich mit scharfkantigen Steinen möglichst tiefe Schrammen bei.

Völker, die solche Riten haben, gehen in der Regel von der Annahme aus, daß der Geist des/der Toten sich noch lange in der Nähe der Leiche aufhält und genau beobachtet, ob auch alle Begräbnisriten genau eingehalten werden. Man darf den/die Tote-n keinesfalls kränken. Denn er/sie könnte sich ja rächen.

Fast alle Völker glauben an das Jenseits. Dabei existieren für sie entweder verschiedene Totenreiche für verschiedene Gesellschaftsschichten, oder es gibt ihrer Meinung nach nur ein Jenseits, in dem die früheren Abhängigkeiten fortbestehen. Letzteres hat in vielen Kulturen zur massenhaften Tötung von Sklav-inn-en geführt, da die Herr-inn-en schließlich auch im Jenseits ihre Bedienung brauchten. Genau das ist auch der Hintergrund für die bekannten Witwenverbrennungen in Indien. Ebenso ließen sich die Häuptlinge der Fidschi-Inseln auf ihrer Totenreise von ihren Frauen begleiten. Sie wurden entweder bei den Begräbnisfeierlichkeiten für den Ehegatten erwürgt oder bei lebendigem Leib mitbegraben. Auf Neuguinea kann eine Witwe auf eigenen Wunsch erdrosselt und mit ihrem Mann begraben werden, so daß sie im Jenseits einen ehrenvollen Platz erhält. Die Witwenverbrennung in Indien wurde zwar 1830 von den englischen Kolonialbehörden verboten, ist aber bis heute nicht völlig ausgerottet.

Bei den Carier-Indianer-innen in Kolumbien ist es üblich, daß sich die Witwen unmittelbar neben den Scheiterhaufen legen, auf dem der Tote verbrannt wird, bis sie halbtot vor Hitze und Rauch fast erstickt sind. Die Witwe muß so lange am Feuer aushalten, bis

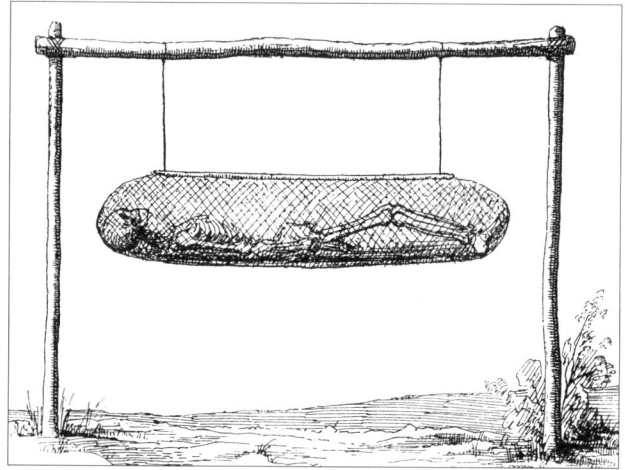

Leichenbestattung in Pernambejan auf Sumatra. Holzstich 1894.

der Leichnam des Gatten ganz verbrannt ist. Dann muß sie seine Reste sammeln und in einer Tasche zwei Jahre lang überall mit hinnehmen. Während dieser Zeit darf sie nur in Lumpen gehen und wird von jedermann als Sklavin behandelt.

Die Bajak im Innern von Borneo kennen die einfache und die mehrstufige Bestattung. Die einfache Bestattung läßt sich in vier Gruppen unterteilen: Über der Erde in einem Baum, in Höhlen, im Meer, im Sumpf. Man kennt dort als Riten:

– das Verlassen: Zurücklassen Sterbender, Flucht vor der Leiche;
– das Aussetzen;
– das Bergen in der Erde;
– das Vernichten: Feuerbestattung;
– die Leichenzerstückelung.

Das Ritual des Totenkultes selber umfaßt fünf Stufen:
1. die Behandlung der Leiche bis zur Einsargung;
2. die Einsargung;

3. die Beisetzung (vorläufig oder endgültig);
4. die Trauerzeit;
5. Totenfeste, endgültige Bestattung und Abschluß der Trauerzeit.

Der überwiegende Teil der üblichen Bestattungen ist mehrstufig. Ein Beispiel: Der Stamm Ot-Dalum-Ngadju. Im Glauben der Menschen dort hat ein Mensch zwischen drei und fünf Seelen, die nach dem Tod alle ein unterschiedliches Schicksal haben. Die erste ist etwa die körperliche Seele, aus der die Götter später schließlich einen neuen Menschen machen können. Die zweite ist die persönliche. Sie bleibt bis zum Totenfest beim Sarg, schweift dort umher und kann viel Unangenehmes anstellen. Die dritte Seele ist die der Knochen, Haare und Nägel. Von ihr ist unbekannt, wie lange sie am Sarg bleibt. Irgendwann geht sie in einen Zwischenhimmel.

Sarg in Schiffsform an der Seite eines Karo-Batak-Hauses auf Sumatra. Bis zur endgültigen Bestattung können mehrere Jahre vergehen. Der mittlere Stab leitet die Leichenflüssigkeit aus dem Sarg in den Boden.

Wenn man meint, daß jemand bald stirbt, läutet man einen Gong, bis der-/diejenige tot ist. Dann wird der Leichnam gewaschen und mit dem Feinsten bekleidet. Er bleibt zunächst in dem Haus, in dem die Person gestorben ist. Über ihm wird ein Katafalk (Gerüst für die Leiche oder den Sarg) aufgebaut. Alle seine Wertsachen werden um ihn herum dekoriert. Arme Leute leihen sich extra etwas dazu. Die Aufbahrung dauert gewöhnlich sieben Tage, bei reichen Leuten bis zu drei Wochen (trotz der Hitze).

Wenn der für Frauen und Männer unterschiedlich verzierte, schiffsförmige Holzsarg fertiggestellt ist, erfolgt die Einsargung oft schon am dritten Tag nach dem Tod. Bei der Einsargung von vornehmen Menschen gab es früher Menschenopfer. Das Blut der abgeschnittenen Köpfe mußte über den Sarg laufen. Die Seelen der Geopferten brauchte man im Jenseits als Sklav-inn-en.

Vor der vorläufigen Beisetzung des Sarges muß die Totenseele zum Zwischenhimmel geleitet werden. Das geschieht mit Priestergesang, Masken und Reisstreuen, wobei dem/der Toten der Weg in den Zwischenhimmel erklärt wird. Das findet meistens am siebenten Tag nach dem Tod statt. Dann wird der Sarg auf dem Friedhof außerhalb des Dorfes beigesetzt. Er wird dabei auf vier Pfähle gestellt, mit dem Fußende schräg nach unten, damit durch ein Bambusrohr die Leichenflüssigkeit abfließen kann. Ist das Leichenfest erst sehr spät (manchmal kann es auch erst nach Jahren stattfinden), wird der Sarg vergraben, da er sonst irgendwann von den Pfählen fallen würde.

Manchmal wird bei der vorläufigen Bestattung die Leiche auch verbrannt. Dabei müssen sich die Trauernden reinigen, alle Dinge, die sie zur Beisetzung brauchten, vernichten und viele Opfergaben bringen. Dann ist der Ort für sieben Tage unrein. Niemand darf ins Dorf hinein oder hinaus. Ein Absperrseil wird zu diesem Zweck vor den Ort gehängt. Am siebenten

Tag wurde früher ein Sklave getötet. Mit seinem Blut wurden das Absperrseil und alle Angehörigen bestrichen. Danach war der Ort wieder rein, bis auf die Angehörigen des/der Toten, auf die noch Gefahren lauerten. Deshalb bauten sie Kultgegenstände mit Schiffen, damit die Seele des/der Toten den richtigen Weg fahren könne. Diese Gegenstände mußten im Haus des Verstorbenen hängen.

Das Totenfest selbst schließlich ist eine riesige Feier. Da sie sehr teuer ist, wird sie meist für mehrere Tote des Dorfes gleichzeitig veranstaltet. Selten findet sie früher als zwei Jahre nach dem Tod statt. Auf keinen Fall, bevor die Leiche verwest ist. Arme Leute warten mit dem Totenfest manchmal bis zu zehn Jahren. Die Vorbereitung auf dieses Fest dauert Monate. Das Wichtigste ist der Bau eines Beinhauses. Jede Familie hat für ihre Toten ein solches Beinhaus. Meist sind es kleine Häuschen auf Pfählen, die mehrere Särge fassen können. Manche Beinhäuser stehen im Dorf, andere weiter weg. Außerdem werden Kultmale errichtet, Holzfiguren, die auf Pfählen im ganzen Dorf aufgestellt werden. Eines davon wird beim Totenfest als Opferpfahl benutzt.

Das Totenfest selbst dauert sieben Tage. Drei Tage vor dem Fest holt man die Leichenreste ins Festhaus. Sollte der Sarg zu sehr beschädigt sein, wird noch ein neuer angefertigt. Am ersten Tag werden die Leichenreste ins Beinhaus der Familie gebracht. Dabei wird viel getrunken, gegessen und geopfert. Am zweiten Tag wurden früher am Opferpfahl eine-r oder mehrere Sklav-inn-en angebunden und langsam mit Speerstichen getötet. Heute müssen in der Regel Büffel dieses Schicksal erleiden. Die Menschenopfer wurden erst durch die Holländer verboten. Einige Stämme verbrennen die Leichenreste, bevor sie ins Beinhaus kommen. Andere nehmen den Schädel aus dem Sarg, der dann im Wohnhaus aufbewahrt wird.

Am vierten und fünften Tag wird die Seele der Knochen, Haare und Nägel mit viel Essen und Trinken ins Totenland begleitet. Das geschah dann auch mit den Seelen der geopferten Sklaven (oder Büffel), wozu wiederum Hühner und Schweine geschlachtet werden mußten. Am sechsten Tag werden die Köpfe der geschlachteten Büffel oder Schweine verzehrt. Die Schädel werden dann an die Beinhäuser gebunden.

Beinhaus der Karo-Batak auf Sumatra.

Für die Verbrennung vorbereitete Leiche in Neuirland (Museum f. Völkerkunde, Basel [F] Vb 1657).

Am siebten Tag reinigen sich alle, die am Fest teilnahmen. Oft sind es bis zu 2000 Menschen.

Der Sinn dieses Totenfestes ist die Wiederherstellung der göttlichen Ordnung des Kosmos, die der Tod zerstört hat. Entsprechend geht es gar nicht so sehr um die Toten als darum, Unheil abzuwehren, das der Tod für die Lebenden ausgelöst hat.

Für Menschen, die gewaltsam oder auf unnatürliche Weise ums Leben gekommen sind, wird dieser Aufwand übrigens nicht betrieben. Sie werden wie Sklav-inn-en einfach im Wald verscharrt. Soviel zu den Ot-Dalum-Ngadju.

Auch bei den Kenja-Kajan-Bahau existieren interessante Riten. Dort werden die Toten in einem Bambusgestell meist sitzend im Haus aufbewahrt, und zwar so, wie sie sich selbst setzen würden, wenn sie noch lebten. Man fertigt sofort nach dem Tod einen Sarg an. Die Beisetzung erfolgt, sobald der Sarg fertig ist. Das kann bereits am Todestag sein. Bei armen Leuten benutzt man einen einfachen Sarg. Wenn es sich um einen vornehmen Menschen handelt, wird nach Wochen ein vornehmer Sarg verwandt. Der Sarg kommt dann in ein kleines Leichenschauhaus auf Pfählen, das meist gerade groß genug für eine-n Tote-n ist. Er wird auf dem Friedhof ausgestellt.

Aus Angst vor den Toten geht man nur zur Beisetzung auf den Friedhof. Entsprechend sieht es dort aus. Die Särge platzen bald, und es stinkt schrecklich. Erst wenn der/die Tote auf dem Friedhof ist, beginnt man mit den 50 Tage dauernden Trauerfesten. Mit diesem Ritual soll den Toten möglichst schnell beigebracht werden, daß sie nicht mehr zur Gemeinschaft gehören.

Die Kebalit stecken die Toten zur vorläufigen Beisetzung in einen großen Tontopf, wobei sich jede-r schon zu Lebzeiten einen solchen für sich selbst aussucht. Der Topf bleibt dann entweder im oder vor dem Haus, oder er wird zunächst eingegraben. Beim späteren Totenfest öffnet man die Töpfe wieder, holt die Leichenreste heraus und legt sie in einen kleineren Topf. Manche bringen dieses Gefäß dann als endgültiges Ende nicht in die Erde, sondern stellen es auf eine Plattform, wo es sich neben die Töpfe der früheren Familienmitglieder reiht.

Die Punan dagegen werden, wenn sie sterben, unter Blätter und Zweige gelegt, und die ganze Sippe verläßt so schnell wie möglich diesen Ort. Andere lassen die Toten sogar in der Hütte, wo sie gestorben sind, und gehen dann fort. Wieder andere legen die Toten in eine Felsspalte oder unter einen großen Baum.

Die Bukat verlassen sogar bereits die Sterbenden. Bei ihnen sind Feste oder Trauerrituale nicht bekannt. Den Namen der Toten darf ein Jahr lang keiner aussprechen.

In Südamerika gibt es einstufige und mehrstufige Bestattungen. Die Toten werden in der Erde in Särgen, Booten oder großen Tonurnen bestattet, auf Bäumen ausgesetzt, verbrannt oder mumifiziert. Oft erfolgt die Bestattung im Hause oder auf dem Dorfplatz, oder über dem Leichnam wird eine Miniaturhütte oder ein Dach errichtet.

Die alten Tuppi bedecken den Kopf der Leiche mit einem irdenen Topf, da Tote nicht in Berührung mit der Erde kommen durften. Hier variieren Formen der zweistufigen Bestattung: Nach der ersten Bestattung werden noch vorhandene Leichenreste, vor allem Skelettteile, gesammelt, gesäubert, bemalt und in der Erde oder in Tonurnen beigesetzt.

In den Zusammenhang der Bestattungsriten gehört auch der sogenannte Endokannibalismus, bei dem die Toten von ihrer Gruppe rituell verzehrt werden oder die Knochenasche der Toten mit Maisbier oder ähnlichem vermischt aufgenommen wird. Die dieser Handlung zugrundeliegende Vorstellung beinhaltet, daß die Kraft der Toten so der Gruppe erhalten bleibt.

Hans Becher schrieb 1962 über die Yanomi (Südamerika): „Bei der jährlich stattfindenden großen Totenerinnerungsfeier trinken alle Männer die mit Bananensuppe vermischte Knochenasche ihrer verstorbenen Angehörigen, weil sie glauben, daß durch diesen Endokannibalismus Kraft und Geist der Toten innerhalb ihres Stammes verbleiben. Von alten Personen nimmt man dagegen an, daß ihre Körper schon zu ausgelaugt seien, so daß deren Asche keine Kräfte mehr übertragen kann. Nur die Knochenasche des Kopfes gilt noch als wertvoll. Feinde dagegen verbrennt man nicht, denn ihnen wünscht man ein Schattendasein."

In Tropenwaldgebieten wickelt man die Toten in Hängematten, zerbricht ihre Habe oder verschenkt sie und verbrennt oder verläßt ihre Behausung. Die Stellung der Toten bei der Bestattung ist vom sozialen Status abhängig. Häuptlinge werden in zwischen Pfosten aufgehängten Hängematten so beigesetzt, daß sie die Erde nicht berühren, während gewöhnliche Tote im Erdgrab liegende oder hockende Positionen einnehmen.

Bei den Karaja wird der Leichnam mit einem gelblich-weißen Harz eingerieben, auf das weiße Flaumfedern gegeben werden. Das Gesicht oder Teile davon werden mit roter Farbe aus dem Samen des Urucustrauches überzogen, und es wird Schmuck angelegt. Die aus Bast bestehende Schlafmatte des/der Toten dient dazu, ihn oder sie einzuhüllen. Die Matte mit dem/der Verstorbenen wird dann horizontal an einer Stange befestigt und zu dem außerhalb des Dorfes gelegenen Friedhof gebracht. Die Friedhöfe liegen auf Hochufern über der Hochwasserlinie. Der Leichnam wird mit einer Stange waagerecht in das Grab hineingehängt, die Holzstangen in Längsrichtung. Matten und eine fußhohe Erdschicht decken die Grube ab. Am Kopf- und am Fußende des Grabes werden Holzpfähle eingesteckt, um Dämonen fernzuhalten. Die Pfähle werden mit Federbändern verziert und tragen auf einer trommelartigen Verdickung im Mittelteil das Clan-Abzeichen oder Gravierungen. Beide Pfähle werden durch eine Schnur aus Palmbast verbunden, über denen zwei geflochtene Matten aus Buriti-Palmblättern dachartig ausgebreitet liegen.

Eines ist jedenfalls sicher: Wenn es Leichengift gäbe, dann müßten viele dieser Völker längst ausgestorben sein.

Bestattungsriten aus dem christlichen Raum

Europa

In Europa zeugen Grabfunde aus dem Jahre 1500 v. Chr. von Stein- und Hügelgräbern, in denen die Toten manchmal in Hockstellung beerdigt wurden. In der La-Tene-Zeit 500 bis 200 v. Chr. wurden erstmals Friedhöfe und Nekropolen, also Totenstädte, angelegt. Grabhügel findet man danach kaum noch. Seit dem 2. Jahrhundert verbanden die römischen Christ-inn-en mit einer Gedenkfeier am Grab der Toten auch die Eucharistiefeier (Abendmahl). Daß Christ-inn-en nicht trauern „wie jene, die keine Hoffnung haben" (*Thess. 4,13*), zeigte sich auch in den weißen Kleidern gegenüber der schwarzen Trauerfarbe der Heid-inn-en. Statt der monotonen Totenklage der Klageweiber sangen Christen Psalmen und Hymnen – im Osten auch das Halleluja. Schon früh versuchten die Christ-inn-en, an die Stelle der in der Antike weitverbreiteten Leichenverbrennung das Erdbegräbnis zu setzen. Dabei orientierten sie sich am Begräbnis Christi und der Symbolik des in die Erde gelegten, aufsprießenden Weizenkorns.

Im Mittelalter nahmen die Trauerelemente der Begräbnisliturgie ein Ausmaß an, durch das die christliche Auferstehungshoffnung stark verdunkelt wurde. Angst und Schrecken verbreiteten sich vor dem Zorn Gottes und dem Jüngsten Gericht und bestimmten weitgehend die Einstellung der Gläubigen und auch manche liturgische Texte. Die Fürbitte für die Toten erhielt eine dominierende Stellung.

In der Neuzeit führten Aufwand und Pomp bei Begräbnisfeiern zu einem Klassensystem der Beerdigung. Das 2. Vatikanische Konzil (Generalvikariat) verbot diese „Fehlentwicklung" mit der generellen Bestimmung, daß „weder im Ritus noch im äußeren Aufwand ein Ansehen von Person und Rang" gegeben werden dürfe.

Am 15. August 1969 veröffentlichte die Gottesdienstkongregation die neue Begräbnisliturgie. Sie erschien 1973 auf deutsch. Darin steht: „Der weitverbreitete Brauch der Totenwache an den Abenden zwischen Tod und Begräbnis – sei es im Trauerhaus oder in der Kirche – soll beibehalten werden, wobei auch ein Laie den entsprechenden Gottesdienst leiten kann." Um wertvolle örtliche Gebräuche möglichst erhalten zu können, wurde kein Einheitsritual vorgeschrieben, sondern verschiedene Strukturen der Begräbnisliturgie. Der Grundtyp sieht drei Stationen vor:
1. Trauerhaus mit dem Eröffnungsritus;
2. Kirche mit Eucharistiefeier;
3. Grab mit Beisetzung.

Regionale Totenfeier-Gebräuche früher und heute

In vielen ländlichen Gegenden kennt man heute noch die Aufbahrung der Leiche im Haus bis zur Beerdigung. Von Angehörigen und Nachbarn werden

Ein Zaun aus Totenbrettern in Ambruck im Bayrischen Wald.

Leichenbretter an einer Häuserwand im Chiemgau.

Nacht-, Toten- oder Leichenwachen gehalten, die mit gemeinsamen Gebeten und gelegentlichen Bewirtungen verbunden waren. Früher kannte man das Totenbrett, Leichenbrett, Reebrett oder Rechbrett, auf das der/die Verstorbene bis zur Einsargung gelegt wurde. Nach der Beerdigung versah man es mit Namen und Daten, dazu mit einem Gebet oder einem christlichen Spruch und stellte es zur Erinnerung an den/die Tote-n im eigenen Flurbesitz auf, ein Brauch, der vor allem im östlichen Bayern, Böhmen, Oberösterreich und den Ausläufern des Fränkischen Gebiets bekannt war. Deshalb bedeutet in der Bayerischen Ostmark der Begriff „aufs Brett kommen" auch heute noch soviel wie sterben.

In England ist es noch weit verbreitet, die Toten zu Hause aufzubahren. In dieser Zeit ziehen alle Nachbar-inne-n der gleichen Straße die Vorhänge zu.

Vor allem in totalitär regierten bzw. Personenkult ergebenen Ländern ist es üblich, verstorbene politische Größen öffentlich aufzubahren und das Volk daran vorbeiziehen zu lassen. Zum Teil werden die Toten auch auf Dauer einbalsamiert, wie zum Beispiel Lenin und Mao. Indira Gandhi dagegen wurde noch nach altem Hindu-Ritus nach der Aufbahrung auf einem Scheiterhaufen verbrannt, den ihr Sohn mit einer Fackel in Brand setzte.

Ein besonderes Schlaglicht auf das Aufbahren von Kultfiguren, zum Beispiel von Schauspieler-inne-n, wirft der amerikanische Film „Tod in Hollywood" aus den 60er Jahren. Hier verwandeln die sogenannten Visagist-inn-en die Leiche je nach Sympathie in einen Engel oder in eine abstoßende Fratze, und man bereitet sie sitzend oder liegend unter großem kosmetischem Aufwand auf.

Über die Geschichte des Bestattungswesens in Wien kann man in dem Jubiläumskatalog „75 Jahre städtische Bestattung", herausgegeben von den Wiener Stadtwerken und dem Museum des Wiener Be-

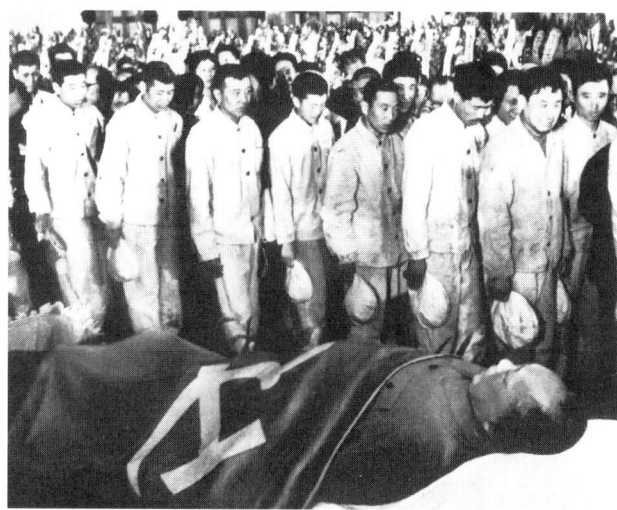

Die Trauernden verneigen sich vor dem toten Mao Tse Tung. Die Leiche war eine Woche lang in der Großen Halle des Volkes aufgebahrt.

Bis zum Ersten Weltkrieg war es in Wien Sitte, den Verstorbenen gemäß seiner gesellschaftlichen Stellung aufzubahren: links die Ausstattung für eine „Aufbahrung der IV. Classe", unten für eine „Aufbahrung der Pracht-Classe".

stattungswesens, Interessantes lesen. So heißt es dort: „Bis zum 1. Weltkrieg war es üblich, Verstorbene in ihrem Wohnhaus aufzubahren und durch entsprechenden Pomp die soziale Stellung des/der Verstorbenen und der Familie zu betonen. Die Aufbahrung konnte in sieben Klassen erfolgen: von der ‚Prachtklasse' (Paradesaal, schwarz drapierter Plafond, der Sarg auf einem Katafalk [Spezialgerüst] unter einem Baldachin) über die ‚Super-I-Classe-Ausführung' bis zur ‚VII-Classe-Ausführung'.

Während des 1. Weltkrieges änderten sich die Wiener Aufbahrgewohnheiten unter anderem aufgrund sanitätspolizeilicher Verordnungen. Die Bevölkerung wechselte mehr und mehr von der Hausaufbahrung zur Aufbahrung in der Pfarre und Einsegnung auf dem Wiener Zentralfriedhof. 1930 existierten in Wien bereits 33 Aufbahrungshallen der verschiedenen Friedhöfe mit 98 Aufbahrmöglichkeiten. 71 davon hatten bereits hermetisch abschließbare Glasvitrinen mit Absaugvorrichtungen, um Geruchsbelästigungen während der warmen Jahreszeit zu verhindern. In diesem Jahr wurden nur noch 1,6 Prozent aller Toten aufgebahrt.

1943 führte die Masse von Toten des 2. Weltkriegs dazu, die Aufbahrung zu Hause in Wien generell zu verbieten. Auch die Aufbahrung in den öffentlichen Aufbahrungshallen wurde im Verlauf des Krieges immer schwieriger: Aufbahrungshallen und der Beerdigungsbetrieb der Gemeinden waren durch Fliegerangriffe fast gänzlich zerstört oder lahmgelegt, und die Toten wurden vom Sterbeort unmittelbar zum Grab gebracht; die Angehörigen durften ihre Trauerfeier nur noch am offenen Grab abhalten.

1945 wurden die Aufbahrungshallen wieder aufgebaut. Der Bürgermeister erließ deshalb bald eine Verordnung, die die Hausaufbahrungen untersagte. 1964 wurde die Aufbahrung endgültig geregelt: Die Aufbahrung einer Leiche außerhalb einer Leichenkammer wurde grundsätzlich verboten. Ausnahme: Ehrenbegräbnisse, die von Gebietskörperschaften ausgerichtet werden, Begräbnisse von Ordensangehörigen oder Pfarrer-innen. Heute finden in Wien Aufbahrungen nur noch in den Aufbahrungshallen der Friedhöfe statt.

Im deutschen Süden besorgte die Totenfrau das Waschen und Bekleiden der Verstorbenen. Das Brauthemd wurde als Totenhemd wieder gebraucht. Jungfrauen wurde eine Totenkrone zur „Hochzeit mit dem Tod" aufgesetzt, um sie so zur Himmelsbraut zu „erheben". In die gefalteten Hände der Toten gehörten Rosenkranz und Sterbekreuz der Familie. Die Aufbahrung erfolgte in der guten Stube oder im großen Hausgang. Abends wurden gemeinsam der Totenrosenkranz und das Scheidegebet gesprochen und die Toten mit Weihwasser besprengt. In ländlichen Gebieten finden viele dieser Bräuche heute noch statt, und es beteiligen sich noch viele Bewohner-innen am Aufbahren, am „Leichenbitten" und am abendlichen Gebet vor den Aufgebahrten. Die „Leichenbitter-innen" geben den Todesfall im Ort zur Kenntnis – sie bitten zur Leiche – und laden alle Ortsansässigen ins Sterbehaus ein.

Ein interessanter Brauch aus Vorarlberg: Hier haben die alten Holzhäuser im Schlafzimmer ein „Seelenloch", eine Öffnung, die leicht geschwungen ist. Früher gingen die Menschen davon aus, daß hier die Seele der Verstorbenen das Haus verlassen würde. In diesen Häusern ist außerdem eine Extra-Tür für den Sarg vorgesehen, durch die man als Lebendige-r nicht durchgehen kann: eine Art Klappe in Sargformat, durch die man die eingesargten Toten durchschieben kann. Der Sarg durfte nur durch diesen Auslaß das Schlafzimmer verlassen. Früher wurden die Toten im Haus aufgebahrt und dann durch die Sargtür ins Freie gebracht. Dort gab es eigene Wege für die Särge. Wenn man über Brücken ging, mußte man sich

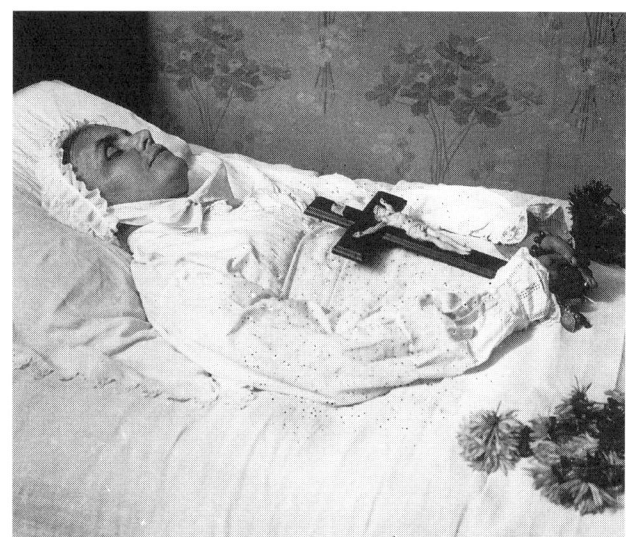

Totenbett um 1900.

mit dem Sarg drehen. Wenn man die Brücke überquert hatte, mußte man sich noch einmal drehen, damit die Seelen verwirrt würden und nicht mehr zurückfinden könnten. An den Häusern hatte man am Dachboden Öffnungen in Form von Halbkreisen oder auch Rauten angebracht, die ohne Glas waren und einen toten Blick symbolisierten. Dadurch sollten sich wilde Tiere, aber auch die Seelen der Verstorbenen ängstigen und nicht in das Haus gehen oder zurückkommen können. Die Leichenwege durften ansonsten von Lebenden nicht beschritten werden.

In Oberbayern wurden vor Errichtung der Leichenhallen Anfang des 19. Jahrhunderts die Toten bis zur Beerdigung im Hause aufgebahrt. Auch hier diente an vielen Orten ein Brett dazu, auf dem im Bett oder im Sarg aufgebahrt wurde. Der Leichnam lag zwischen brennenden Kerzen und einem Kruzifix an der Kopfseite, Weihwasser zu den Füßen, damit die in den Raum tretenden Besucher-innen den/die Verstorbene-n besprengen konnten.

Es war in dieser Zeit üblich, die Toten zu besuchen, um bei ihnen zu beten. Vor allem wurde aber auch in der Nacht Leichenwache gehalten. Es wurden Rosenkränze gesprochen und Brot, Bier und Branntwein verzehrt. Arme Frauen verdingten sich als Leichenwäscherinnen und wurden mit Naturalien entlohnt. Die Dauer der Aufbahrung war verschieden bemessen. 1784 wurde als Mindestfrist 12 Stunden vorgeschrieben. Kinder wurden nach 24 Stunden und Erwachsene nach 48 Stunden begraben. Im 19. Jahrhundert erhöhte man die Wartefrist auf drei Tage.

1825 verpflichtete ein Dekret der bayerischen Regierung alle Gemeinden dazu, ein ausgeklügeltes Warnsystem mit Klingeln in den Leichenhallen anzubringen, um bei der geringsten Bewegung den Scheintod zu melden. 1898 wurden die nie benutzten Geräte wieder abgeschafft. 1819, als das erste Leichenschauhaus auf dem südlichen Friedhof von München entstand, gingen die häuslichen Aufbahrungen spontan immer mehr zurück. 1898 wurde das Klassensystem der öffentlichen Aufbahrung abgeschafft und der Aufbahrungsschmuck vereinheitlicht.

Wurde vor dreißig Jahren noch jeder zweite Tote offen aufgebahrt, so sind es heute nur noch 5 bis 10 Prozent. Die Tendenz ist rückläufig. Heute werden vor allem geistliche Würdenträger öffentlich aufgebahrt. Das ist allerdings nur noch unter Glas erlaubt in einem sogenannten „Schneewittchensarg".

Einige Gebräuche aus der Eifel: Schon im Mittelalter kannte man hier die Leichenwache im Sterbehaus. Ein Bericht aus dem 12. Jahrhundert aus der Abtei St. Martinus in Trier erzählt: Eine Witwe hatte ihren einzigen Sohn verloren. Er wurde im Sterbehaus gewaschen, bekleidet und aufgebahrt. Die Nachbarinne-n und Ortsarmen kamen und brachten zur Nachtwache Kerzen mit. Als die Nacht fast vorüber war und die Leute „nach der verfluchten Sitte der Bauern allerlei Spiele trieben", verließ die Mutter das Haus aus Protest.

Ähnlich Unehrerbietiges wird auch aus dem 15. Jahrhundert berichtet: Die Aufklärung brandmarkte die Leichenwache als anstößig und ungehörig. Ein Franz Graf von Blankenheim erließ deshalb 1779 folgende Verordnung: „Bei den Totenwachen sind alle Saufereien und Schwärmereyen mit einer Strafe von 10 Gulden. Leyt- und Andachtshaltern wird jedoch erlaubt, mit den Nachbarn bei der Leiche ein frommes Gebet zu verrichten. Jeder hat zur ordnungsgemäßen Stunde abends sittsam nach Hause zu gehen. Die Wacht beim Leichenlicht darf allenfalls von 1 bis 2 Personen versehen werden."

Zu Anfang des 19. Jahrhunderts wandten sich reformeifrige preußische Beamte gegen die Totenwache an der Bahre im Sterbehaus. Ein Artikel des Landrats Bärsch in den „Prümer Gemeinnützigen Blättern" (1824) besagt: „Im ganzen Kreise herrscht noch der Gebrauch oder vielmehr Mißbrauch der sogenannten Totenwache. Diese besteht darin, daß in jedem Hause, wo eine Leiche ist, sich nicht nur die Verwandten, sondern auch andere Bewohner des Ortes jeden Abend bis zum Tage der Beerdigung einfinden und bei der Leiche die ganze Nacht hindurch laut beten. Dabei müssen dann die Dienstfertigen mit Branntwein bewirtet werden. Es ist dies nicht nur eine große Beschwerde für die Bewohner des Hauses und deren Nachbarn, sondern diese Gewohnheit ist auch für die Hinterbliebenen mit großen Kosten verbunden. Auch geben diese nächtlichen Zusammenkünfte zu mancherlei Unfug Veranlassung. Es wäre sehr wünschenswert, daß dieser Mißbrauch durch eine allgemeine Verordnung abgestellt wird. Zur Bewachung der Leiche wäre ein Mann ausreichend. Das Gebet müßte bei Tag in der Kirche verrichtet werden."

Ein weiteres Beispiel aus Binndingen-Zell: Starb jemand daheim, im eigenen Bett, wurde er oder sie von den Familienangehörigen hergerichtet. Nachbarinne-n halfen dabei und ließen dafür sogar dringende Feldarbeit liegen. Die Leiche wurde von Kopf bis Fuß gewaschen und in ein frisches langes weißes Hemd gekleidet. Gab es kein solches Hemd, wurde die untere Körperhälfte mit einem Leintuch bedeckt. Auf keinen Fall durfte man bei den Aufgebahrten die Beine sehen. Die Hände wurden auf der Brust gefaltet und mit einem Rosenkranz umschlungen. Der oder die Tote war auf ein Bund Stroh gebettet, das von einem Leintuch bedeckt war (er oder sie lag „off schaaf"). Lief die Leiche aus, konnte das Stroh hinterher verbrannt werden. Wenn sie nicht roch oder irgendwie verunstaltet war, ließ man sie im Bett liegen. Neben dem Totenlager wurde ein Altar mit Kreuz, Blumen und Weihwasser errichtet. Ein „Dundellicht" (Totenlicht) brannte Tag und Nacht. Alle Nachbar-inne-n und Verwandten kamen, um noch einmal „zu kugen", ein Vaterunser zu beten und mit einem Buchsbaumzweig Weihwasser in Kreuzform über den Leichnam zu sprengen. Dieses „Dundekuckejohn" war eine Ehrenpflicht für alle Verwandten und Nachbar-inne-n. Ein Fernbleiben wurde als Beleidigung empfunden. Schwangeren Frauen wurde diese Ehrenpflicht erlassen. Man fürchtete eine Fehlgeburt oder ein behindertes Kind durch „Verkucken". Solange die Leiche im Haus aufgebahrt war, wurde lautes Reden und Lachen untersagt. Abends wurde ein gemeinsamer Rosenkranz gebetet, ca. 2 Stunden lang. Danach gingen Frauen und Jugendliche aus dem Haus. Bei Nacht blieben nur die Männer zur Totenwache da. In vielen Dörfern gab es dieses Brauchtum bis in die 70er Jahre dieses Jahrhunderts, weil Friedhofskapellen fehlten.

In Wittlich wurde die Leiche zunächst im Bett belassen und mit einem Leintuch zugedeckt. Dann wurde die Stadtschwester, eine Ordensschwester, be-

Totenkleider aus dem Wien der Zwischenkriegszeit. Die Kleider sind am Rücken durchgehend zu öffnen. Der Rückenteil des Frauenkleides besteht aus Papier. Das Männerhemd ist am Rücken nur mit einem kurzen Sattel versehen – der Rest wurde eingespart.

nachrichtigt. Sie hatte die Aufgabe, die Leiche zu waschen und ihr das Totenhemd anzuziehen. Das Totenhemd war aus Papier. Meistens wurden die Toten jedoch mit eigenen Kleidern oder eigenen Anzügen bekleidet. Vor der fabrikmäßigen Herstellung war es Aufgabe des Schreiners, den Sarg zu liefern. Er baute außerdem ein Gestell, das mit einem schwarzen Tuch bedeckt wurde, das sogenannte „Schauf". Darauf wurde der Sarg gestellt.

Im Sarg wurden den Toten die Hände gefaltet, das Sterbekreuz hineingesteckt und um die Hände ein Rosenkranz gelegt. Je nach Jahreszeit schmückte man den Leichnam außerdem mit Blumen. Wenn alles soweit hergerichtet war, wurde das Zimmer verdunkelt. Die Zimmerlampe und ein eventuell vorhandener Spiegel wurden mit einem Tuch verhängt. Auf den Tisch stellte man ein Kruzifix mit zwei brennenden Kerzen und eine Schale mit Weihwasser und Nußbaumzweigen. Der Sarg wurde offengelassen, damit Verwandte und Nachbar-inne-n die Tote nochmals sehen konnten. Noch am Abend des Todestages und jeden Abend bis zum Begräbnistag kamen Verwandte, Bekannte und Nachbar-inne-n nach dem Abendessen in das Sterbehaus, um gemeinsam den „schmerzhaften Rosenkranz" zu beten.

Trauerriten in ostkirchlichen Gemeinschaften

In der ostkirchlichen Gemeinschaft ist eine der Hauptfragen, was den Tod betrifft, was und wer bewirkt den Tod? Und: Hebt der Tod das Leben wirklich auf?

Grundsätzlich kann dort der Tod nicht positiv gesehen werden, denn er wird als die extremste Konsequenz des Eintritts des Bösen in die Schöpfung betrachtet. Als Widerspruch zum Willen des Schöpfers ist er der Feind Gottes. Er trifft die Menschen als die Zerstörung der Harmonie von Seele und Körper. Und genauso trifft er die Gemeinschaft der Menschen als eine Trennung der Lebenden von den Toten. Der Schmerz der Hinterbliebenen ist daher völlig berechtigt. Die theologischen Behauptungen, daß der Tod nicht schlimm sei, sondern vielmehr als Befreiung aufgefaßt werden müsse, da er in die endgültige Unsterblichkeit und Unvergänglichkeit führe, gelten in der Ostkirche als an der Tragik des Todes vorbeigehend.

Die Ostkirche hat daher Trauer und Schmerz immer für wichtig gehalten. So wurden alte Totenbräuche aus vorchristlicher Zeit in ihre Riten übernommen: Die Leiche bleibt bis zur Beerdigung in der Wohnung der Angehörigen. Man kleidet sie dort in die Totengewänder und läßt Trauer und Klage breiten Raum. Das soll auch den Verstorbenen dienen, die dem Glauben nach die gleiche Trauer spüren und auf einen innigen Abschied nicht verzichten sollen. Menschliche Regungen von Trauer und Klage werden also in der Ostkirche sogar der Leiche zugestanden und als natürliche Reaktionen der Hinterbliebenen aufgefaßt, die in den liturgischen Texten entsprechend zu Wort kommen.

Im Dorf des / der Toten werden die Glocken geläutet. Die Menschen hören für einige Zeit auf zu arbeiten. Vor den Hausikonen werden Kerze aufgestellt. Die Türen werden geöffnet als Zeichen der Bereitschaft, den/die Tote-n zu empfangen. Dahinter steckt auch der Gedanke, daß der/die Tote von den Lebenden nicht alleingelassen wird. Als endgültiger Abschied vor der Beerdigung gibt jeder Anwesende dem/der Toten noch einen letzten Kuß.

Bestattungsriten in der DDR

In den westlichen Industriestaaten werden entscheidende Lebensdaten wie Geburt, Eheschließung, Tod immer noch von religiösen Riten der Kirche mitbestimmt, da es nur schwach entwickelte säkularisierte Sitten dafür gibt. Anders war dies in der DDR, die eine marxistisch-atheistische Ideologie als Grundlage hatte. Im sozialistischen Begräbnis wurde die Realität des Todes anerkannt und keine Hoffnung auf ein Leben jenseits des Todes zum Ausdruck gebracht. Der Mensch starb dort unwiderruflich und für immer.

Bert Brechts Gedicht „Gegen Verführung" belegt diese Grundhaltung:

> Laßt euch nicht verführen!
> Es gibt keine Wiederkehr.
> Der Tag steht in den Türen;
> Ihr könnt schon Nachtwind spüren:
> Es kommt kein Morgen mehr.

Laßt euch nicht betrügen!
Das Leben wenig ist.
Schlürft es in vollen Zügen!
Es wird euch nicht genügen
Wenn ihr es lassen müßt!

Laßt euch nicht vertrösten!
Ihr habt nicht zuviel Zeit!
Laßt Moder den Erlösten!
Das Leben ist am größten:
Es steht nicht mehr bereit.

Laßt euch nicht verführen
Zu Fron und Ausgezehr!
Was kann euch Angst noch rühren?
Ihr sterbt mit allen Tieren
Und es kommt nichts nachher.

Die Gesellschaft bezeugte den Hinterbliebenen ihre Solidarität, indem sie auf den sinnvollen Lebensinhalt der Verstorbenen hinwies. Die „Feiergestalter" taten sich in den ersten Jahren der DDR mit der Totenfeier schwer, denn diese sollte „den bekannten Traditionen der Arbeiterbewegung gemäß" gestaltet werden. Welche Traditionen das sein sollten, war unklar. 1959 wurde unter dem Titel: „Grundsätze und Erfahrungen bei der Gestaltung sozialistischer Feierlichkeiten" eine Broschüre vervielfältigt, in der es heißt, daß im Mittelpunkt der Trauerfeier „die Würdigung der guten Bestrebungen und Taten des Verstorbenen..." stehen sollten. „Die stolze Genugtuung, mit dem Menschen verbunden gewesen zu sein, soll die Trauernden aufrichten", hieß es weiterhin. Der Tod eines DDR-Bürgers oder einer DDR-Bürgerin wurde als „schmerzlicher Verlust" bezeichnet. Es sei Pflicht der Gesellschaft, „den Verstorbenen in die Erde zu senken, damit wir in seinem Sinne an der Veredelung des Lebens weiter schaffen können".

Erst 1972 erschien unter dem Titel: „Alles hat am Ende sich gelohnt. Material für weltliche Trauerfeiern" eine Broschüre zu diesem Thema. Zehn Jahre später wurde eine Neubearbeitung unter dem Titel: „Der Tag hat sich geneigt. Zur Gestaltung weltlicher Trauerfeiern" erstellt. Nach diesen Broschüren war die Trauerfeier eine öffentliche Gedenkveranstaltung zu Ehren des/der Verstorbenen, die den Gefühlen und Empfindungen Ausdruck verleihen sollte, die der Tod eines Menschen bei den Hinterbliebenen und Mitmenschen auslöst. Als wichtiges Anliegen wurde definiert, „daß der Tod eines Bürgers der Gesellschaft nicht gleichgültig ist... und die Hinterbliebenen Anteilnahme und Geborgenheit in ihr spüren" und die Gewißheit erhalten, „daß sie mit ihrer Trauer nicht alleine sind".

Grundlage für die Deutung des Todes war die marxistisch-leninistische Auffassung vom Menschen als gesellschaftlichem Wesen. Deshalb wurden in der Trauerfeier die gesellschaftlichen Leistungen des/der Toten hervorgehoben. Doch nicht immer hatte sich ein „reiches, erfülltes Leben vollendet". Beim Tod eines Kindes waren deshalb auch Marxist-inn-en fassungslos. Als Antwort formulierte man deshalb: „Als Materialisten wissen wir: Natur hat keinen Sinn. Tod und Leben an sich sind sinnlos... Nicht Gottes unerforschlicher Ratschluß, sondern das Wirken objektiver Gesetzmäßigkeiten bestimmen Werden und Vergehen. Dieses Wissen kann nicht über den schmerzlichen Verlust hinwegtrösten... Es vermag aber ein solch tiefes widersinniges Sterben philosophisch greifbar und verständlich zu machen."

Eine Trauerfeier hatte in der Regel folgende Grundstruktur:
– Einleitungsmusik,
– Einzug der Trauergemeinde,
– Musikstück,
– Rezitation und Trauerrede,
– Zwischenmusik,

- Kondolenzreden,
- Rezitation,
- Ausleitungsmusik,
- Kondolenz.

Der Empfang der Trauergäste zu Beginn sollte nicht länger als 15 Minuten dauern. Ein Verweilen am geöffneten Sarg sollte nur auf Wunsch der Hinterbliebenen stattfinden und wegen „der besonderen psychischen Belastung zehn Minuten nicht überschreiten". Deutlich spürbar wurde eine Tendenz zur Kontrolle der Emotionen. Es dürfe nicht unberücksichtigt bleiben, „in welcher psychischen Verfassung sich die Hinterbliebenen befinden". Die Trauerrede stellte das Kernstück des Ritus dar und nahm etwa 15 Minuten in Anspruch. Sie sollte nicht in einen persönlichen und einen philosophischen Teil zerfallen. Vielmehr sollten weltanschauliche Aussagen mit dem Leben der Verstorbenen in Zusammenhang gebracht werden. So konnte durchaus auch der Versuch unternommen werden, „auf die Frage der Unsterblichkeit des Menschen aus materialistischer, atheistischer Sicht Antwort zu geben, etwa mit den Worten Albert Einsteins: ‚So sind wir Sterblichen in dem unsterblich, was wir an bleibenden Werten schaffen.'" Wenn der Verstorbene Unzulänglichkeiten aufwies, gab es folgenden Textvorschlag: „Nicht für alles, was der Verstorbene in seinem Leben tat, können wir Verständnis finden. Sicher, auch er war, wie wir alle, Suchender nach Glück. Oft aber haben ihn die Straßen, die er dabei beschritt, im Kreis geführt, haben sich als Sackgassen und Einbahnstraßen erwiesen, oder er ist gar vom Weg abgekommen. Trotz allem aber wären wir gerne noch ein Stück des Lebens mit ihm gemeinsam gegangen."

Die Redner-innen waren im Auftrag der Hinterbliebenen tätig und wurde auch von ihnen honoriert. Sie übten andererseits ihre Funktion im Auftrag der Gesellschaft aus und waren deren weltanschaulichem, politischem und moralischem Gedankengut verpflichtet. Partner für die Hinterbliebenen bei der Abwicklung der Formalitäten waren Bestattungsbetriebe, die auch den Druck von Trauerkarten und Kranzschleifen sowie Grabstelle und Grabmal, Trauerfeier und Dekoration, Redner-innen etc. vermittelten. Sie sollten auch auf „die Überwindung von veralteten Bestattungstraditionen" hinweisen, womit ein christliches Begräbnis gemeint war. Es wurde jedoch nicht verhindert, wenn es erwünscht war.

Die Traueranzeige sollte informieren. Dafür waren „weder ein Übermaß an Pathos, noch die häufig anzutreffenden, sich wiederholenden, nichtssagenden Gedichte und Verse" geeignet. Einzig die Verdienste des Verstorbenen sollten genannt werden.

Während es in der Bundesrepublik kaum säkulare Sitten gibt, hatte die sozialistische Gesellschaft der DDR solche ausgebildet: „Ist in unserer Industriegesellschaft der Tod eines Menschen eingetreten, wird der Tote umgehend vom Beerdigungsinstitut abgeholt. Vielerorts darf er nicht mehr berührt werden. Die Hinterbliebenen sind durch eine Glasscheibe von ihm getrennt... Das alles erfordert derart viel Selbstkontrolle von den Hinterbliebenen, daß dies faktisch schon zu einer Verdrängung des Todes führt. Wir wissen nicht mehr darum, wie einem Toten die Augen zugedrückt werden, wie ihm der Kiefer hochgebunden wird, wie er gewaschen und angekleidet wird. Und wir wissen auch nicht mehr darum, was uns entgeht, wenn wir diese letzte Möglichkeit der Zuwendung an bezahlte Bestatter abgeben."

Es wäre wohl die Aufgabe christlicher Gemeinden, so der Autor, sich diesem Trend zu widersetzen, und er fährt fort: „Es bleibt festzuhalten, daß in den Materialheften für Trauerfeiern in der DDR eine sozialistische Gesellschaft bemüht ist, unter dem Aspekt ihrer Werte und Sinndeutungen des Lebens den Tod nicht einfach zu verdrängen, sondern zu versuchen, ihn in die gesamten Lebensvollzüge zu integrieren."

Sonderformen der Leichenkonservierung

Prominente Leichen

Lenin, der 1924 verstorbene Führer der kommunistischen Bewegung, war nach seinem Tod einbalsamiert worden und wurde fast 70 Jahre in einem Mausoleum unter dem Roten Platz aufgebahrt. Ein großes Laboratorium und ein Stab von Spezialwissenschaftler-inne-n kümmerten sich um den Erhalt der Leiche. Die Öffentlichkeit konnte den Toten besichtigen. Jahrzehntelang wurde auch Stalins Leiche dort aufgebahrt; man hat sie aber bereits 1962 – um ein deutliches Ende der Stalinistischen Ära zu signalisieren – unauffällig entfernt und bestattet.

Leonid Breschnjew aufgebahrt nach seinem Tod in der Säulenhalle des Hauses der Völker (12. 11. 1982).

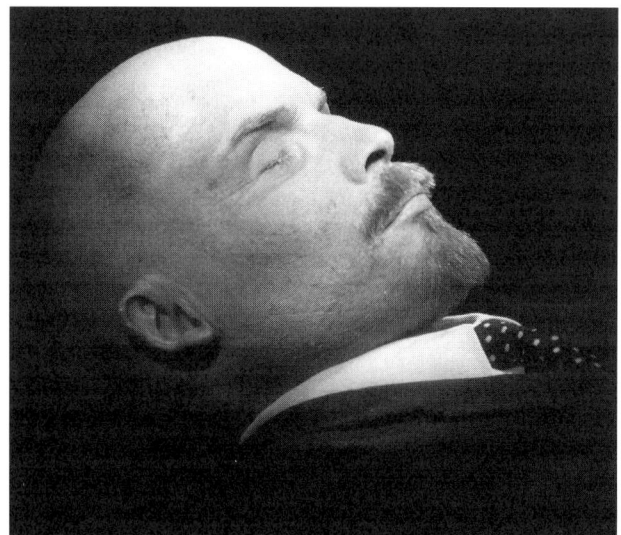

Der einbalsamierte Leichnam von Wladimier Iljitsch Lenin, aufgenommen am 28. 10. 1991 – 67 Jahre nach seinem Tod – im Mausoleum am Roten Platz in Moskau.

Die sowjetischen Einbalsamierungsmethoden gelten als qualitativ hochrangig. Die Techniken wurden streng geheimgehalten. Lenin starb nach einem dreifachen Schlaganfall. In seinem letzten Lebensjahr konnte er nicht mehr sprechen, sich kaum noch bewegen. Nach seinem Tod hat ein Riesenstab von Wissenschaftler-inne-n ihn einbalsamiert und mumifiziert. Der Leichnam wurde in einem Blei-Sarg ausgestellt. Man konnte Kopf und Hände Lenins mit Anzug und Krawatte betrachten, der übrige Körper war durch ein schwarzes Tuch verhüllt. Gesicht und Hände wirkten glatt. Die Einbalsamierungstinktur, mit der der Leichnam bestrichen wurde, bewahrt die Gesichtszüge seit 70 Jahren, ohne daß es zur kleinsten Veränderung des Ausdrucks gekommen wäre. Ein Spezialinstitut für Biostruktur-Forschung war auf Staatskosten mit der

Wartung und Pflege der Lenin-Leiche beschäftigt. Es hatte 300 Angestellte. 15 davon waren ausschließlich mit Lenin befaßt. Per Bildschirm wurden Tag und Nacht Temperatur und Luftfeuchtigkeit im Lenin-Mausoleum überwacht. Freitags und montags gab es keine Besuchszeiten, denn dann wurde die Leiche „gewartet". Alle 18 Monate wurde der Balsamierungsvorgang wiederholt. Die Aufrechterhaltung des guten Zustandes der Mumie kostete jährlich mehr als 100 000,- DM. Die beiden Professoren, die Lenin seinerzeit einbalsamiert hatten, sind längst tot. Das Geheimrezept der Tinktur, das weltweit Bewunderung findet, kennt nur der über 70jährige Leiter des Forschungszentrums.

Der russische Spezialistenstab hat auch die Leichen anderer kommunistischer Führer konserviert, u. a. Stalin, Ho Tschi Minh, den bulgarischen Ministerpräsidenten Dimitroff und einen tschechischen Präsidenten. Seinerzeit erwogen die Leiter des Spezialinstituts eine Vermarktung ihres Balsamierungsrezeptes für den Fall, daß der russische Staat die Leiche Lenins nicht mehr im Mausoleum konserviert erhalten will. Es sei große Nachfrage aus aller Welt vorhanden.

Auch Ho Tschi Minh, von demselben Expertenteam einbalsamiert, liegt seit mehr als zwei Jahrzehnten aufgebahrt in einem Mausoleum und wird täglich von mehreren hundert Vietnamesen betrachtet. Absurderweise hatte er testamentarisch verfügt – das Testament wurde erst vor einigen Jahren veröffentlicht –, daß er nach seinem Tod verbrannt werden wollte. Er hatte die Feuerbestattung als die gesetzliche Form in Vietnam einführen wollen, weil er die aufwendigen Bestattungszeremonien, die dort üblich sind, verurteilte.

Im Mausoleum in Peking liegen die einbalsamierten Leichen von Mao Tse-tung, Tschou En-lai, Liu Schao-tschi und anderen. Das Mausoleum wurde 1977 eröffnet. 1976 war Mao gestorben. Doch das Mausoleum wurde zwischendurch immer wieder geschlossen. Es ging das Gerücht, daß der Einbalsamierungsvorgang bei Mao nicht ganz geglückt sei. Die Prozedur war wegen Maos Abweichen von der kommunistischen Linie der UdSSR nicht vom Spezialistenteam am Roten Platz vorgenommen worden. Als das Mausoleum 1983 wieder eröffnet wurde, konnte man den kommunistischen Führer nur noch in einem stark abgedunkelten Raum in seinem Kristallsarg betrachten.

Maos Konservierung war in China umstritten. Einige Parteigrößen waren dafür gewesen, ihn, wie sonst in China üblich, zu kremieren.

Einfrieren

Ein Medizinprofessor in Frankreich bewahrt seine 1984 an Krebs verstorbene Frau tiefgefroren (bei minus 54 Grad Celsius) in einem Metallbehälter auf und hält für 9,- DM Eintrittspreis seine Frostgruft für Besucher-innen geöffnet. Der Mediziner hofft, seine Frau so lange konservieren zu können, bis man Krebs heilen kann. Das Tiefkühlen der Leiche kostet monatlich 130,- DM Strom.

In den USA wird offensichtlich das Tiefkühlen von Leichen von einer kleinen, aber wachsenden Zahl von Menschen für erstrebenswert gehalten, weil sie daran glauben, daß der wissenschaftliche Fortschritt es eines Tages möglich machen wird, gekühlte Verstorbene wieder zum Leben zu erwecken. Es gibt eine Sekte von Fortschrittsgläubigen, die sich „Kryonisten" nennen. „Kryobiologie" ist die Wissenschaft, die sich mit dem Studium des Lebensprozesses bei extrem niedrigen Temperaturen befaßt. Die Sektenbewegung wurde 1962 von Robert Ettinger, einem Physiklehrer aus Michigan, ins Leben gerufen. Später verlagerte sich der Sitz der „Gesellschaft für Kryonik" nach San Francisco. In der Nähe von Los Angeles befindet sich

Ausschnitt aus der „Bild-Zeitung" vom 12. Februar 1980.

auch die Einfrierungsanlage eines anderen Vereins: der 1972 gegründeten Alcor-Stiftung. Es gibt inzwischen ca. 500 Kryonisten. Die Kosten für die Mitgliedschaft sind hoch: 1000 Dollar Aufnahmegebühr, 180 Dollar Jahresbeitrag. Die Kosten für Einfrieren und Lagerung, wenn sie in Anspruch genommen werden, betragen 125 000 Dollar, davon entfallen 40 000 Dollar auf das Präparieren der Leiche, der Rest wird zinsgünstig angelegt, um die Energiekosten zu decken. Man nennt die tiefgefrorenen Toten „suspendees", „die Schwebenden", weil man glaubt, daß sie noch zwischen Leben und Tod schweben. Das Gesetz in den USA erlaubt diese Form der Aufbewahrung.

Die „Trans Time"-Gesellschaft – „Trans Time" bedeutet „Zeit des Übergangs" – hat 445 Mitglieder und 35 Angestellte. Die Aufnahmegebühr beträgt 1000 Dollar, der Jahresbeitrag 175 Dollar, im Todesfall wird eine Zahlung von 50 000 Dollar für das Einfrieren und Lagern fällig. Nach dem Tod wird der Leichnam an eine Herz-Lungen-Maschine angeschlossen, damit das Hirn nicht verfällt. Dann wird der Körper von außen durch das Auflegen von Eisstücken, von innen durch das Einpumpen einer Salzlösung auf 4 Grad Celsius abgekühlt. Der Salzlösung ist ein Gefrierschutzmittel beigefügt, das ihr völliges Gefrieren verhindern soll – sonst würden Zell- und Gewebsschädigungen verursacht. Anschließend wird der Leichnam in Plastiktücher gewickelt, in ein Tiefkühlfach geschoben und durch Zugabe von Trockeneis auf minus 70 Grad gekühlt. In der nächsten Phase wird der Leichnam in weitere Plastikhüllen gewickelt, dazu kommen eine Aluminiumfolie und ein Fiberglastuch. Der Leichnam wird so auf eine Aluminiumbahre geschnallt und in eine Metallkapsel gesteckt. In dieser kann man durch Beigabe von flüssigem Stickstoff eine

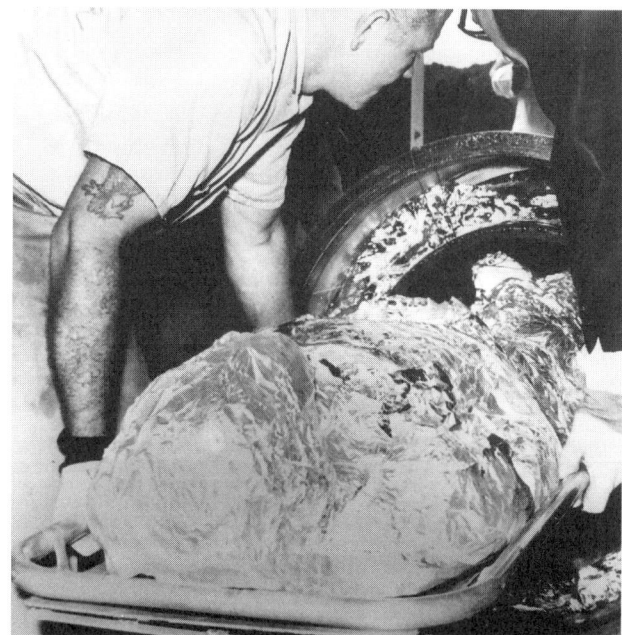

Eine mit Trockeneis versehene, in Aluminium verpackte Leiche wird in die Kühlkammer geschoben.

Temperatur von minus 196 Grad Celsius erreichen, die aber nur gehalten werden kann, wenn der Stickstoff alle 70 Tage ausgetauscht wird. In einer solchen Metallkapsel liegen jeweils zwei tiefgefrorene „Schwebende".

Die Angehörigen dieser Gesellschaft tragen eine kleine Metallmarke am Handgelenk, aus der hervorgeht, daß sie nach ihrem Tod nicht bestattet, sondern tiefgekühlt werden wollen. Wer immer dabei ist, wenn sie sterben, soll so schnell wie möglich die auf dem Metallanhänger angegebene Nummer wählen, damit die „Todesambulanzen" den Leichnam möglichst rasch ins Labor bringen können.

Gesellschaften, deren Mitglieder auf ein Weiterleben nach einer Phase des tiefgefrorenen Schlafes hoffen, gibt es inzwischen in Los Angeles, Michigan und Florida.

Balsamieren

„Thanatopraxie" ist das heute in der Fachsprache übliche Wort für Einbalsamieren. Dieser Begriff wird in Frankreich seit Mitte der 70er Jahre verwendet. In den angelsächsischen Ländern spricht man noch immer von „enbalming" = Einbalsamieren.

Während die Einbalsamierungstechnik des alten Ägyptens auf eine zeitlose Konservierung des Leichnams angelegt war, hat die Thanatopraxie, das „modern embalming", zum Ziel, den toten Körper so zu behandeln, daß er für mehrere Tage vom Verwesungsprozeß verschont bleibt. Der Verwesungsprozeß wird mit „Thanatomorphose" bezeichnet, nach „Thanatos", dem griechischen Todesgott. Thanatomorphose hieße also wörtlich: Verwandlungsprozeß, den der Tod mit sich bringt.

Jacques Marette, der Vorsitzende der Europäischen Gesellschaft für Thanatopraxie, definiert den Vorgang folgendermaßen: „Thanatopraxie hat den Sinn, eine würdige offene Aufbahrung zu gewährleisten, damit die Angehörigen ohne Gruselgefühle Abschied nehmen können." Oder an anderer Stelle: „Die Thanatopraxie soll die Beziehung zwischen Lebenden und Toten menschlicher machen." Thanatopraxie wird auch als „hygienische Totenversorgung" bezeichnet.

Auch die Juden/Jüdinnen verwendeten Techniken der vorübergehenden Leichenkonservierung. In der Genesis steht, daß Joseph seinen Vater Jakob mumifizieren ließ. Die Griech-inn-en ließen ihre großen Toten ebenfalls einbalsamieren. So war beispielsweise der Leichnam von Achilleus 17 Tage lang öffentlich aufgebahrt.

Im 19. Jahrhundert gab es in Europa Fachbücher über alte und neue Einbalsamierungstechniken. Mitte des 19. Jahrhunderts wurde erstmals von einem holländischen Arzt die Methode entdeckt, konservierende Flüssigkeiten in die Blutgefäße der Toten zu injizieren. Der Franzose Jean Nicolas Gannal (1791–1852) entwickelte diese Methode weiter und behandelte die Leichen verschiedener berühmter Persönlichkeiten. Die Gannalsche Behandlungsmethode verbreitete sich in den USA, wo sie auch von der Normalbevölkerung in Anspruch genommen wurde. So ermöglichte diese Konservierungsmethode zum Beispiel die Überführung gefallener Soldaten an ihre Familienmitglieder.

In den USA wurden zu Beginn dieses Jahrhunderts Schulen für Thanatopraxie gegründet, 1963 in Frankreich. Seine Begründer hatten in den USA gelernt. Die Zahl der Behandlungen nahm zu: 1976 wurden in Frankreich schon 25 000 Verstorbene behandelt. Von da an wurde der Begriff „Einbalsamierung" in „Bewahrung" der Toten umgewandelt. Frankreich machte sie zur gesetzlichen Pflicht, wenn Leichen später als 18 Stunden nach Eintreten des Todes ohne Sarg transportiert werden sollten.

Thanatopraxie beinhaltet das Injizieren von konservierenden Stoffen – auf der Basis von Formaldehyd – in die an der Oberfläche liegenden Arterien, meistens in die Halsschlagader, manchmal auch in die Arterien unterhalb der Achselhöhle oder am Oberschenkel. Außerdem gehört eine Drainage der Flüssigkeiten im Thorax und Abdomen (Brustkorb und Bauchhöhle) dazu. Gase und Flüssigkeiten müssen aus Lunge, Magen, Darm usw. entfernt werden, weil diese inneren Organe als erste vom Verwesungsprozeß befallen werden. Schließlich werden die Einschnitte genäht, der/die Tote wird gewaschen und angekleidet. Bei Unfällen und Autopsien wird die Leiche restauriert.

In den USA werden 95 Prozent der Verstorbenen hygienisch und kosmetisch behandelt. In Großbritannien sind es ca. 80 Prozent, in Frankreich erst 30 Prozent, aber mit einer steigenden Tendenz. Für Deutschland wird – ohne Angabe von Zahlen – von einem ständig wachsenden Interesse berichtet.

Ein Buch zum Thema

Zusammenfassung:
„Tabu und Faszination" – in diesem Titel spiegelt sich die wichtigste These und Erkenntnis der Arbeit von Sabine Helmers: Leichen sind tabuisiert – zugleich üben sie eine sonderbare Faszination aus. Man geht ihnen aus dem Weg, findet sie „unrein". Dann wieder gibt es Zusammenhänge, in denen man sich ihnen mit freudigem Gruseln nähert.

Die Verfasserin verfolgt den Weg der Körper der Verstorbenen vom Sterbebett in die Leichenhallen bzw. Kühlräume der Krankenhäuser – gegebenenfalls über den Umweg der Pathologie, der anatomischen oder rechtsmedizinischen Institute bis in die Bestattungshäuser, auf die Friedhöfe, in die Krematorien.

Dafür analysierte sie vorliegende Literatur, führte Untersuchungen in Krankenhäusern durch und interviewte verschiedene Berufsgruppen, die mit Leichen zu tun haben (Bestattungsunternehmer-innen, Totengräber etc.). Ein Ergebnis ihrer Arbeit ist die Feststellung, daß – obwohl es einen Mode-Boom gibt, was das Thema „Tod und Sterben" betrifft – ein bemerkenswerter Mangel an Literatur zum engeren Thema „Umgang mit Leichen" zu verzeichnen ist.

Sabine Helmers unterscheidet in ihrer Publikation drei „Sorten" von Leichen:

(1) „echte Leichen" sind die Körper von Verstorbenen zwischen Tod und Bestattung;
(2) „unechte Leichen" sind Leichen, die uns von verschiedenen Medien übermittelt werden: in Horrorfilmen und Krimis, in der Berichterstattung der Fernsehnachrichten usw.;
(3) „gewesene Leichen" sind sozusagen historische Leichen wie Mumien, Skelette, Schrumpfköpfe; Leichen, die aus irgendeinem Grund noch lange nach dem Zeitpunkt ihres Todes existieren oder wieder auftauchen (z.B. Ötzi).

Umgang mit „echten Leichen" haben Krankenschwestern und Pfleger, Ärzt-inn-e-n, die Angestellten der Bestattungsunternehmen, Medizinstudent-inn-en und Mitarbeiter-inn-en an anatomischen und gerichtsmedizinischen Instituten und – allerdings viel seltener als früher – die unmittelbaren Angehörigen. Die verschiedenen Lehrbücher der Krankenpflege heben Pietät, Distanz und Diskretion hervor, aber an erster Stelle steht die Hygiene:

Bei Anzeichen des herannahenden Todes werden die Patient-inn-en im Krankenhaus im allgemeinen von den nicht todgeweihten Patient-inn-en getrennt, in ein Einzelzimmer, zur Not auch schon einmal ins Badezimmer gebracht. Wenn das Pflegepersonal den Tod registriert, ist sofort der Arzt oder die Ärztin zu benachrichten, der oder die nach einer Untersuchung des/der Verstorbenen den Totenschein ausstellt. Danach beginnt die Aufgabe des Pflegepersonals: das Herrichten des Zimmers und der Leiche. Dies soll hinter verschlossenen Türen und bei geöffnetem Fenster geschehen.

Erste Handlung ist das Schließen der Augenlider, gefolgt vom Abstellen eventuell noch laufender Geräte (Infusionen etc.). Dann wird der/die Tote entkleidet, Verbände, Kanülen oder andere Behandlungsgeräte werden entfernt, anschließend der Körper gewaschen. Manche Lehrbücher erwähnen nur das Beseitigen „grober Unreinheiten", andere sprechen von einer gründlichen Wäsche des gesamten Körpers. Was mit Zahnprothesen zu geschehen hat, wird unterschiedlich behandelt: An manchen Stellen heißt es, sie sollten wieder eingesetzt, an anderen, sie sollten entfernt werden. Die Leiche wird in eine gestreckte Rückenlage gebracht, die Arme seitlich an den Körper angelegt oder über der Brust gekreuzt. Schmuck soll abgenommen und für die Angehörigen verwahrt werden. Ein Fixieren des Unterkiefers mit Hilfe einer Binde soll das Offenstehen des Mundes verhindern. Die Angehörigen des Pflegepersonals sollen Namen und Lebensdaten des/der Verstorbenen notieren und den Zettel am Fußknöchel oder an einer großen Zehe befestigen. Anschließend wird die Leiche in ein Laken geschlagen. Der Leichnam wird auf einer Bahre entfernt, wobei in allen Lehrbüchern steht, daß dies unauffällig zu geschehen habe, möglichst unbemerkt von den anderen Patient-inn-en. Anschließend wird die Bettwäsche der Verstorbenen abgezogen und das ganze Zimmer gründlich gereinigt und gelüftet. Manche Lehrbücher empfehlen ein mehrstündiges Einweichen der Bett- und Körperwäsche des/der Toten in fünfprozentiger Desinfektionslösung und weisen darauf hin, daß auch das Bett samt Matratzen und Wolldecken desinfiziert werden müsse. Immer wieder wird auf strengen Hygienevorschriften im Umgang mit der Leiche bestanden. Jede „unnötige Verrichtung" an der Leiche gilt es „aus ethischen und hygienischen Gründen" zu unterlassen. Die Arbeit sollte ruhig, ohne Lärmen und Scherzen, durchgeführt werden.

Es gilt keinesfalls als normal, wenn Angehörige die Totenpflege selbst durchführen wollen. Es kommt auch so gut wie nie vor. Im allgemeinen zeigt man ihnen die Leiche erst, wenn sie hergerichtet ist. Sie sollten auch nicht bei der Herrichtung dabeisein und werden meistens hinausgeschickt, wenn der Arzt oder die Ärztin die für die Ausstellung des Totenscheins nötige Untersuchung vornimmt. Sowohl die Beachtung der besonderen Hygienevorschriften (auch bei Verstorbenen, die keinesfalls an Infektionskrankheiten litten) als auch das Öffnen des Fensters erscheinen der Autorin als Vermeidungs- bzw. Abgrenzungsrituale. Die Leiche wird als unrein, als gefährlich erlebt – obwohl üble Gerüche kaum in einem so frühen Stadium nach dem Eintritt des Todes entweichen, es sei denn, es lägen besondere Krankheiten vor.

Das Fortschaffen der Leiche in die Leichenkeller des Krankenhauses wird in manchen Häusern von eigens für solche – und andere „niedere" – Dienste abgestellten Pflegern und Angestellten verrichtet. Die Kühlkeller gelten als unheimlich, obwohl sie eher übertrieben ausgeleuchtet und klinisch weiß und sauber sind. Für keine-n der Schwestern und Pfleger, die nicht ständig mit Toten zu tun haben, ist es ein ganz normaler Gang dorthin. Gelegentlich werden Witze gerissen, die aber eher auf Angstabwehr hindeuten.

Auch der Umgang mit Leichen in der Anatomie und Rechtsmedizin zeigt das Tabu und die Faszination: Viele der Menschen, die dort arbeiten, neigen zum Witze machen oder zur übersteigerten Coolness. Selten verhalten sich die dort Arbeitenden als sei ihre Tätigkeit – das Zerschnippeln von Leichen – eine Arbeit wie jede andere.

In der Zeitschrift „TEMPO" vom März 1986 erschien ein Beitrag zu diesem Thema:

Das Finale

Der Funkruf kommt, als die drei Mann von der Bestattung gerade vor der Schlachtplatte sitzen. Da läge, meldet die Zentrale, eine unbekannte männliche Leiche vor dem Kraftwerk im Speichersee. Transport wie üblich zum Institut für Rechtsmedizin, zur Obduktion. Ein Stinker sei es keiner, ein Muffler allenfalls, das hätten die von der Spurensicherung schon festgestellt. Und die seien ja ziemlich kleinlich. Die drei haben es nicht eilig. Bier und Blutwurst müssen noch weg. Draußen ist Föhn, ein Sturmtief zieht über die Alpen. Selbstmordwetter. Die drei stöhnen. Es wird wieder Überstunden geben.

Am Kraftwerk wird Zeuge Käser gerade von der Kripo verhört. Er hat den Toten im Rechen gefunden, zwischen Autoblech und Ästen hing er, das Gesicht nach oben, der Mund weit offen. „Er hat mir direkt in die Augen gesehen." Käser würgt. Es ist zwar schon die dritte Wasserleiche, die sich in diesem Jahr im Rechen verfing, aber für Käser, der heute nur aushilft, ist es die erste.

Der Tote liegt auf der Staumauer. Die Kripo fotografiert. Der Bauch des Mannes ist nackt, Pullover und Wintermantel sind bis zum massigen Hals gerutscht, die Cordhose hängt über den Schuhen. An der gerippten Unterhose haben sich Algen festgesetzt. Gesicht und Ohren sind grün angelaufen, die Nase ist eingedrückt, in die Haare am Hinterkopf haben Flußkiesel eine Tonsur geschliffen. Vier Wochen, sagt die Kripo, wird der wohl in der Donau gedümpelt haben. Fingerabdrücke lassen sich nicht mehr machen. Die Haut steht wie ein Handschuh ab.

Präparator Schmid* vom Institut für Rechtsmedizin in K. hat die Staatsanwaltschaft schon über den feuchten Eingang informiert. Die Obduktion ist angeordnet, es geht um Todesursache und Identität, „Unbekannte Wasserleiche, männlich", schreibt Schmid in sein schwarzes Buch.

Sektion 13.00 Uhr. Sektionstisch zwei. Sektionsarzt Dr. Hopf. Ihm legt er gern die Altleichen vor das Skalpell. Er mag ihn nicht. Der hätte, sagt Schmid, noch im Kindergarten gesessen, als er hier schon im Souterrain zugange war. Er dient hier schon seit fast dreißig Jahren.

Der Tote aus der Donau riecht nicht gut. Der Bauch ist gebläht, er muß aus der Wärme, muß vom Flur. Drei Kühlräume stehen zur Verfügung. Zwei sind belegt. Im dritten, den Schmid sonst für „Sommerleichen" reserviert und geruchsbindend „auf minus fahren" kann, hat sich ein Physiker des Institutes mit Testgeräten etabliert. Herrgottsakra, sagt Schmid, und fegt durch die Bahren.

Da liegen eine vergiftete Haushälterin, ein ersticktes Kind, ein unbekannter Fixer, ein Polizist in Badehose, eine Bahnleiche in drei Teilen, eine Jet-Setterin in schwarzer Spitze, ein Hochhausspringer mit verdrehten Beinen, dem seine Frau ein Plumeau mit in die Kühlbox gegeben hat.

Sektion ist in zwei Stunden. Schmid hat noch viel zu tun. Der Direktor des Institutes, Professor Sturz, Ordinarius für Rechtsmedizin, der als passionierter Pragmatiker selbst gern Hand anlegt und das Skalpell mit kriminalistischem Spürsinn führt, immer auf der Suche nach dem Tod, liebt scharfgeschliffene Instrumente und saubere Schnitte, liebt schnelle Arbeit und Präzision. Als er vor vierzehn Jahren die Leitung des Institutes übernahm, brachte er den desolaten Laden auf Vordermann. Der Mitarbeiterstab wurde aus privaten Mitteln aufgestockt, um Forschungsarbeiten nicht durch tägliche Routine zu blockieren. Die Labortechnik ist auf dem neuesten Stand, das Verhältnis zur Kriminalpolizei harmonisch. Durch schnelle Gutachten machte sich das In-

stitut so unentbehrlich, daß heute die Staatsanwaltschaft in K. jeden Tod, der ihr nicht geheuer ist, zuerst im Institut mit dem Messer klären läßt. Das ist billiger, als erst ein Dutzend Beamte auf eventuelle Spuren anzusetzen, und schneller, denn nach der halbstündigen Sektion liegt der Befund meistens vor.

Da wird aus einem Giftmordverdacht oft ein Herzinfarkt. Aus einem Badewannenunfall ein Mord. Aus einem Mord mit Tatverdächtigen ein Selbstmord, der sich von allein erledigt. Waren es vor vierzehn Jahren, als der Professor das Institut übernahm, 500 Leichen jährlich, die die Staatsanwaltschaft überführen ließ, so kommen heute knapp 2000 zur Sektion auf den Tisch.

Schmid schleift Skalpelle. Er steht vor der Maschine in seinem Aufenthaltsraum, neben ihm vibriert der mazerierte Schädel eines Unbekannten, dem er noch die ausgefallenen Zähne in den Kiefer kleben muß. Davon hat er im Wandschrank noch eine ganze Kollektion. 40 Schädel, Hirnschalen und Gebisse – zertrümmert von Bierkrügen, Beilen und Bügeleisen, die er zusammengeleimt hat wie wertvolles Meißner.

Nebenan steigt Kollege Alex aus seinen Jeans. Er zieht eine weiße Leinenhose an, einen Kittel und Tennisschuhe, auf denen schwarzes Blut in Schichten trocknet. Er macht sich fertig für die Sektion. Seit zehn Jahren näht er Leichen zu. Für 1400 Mark im Monat netto. Sektionsgeld, einen Zwanziger pro Leiche, legt die Staatsanwaltschaft dazu.

Gemeinsam mit Wolfgang, einem Feldwebel, der einen Monat im Institut aushelfen muß, weil einer aus dem Sektionsteam zu Hause kränkelt, präpariert er die freigegebenen Leichen für die Obduktion. Dem Unbekannten aus der Donau werden Mantel und Pullover vom Körper geschnitten. Wolfgang ekelt sich. Er kommt aus der Abteilung für Flugunfälle, hat dort nur mit Verbrannten zu tun. Der „Selbstmörder" wird aus dem Plumeau geschält. Der Haushälterin die Unterhose mit dem aufgedruckten Spruch über die Beine gezogen: „Betreten verboten. Mein ist nicht dein." Die Spitzenwäsche der Jet-Setterin schwebt auf die Fliesen. Es folgen die Polizistenshorts. „Sechs Stück", sagt Wolfgang und schreibt die Leichenbuchnummern auf ihre Schenkel. Ein ganz gewöhnlicher Durchschnittstag. Schmid sortiert die Bestecke. Darm-, Leber- und Coronarschere, vier Hakenpinzetten, Hautskalpell und Hirnmesser, Knochensägen und Sprenger aus Stahl.

Im Nebenraum hat er noch einen abgehackten Kopf zu inspizieren. Seit 14 Tagen fault er im Wasser. Schmid sticht mit gespreizten Fingern durch die Augen. Die Augäpfel fallen heraus. „Der ist reif. Den Rest kann ich wegkochen." Dann werden die Leichen in den Sektionssaal gerollt, gemessen, gewogen. Vier werden auf den Flur zurückgestellt, stehen da wie Jumbos in Warteposition. Die Jet-Setterin und die Wasserleiche, für den ersten Durchgang eingeteilt, landen auf den zwei Marmortischen, einen Pflock unterm Kopf. Der Dame stehen die Haare zu Berge, sie hat Gänsehaut wie ein Playmate im Schnee, aber die, belehrt Schmid, hat fast jede Leiche.

Die Diktiergeräte werden eingeschaltet. Am Kopf der sonnengebräunten, durchtrainierten Jet-Setterin steht Commissario Otto, klappt seine rosa Ermittlungskladde auf und erstattet Bericht. Klar ist, daß die Dame gestern in der teuersten Suite des Schloßhotels abstieg, die Nacht für 450 Mark. Klar ist, daß der Freund dazukam, ein Hamburger Geschäftsmann, verheiratet, vermögend. Mittfünfziger.

Jedenfalls habe man noch im „Glashaus" gegessen, sei durch zwei Nachtclubs geturtelt, dann ins Bett gegangen und habe „ein paar Ruckele gemacht". Dann sei man eingeschlafen, und morgens um sieben, da „fing sie plötzlich zu schnaufen und zu stöhnen an, ganz anders als vorher". Exitus.

Äußere Besichtigung. Mit der Pinzette werden die geschminkten Lider hochgezogen, Zähne kontrolliert, der Hals betastet. „Gewürgt hat er sie net." Unter den schwarzgefärbten Haaren keine Kopfverletzung. Beine und Arme lassen sich anwinkeln, sind flexibel. Die Todesstarre hat sich schon gelöst.

Hopf diktiert: „Die Brüste sind gut entwickelt. Punkt. Auf Druck läßt sich keine Flüssigkeit herauspressen. Punkt. Bauchdecke unverletzt. Narben keine. Punkt." Dr. Hoschek setzt das Messer an. Sie fährt vom Kehlkopf bis zu den Schamhaaren, legt Fettgewebe frei, präpariert Brustkorb und Hals. „Wer zittert denn da so", sagt Otto, „ist Montag. Gell, Frau Doktor?" Frau Doktor lacht gequält. Sie würgt sich beidhändig mit einer Knorpelzange durch den Brustkorb, stöhnt: „Ist wirklich Montag, hab' keine Kondition."

Herz, Lunge und Leber liegen frei. Sie öffnet den Hals, zieht Zunge, Halsorgane und Schilddrüse heraus, läßt sie mit den geblähten Lungen auf ein Holzbrett klatschen. Blut spritzt, läuft über die Gummischürze auf die modischen Collegeschuhe.

Dr. Hopf legt sich die Organe auf dem Brett zurecht. Fährt mit der Schere die Luftröhre hinunter, in die Lunge hinein. Stellt eine leichte Bronchitis fest und Teerablagerungen bis in die Spitzen. Doch daran ist sie nicht gestorben. Dr. Hopf hofft auf das Herz. „Tatsächlich", souffliert Otto, „hatte sie Pumpenprobleme, ist eine Zeitlang in Behandlung gewesen. Werden wir ja sehn." Kleckernd legt Dr. Hoschek das Herz aufs Brett.

Während Dr. Hopf angespannt den Tod in den blaßbraunen Muskeln sucht, einen Infarkt, eine Embolie, Verfettung, hantiert Alex oben mit der Säge. Er hat den Schädel freigelegt, mit einem Putzlumpen die Kopfschwarte übers Gesicht gezogen, wie ein Vollbart liegen die Stirnhaare auf dem spitzen Kinn. Kreisrund sägt er die Hirnschale ab, trennt die Hirnhaut auf, löst das Hirn aus dem Schädel. Dr. Hoschek hat derweil die Bauchdecke geöffnet. Fettdurchwachsener Dünndarm quillt hervor, wird mit dem Magen in eine Zinkwanne sortiert. Dann wird zweihändig der Rest ausgeräumt. Die Leber, die Nieren, die Gebärmutter mit einem Dutzend blasser Myome.

Frau Doktor schneidet das Hirn in Scheiben. Keine Fettembolie. Leber und Niere haben keine Defekte. Über den Darmtrakt hat sich eine stämmige Doktorandin hergemacht, die das meterlange Gewinde mit angehaltenem Atem öffnet. Die tägliche Selbstkasteiung ist Teil ihrer Doktorarbeit. An je 40 Millilitern Inhalt von 80 Mägen und Därmen will sie beweisen, daß die Todeszeit durch den Verdauungsstand errechnet werden kann. Otto hat für sie den Zeitpunkt des Soupés und die Zusammenstellung des Menüs eruiert. Sauerampfersuppe, Hechtklößchen, Kiwisorbet. Eine Abwechslung nach den letzten Fällen. Da hatten sie nur mit Schweinebraten und Knödeln zu tun.

Dr. Hopf sucht immer noch den Tod. Herzmuskeln und -kammern sind fachgerecht durchtrennt. Er arbeitet sich die Arterien hoch. Keine Thrombose, keine Embolie. Von seinem Chef hat er gelernt, schnelle Diagnosen zu stellen, nicht lange zu fackeln, kein Pedant zu sein. Er mißt die rechte Herzwand. Die ist mit sechs Millimetern Breite doppelt so dick wie gewöhnlich. „Da isses ja", sagt er und atmet auf. „Überbelastung. Klarer Fall. Sie stirbt am Rechtsherz auf natürliche Weise. Zumachen, Alex. Jetzt ist sie tot."

Alex schabt die Organteile vom Brett, drückt sie in den Körper. Die Doktorandin schiebt den Inhalt der Zinkwanne hinterher. Schmid, der viel von aufgeräumten Arbeitsplätzen hält, bringt noch die Spitzenwäsche im Brustkorb unter. Ein Stück „Süddeutsche Zeitung" formt den Hals. Statt Hirnmasse hält ein Papierballen die Hirnschale auf dem Schädel.

Alex näht zu. Näht vom Schambein bis zum Hals. Vom rechten Ohr zum linken, wäscht mit einem Schlauch das Blut aus den Haaren.

Dr. Hoschek taucht die entnommenen Gewebeteile für die histologische Untersuchung in Formalin. Dr. Hopf faßt zusammen: „Sehr deutlich nach unten zunehmende Rötung der Luftröhrenschleimhaut, Komma, Fleckenförmige hämorrhagische Bezirke in den Lungen.

Punkt. Rechtsherz-Hypertrophie mit einer Kammerwandstärke von sechs Millimetern, Komma, akute passive Blutüberfüllung der inneren Organe. Punkt.

Frau Renate Lohmeier starb an einem Rechtsherzversagen in Verbindung mit einem Infekt der Luftwege auf natürliche Weise, Komma, bei der Obduktion haben sich keine Anhaltspunkte für eine Gewalteinwirkung ergeben. Punkt."

Bei der Wasserleiche hat Dr. Kreissl nur mit dem Geruch Probleme. Die Personalien des „Stinkers" hat der Polizeicomputer inzwischen eruiert: „Taisto Pikkonen aus Tampere, gebürtiger Finne, seit zehn Jahren in Deutschland, vor sechs Wochen vom Zimmernachbarn als vermißt gemeldet. „Arbeitsloser Lagerverwalter", rezitiert der Beamte. „Abschiedszeilen, alles da. Allgemeine Depressionen, homophil." Zwei vorangegangene Selbstmordversuche hatten ihn in die Registratur gebracht. Einmal Schlinge. Einmal Schlaftabletten. „Wo ein Wille ist, ist auch ein Weg. Den", sagt der Beamte, „hat er ja jetzt wohl gefunden."...

(TEMPO 3/86. *Die Veröffentlichung dieser Reportage wurde vom betroffenen Pathologischen Institut nur unter der Bedingung gestattet, daß die Anonymität der Ärzte, Präparatoren und Toten gewahrt bleibt. TEMPO geht es wie dem Leiter des Institutes um die Darstellung von Zuständen, deshalb waren wir einverstanden und haben alle Namen geändert.)

Zurück zum Buch von Sabine Helmers:

Traditionell hatten Menschen, die professionell mit Leichen zu tun hatten – Bestattungsunternehmer-innen, Totengräber –, ein niedriges Prestige. Etwas von dem Stigma, das den Leichen anhaftet, färbte auf sie ab. Man behandelte sie mit Distanz. Diese Berufsgruppen nehmen der Gesellschaft zwar eine Arbeit ab, die notwendig ist. Auch verhelfen sie den Menschen dazu, sich nicht mit dem Tod direkt auseinandersetzen zu müssen. Dafür werden sie gut bezahlt. Gleichzeitig geraten sie selber in die Tabuzone.

Heute kommen Totengräber kaum mehr direkt mit den Leichen in Berührung. Trotzdem hat der Beruf kaum an Prestige gewonnen. Der des Bestattungsunternehmers allerdings erscheint aufgewertet, je mehr er sich als Schönfärber des Todes erweisen konnte –

Der Totenschädel Haydns, wie er ursprünglich von der „Gesellschaft der Musikfreunde" in Wien aufbewahrt wurde.

indem er die Toten so herrichtet, daß die Angehörigen nur mit einer „schönen Leiche" konfrontiert werden, falls sie ihre-n Verstorbene-n überhaupt noch einmal sehen möchten.

Das Befördern von Leichen in Flugzeugen kostet das Doppelte eines normalen Passagiertickets. Auch hierin drückt sich das Tabu aus: Eine Leiche im Sarg ist nicht schwerer als mancher Koffer, und sie nimmt keinen Sitzplatz weg. Offenbar bezahlt man da etwas Immaterielles mit, die Überwindung der Scheu vor der Leiche.

Die Autorin, Sabine Helmers, liefert auch noch einen kurzen Exkurs über die Nekrophilie (sexuelle Leichenschändung): Mehrere Stellen überlieferter Texte aus dem alten Ägypten belegen zum Beispiel, daß vornehme Ägypter ihre jung gestorbenen Frauen nicht sofort den Einbalsamierern überließen, sondern damit zwei, drei Tage warteten, weil sie fürchteten, diese würden sich an den Leichen sexuell vergehen.

Die Nekrophilie ist wohl eine relativ seltene Perversion, die aber in der Literatur – sie ist sehr spärlich – in der Regel mit dem größten Abscheu dargestellt wird. Die moralische Abscheu ist erheblich größer, als wenn lebendige Frauen vergewaltigt werden, weil hierbei die zwei größten Tabus – Tod und Sex – zusammenkommen. Nekrophile werden offensichtlich gerade von der absoluten Leblosigkeit und Reaktionslosigkeit der Leichen erregt. Die Berichterstattung über solche seltenen Delikte löst in der Öffentlichkeit gruseliges Schaudern aus – ähnlich wie Berichte über Kannibalismus.

Wohliges Schaudern, fasziniertes Entsetzen, angenehmes Gruseln – das ist überhaupt die generelle Reaktion angesichts von „unechten Leichen" (s. Seite 90). Sabine Helmers stellt diese Haltung, die Menschen angesichts von Fernsehberichterstattung über Kriege, Katastrophen, Morde zeigen, noch ausgeprägter bei Horrorfilmen und Krimis, dem ängstlichen

Faszination durch „unechte Leichen": Ein Bierkrug in Form eines Totenschädels.

Vermeidungsverhalten gegenüber, das Menschen angesichts „echter Leichen" zeigen. Vor allem, wenn sie persönlich betroffen sind. Dieselben Menschen, die sich mit Genuß Gruselfilme über Leichen anschauen, vermeiden es, eine-n verstorbene-n Verwandte-n noch einmal zu betrachten oder gar zu berühren. Bei Unfällen auf der Straße – da, wo es sich zwar um „echte Leichen" handelt, die zufällige Passant-inn-en aber nicht direkt Betroffene sind – mischen sich die Reaktionen: fasziniertes Hinstarren, Alles-sehen-Wollen, Stau-Verursachen und ebenso häufig der abgewendete Blick, das Nicht-Hinschauen, das Schnell-Weitergehen.

Mumien und die mumifizierten Überreste Verstorbener – also „gewesene Leichen" – sind ganz deutlich ein Gegenstand großer Faszination für unsere Zeitgenoss-inn-en. Alle Welt nahm Anteil an „Ötzi". Die Leichen von Lenin und Mao, aufgebahrt und einbalsamiert, wurden von Hunderttausenden von Menschen betrachtet. Die acht Mumien, die im sogenannten „Bleikeller" des St.-Petri-Domes in Bremen ausgestellt werden, gehören zu den beliebtesten Touristenattraktionen der Stadt. Hier scheuen die Besucherinnen auch nicht vor Berührungen zurück: bevor die Toten durch Glasplatten geschützt waren, konnte man immer wieder Gegenstände in den Särgen finden, die den Leichen in die Nase, die Augenhöhlen etc.

gesteckt worden waren. Auch dürfte die Nasenspitze einer Mumie, deren Fehlen auf eine angebliche Geschlechtskrankheit zurückgeführt wurde, in Wirklichkeit von den vielen Besucher-inn-en, die sie im Laufe der Jahrhunderte berührten, verunstaltet worden sein. Die Leichen stammen aus dem 17. Jahrhundert und wurden bereits im 18. Jahrhundert ausgestellt.

„Gewesene Leichen" als Anziehungspunkt für Touristen: die Goldene Kammer von St. Ursula in Köln.

Auch Schrumpfköpfe waren eine große Attraktion für die Europäer-innen, seit sie sie zum ersten Mal bei den Jivaros in Ecuador entdeckten. Der schwunghafte Handel mit Schrumpfköpfen als Souvenirs soll dazu geführt haben, daß Köpfe von Leichen aus den Leichenhäusern gestohlen und den Eingeborenen zum Präparieren gegeben wurden. Verschiedene Autoren vermuten, daß die Begegnung mit den Eingeborenen für manche nur deshalb so gefährlich wurde, weil die Weißen so hohe Preise für Schrumpfköpfe boten. Die Jivaros zogen immer häufiger in den Krieg und griffen sogar eigene Verwandten-Clans an.

„Ehemalige Leichen" sind auch die Relikte von Verstorbenen, die als Reliquien gehandelt werden. (Der bedeutende Kölner Reliquien-Sammler Louis Ferdinand Peters ist der Meinung: „Die Stadt Köln verdankt ihre Bedeutung den Reliquien in den Kölner Kirchen, die dazu führten, daß Köln seit dem Mittelalter eine ständig wachsende Pilgerstätte wurde." Anm. d. Red.) Die Gefühle von Faszination und Schaudern sind allerdings Skeletten und Knochenteilen gegenüber weit weniger ausgeprägt als bei Mumien, bei denen die Weichteile erhalten geblieben sind. Das Knochengerüst ist offenbar abstrakter, während die Mumie so etwas wie einen Widerstand gegen den Verwesungsprozeß andeutet.

Die Autorin kommt zu dem Schluß: Je mehr Vermeidung des Umgangs mit „echten Leichen" zu beobachten ist, desto mehr steigt die Faszination an „unechten Leichen" und „gewesenen Leichen". Je weniger die Menschen den Anblick oder gar die Berührung tatsächlich Verstorbener ertragen – und ihnen mit Vermeidungs- und Abwehrritualen begegnen wie mit übermäßiger Hygiene, Desinfektion, dem Verschönerungsversuch usw. –, um so mehr interessieren sie sich mit angenehm gruseligen Gefühlen für die Abbilder des Todes, die Bilder von Leichen und Verstorbenen und auch für Mumien und Überreste.

Von An- und Einsichten

Gehört

Am 19. 11. 1992 fand in Alpen am Niederrhein die Sendung über den Umgang mit den Toten statt. Der Ort war von einer zugezogenen Neubürgerin des Dorfes vorgeschlagen worden, weil sie als Großstädterin die dort in Resten noch lebendigen Nachbarschafts-Bestattungs-Bräuche so überrascht und berührt hatten. Der Ü-Wagen und das Studio-Mobil standen nicht etwa neben romantischen alten Bauernhöfen, sondern in einem Sträßchen mit neuen Eigenheimen. Noch vor kurzem war hier ein Todesfall nach alten Sitten von der Nachbarschaft begleitet worden.

Es war ein kalter Morgen. Die Sendung wurde dauernd von Regen und Hagel gestört. Aber das Publikum blieb. Und das ist dabei herausgekommen:

Die Sendung

C. T.:
Hallo, verehrte Hörerinnen und Hörer, hier meldet sich der Ü-Wagen, hier meldet sich Carmen Thomas.
Ich wollte Sie ganz direkt fragen: Haben Sie schon mal einen Toten berührt oder eine Tote?
Besucherin:
Nein, habe ich bisher noch nicht, und ich erwarte eigentlich von der Sendung auch Informationen über den Umgang mit Leichen in anderen Kulturen, vor allem, weil man darüber überhaupt nicht informiert wird.
C. T.:
Sind Sie denn schon mal in der Situation gewesen, überhaupt einen Toten oder eine Tote berühren zu können?
Besucher:
Ja, bin ich schon mal gewesen. Wir wohnen in der Nähe der Leichenhalle, und wir hatten früher einen Schlüssel dazu. Wenn dann Verwandte die Leiche besuchen wollten, dann mußten die den Schlüssel bei uns holen. Dadurch bin ich öfter damit in Kontakt gekommen. Aber es war immer etwas komisch. Man hatte immer ein mulmiges Gefühl. Ich kann mich erinnern, als Kind war es eine Mutprobe, einmal alleine in diese Leichenhalle hineinzugehen.
C. T.:
Das heißt, Sie haben dadurch schon viele Tote gesehen?
Besucher:
Ja, gesehen schon. Aber das ist schon so lange her. Heute ist es nur noch eine blasse Erinnerung.
C. T.:
Hatten Sie nie den Wunsch, mal zu fühlen, wie sich ein toter Mensch anfühlt?
Besucher:
Nee, den Wunsch eigentlich nie. Als Kind haben wir mal angefaßt. Es ist halt kalt. Und das allein ist schon ein ganz komisches Gefühl, weil man es nicht gewohnt ist.
C. T.:
War das ein verwandter Mensch oder war das ein Fremder?
Besucher:
Es war ein Fremder.
C. T.:
War das leichter, einen Fremden anzufassen?
Besucher:
Ja, ich hatte nie die Möglichkeit, einen Bekannten anzufassen. Als mein Opa starb, war ich noch so klein, daß ich gar nicht daran gedacht habe. Ich denke, es wäre schwieriger bei einem Verwandten oder Bekannten.
C. T.:
Waren *Sie* schon einmal in der Situation?
Besucher:
Nein, direkt nicht. Nur, daß man, wie es auf dem Lande üblich ist, als Nachbar zu helfen hat, die ganze Beerdigung und so weiter mit über die Bühne zu ziehen. Das ist ja hier auf dem Lande gegenüber der Stadt noch ganz anders. Da werden die Nachbarn ange-

sprochen, und die helfen dann auch, die ganze Sache zu regeln.
C. T.:
Haben Sie denn auch schon mal richtig mit angepackt?
Besucher:
Ja, ich hatte mal aus dem Betrieb einen Kollegen, der tödlich verunglückt ist. Den habe ich eine Zeitlang von Mund zu Mund beatmet, weil ich noch nicht wußte, daß er schon tot war. Aber das ist im nachhinein doch schon so eine Sache, mit der man nachher auch fertig werden muß. Denn wenn man weiß, daß man einen Toten angefaßt hat, und man meinte noch, er wäre noch nicht tot. Dann hat man doch nachher ein ganz mulmiges Gefühl.
C. T.:
Wie entsteht das eigentlich?
Besucher:
Weil man sich vielleicht vorher gar nicht so mit der Sache mal befaßt hat. Man ist da gar nicht drauf vorbereitet. Ich nehme an, das ist der Grund. Und der Tod ist von der Natur aus auch etwas, ich sag' mal nicht etwas Ekelhaftes, aber wo man doch so leicht nicht mit fertig werden kann, manchmal.
C. T.:
Und Sie?
Besucherin:
Nein, berührt habe ich noch keinen Toten, aber als Kind gesehen. Und das hat sich sehr nachhaltig ausgewirkt, daß ich keinen Toten mehr sehen wollte.
C. T.:
Mögen Sie sagen, was da passiert ist?
Besucherin:
Ja, da war ich fünf Jahre alt, da starb mein Großvater. Ganz genau weiß ich das in allen Einzelheiten nicht mehr. Es war 1956, er war zu Hause aufgebahrt. Bis zur Beerdigung. Und dann wurde das Zimmer, wo er drin lag, renoviert. Und dann mußten wir Kinder da drin schlafen. Es diente uns dann als Kinderzimmer. Da habe ich mich sehr gewehrt. Ich wollte nicht da drin schlafen. Ich hatte meinen Großvater wohl sehr gerne, aber wir mußten halt darin schlafen. Es war Platzmangel. Und danach habe ich immer irgendwie Angst gehabt vor Toten. Ich wollte nie mehr einen Toten sehen, bis jetzt im Erwachsenenalter. Da starb meine Tante vor zwei Jahren. Sie war aufgebahrt in der Leichenhalle. Da waren so Kammern. Und dann sagte meine Mutter: „Komm doch mal gucken. Guck Dir doch mal die Tante Änne an." Und weil der Mann daneben stand, der Ehemann der Verstorbenen, konnte ich nicht drum herum. Und dann habe ich sie mir angesehen. Und seitdem ist das eigentlich vorbei. Jetzt kann ich mir doch wieder Tote ansehen. Sie lag da so schön friedlich, hinter so einer Glasscheibe, in dem Sarg, eigentlich wie Schneewittchen in alt. Eigentlich war es ein schönes, friedliches Bild. Und seitdem kann ich mir wieder Tote ansehen.
C. T.:
Was war denn mit dem Großvater, das Sie so erschreckt hat?
Besucherin:
Weiß ich nicht. Weil er da so lag, und weil man dann wahrscheinlich nicht mehr mit ihm sprechen konnte. Ich wollte ihn auch gar nicht mehr sehen.
C. T.:
War er Ihnen sehr nah?
Besucherin:
Ja.
C. T.:
Wissen Sie denn noch irgendwas, wie er ausgesehen hat?
Besucherin:
Ja, ein großer schlanker Mann, sehr lieb. Ist immer mit uns spazierengegangen. Aber sehr viel weiß ich nicht mehr.
C. T.:
Und von dem Toten, das Sie so erschreckt hat, haben Sie irgendeine Ahnung davon, was es hätte sein können?
Besucherin:
Ja, ich nehme an, weil wir nachher in dem Zimmer schlafen mußten. Irgendwie hat man das Ganze nicht verstanden, wahrscheinlich

nicht richtig verarbeitet, daß er jetzt tot war, irgendwie ...
C. T.:
Es war mehr der Schrecken, jetzt da zu sein, wo der Tote gewesen war?
Besucherin:
Ja, ja, das würde ich sagen, genau so.
C. T.:
Und *Sie?*
Besucherin:
Ich hab' ja diesen Standort vorgeschlagen, Bödinghard, weil ich vor einem Jahr hierhergezogen bin und eigentlich berührt war von dem Beerdigungsritual, was hier noch herrscht. Diese Hilfe der Nachbarn fand ich einfach faszinierend.
C. T.:
Wie haben Sie das erlebt oder erfahren?
Besucherin:
Zum Beispiel, daß wir nach dem Tod eines jungen Verstorbenen eine Gebetsmesse hatten, wo Rosenkranzgebete – aber nur unter den Nachbarn – gebetet wurden in der Kirche, und es ist so üblich, daß die Nachbarn auch den Sarg tragen. In diesem Falle war es etwas anders, weil er vereinsgebunden war und auch bei der Bundeswehr war. Da haben die Bundeswehrleute halt den Sarg getragen. Aber sonst ist es hier üblich, daß die Nachbarn den Sarg tragen.

Das fand ich irgendwo – sehr persönlich. Ich fand den ganzen Rahmen eigentlich sehr persönlich.
C. T.:
Haben Sie schon mal einen toten Menschen berührt?
Besucherin:
Berührt noch nie, nein. Wohl einmal gesehen: Meine Oma. Ganz schnell in der Leichenhalle, wohl auch als Kind. Tür aufgemacht, einmal reingeschaut, schnell wieder zugemacht.
C. T.:
Was ist das für eine Erinnerung?
Besucherin:
Ich weiß nicht, irgendwie ein bißchen unheimlich noch. So ganz alleine lag die halt in der Leichenhalle. Ein gelbliches Gesichtchen, so gefaltete Hände. Einfach unangenehm, ängstlich. Schnell wieder zumachen. Sich nicht damit auseinandersetzen wollen.
C. T.:
Ja, es geht ja wahrscheinlich vielen so mit dem Thema: Sich nicht damit auseinandersetzen wollen. Wir wollen uns heute doch auseinandersetzen. Vielleicht verliert der Tod ja ein Stück Schrecken dadurch. Oder vielleicht kann ich das Leben anders sehen, wenn ich die Toten richtig betrachte. Das wollen wir auf jeden Fall heute herausfinden.
    Sie haben uns ja zum Thema geschrieben. Sagen Sie uns, was

Sie daran besonders interessiert oder welcher Aspekt Sie berührt?
Besucherin:
Es berührt mich zum Teil der Aspekt, wie mit einer Leiche umgegangen wird, wenn sie gestorben ist. Es ist ja auch irgendwo ein Mensch, den man lange gekannt hat. Und – damit dann irgendwo die Verwandten noch was Schönes im Sarg zu sehen haben – was da mit einer Leiche z. B. angestellt wird, damit sie schön ist, oder eben, daß manche die Leichen auch zu Hause, im Sarg, offen haben: Das ist eine Sache, die mich sehr stört.
C. T.:
Warum stört Sie das?
Besucherin:
Weil das, was da nachher im Sarg liegt, eigentlich nicht mehr das ist, was ich vorher gekannt habe. Vom Aussehen her. Und es liegt da irgendwas, was nicht mehr so die Persönlichkeit und die Ausstrahlung hat, die ich vorher gekannt habe.
C. T.:
Haben Sie denn einschlägige Erfahrungen?
Besucherin:
Ja. Also bei uns zu Hause sind zwei Omas gestorben und mein Schwiegervater. Ich habe sie als Tote gesehen und fand es schlimm und möchte selber auch nie im offenen Sarg liegen.

C. T.:
Und das Schlimme daran war die Veränderung oder was?
Besucherin:
Ja, die Veränderung. Also, das, was da liegt, kann zum Beispiel, je nachdem, wie es gestorben ist, ein verzerrtes Gesicht haben, die Augen sind eingefallen. Die Toten sind gelb. Und sie hatten vorher eine rote Gesichtsfarbe, hatten ganz andere Augen. Und das finde ich schlimm. Nur damit ich noch irgend etwas zum Angucken habe. Er ist eigentlich schon weg, die Persönlichkeit, der Körper, alles, was von dem da war und spürbar war, ist weg, und nur, damit ich mich noch an irgendwas erinnern kann, ein paar Tage, vielleicht drei Tage, meine ich, sollte man den Sarg nicht offenlassen.
C. T.:
Wie würden Sie sich das denn jetzt wünschen?
Besucherin:
Für mich persönlich, wenn ich gestorben bin, will ich, daß ich nicht für irgend jemand noch mal schön gemacht werde. Sondern so, wie ich in dem Moment war, komme ich dann halt in den Sarg. Und dann den Deckel zu. Und dann direkt weg. Es gibt ja gesetzliche Bestimmungen, die sagen, man muß noch drei Tage irgendwo liegen, für den Fall, daß noch irgendwo Leben im Körper ist. Aber ich möchte das nicht, daß mich irgend jemand noch anguckt hinterher. Allein auch dieses Leichenhemd! Oder eben in Sachen, die ich gern mag! Das muß nicht sein. Ich denke, ich selber habe nichts mehr davon, und die sollten vielleicht eher anfangen, Abschied von mir zu nehmen.
C. T.:
Ja, danke. Und *Sie*? Vielleicht sagen Sie, was Ihr Aspekt zu diesem Thema ist?
Besucherin:
Also bei mir ist es so. Mein ältester Sohn ist vor einem Jahr an Leukämie gestorben. Er war 23 Jahre alt. Er war in Essen, weil er das Knochenmark von einem seiner Brüder bekommen hatte, und das paßte genau. Dann war er noch zu Hause. Aber plötzlich wurde es schlechter. Er kam auf die Intensivstation. Wir hatten ihn abends noch besucht und sind lange bei ihm geblieben. Wir haben die Anzeichen des Todes nicht gesehen, nicht sehen wollen. Und am nächsten Tag kamen wir, und da sagte uns ein Arzt: „Ihr Sohn ist vor einer Viertelstunde gestorben." Erst habe ich mal gedacht: „Das kann nicht mein Sohn sein!" Aber irgendwie wußte ich natürlich, daß er es war. Und dann habe ich ganz so reagiert – ich weiß gar nicht – ich war plötzlich ganz ich selbst. Und ich wußte genau, was ich machen mußte. Ich bin in dieses Zimmer reingegangen. Mein Mann hinter mir her. Um den habe ich mich gar nicht gekümmert. Mein Sohn lag da und war mit einem Bettuch zugedeckt. Ich bin hingegangen und habe das Bettuch weggenommen und hab' ihn gestreichelt. Er war ja noch warm. Er war ja gerade erst tot. Und ich habe ihn geküßt und hab' ihm gesagt: „Komm wieder!" und hab' geheult, geschluchzt und hab' mich auf ihn gelegt. Ich bin ganz wie eine leidenschaftliche italienische oder griechische Mutter gewesen, ohne daß mir einer gesagt hätte, ich müßte das machen. Das kam einfach aus meinem Herzen oder Instinkt oder was raus. Und dann habe ich mich hoch aufgerichtet. Dann bin ich zu dem Pfleger gegangen und hab' gesagt: „Ich hätte gern eine Schüssel mit warmem Wasser." Ich hatte ja eine Tasche mitgenommen, weil ich meinen Sohn lebend waschen wollte, um dem Personal zu helfen. Die sind ja alle so überlastet, und weil ich dachte, das ist auch sehr schön für mich und für ihn. Und der Pfleger guckte mich an. Der wollte was sagen. Aber der machte gleich den Mund wieder zu und brachte mir eine schöne Schüssel mit warmem Wasser, und dann habe ich da so Duschgel reingetan, und dann habe ich mei-

nen Sohn gewaschen. Von Kopf bis Fuß. Und dabei hab' ich so von jedem Körperteil, was ich von Baby an kannte, Abschied genommen. Ich habe seine Narben auf den Knien gesehen, wo er gefallen ist als kleiner Junge. Und der ist mal an den Zehen operiert worden. Das habe ich gesehen. Aber dann merkte ich, daß er langsam kalt wurde und daß die Stellen, wo er überall Blut abgenommen gekriegt hatte und Infusionen bekommen hatte, blau wurden. Ich habe ihn aber fertig gewaschen. Ich habe ihn natürlich nicht rumgedreht. Ich konnte das ja auch nicht allein. Mein Mann stand dabei. Aber der hat nichts gemacht. Aber nachher hat er gesagt, er ist froh, daß er dabeigeblieben ist. Und dann hatte ich eine wunderschöne goldgelbe Unterhose, die gefiel ihm immer so gut. Und dann hab' ich ihm die angezogen. Das ging ein bißchen schwer, aber es ging. Da hat mein Mann dann auch geholfen. Und dann lag er da. Und ich war irgendwie zufrieden, weil, er lag da, so schön und so jung. Und er war auf einmal gar nicht mehr so mager. Ich weiß nicht, was mit dem Körper vor sich geht. Er wirkte richtig gut durchblutet, obschon er schon kalt wurde.

So hab' ich Abschied von ihm genommen und hab' gedacht: „Er ist ein schöner, junger Mann, der schläft!" Und das hat mich nachher getröstet in der schlimmen Zeit, die ja erst kommt, wenn der erste Schock vorübergeht. Ich bin ja in so einen hilfreichen Schock gefallen und wußte es gar nicht. Aber im März, nach vier Monaten, wurde ich dann wach. Dann hat mich das immer getröstet. Dann habe ich immer gedacht: Ich hab' ihn gesehen und ich hab' ihn so gesehen wie er tot war und so angenommen. Und seit der Zeit hab' ich auch keine Angst mehr vor Toten. Und vielleicht nicht mehr so eine Angst vor meinem eigenen Tod. Ich habe eine ganz andere Beziehung zum Tod und auch eine andere Beziehung zum Leben. Aber das ist natürlich auch durch diese achtmonatige Krankheit gekommen. Dann ist man einfach gezwungen, auf sich selbst zurückzuschauen, wer man wirklich ist. Und dann ist das Leben anders. Es ist ein furchtbarer Verlust, der bleibt immer, aber irgendwie lernt man auch. Das klingt vielleicht banal, aber es ist so, Frau Thomas …

C. T. (zu neuem Besucher):
Wie war es für Sie durch die vielen Toten im Krieg?
Besucher:
Die hat man nachher nicht mehr mitgekriegt. Erst mal war es ja nicht. Man lag ja nicht neben denen. Gut, ich habe einen Kameraden gehabt, der vom Flammenwerfer erwischt wurde, der war plötzlich auf diese Größe geschrumpft.
C. T.:
Zigarettenschachtelgroß.
Besucher:
Das ist ein Unterschied. Da hat man dann natürlich einen ganz anderen Eindruck davon gehabt.
C. T.:
Und kann es sein, daß der Krieg auch mit dazu beigetragen hat, daß die Menschen die Toten nicht mehr so gut um sich haben können?
Besucher:
Das will ich nicht sagen. Also, wenn's Kameraden gewesen sind, die neben Ihnen gefallen sind, da war es natürlich hart. Und wenn man dann voranging, und dann hat man einen Engländer oder einen anderen erwischt, das war natürlich ein Unterschied. Wie gesagt, das waren ja auch nur Einblicke, oder sagen wir mal, kurze Momente. Man ging entweder nach vorne oder nach hinten. Zuletzt gingen wir nur noch nach hinten.
C. T.:
Ist Ihnen ein toter Mensch noch besonders in Erinnerung geblieben?

Besucher:
Ja, dieser Kamerad, der da von dem Flammenwerfer erwischt wurde, der besonders. Den Eindruck werde ich nie vergessen.
C. T.:
Und jetzt in der Nachkriegszeit, mit wieviel toten Menschen hatten Sie da Berührung?
Besucher:
Auch eine ganze Menge. Da starben zwei, drei Tanten, die Großmutter, eine Enkelin von ihr, die ist verunglückt auf der Autobahn. Also in einem Jahr habe ich da fünf Tote gehabt. In der Familie.
C. T.:
Und haben Sie die dann auch angefaßt
Besucher:
Nein.
C. T.:
Sie sagen das so im Brustton der Überzeugung?
Besucher:
Erst mal kann man ja nicht. Das ist ja jetzt heute anders. Die Leute liegen ja in der Leichenhalle. Nicht wie früher zu Hause. Da konnte man sie noch berühren. Aber das ist ja heute gar nicht mehr drin. Die einzige, die ich berührt habe, war meine Frau.
C. T.:
Und wie ist das jetzt für Sie, in der Erinnerung?

Besucher:
Also ich möchte das nur erwähnen.
C. T.:
Und die Berührung, hat die das eher verschlimmert oder hatte die auch was Tröstliches?
Besucher:
Das war doch irgendwie tröstlich. Ja, doch. Denn sie sah genau so aus, wie ich sie noch in Erinnerung hatte. Und wie gesagt, bei meiner Frau, die da gestorben ist, die war in einer Stunde tot. Die hat einen Herzschlag gekriegt. Wir haben sie noch gerade ins Krankenhaus gebracht, und dann war Schluß.
C. T.:
Schwer, nicht?
Besucher:
Ja.
C. T.:
Ich wollte Sie fragen, wie viele tote Menschen Sie schon berühren konnten oder wieviel Tote Sie gesehen haben?
Besucherin:
Also Tote gesehen habe ich noch nicht. Und in Berührung gekommen – das hat mich sehr berührt, der junge Mann, der hier in der Straße gestorben ist, mit dem habe ich früher gespielt. Und das berührt einen dann ja doch. Und ich habe einen Schulfreund verloren. Und zwar war das an einem Samstagabend. Da sah man dann im Fernsehen, wie am Gleisbau ein Unglück gewesen ist. Und dann, so drei, vier Stunden später, bekam ich einen Anruf, daß mein ehemaliger Schulkamerad dabei gewesen ist. Und die Beerdigung und das, das berührt einen sehr. Also so angefaßt oder mit Toten in Berührung gekommen bin ich eigentlich noch nicht. Wenn man an diesem Menschen sehr gehangen hat, wird's wohl schwer werden, wenn man dann sieht, wie er tot da liegt. Aber ansonsten kann ich da eigentlich nichts zu sagen.
C. T.:
Und *Sie?*
Besucherin:
Ich weiß nicht. Es ist ein ganz komisches Gefühl, wenn man die dann da liegen sieht, nicht?
C. T.:
Woran sieht man denn wohl, daß sie tot sind?
Besucherin:
Allein die Starre und der Gesichtsausdruck. Das, denke ich, ist maßgebend. Daran erkennt man einen Toten. Denk' ich mir. Ich habe also so selber noch keinen gesehen. Weder angefaßt noch gesehen.
C. T.:
Da gibt es ein Buch, in dem Fotografien von Toten abgebildet sind. Würden Sie das gerne mal ansehen? Sie sehen ja eigentlich wie Schlafende aus, oder?

Besucherin:
Ja.
C. T.:
Was ist das Komische?
Besucherin:
Ja, eben zu wissen, daß man sich mit den Leuten nicht unterhalten kann. Und eben das Starre an dem Menschen. Das erschreckt einen.
C. T.:
Was ist denn der Unterschied: Tote zu sehen, Tote zu berühren. Und warum ist das eigentlich so schwierig geworden, Frau Dr. Schenk, das war doch nicht immer so, oder?
(Dr. Herrad Schenk ist Schriftstellerin und Soziologin; Anm. d. Red.)
Dr. Schenk:
Ich denke, daß das ganz wichtig ist – das kam ja auch bei sehr vielen Beiträgen raus –, daß wir das heute sehr viel seltener erleben als die Menschen früher, vielleicht noch drei Generationen zurück. Vor allem die Menschen des vorigen Jahrhunderts, die haben, bis sie erwachsen wurden, mindestens vier Menschen in der eigenen Familie sterben sehen. Sie hatten eine größere Todeserfahrung. Und das waren nicht nur die Großeltern. Heute haben Kinder vielleicht mal bestenfalls die Großeltern sterben oder tot gesehen, während es früher auch Geschwister waren, da ja nicht alle Kinder erwachsen wurden. So gehörte sozusagen die Erfahrung des Todes dazu. Und es geschah im eigenen Haus – das wurde schon erwähnt – dieses Aufgebahrtwerden; die Tatsache, daß nicht nur die Verwandten und die Familie dann kamen und sich das anschauten, sondern daß auch die Nachbarschaft kam und diese Toten ansah. Und ich denke, daß unsere Angst vor dem Toten, vor der Leiche, vor dem gestorbenen Menschen genau in dem Maße gewachsen ist, wie das als Erfahrung aus unserem Leben verschwunden ist. Wir bezahlen im Grunde unsere Distanz zum Tod mit einer Zunahme an Angst. Und ich denke, viele Menschen – das ist hier auch eben angeklungen –, die die Erfahrung gemacht haben, dabei zu sein, wenn jemand stirbt und diesen Übergang zu erleben und dann diesen gestorbenen Menschen vor sich zu haben und anzufassen, die erleben, daß das gar nicht mehr so schrecklich ist. Es hat sogar etwas durchaus Schönes. Es sei denn, man ist mit dem Toten noch nicht fertig, man hat da etwas noch nicht verarbeitet, oder es ist ganz wahnsinnig nah, oder es war ein sehr qualvoller Tod. Ich glaube, daß es dann trotzdem etwas Besänftigendes und Tröstliches hat, so einen Menschen in die Arme zu nehmen, noch mal zu küssen und zu fühlen, wie die Wärme aus dem Körper herausgeht. Das ist nichts Schreckliches, das ist überhaupt nichts Schreckliches. Und diese Schreckensbilder, die werden immer eigentlich von Menschen formuliert, die das nicht erlebt haben, während die, die das erlebt haben, meistens das Gefühl haben: Es ist tröstlich, und der Tod ist gar nicht so schrecklich. Er gehört zum Leben dazu, und irgend etwas geht als runde Sache zu Ende.
C. T.:
Sagen Sie den Leuten das jetzt nur so beschwörend oder wissen Sie das auch?
Dr. Schenk:
Ich weiß es. Einen Teil weiß ich natürlich aus der Literatur. Ich hab' sehr viel darüber gelesen. Und ich denke, daß die Menschen früher selbstverständlicher mit dem Tod umgegangen sind, also weniger angstvoll und weniger anonym als wir, und daß die das einfach besser konnten; daß das eine unmittelbare sinnliche Erfahrung war. Ich weiß das auch aus eigener Erfahrung.
C. T.:
Ihr Bedürfnis, anders von den Toten Abschied zu nehmen, sie auch zu berühren, hat sich das für Sie in Ihrer Lebenszeit etwas verändert?
Dr. Schenk:
Ich habe schon als Kind zum er-

stenmal einen toten Menschen gesehen. Einen Nachbarn. Das hat mich sehr beeindruckt. Das war mir auch, wie eben in manchen Bemerkungen anklang, etwas unheimlich zunächst. Aber ich glaube, ich fand das immer wichtig. Und ich fand immer wichtig, daß man hingucken muß, daß man Angst am besten damit bekämpft, daß man hinguckt und nicht, daß man wegläuft. Und ich habe dann den Tod einer Schwester erlebt, die sehr früh gestorben ist. Aber im Krankenhaus. Und fand das sehr schlimm. Daß man da nicht dabei sein kann und das völlig der eigenen Erfahrung entzogen wird. Das ist viel schrecklicher und viel schwerer zu verarbeiten. Und dann der Tod meines Vaters. Und schließlich der Tod meiner Mutter, und ich denke, je mehr ich davon miterleben konnte, auch von diesem Übergang, desto besser war es für mich zu verarbeiten.

C. T.:
Was ist denn das für eine Veränderung, wenn man Menschen berührt?

Dr. Schenk:
Es ist sinnlich erfahrbar oder erfaßbar, was Tod bedeutet. Was vorhin von einigen Leuten hier formuliert wurde: daß der Mensch noch er selbst ist und trotzdem nicht mehr er selbst ist. Daß es wie Schlaf ist und man trotzdem weiß, da kommt jemand nie wieder, der wacht nicht auf aus diesem Schlaf. Das ist einfach etwas, was man fühlen muß. Und alle die, die das nicht fühlen, also die nur zu einer Beerdigung kommen und eine geschlossene Kiste vorfinden und irgend so einen Beerdigungszauber sozusagen, werden im Grunde um eine Erfahrung betrogen. Ich glaube, daß ihnen das dann das eigene Sterben schwerer macht. Oder auch das Sterben von sehr nahen Angehörigen später schwerer macht. Ich denke, daß wir versuchen sollten, uns davon ein Stück in unser Leben wieder zurückzuholen. In unserem eigenen Interesse. Eben wie das die Menschen früher gemacht haben. Es ist ganz spannend, daß die Menschen früher keine Angst vor Leichen hatten, in früheren Jahrhunderten. Sie hatten sehr viel Angst und Aberglauben vor den Seelen Gestorbener. Das haben wir heute viel seltener. Ganz viele Aberglauben in früheren Zeiten richteten sich darum herum, daß die Toten wiederkommen könnten. Vor allem, wenn man ein schlechtes Gewissen hatte, glaubte man, daß die einen piesacken und in der Nacht umgehen und einem Böses antun. Da gab es ganz viele Riten und Gebräuche, wie z. B. Schuhe hinstellen, damit die Seelen der Verstorbenen zur Messe gehen können. Daß man die Öffnung, durch die Tote hinausgetragen wurden, vermauern mußte oder nie mehr benutzte. Aber vor der Leiche selbst hatten die keine Angst und keine Probleme damit, da eine Nacht zu sitzen und die Leiche zu bewachen und sie anzufassen und den Leichenschmaus daneben zu veranstalten. Bei uns ist es genau umgekehrt. Ich denke, daß das eigentlich eines der größten Armutszeugnisse unserer Zeit ist und unseres Verlustes an Leben oder Lebendigkeit, daß wir ständig diese Distanz zum Tod vergrößern aus Angst, statt den Tod in unserem Leben zuzulassen als Teil des Lebens.

C. T.:
Wie ist das denn in anderen Kulturen?

Dr. Schenk:
Alle Kulturen haben sehr, sehr viele Riten, die sich um den Tod herumranken. Riten, die es den Überlebenden erleichtern, mit dem Tod umzugehen. Zu den Riten gehört aber immer, sozusagen dicht an dem Sterbensmenschen dranzubleiben, ihn zu begleiten und ihm alles Mögliche, ihm noch Gutes zu tun, nachdem er gestorben ist. Das sind eigentlich alles Riten, die der Entlastung der Überlebenden dienen. Obwohl manchmal ist das so angelegt, als täte man das für die To-

ten. Auch wenn man denen noch schöne Sachen mitgibt und sie noch schön anzieht. Alle diese Dinge haben wirklich ihren tieferen Sinn, daß man das macht, um so Abschied zu nehmen. Wir haben heute so ein bißchen eine Deckel-zu-Einstellung: Deckel zu, weg, nicht mehr daran denken. Genau in dem Maße, wie wir das machen, holen einen die bösen Erinnerungen dann irgendwann im Leben ein. Wenn man sich richtig damit befaßt und das alles genau überlegt, dann ist es auch irgendwann – zumindest als trauriges Kapitel – vorbei. Dann ist es erledigt. Diese Riten haben geholfen, und wir haben eigentlich den Fehler gemacht in unserer Kultur, viele, viele Riten, die sich um Trauer herumrankten, so abzuservieren als alten Schwachsinn, den wir nicht mehr nötig haben als aufgeklärte Menschen. Und damit haben wir uns selbst geschadet.

C. T.:
Sie, junge Frau, wollten doch gerade noch etwas sagen?

Besucherin:
Ja, es ging eigentlich um das Thema: Junge Menschen werden „genommen", Alte „sterben" oder „gehen". Mancher Alte, der lange gelitten und lange im Bett gelegen hat, der sagt: „Ich will jetzt mal gehen" und stirbt dann. So ging es mir mit meiner Oma. Aber ein junger Mensch, der von einem Unfall heraus nicht mehr nach Hause kommt, der in einem Sarg, von der Leichenhalle weg, direkt beerdigt wird, wo die Verwandten nicht Abschied nehmen können. Und dann im Vergleich dazu diese früheren Hausbeerdigungen, wo ja der Tote im Haus stand, wo die Nachbarschaft zum Todbeten kam. Das war ja doch was ganz anderes. Man nahm Abschied in drei Tagen. Die Nachbarn kamen abends zum Beten, es gab ein Likörchen dabei, und dann wurde es auch bei einem älteren Toten schon wieder locker im Gespräch. Es war ein Totenfest in dem Sinne. Und es war so selbstverständlich. Ja, der Kranz hing an der Tür in einigen Gegenden, je nachdem mit einer schwarzen Schleife. Jeder wußte: In dem Haus ist ein Toter, und man trat ruhiger ein. Es war ein ganz normales Beerdigen, ganz anders als heute in der Stadt: dieses anonyme Beerdigen. Wo dann der Pastor noch nicht mal den Toten gekannt hat. Wo die Predigt am Grab relativ kurz ist, und man läuft wieder auseinander. Ja oft gibt es schon gar keinen Beerdigungskaffee mehr. Deshalb sagt man ja auch, wenn man fragt: „Wie war denn die Beerdigung?" „Och, war eine schöne Beerdigung" bei einem alten Menschen. Bei einem jungen Menschen: „War eine schlimme Beerdigung." Ich finde, da kommt heute bei der anonymen Beerdigung vieles zu kurz. Dieses Trauerbewältigen, dieses Abschiednehmen und Sterbenlassen.

C. T.:
Wie ist es denn bei diesen „schönen Beerdigungen", gehört das Angucken und Berühren des toten Menschen dazu?

Besucherin:
Also, ich hab' es ja selber erlebt, als der Großvater starb. Ich hab' ihn berührt. Ich hab' ihn mit angezogen und fand das ein sehr schönes Erlebnis. Ich hatte das von früher eigentlich in schlechter Erinnerung, so wie die Frau, die ganz zu Anfang hier war, mit dieser Leiche im Haus, und hab' immer gedacht, das schaffst du nie. Aber ich hab' es geschafft und fand das ein ganz positives Erlebnis. Auch mit unseren Kindern, die es jetzt auch zum ersten Mal so erlebt haben. Und ich muß sagen, das fiel mir überhaupt nicht schwer, eine Leiche anzufassen, einzukleiden, ihn jeden Tag in der Leichenhalle zu besuchen. Ich fand das sehr schön.

Besucher:
Ich hab' meine Schwiegermutter verloren, 1990, und war ganz alleine mit ihr im Krankenhaus. Als sie dann starb, rannte meine

Schwägerin raus und wußte gar nicht, wo sie hinlaufen sollte. Und ich war dann alleine. Da hab' ich gedacht: Das hältst du jetzt aus. Du bleibst jetzt bei ihr. Und dann bin ich so zu ihr gegangen, hab' ihr durchs Gesicht gestrichen, und das hat mir irgendwas gegeben. Ich hab' seit der Zeit eine ganz andere Verbindung, eine ganz andere Meinung dazu. Ich fühle mich besser seitdem.
C. T.:
Wüßten Sie denn noch, wenn Sie nicht im Krankenhaus gewesen wären, was Sie mit einem toten Menschen überhaupt tun müßten?
Besucherin:
Doch, ich denke schon. Ja, wir sind eine große Familie. Und wir waren eine Großfamilie mit meinen Großeltern und meinen Eltern und meinen Kindern.
C. T.:
Was wissen Sie denn, was man tun muß?
Besucherin:
Wenn das jetzt zu Hause passieren würde? Ja, ich würde zuerst den Arzt rufen, wenn das plötzlich passieren würde. Dann den Priester, was sehr wichtig ist. Und dann denke ich, müßten wir uns alle um ihn herumscharen, richtig scharen, und dann ein Gebet sprechen, was ich sehr wichtig finde und was uns sicherlich allen leichter fiele, wenn wir etwas mehr lieben würden, glaube ich.
C. T.:
Ich meine jetzt ganz richtig den Umgang mit der Leiche. Was muß man tun, Herr Zocher?
(Wolfgang Zocher, Vizepräsident des Bundesverbandes des Deutschen Bestattungsgewerbes; Anm. d. Red.)
Zocher:
Man muß ihn vernünftig ankleiden in die Kleidungsstücke, die die Angehörigen wollen. Man muß mit dem Verstorbenen sorgsam umgehen . . .
C. T.:
. . . und diese „Kommunionskleidchen", die müssen gar nicht sein?
Zocher:
Es kann die Kleidung gewählt werden, die der Verstorbene selber geliebt hat, ich sage mal so ein Beispiel: Wenn jemand ein passionierter Jäger war, warum soll er nicht in seinem Jägeranzug bestattet werden? Es spricht überhaupt nichts dagegen. Darauf weisen wir auch hin, daß dieses Stück persönliche Kleidung, die man dem Verstorbenen mitgibt, auch ein Stück Persönlichkeit ist, die man ihm noch gönnt und mitgibt.
C. T.:
Und wie ist das, muß man denen auch Fünf-Mark-Stücke auf die Augen legen?
Zocher:
Na ja, die Fünf-Mark-Stücke sind ein bißchen groß. Aber die dienen eigentlich nur dazu, um die Augen geschlossen zu halten. In den ersten Stunden nach dem Tod. Danach tritt eh die Totenstarre ein, und dann bleiben die Muskeln so, wie sie sind.
C. T.:
Und den Mund zumachen, hochbinden?
Zocher:
Ja, das wäre nicht schlecht. Wer das kann, weil, nach diesem Zubinden, so nach fünf bis acht Stunden, wenn die Starre eingetreten ist, eben der Mund geschlossen ist. Einen toten Menschen anzusehen ist ein bißchen würdevoller, wenn der mit einem geschlossenen Mund im Sarg liegt, das ist schon richtig. Aber da kommt es auch auf die Geschicklichkeit des einzelnen Kollegen von mir an, den so einzubetten, daß der Kopf ein bißchen hochgelegt wird und der Mund eben von selber geschlossen bleibt.
C. T.:
Das muß man richtig lernen, ja?
Zocher:
Ja, das muß man lernen, das ist nicht angeboren.
C. T.:
Und schwer. Auch mit inneren Hürden?
Zocher:
Wie alles, was mit dem toten Menschen zu tun hat, ist da eine ge-

wisse Gewöhnung notwendig. Hinterher hat man diese Gefühle nicht mehr. Es ist natürlich eine gewisse Routine, die sich da breitmacht, die manchmal auch nicht gut ist, geben wir zu. Aber es ist eben nicht der eigene Angehörige, und deswegen bleibt die Routine halt nicht aus.

(Musik)

C. T.:
Mit mir sitzt jetzt hier Professor Reinhardt Tausch. Mit Ihnen möchte ich gerne darüber reden, daß wir ja gehört haben, daß die Leute sich eigentlich immer weniger trauen, sich mit den Toten zu befassen, im wahrsten Sinne des Wortes, und die Frage ist: Ist das eigentlich so eine zwangsläufige Entwicklung, muß das so sein?
Prof. Tausch:
Ich denke, die Art, wie wir leben, führt uns sehr von toten Menschen weg. Viele empfinden den Gedanken an den Tod der Angehörigen, an ihren eigenen Tod als unangenehm. Die unangenehmen Gefühle möchten sie nicht haben. Deswegen schieben sie es weg. Aber es ist mir sehr wichtig zu sagen: Menschen, die diesen Gedanken an Sterben und Tod an sich heranlassen, den Tod von sich selbst und von Angehörigen, das ist zwar zunächst angstvoll, aber das Entscheidende ist, die sehen ihr Leben danach als kostbarer an. Im Hinblick auf die Tatsache, daß ich sterben werde, lebe ich intensiver und bewußter, das heißt, vieles, was wir heute so an unsinnigen Dingen machen, würden wir nicht machen, wenn wir im Auge haben: Ich werde sterben. Es kann morgen sein. Es kann in einem Jahr sein.
C. T.:
Nun ist ja dieses Den-Menschen-richtig-Berühren auch so eine Sache. Wir haben ja gehört, 36 Stunden, anderthalb Tage nur dürfen die Toten amtlicherseits zu Hause bleiben. Die Uhr läuft, wenn Sie direkt Bescheid sagen – es sei denn, Sie sagen einfach etwas später erst Bescheid. Dadurch ist es mehr in ihrer Hand und Sie können Zeit gewinnen.

Aber dieses Berühren – warum macht das eigentlich so eine Sperre? Was ist das Besondere an den Toten?
Prof. Tausch:
Na ja, wenn ich Angst habe vor Sterben und Tod, dann habe ich natürlich auch Angst vor dem Leichnam, dem toten Körper. Wenn ich sehr wenig Erfahrung habe, wenn ich andere Menschen nicht begleitet habe beim Sterben, dann macht das den Menschen zunächst Angst. Das ist eben wichtig: häufig daran denken, ich werde sterben, ich bin sterblich und nicht weglaufen, wenn Angehörige sterben oder entfernte Verwandte, sondern da mal die Erfahrungen sammeln. Wie schon gesagt wurde: Wenn ich mich schließlich damit wirklich konfrontiere, wenn ich bei dem Menschen bleibe, der stirbt, wenn ich noch bei seinem toten Körper bleibe, dann kann ich die Angst überwinden. Wenn ich immer weglaufe, dann kann ich die Angst nicht überwinden.
C. T.:
Wie viele tote Menschen haben Sie schon berührt?
Prof. Tausch:
Ich habe Familienangehörige berührt, und ich bin auch fünf Jahre im Krieg gewesen. Und da bin ich natürlich sehr viel mit Tod und Sterben konfrontiert worden. Ich denke, es ist nicht die Anzahl der toten Menschen, die wir berührt haben, sondern ich glaube, wenn wir zwei Menschen begleitet haben und dann einige Stunden mit dem toten Körper zusammengewesen sind, das läßt uns diese Angst überwinden.
C. T.:
Wir haben ja jetzt gerade gehört, daß viele das Waschen als so etwas besonders Nützliches für diesen Distanzierungsprozeß bezeichnet haben. Sehen Sie das auch so?

Prof. Tausch:
Nein, bei mir wäre es so, wenn ich sterben würde, dann möchte ich gerne, daß die Menschen mich so lassen, wie ich bin, mich in eine einfache Decke hüllen. Und es soll auch kein teures Arrangement geben. Wenn ich irgendwie Bauer wäre oder im Wilden Westen lebte, dann würde ich wünschen, daß die Menschen eine Grube im Garten graben und mich da hineintun. Also ich möchte es sehr natürlich und unkompliziert.
C. T.:
Das heißt, Sie wollen gar nicht gewaschen in den Tod gehen?
Prof. Tausch:
Nein, ich möchte so bleiben, wie ich in diesem Moment des Sterbens bin. Ich kann nicht einsehen, was es bringen soll. Aber das ist ein sehr wichtiger Punkt. Wir sollten nicht meinen, weil jemand die Vorstellung hat, ein Toter muß gewaschen werden oder muß nicht gewaschen werden, das müßten alle anderen auch so machen. Wir haben festgestellt in unseren Untersuchungen, daß Menschen sehr unterschiedliche Wege gehen, den Tod zu bewältigen oder zu trauern. Wir sollten jedem Menschen das Recht zubilligen, seinen eigenen Weg zu gehen. Wenn der Mensch da ohne Furcht ist, ist es klar, daß alle das unterschiedlich haben wollen. Oder wir haben festgestellt: Viele Menschen möchten die Rituale auf dem Friedhof. Da kommen die Sargträger. Da soll der Pfarrer kommen, soll Erde geworfen werden. Und viele Menschen sagen: „Durch die Rituale bekomme ich einen Halt. Ich wäre vollkommen hilflos." Bei mir ist das gerade entgegengesetzt. Wenn ich diese Rituale sehe, dann sehe ich sie eher so sinnentleert. Und deswegen etwa haben wir bei dem Tod meiner Lebensgefährtin selbst den Sarg getragen und die Grube selbst zugetan. Wir haben selbst Abschied genommen in der Kapelle. Die einzelnen Menschen haben gesprochen. So reagieren wir sehr unterschiedlich. Es erscheint mir wichtig zu sagen: „Macht es so, wie Ihr es wirklich für Euch als tief befriedigend anseht. Wenn Ihr Rituale als richtig anseht, macht das. Wenn Ihr etwas sehr Persönliches ohne Rituale wollt, macht es anders."
C. T.:
Persönlich für wen? Für den Gestorbenen oder persönlich für die Trauernden?
Prof. Tausch:
Da hat sich gezeigt, wenn der Verstorbenen einen Wunsch hatte: So möchte ich beerdigt werden, mit dem Musikstück, wenn Menschen das dann erfüllen, dann ist es gleich der letzte Dienst am Toten. Und dann kann es sein, daß wir Dinge tun, die wir für uns nicht tun wollen. Aber wenn der Verstorbene keinen Wunsch hatte, dann, denke ich, ist es wichtig, daß wir dem eigenen nachgeben und sagen: So ist es richtig und gut für mich, so kann ich es als sinnvoll empfinden.
C. T.:
Haben Sie auch testamentarisch festgelegt, nicht gewaschen zu werden?
Prof. Tausch:
Nein, das wissen meine Angehörigen.
C. T.:
Ich wollte übrigens eine Anmerkung machen: Hier wird die ganze Zeit erzählt, daß es angeblich schön sei, die Toten zu berühren, wenn man seine Angst verlieren will. Dabei sind eigentlich ein Stück zu kurz gekommen all die Leute, die sagen: Ich find' das überhaupt nicht schön. Ich find' das ekelig, und ich will das überhaupt nicht. Ist denn jemand hier in den ersten Reihen, der etwas dazu sagen könnte?
Besucher:
Also ich hab' selber keine Probleme damit gehabt. Ich hab' in der Familie einige Tote erlebt, meine Schwester ist gestorben. Ich fand das sehr schön. Sie war noch sehr klein, so daß ich sie auch noch auf den Arm nehmen konnte. Heute habe ich da schon

mancherlei Probleme mit. Nicht mit dem Toten, sondern mit den Angehörigen und mit der Trauer. Damit umzugehen.

C. T.:
Wie ist es mit Ihnen?

Besucherin:
Ich hab' überhaupt keine Probleme damit. Bei mir gehört der Tod einfach zum Leben dazu, weil ich so aufgewachsen bin. Die Toten waren in der Familie mit eingebettet. Dann bin ich auch beruflich mit Toten zusammengekommen, und es ist für mich keinerlei Problem.

C. T.:
Da könnten ja die Leute, die da am Radio sitzen, alle sagen: „Meine Güte, das ist ja toll da auf dem Land, die haben gar keine Probleme." Gibt es denn jemand, der noch Probleme mit dem Thema hat, der sagt: „Ich will das auf keinen Fall." Oder trauen Sie sich das jetzt hier gar nicht zu sagen? Kann es sein, daß man das auf dem Dorf dann gar nicht mehr sagen darf, daß man damit Probleme hat?

Besucherin:
Doch, ich habe Angst davor. Also ich habe Angst davor. Und ich werde das wohl auch nie loswerden.

C. T.:
Was ist das für eine Angst?

Besucherin:
Kann ich nicht erklären, weiß ich nicht. Ich hab' die Angst eigentlich schon immer. Da werde ich wohl mit alt werden. Ich habe Angst vorm Tod und Angst vor Leichen. Und wenn es soweit ist, möchte ich am liebsten nichts damit zu tun haben.

C. T.:
Haben Sie denn eigentlich schon mal einen Toten richtig aus der Nähe gesehen?

Besucherin:
Habe ich auch, ja.

C. T.:
Ist es denn so ein erschreckendes Erlebnis?

Besucherin:
Eigentlich schon, ja. Für mich ja. Ich hab' meine Tochter bei einem Verkehrsunfall verloren. Und da bin ich einfach weggelaufen. Ich konnte es einfach nicht ertragen und bin weggelaufen.

C. T.:
Das war ja auch etwas ganz besonders Schlimmes.

Besucherin:
Ich denke schon, ja. Da muß man mit fertig werden. Das tut mir heute auch noch weh.

C. T.:
Das kann ich gut verstehen. Dann hat der Tod ja auch noch mal eine ganz andere Dimension, wenn das so ein kleines Kind und ein Unfall dazu ist. Dann ist das sicher etwas ganz anderes. Vielen Dank, daß Sie da waren.
Gleich geht es weiter mit der Fragestunde.

C. T.:
Jetzt möchte ich Ihnen an dieser Stelle die Expertin und die Experten und die Vertreterinnen und die Vertreter aus dem Publikum vorstellen.

Besucherin:
Also mein Name ist Martina Wellmann und ich bin Hausfrau und Mutter von zwei Kindern. Ich lebe seit einem Jahr jetzt hier in Bönninghardt. Das ist auf dem Land. Ich kenne jetzt ein bißchen die Relation von Stadt zu Land. Es hat mich irgendwie begeistert und berührt, was dieser Professor gesagt hat. Ich denke, ich würde gerne lernen, die Angst vor dem Tod etwas mehr abzubauen. Ich persönlich möchte es mir sehr schön vorstellen, wenn ich einmal sterbe oder wenn ich mal Abschied nehmen möchte. Das finde ich sehr wichtig. Ich find' das schön, daß es nicht unbedingt so ein bezahltes Unternehmen sein muß, die das so vordiktieren, sondern daß es noch ganz andere Möglichkeiten gibt. Da dachte man bisher nicht so drüber nach. Aber ich möchte mich da ganz einfach mehr mit auseinandersetzen. Ich finde das gut, daß man das macht.

Besucherin:
Ich heiße Stefanie Olland, habe drei Kinder und finde es wichtig, daß man vom Toten Abschied nimmt. Aber ich bin der Meinung, daß man halt mit einer Leiche nicht mehr weiß, was man mit ihr anstellen muß, damit man selber irgendwo seinen Abschied bewältigen kann. Die Leiche ist eigentlich nur die Hülle von dem, was vorher gelebt hat. Ich meine, man sollte rechtzeitig den Sarg zumachen und dann seine Trauer irgendwie bewältigen, weil halt eben derjenige, der tot ist, nicht mehr der ist, der da liegt.

Einladerin:
Ich bin Christine Werheit, ich bin Hausfrau aus Köln. Ich habe noch zwei Söhne. Mein ältester ist gestorben, und ich hab' selber am eigenen Leibe gemerkt, wie gut es ist, wenn man sich um den Toten kümmert, wenn man ihn anfaßt und berührt. Ich fände es noch viel, viel besser, wenn unser Sohn zu Hause gestorben wäre. Das ging aber nicht, weil man ihm auf der Intensivstation das Leben noch retten wollte. Das war nicht anders. Aber ich möchte sagen, wie gut es mir tut, die anderen Menschen sprechen zu hören. Ich hätte das gar nicht gedacht. Weil ich ja auch ein bißchen Angst vor der Sendung hatte. Ich muß sagen, ich fühle mich jetzt so im nachhinein in meinem Verhalten bestätigt, daß das richtig war. Ich fühle mich gut und beruhigt und, wie Frau Dr. Schenk eben sagte: Es ist so abgerundet. Ich hab' tief die Trauer erlebt und hab' sie auch deshalb erlebt, weil ich richtig von meinem Sohn Abschied genommen hab'. Ich kann jetzt wieder richtig leben und mich den Lebenden zuwenden und meinen beiden Söhnen, meinem Mann – wir haben einen Hund – und der ganzen Natur. Dadurch hat für mich das Leben einen anderen Sinn. Ich weiß jetzt ganz genau, was ist wichtig und was ist nicht wichtig. Und ich tue auch nichts mehr, was ich nicht für richtig halte. Früher habe ich mich so oft von anderen bereden lassen, was ich tun soll, wie ich leben soll. Und das mache ich nicht mehr. ich fühle mich, mit einem Wort, viel freier jetzt oder richtig frei. Und die Sendung hier, das ist so noch das letzte Stück, was mir dazu fehlte. Ich hab' es vorher nicht gewußt, aber ich merke es jetzt.

Besucher:
Mein Name ist Leo Diepelmeier. Ich bin hier, weil – das klingt etwas merkwürdig – ich glaube, ich hatte das Glück, als Kind zu lernen, mit dem Tod umzugehen. Und je älter ich werde, desto mehr weiß ich, daß ich davon zehre. Und ich habe eben auch erlebt, wie Nachbarn, andere Menschen in solchen Situationen agieren und handeln können und genau nicht das tun, was ich heute nur noch wahrnehme, nämlich die totale Hilflosigkeit gegenüber Tod und Sterben.

Expertin:
Mein Name ist Herrad Schenk, ich bin Sozialwissenschaftlerin und Schriftstellerin und ich hab' mich viel mit dem Thema Tod und Sterben in der sozialhistorischen Perspektive befaßt: Wie war das früher, wie ist das auch zum Teil bei anderen Kulturen. Und meine Position ist, daß wir versuchen sollten, vieles von dem, was in früheren Zeiten selbstverständlich war im Umgang mit dem Tod, oder einiges, vielleicht in gewandelter Form, wieder in unsere Gegenwart zurückzuholen, um unserer selbst willen.

Experte:
Mein Name ist Wolfgang Zocher, ich komme aus Wuppertal, ich bin Vizepräsident des Bundesverbandes des Deutschen Bestattungsgewerbes oder schlicht und einfach Bestatter. Meine Einstellung oder die Einstellung der meisten meiner Kollegen ist die, daß die Menschen diese Ängste abbauen sollten, indem sie den Tod begreifen, wie ich es eben schon geschildert habe, und dafür treten wir ein, daß die Menschen vom Verstorbenen

Abschied nehmen können, so wie sie es möchten.
Experte:
Ich bin Reinhardt Tausch, Professor für Psychologie. Ich finde es gut, daß wir über den Tod und das Sterben sprechen, denn wenn wir den Tod an uns heranlassen, dann vermindern sich unsere Ängste. Nicht nur die Ängste vor dem Sterben, sondern überhaupt die Ängste vor dem Leben. Wenn wir fähig sind, Tote zu berühren oder mit ihnen einige Stunden oder ein, zwei Tage zusammenzusein, dann erfahren wir es realer: Der Betreffende ist gegangen. Aber ich denke, wenn Menschen große Schwierigkeiten haben, dann sollten sie sich deswegen nicht plagen. Ich glaube, entscheidend ist, daß wir einen Sterbenden begleiten, und daß wir versuchen, hilfreich mit ihm zu sein, solange er lebt.
C. T.:
Zu Ihnen: Wie ist das bei Ihnen mit der Berührungsangst?
Besucherin:
Ja, Berührungsängste hatte ich als Kind ganz bestimmt. Und zwar auch als junges Mädchen noch so im Alter von 18, 20. Wie das dann losging, daß man mithelfen mußte, die Nachbarschaftspflichten zu erfüllen.
C. T.:
Was sind das denn für Nachbarschaftspflichten?

Besucherin:
Es war früher so, daß man in die Häuser ging. Im Nebenraum war die Leiche aufgebahrt, und man kniete vor den Stühlen im Nebenraum und hat dann den Rosenkranz gebetet, und anschließend war dann die Besprechung.
C. T.:
Besprechung heißt was?
Besucherin:
Die Besprechung, wie die Beerdigung abläuft: Wer den Sarg trägt, wer die Leuchter trägt, das Kreuz, das vorweg geht, und wer dann auch in der Wirtschaft bzw. ganz früher im Haus mithalf, die Gäste zu bewirten. Ja, und dadurch, daß wir dann selbst in der Familie Sterbefälle hatten, habe ich doch die Berührungsängste überwunden. Dazu muß ich vielleicht sagen, vor allen Dingen auch dieses Dabeisein, wenn jemand stirbt, und auch nachher noch eine Zeitlang alleine dabei zu verweilen, finde ich sehr wichtig. Ich hab's auch oft erlebt und hab' auch Pflegefälle im Haus gehabt. Ich möchte sagen, auch die Berührung mit der Leiche, die wird einem leichter gemacht, je näher man zu einem Menschen gestanden hat.
C. T.:
Also, es hat schon etwas mit der Intimität zu tun. Aber kann das dann nicht auch besonders schwer sein?

Besucherin:
Ja, es war schwer. Gerade der letzte Fall war sehr schwer, weil ich da mit meinem Mann und meinem Sohn allein war. Und davor hatten wir, ich hatte ja schon angedeutet, Pflegefälle, dann ist auch die Schwester von der Pflegestation gekommen, ist dageblieben. Da war man nicht so alleine. Man hatte jemand um sich, der eben mehr Umgang mit Sterbefällen oder mit Toten hatte.
C. T.:
Wenn jetzt Leute in der Stadt zuhören und sagen: Das kennen wir ja alles gar nicht. Können Sie denen auch klarmachen, was für Sie das Befreiende oder Wichtige daran war?
Besucherin:
Ja, befreiend oder wichtig kann ich gar nicht sagen. Man hat es erlebt, und ich muß ehrlich dazu sagen – man lernt das auch mit der Zeit. Früher hat man gesagt: Mensch, das kannst du im Leben nie machen. Wir haben uns ja selbst davor gedrückt, manchmal den nächsten Angehörigen zu kondolieren, weil man sich da irgendwie . . .
C. T.:
Sich so hilflos fühlte?
Besucherin:
Ja, ja, genau, hilflos. Und es war ja nun eben auch etwas Trauriges für die Angehörigen. Weil, man ver-

liert einen Menschen, man hat ihn auch gekannt und dann eben zu sagen, hier, wir trauern mit dir ...
C. T.:
Vielen Dank. Und Sie?
Besucherin:
Ich habe ähnliche Erfahrungen gemacht. Ich muß sagen, ich habe keine Angst vor Leichen, weil ich jedesmal zu Hause war, wenn die Angehörigen verstorben sind. Irgendwie war eine komische Ruhe an den Tagen, wenn ich so zurückdenke. Es war immer ruhig an den Tagen, wenn sie gestorben sind. Ich hab' die Umwelt nicht mehr wahrgenommen. Man hat sie vermißt. Aber ich hab' irgendwo gesagt – vor allem durch meinen Glauben –, daß es nicht vorbei ist für die. Und das hat mir viel geholfen dabei.
C. T.:
Wie alt waren Sie denn, als der letzte starb?
Besucherin:
Da war ich 15, 16.
C. T.:
Und haben Sie sich denn auch getraut, den zu berühren?
Besucherin:
Ich hab' sie nicht berührt. Ich weiß nicht, ob ich Ihnen sagte: Ich habe keine Angst davor, die zu berühren, aber, wie gesagt, ich habe sie nicht angefaßt, warum, weiß ich nicht. Ich habe mich vielleicht auch ein bißchen zurückgezogen, weil man wußte, die sind krank, die werden irgendwann sterben. Aber ich hatte zumindest doch einen kleinen Schock. Und da wollte ich alleine sein.
C. T.:
Frau Dr. Schenk will noch was sagen?
Dr. Schenk:
Mir sind in dem, was jetzt zuletzt gesagt worden ist, Sachen aufgefallen. Und zwar eine Sache, die es uns vielleicht heute so erschwert, mit dem Tod so in dieser sinnlich erfahrbaren Weise umzugehen: In der normalen Stadtsituation sind wir meistens allein damit. Es ist nicht mehr wie früher, daß da viele Menschen um einen herum sind, die einem helfen, das zu tragen, und die auch ein bißchen wissen, wie man es macht. Und ich könnte mir vorstellen, daß die Tatsache, daß man die Leichen so schnell loswerden will, auch mit dieser Hilflosigkeit zusammenhängt. Es ist bestimmt nicht schwieriger für einen einzelnen Hinterbliebenen, sich die Zeit zu nehmen und bewußt da sitzenzubleiben und sich Gedanken zu machen. Aber das Allein-damit-fertig-Werden ist sicher ein ganz zentraler Punkt, warum uns das heute so schwerfällt.
C. T.:
Herr Professor Tausch?

Prof. Tausch:
Ja, für diejenigen, die allein sind und die sich hilflos fühlen, gibt es schon in vielen Städten Hospizdienste. Das sind freiwillige Helfer, die begleiten schon vorher. Und die können einem sehr wichtige Informationen geben, Informationen, die man eigentlich sehr schwer oder sehr schwierig von Ärzten und anderen erhält. Die können einem zum Beispiel sagen: Du kannst den Toten zu Hause behalten, oder ... Das ist eine gute Möglichkeit. Also freiwillige Hospizdienste und Sterbebegleiter.
C. T.:
So, Sie sind die nächste.
Besucherin:
Mein Name ist Elfi Sohn, ich habe früher hier in Alpen gewohnt, und ich halte es für sehr, sehr wichtig, darüber zu reden. Ich bin Krankenschwester und habe von daher natürlich Erfahrungen mit Sterbenden, mit Sterbebegleitung, auch Erfahrung damit, wie Angehörige mit dem Tod oder mit dem Sterbenden umgehen. Das, was Frau Dr. Schenk gerade gesagt hat, daß es eine runde Sache sein könnte, wenn jemand stirbt, das ist sicherlich so, wenn die Familie rund war, wenn man Abschied genommen hat und wenn man die Möglichkeit hat, Abschied zu nehmen, also wenn je-

mand nicht plötzlich stirbt oder aus dem Leben gerissen wird. Dann sind viel zuviel ungesagte Sachen da und man denkt: Warum, wieso, weshalb. Das „Schöne", wenn jemand auf dem Sterbebett liegt und die Möglichkeit hat, sich noch mal im wahrsten Sinne des Wortes zu verabschieden, da ist ja ganz einfach, daß man in Frieden geht, daß man dann sagt: Ja, jetzt ist es soweit, ich kann auch gehen. Dann ist es sicherlich eine runde Sache. Aber bei 90 Prozent der Sterbenden, die ich erlebt habe, ist es genau anders. Man stirbt sicherlich im Kampf. Im Kampf, weil man nicht sterben kann, weil man nicht sterben will. Und man stirbt auch vielleicht, wenn ich das mal so sagen darf, in der Problematik, in der derjenige noch gestanden hat. Und ich habe auch Menschen zu Hause begleitet, nicht nur im Krankenhaus.

C. T.:
Kann es eigentlich sein, daß zum Beispiel die Erwartung, daß der Tote noch berührt wird, daß so etwas den Kampf verstärken kann, oder daß der Mensch, der im Sterben ist, weiß, ich bin jetzt nicht alleingelassen, und ich werd' danach noch berührt, daß das auch für das Sterben einen leichteren Übergang bedeuten kann?

Besucherin:
Ja, unbedingt. Also die Patienten, die ich in der ambulanten Pflege hatte, die also auch Krebs hatten, wo wir also wirklich Sterbebegleitung gemacht haben, und die unbedingt zu Hause sterben wollten, die sind eingeschlafen. Das kann man nicht anders sagen, die sind wirklich friedlich eingeschlafen.

C. T.:
Da war es kein Kampf? Sagt der Kampf so etwas aus, daß man eigentlich noch nicht gehen kann, weil noch so vieles ungeklärt ist?

Besucherin:
Ja, ich kann noch nicht gehen, weil verschiedene Sachen vielleicht noch zu klären sind oder so viele ungesagte Sachen noch da sind.

C. T.:
Hier, finde ich, müßte man noch einen wichtigen Punkt hineinbringen, nämlich: Ist es eigentlich egal, wer einen berührt? Wir haben ja eben im wesentlichen davon gesprochen, was das für die Überlebenden bedeutet, den toten Menschen zu berühren. Aber Sie bringen ja jetzt den Aspekt hier herein, daß es auch für den Sterbenden viel bedeuten kann, daß er noch berührt wird. Macht das eigentlich einen Unterschied, ob das jemand Professionelles ist, also wie Herr Professor Tausch gerade schon andeutete, die Hospizbewegung, also Leute, die das richtig lernen? Oder gehört auch das Gefühl mit dazu? Ich weiß nicht, was Sie sich für Ihren Tod wünschen, wer Sie dann noch berühren soll?

Prof. Tausch:
Das Gefühl gehört sicherlich in erster Linie dazu. Ich gehe jetzt mal so weit, zu sagen, daß derjenige, der stirbt, auch weiß, wen er dabeihaben will, beim Tod, und daß verschiedene Patienten sicherlich auch auf verschiedene Schwestern warten, bis sie sterben. Das liegt sicherlich an der Berührung oder an der Wellenlänge, die man zum Patienten hat. Oft ist es auch so, aus meiner Erfahrung, daß die Angehörigen nicht dabeisein sollen, weil es einfach zu schmerzhaft für die Leute ist. Es ist ja oft so, der Patient stirbt, und die Angehörigen sind gerade weg. Es ist oft einfach zu schmerzhaft für die Leute, dabeizusein. Sie können das nicht aushalten. Die Liebe ist irgendwie zu groß, so daß man dann wirklich alleine stirbt.

C. T.:
Das heißt, man muß sich überhaupt trauen, sich jemandem im Tod zuzumuten?

Prof. Tausch:
Ja, ich glaube schon. Ich glaube, was ich bis jetzt so erlebt habe und was ich so gefühlt habe in verschiedenen Situationen und auch aus meinem Verwandtenkreis, da glaube ich wirklich, manche ster-

ben allein, um den Angehörigen die Trauer nicht zuzumuten in dem Moment.

C. T.:
Und wenn Sie sagen, daß manche Patienten warten, bis eine bestimmte Krankenschwester kommt, fühlt sich denn die Krankenschwester auch dadurch beschenkt oder ist das eher eine Last für die Krankenschwester?

Prof. Tausch:
Nee, das ist absolut keine Last, weil auch verschiedene Wünsche, die die Patienten haben, z. B. schieben Sie mich nicht ins Badezimmer, wenn es soweit ist, die haben sie dann ja im Kopf, die erfüllen sie. Ich meine, wir wissen alle, wie die Situation in den Krankenhäusern aussieht, und wer möchte schon gern im Krankenhaus sterben. Ich jedenfalls nicht.

C. T.:
Frau Werheit?

Einladende:
Frau Thomas, da wurmt mich jetzt die ganze Zeit etwas. Es ist der Kampf und daß der Patient alleine ist. Mein Sohn ist ja auch gestorben, als wir noch nicht da waren. Wir sind ja zu spät gekommen. Ich hätte immer so gerne gewußt, wie die letzte halbe Stunde war. Ich hab' mir auch dann Mut gefaßt und hab' an den Arzt, den ich kannte, nach Essen geschrieben. Aber der hat mir nicht geantwortet. Dem hab' ich ganz vorsichtig versucht beizubringen, er soll es mir doch sagen. Also ich möchte nicht hören: Ihr Sohn hat geschrien „Mutter komm" oder „Mama komm!" So was nicht. Aber wie kann ich das herausbekommen? Ich möchte gerne dieses Letzte wissen. Ob er in Frieden gestorben ist, oder ob er bis zum Schluß gedacht hat, er könnte noch leben. Ich weiß, daß er eine halbe Stunde vor seinem Tod zu dem Arzt gesagt hat: „Ich pack das noch." Aber wie danach die halbe Stunde war, das weiß ich nicht. Und deshalb hab' ich nämlich etwas Sorge, weil der Arzt nicht schreibt. Es war sicher sehr schlimm und deshalb kann er mir nicht schreiben.

C. T.:
Vielleicht war Ihr Sohn auch ganz einfach alleine, und der Arzt weiß es gar nicht?

Einladende:
Ja, das kann ja auch sein.

C. T.:
Daß er Ihnen nicht antwortet, das ist ja gemein.

Einladende:
Meinen Sie, ich sollte ihm noch mal schreiben? Vier Wochen hat der Brief da gelegen und dann habe ich ihn noch mal neu geschrieben. Sie finden, ich sollte ihm noch mal schreiben?

C. T.:
Also, ich bin keine Beraterin. Aber ich denke, wenn es Ihr Bedürfnis ist, ihm noch mal zu schreiben, dann schreiben Sie ihm doch noch mal.

Einladende:
Ja, dann mache ich das.

C. T.:
Frau Olland?

Besucherin:
Ich will gerne noch mal sagen, daß hier auf dem Dorf immer gesagt wurde, die Toten werden beim Sterben begleitet oder hinterher wird ihnen der letzte Dienst erwiesen. Aber es ist doch eigentlich so, daß Dörfer kaum noch da sind. Die meisten sterben in der Stadt, sterben eventuell im Altenheim, sterben anonym. Die haben gar keinen, der sie begeitet. Irgendwo ist das schwierig. Wir hören immer nur, wie toll das ist, daß man dem helfen kann und keiner hat Berührungsängste. Aber ich denke irgendwo, es gibt vielleicht 80 Prozent der Menschen, die gar keinen haben, der ihnen hilft, wenn sie sterben müssen. Und im Krankenhaus bei dem Pflegenotstand – irgendwo kann ich mir auch nicht vorstellen, daß immer eine Krankenschwester da ist, die Hand zu halten. Also ich denke, im Grunde genommen können viele gar nicht in Ruhe sterben oder sterben halt eben einsam und nicht „rund"!

Dr. Schenk:
Da möchte ich auch noch mal anknüpfen. Ich denke, vorhin ist über längere Zeit aus unserem Gespräch der Eindruck entstanden, daß die Menschen nicht hingucken können. Da haben wir so ein bißchen den Eindruck entstehen lassen, wenn man jetzt nicht hingucken kann, das nicht ertragen kann und wegrennt, daß das immer sozusagen die Leute sind, die vielleicht diesen Verstorbenen nicht so geliebt haben. Aber das können gerade Leute sein, die diesen Menschen ganz besonders geliebt haben, die eben überhaupt noch nicht im Augenblick damit fertig werden, die es gar nicht ertragen können, und es erst sehr viel später ertragen könnten. Da wäre auch zu erwähnen, daß sich historisch wirklich etwas geändert hat. Früher – also vor zweihundert Jahren oder im Mittelalter noch – war es so, daß das Sterben keine intime Situation war. Also da war nicht nur mein Lebensgefährte dabei oder meine Kinder oder meine nahen Freunde, sondern da waren auch die Nachbarn und alle, also auch Menschen, mit denen man vielleicht gar nicht grün war im Leben, also die Nachbarsfrau, mit der man sich pausenlos gestritten hat und die einen genervt hat, dabei. Die kam auch vorbei und konnte anfassen. Und das wäre uns heutzutage ja wahrscheinlich ein unerträglicher Gedanke, daß irgend jemand an uns 'rummacht, wenn wir schon gestorben sind und nicht mehr sagen können: 'Hau ab, mit dir will ich nichts zu tun haben.' Aber dadurch ist, glaube ich, gerade die Überbelastung entstanden. Daß wir denken, das wäre heute nur noch etwas für die Intimpartner. Und da bleibt eben nur noch Ehemann, Ehefrau, Kind über, und das ist vielleicht dann nur noch ein Mensch. Und der ist vielleicht gar nicht da oder in der Nähe, oder er kommt zu spät und steht dann mit seiner ganzen noch ungeklärten Beziehung zu dem geliebten eben Verstorbenen da und schafft das alles in dem Augenblick nicht. Und deswegen denke ich schon, die sozialen Strukturen, in denen wir heute leben, die machen das ganz verdammt schwer, das hinzukriegen, selbst wenn wir alle sagen, so wär's schön und so wär's rund. Es ist oft ganz, ganz schwer, das richtig hinzukriegen.

C. T.:
Ja, Frau Dr. Schenk, die Frage ist ja, warum sterben die Rituale? Warum sind sie nicht als etwas Nützliches begriffen worden? Sie müssen ja auch irgend etwas Hohles bekommen haben. Sonst hätten sie ja durchgehalten?

Dr. Schenk:
Die Rituale sind gestorben. Es ist alles dieselbe Entwicklungsrichtung, was man in der Soziologie Individualisierung und Intimisierung nennt. Der Tod, die Geburt, die Heirat waren alles öffentliche Angelegenheiten, wo eben nicht nur wenige intime Freunde und Angehörige kamen, sondern alle. Und wir haben nach und nach in der Neuzeit entwickelt, daß das etwas Hochpersönliches und Hochintimes ist und daß nur die ganz Nahen und nur die, die wir wollen, teilhaben sollen. Und das sind leider – tragischerweise, so ist es – immer weniger geworden. Immer weniger sind uns nahe genug, um an unserem Persönlichsten teilzunehmen. Wir wünschen uns heute sicher alle, nicht alleine zu sterben. Wir stellen uns alle vor, daß da ein netter Mensch sitzt und uns die Hand hält. Aber wir stellen uns eben nicht eine Riesengruppe drumherum vor, die uns wer weiß wie gesonnen ist.

C. T.:
Vielleicht auch gar keinen Fremden, oder?

Dr. Schenk:
Nee, das würde ich mir zum Beispiel auch nicht sonderlich wünschen, daß da irgendwer wär'. Vielleicht sogar noch ein Journalist oder so was. Ja, ich denke, die Rituale sind verlorengegangen,

weil wir alle gesagt haben: Tod ist etwas Persönliches und wir müssen die Trauer im Herzen haben und nicht im schwarzen Kleid. Und deshalb sind die Riten alle überflüssig. Deswegen ist es tatsächlich so, daß wir im Grunde unsere eigene Trauer heute neu und individuell gestalten müssen: Das ist sehr, sehr schwer, so wie Professor Tausch vorhin gesagt hat. Damit sind sehr viele Menschen ganz schrecklich überfordert. Manche können das. Aber das sind wenige einzelne.

C. T.:
Herr Professor Tausch?

Prof. Tausch:
Wir haben ja gerade gehört, die Rituale sind gestorben. Jeder muß individuell suchen nach Riten, die heute zeitgemäß sind. Das ist fürchterlich schwierig. Ich hab' hier nur im Laufe dieser Sendung den Eindruck gewonnen, daß wir hier eine heile Welt vom Lande vorstellen. Es ist ganz toll, wenn die Menschen ihre Verstorbenen begleiten. Nur die Wirklichkeit in den großen Städten ist eine andere. Da stirbt man eben doch anonymer. Dort bestattet man anonym. Die alten Riten sind dort völlig verlorengegangen. Und die Angst vor dem Tod ist so groß, daß wir 365 Tage im Jahr Tag und Nacht dienstbereit sein müssen. Wir holen nachts um 3.00 Uhr oder 4.00 Uhr Verstorbene aus Wohnungen, weil es scheinbar von uns so verlangt wird. Man möchte mit dem Verstorbenen keine Sekunde mehr zusammensein, obwohl die 40 Jahre verheiratet waren. Eigenartige Vorstellungen, die aber die Wirklichkeit heute sind. Das wollte ich doch noch mal zur Verdeutlichung sagen. Ja, ich hab' mir überlegt, was können wir eigentlich tun, damit es sich ein Stück ändert. Eine wesentliche Möglichkeit ist, daß wir sprechen. Sei es hier öffentlich, aber daß wir auch mit unserer Familie sprechen: Wie wird das einmal sein, wenn ich gehe? Dann, das andere ist, daß wir selbst unseren eigenen Tod annehmen können, denn, wie Sie vorhin sagten, wenn der Sterbende noch dagegen kämpft und sich wehrt, dann macht er es ja nicht nur den Angehörigen so schwer. Wenn wir unseren eigenen Tod annehmen können, ist es natürlich für die Angehörigen sehr viel leichter. Und der letzte Gedanke ist: mehr freiwillige Helfer haben, wie es sie in der Hospizbewegung gibt. Das sind ja keine beruflichen Menschen, sondern sie sind ja ehrenamtlich dabei. Und vielleicht das vierte: Jeder muß seinen eigenen Weg finden – ob wir berühren oder nicht, vor allem wie es vielleicht ist, daß wir Mut haben, Liebe entgegenzubringen, und daß wir nicht vor der Angst davonlaufen.

C. T.:
Wissen Sie denn, von wem Sie gerne berührt würden, wenn Sie sterben?

Prof. Tausch:
Nein, das wäre mir egal. Wie meine Frau selber einmal sagte, sie möchte in der Stunde des Todes alleine sein, um nicht noch abgelenkt zu werden von anderen. Wiederum andere möchten, daß sie berührt werden. Das wäre für mich gleich. Ich möchte jemand haben, wenn ich in Not bin, mit dem ich sprechen kann. Jemand, der kein Profi ist, und der sagt, oh, wo wartet der nächste Patient. Also jemand, der für mich da ist. Aber wie es sein wird, das kann ich offenlassen. Und ich bin bereit, es zu akzeptieren, wie es sein wird.

C. T.:
Haben *Sie* schon mal darüber nachgedacht, ob Sie gerne noch von jemand berührt würden?

Zocher:
Ich habe darüber nachgedacht. Ich wäre froh, wenn meine engste Familie bei mir wäre, wenn es auf mich zukäme.

C. T.:
Haben Sie darüber nachgedacht?

Dr. Schenk:
Ja, mir geht es sehr ähnlich. Ich wünsche mir, daß mein Lebensgefährte bei mir wäre, vielleicht auch

meine Geschwister, vielleicht auch deren Kinder. Ich fänd' es schön, wenn es nicht ein ganz enger Kreis wäre. Weil ich es mir dann für den nahesten und liebsten Menschen leichter vorstelle, wenn auch noch andere da sind. Auch gute Freunde. Aber wo gibt es das heute. Ich stelle mir vor, ich lebe in irgendeiner Stadt. Meine guten Freunde sind über Deutschland verteilt, und ich müßte eine Woche vorher eine Einladung ergehen lassen, bitte nehmt Euch den nächsten Freitag frei, damit ihr zu mir kommen könnt, ich werde da irgendwie wahrscheinlich sterben. So kann man es ja leider eben nicht machen. Ich könnte zu einer Hochzeit einladen. Da könnten sich alle drauf vorbereiten und sich vier Wochen vorher Zeit dafür nehmen. Aber das andere, da werden dann eben wahrscheinlich doch nicht alle Leute dasein, die ich ganz gerne dabeihätte.

C. T.:
Frau Werheit?

Besucherin:
Ich möchte jetzt noch mal den Bogen ziehen von dem Menschen, der gestorben ist, zu dem Menschen, der dann im Grab liegt nach der Beerdigung. Denn, ich habe auch immer daran gedacht, wie sieht mein Sohn jetzt aus? Das kann einem ja keiner sagen. Da haben alle immer gesagt: Denk da nicht dran! Denk da nicht dran! Das mußt du vergessen. Das ist ja nur die Hülle, die da liegt! Und da habe ich zweimal einen Traum gehabt, wo ich irgendwie in Verbindung mit meinem Sohn gekommen bin. Also nicht irgendwie so spirituell, sondern aus meinem Unterbewußtsein. Er war drei Wochen tot. Da habe ich geträumt: Er lag offen im Sarg und neben ihm stand ein Engel, der die Arme erhoben hat und der sagte zu mir: 'Christine, willst Du mit Hartmut gehen?' – also ich heiße Christine und mein Sohn Hartmut – und da habe ich gesagt: Nein, ich will leben. Und jetzt, vor vier Wochen, hatte ich geträumt, mein Sohn stand ganz lebendig in der Wohnzimmertür und sagte: Wo ist denn mein rotes Auto, ich muß zur Uni. Wie soll ich ohne Auto zur Uni kommen? Also meine beiden anderen Söhne haben das rote Auto verkauft und sich ein größeres gekauft. Bei dem ersten Traum wußte ich, ich muß weiterleben, und bei dem zweiten wußte ich, mein Sohn, der ist irgendwie noch so da, in mir, wie er wirklich war auch mit seinem Zorn und seiner Wut. Denn ich hatte, als er das sagte, so das Gefühl: Ach, jetzt kommt er wieder. Was will er wieder? Ich fühlte mich irritiert im Traum. Wie komme ich gegen ihn an. Er ist so ein starker Mensch, wie mein Mann auch, die auch immer versucht haben, mich ein bißchen zu unterdrücken – also auf eine nette Art. Aber trotzdem war es schlimm. Und da habe ich gedacht, er lebt also wirklich noch in mir. Und da war ich eigentlich auch ganz froh, daß ich ihn nicht zu einem Heiligen gemacht habe, sondern daß er für mich irgendwie immer noch ein lebendiger Mensch ist. Und da kommt noch etwas dazu: jeden Menschen, den ich kenne und den ich liebe, den kann ich ja nicht hundertprozentig lieben, auch meinen Mann, den ich sehr liebe, da sind 5 oder 6 Prozent oder 3,5 Prozent, die mir nicht gefallen. Und auch bei meinen eigenen Kindern. Ich gestehe mir jetzt auch ein – das ist jetzt was Hartes, was ich sage – daß ich meinen Sohn schmerzlichst vermisse. Aber ein paar Prozent von dem, was ich jetzt empfinde, sind: Ich bin erleichtert, daß ich diesen Druck nicht mehr habe. Und vielleicht haben das meine beiden anderen Söhne auch. Daß in Domänen, in denen der ältere Bruder dominierend und gut war, sie jetzt auch gut sein dürfen. Ich möchte das mal zur Diskussion stellen und daß ich deswegen mich nicht schämen brauche.

Ich habe lange gedacht, mein Gott, das darfst du keinem sagen, das ist ja schrecklich, wenn du so was denkst. Und jetzt denke ich, so was gehört auch zum Leben. Kein Mensch ist 100 Prozent gut. Und keinen Menschen kann ich hundertprozentig lieben. Und deswegen darf ich auch einen Hauch Erleichterung fühlen, obwohl ich 95 Prozent Verlust und Schmerz und Trauer immer noch tief in mir habe.

C. T.:
Ambivalenz, den Zwiespalt aushalten nennt man das wohl, und das finde ich ganz wichtig, das noch mal anzusprechen. Frau Dr. Schenk?

Dr. Schenk:
Ja, ich denke, das ist auch ein ganz, ganz wichtiger Gesichtspunkt für manche Leute, die zurückschrecken davor, mit einer Leiche allein zu sein. Es sind wahrscheinlich auch Schuldgefühle. Gerade auch oft, wenn Menschen länger krank gewesen sind. Die, die sich gekümmert haben, oder die, die gepflegt haben, empfinden auch diese Ambivalenz, also diese zwiespältigen Gefühle denen gegenüber. Denn es gibt natürlich Zeiten, wenn man sehr belastet ist in der Pflege, wo man denkt, mein Gott, wie lange halte ich das noch aus, oder wie schaffe ich das, oder wo man auch aggressiv oder häßlich ist zu den Kranken und Pflegebedürftigen. Vielleicht kommen so Sachen auch wieder hoch, wenn dann jemand gestorben ist, daß man so denkt: 'Ach, hätte ich doch... und wenn ich doch da noch nett gewesen wäre oder nicht versagt hätte' oder so. Die kommen vielleicht hoch, wenn man mit der Leiche allein ist, und die hindern einen dann auch, unbefangen mit dem Verstorbenen umzugehen. Das spielt sicher auch eine Rolle. Aber ich glaube, daß das ganz normal ist. Sogar, je mehr man jemanden geliebt hat, desto zwiespältiger ist man wahrscheinlich über das Sterben.

C. T.:
Frau Olland?

Besucherin:
Also, ich denke zu dieser Sache eben auch, daß der Tote aber auch merken würde, wenn man sich in so einer Sache verstellen würde, und denkt: 'Na ja, der ist krank, ich muß freundlich sein.' Ich denke, der will ja auch immer noch normal behandelt werden und will auch, daß man mal wütend ist und nicht immer sagt: 'Ach, komm, ich mach das schon', und so. Das ist eben auch eine ganz wichtige Sache: ehrlich zu sein bis zum Schluß. Und nicht ewig sagen: 'Ja Du bist der Liebe, Nette', obwohl man ihn manchmal oft wirklich hätte schlagen oder wütend sein können.

C. T.:
Jetzt sind wir zwar ganz schnell auf ein neues Thema gekommen. Aber vielleicht steht es ja doch in einem Zusammenhang, daß vielleicht die Berührung eben auch deshalb so schwierig ist, weil man diese Ambivalenz, diese Zwiegespaltenheit in sich spürt. Sie sind der nächste!

Besucher:
Mein Name ist Norbert Weidemann, ich bin 33 Jahre alt und katholischer Priester. Ich möchte etwas dazu sagen, daß es ja Menschen gibt, die anderen Menschen beistehen in der Situation des Todes, und daß das gläubige Menschen sein können, die dann etwas zur Sprache bringen, was sehr wichtig sein kann: Das ist die Auferstehungsbotschaft. Und insofern denke ich auch, daß die Beerdigungsriten einen großen Sinn haben für viele Menschen. Denn der Tod ist zunächst eine Situation, die sprachlos macht. Da gibt es Menschen, die das dann von der Auferstehungsbotschaft her ins Lot bringen.

C. T.:
Das finde ich jetzt gut, daß Sie die Chance nutzen. Aber ich muß Sie doch noch mal ganz sanft auf mein Thema führen. Wie ist das denn für Sie selber. Die Letzte Ölung, das bedeutet doch auch, daß Sie den Toten richtig berühren müs-

120

sen oder ist das nur für Sterbende?
Priester:
Ja, die Letzte Ölung geschieht nicht dann, wenn der Mensch schon tot ist, sondern vorher. Das kann sein, daß der Mensch kämpft und im Sterben liegt. Ich muß ganz ehrlich sagen, daß mir das sehr, sehr schwergefallen ist, bei den ersten Malen. Vor allen Dingen, ich hab' mal eine Zeit im Krankenhaus gearbeitet, und ich spürte dann, daß das schon geht. Und daß es eine Situation ist, wo es Menschen geben muß, die einen solchen Ritus haben. Wir sagen Sakrament dazu.
C. T.:
Aber die Priester berühren die Toten eigentlich nicht?
Priester:
Ich habe es öfter erlebt, daß ich Menschen beistehen mußte, ihnen helfen mußte, an den Toten heranzugehen, und habe dann auch schon Tote berührt, im Krankenhaus.
C. T.:
Also sozusagen als Vorbild gedient?
Priester:
Ja, als Helfer möchte ich sagen. Den Angehörigen an die Hand zu nehmen und zum Toten hinzuführen.

C. T.:
Wann haben Sie das immer gemacht?
Priester:
Wenn ich gerufen wurde.
C. T.:
Hatten Sie das Gefühl, daß das auch so ein Akt der Aussöhnung war, daß die sich dann im Tod, den Toten noch mal die Hand gaben – wenn die Berührung stattfand?
Priester:
Ja, ich habe das einmal sehr extrem bei einer Frau erlebt, die ihren Mann ganz plötzlich verlor, und die nicht wahrhaben wollte, daß ihr Mann tot war. Die den Körper, den Leichnam nahm und auf ihn draufschlug und immer wieder sagte: 'Jetzt leb' doch! Das geht doch nicht! Du darfst noch nicht sterben!' Und das war wichtig, daß ich dann bejahend in ihrer Nähe war.
C. T.:
Daß Sie das jetzt nicht als unmöglich empfunden haben, sondern das als Ausdruck ihrer Trauer auch annehmen konnten?
Priester:
Zunächst fand ich das schon unmöglich. Ich hab' die Situation reflektiert. Im nachhinein kann ich mir mehr erklären. Im Moment wußte ich gar nicht, ist das legitim? Mußt du eingreifen? Darf das sein, darf diese Frau so auf diesen

Leichnam draufschlagen?
C. T.:
Ja, vielleicht ist es ja das, wovor Menschen auch Angst haben? Frau Dr. Schenk?
Dr. Schenk:
Mir fällt nicht was zum Draufschlagen ein, sondern das andere, also die Tatsache, daß Sie katholischer Priester sind. Diese Geschichte in der Bibel, also daß die Jünger Jesu anfassen müssen, um zu wissen, daß er tot ist. Also ich bin nicht gläubig, aber ich könnte mir vorstellen, daß das auch einer der Gründe ist, warum man anfassen muß und nicht nur gucken, also nicht einen schön aufgebahrten Leichnam nur angucken, weil man nur durch Anfassen weiß, daß jemand gestorben ist; weil das wirklich der Unterschied zwischen Schlafen und Sterben ist. Das muß man fühlen, weil man sonst nicht glauben kann, daß er tot ist, wenn er nur in die Kiste getan wird.
Prof. Tausch:
Ich wollte nur kurz sagen, von dem Wort greifen kommt ja auch das Begreifen. Wie ein Kind durch Greifen etwas begreift, so kann ich auch nur, wenn ich den Toten „angreife", begreifen, daß er wirklich tot ist. Und das hilft einem nachher, daß man nicht denken muß, sich jahrelang quälen, wie ich auch Fälle kenne, wo man denkt: der kommt irgendwann

wieder, der ist gar nicht tot. Also man muß doch akzeptieren, daß das Leben zum Tod gehört und der Tod zum Leben.

Zocher:
Wir haben leider festgestellt, daß die Kirche sich viel zuwenig um den Tod kümmert in der letzten Zeit. Rufen Sie nachts um vier mal einen katholischen Priester – ob der Beistand gibt und hilft. Es wäre schön, wenn es so wäre ...

C. T.:
... so unter dem Motto „die letzten beißen die Hunde", Sie sind es eigentlich immer?

Zocher:
In der Regel ja. Früher war es wohl anders. Da wurde das von den Menschen auch noch dankbar angenommen. Aber in den letzten Jahren wird das wohl immer weniger.

C. T.:
Zum Schluß: Bei den vielen Sendungen, die ich schon über den Tod gemacht habe, haben mir immer Leute geholfen, die geschildert haben, wie sie dadurch, daß sie den Menschen berührt haben und dem nicht ausgewichen sind – und das muß ja nicht gleich waschen sein, sondern sich das zu trauen, Tote überhaupt nur anzuschauen, auch dann, wenn die Toten nicht so schön aussehen –, daß die Angehörigen dadurch auch immer etwas für sich hatten. Das habe ich erst nicht glauben wollen. Aber dann haben das so viele Leute berichtet, daß ich gedacht hab': 'Sie, liebes Publikum, sind freie Menschen, und entscheiden immer noch, wie Sie es tun.' Aber Sie sollten vielleicht darum wissen, daß die Toten uns wirklich etwas lehren können. Und daß sie vielleicht beim nächsten Mal, wenn es ihnen passiert, sich das einfach noch einmal durch den Kopf gehen lassen, daß es überhaupt ein Aspekt ist. Und daß es eine Bedeutung hat. Schließlich ist es das einzige im Leben, was wir sicher wissen: Daß wir selbst und alle anderen sterben werden.

Post zu der Sendung

Die Post, die wir als Reaktion auf die im vorigen Kapitel vorgestellte Sendung erhielten, lautete in Auszügen wie folgt:

Frau I. O. aus Alpen-Bönninghardt:
Auch nachdem ich eine Nacht über meine Eindrücke geschlafen habe, bin ich immer noch sehr beeindruckt von der ganzen Sendung und wie Sie es geschafft haben, daß sich Leute zu diesem doch sehr tabuisierten Thema mal äußern und nachdenken. Auch Ihre Fachleute zu diesem Thema haben alles sehr sachlich und verständlich „rübergebracht". Sicher paßte auch das naßkalte Wetter an diesem Novembermorgen dazu.

Ganz besonders hat mich die Mutter aus Köln, die ihren leukämiekranken, verstorbenen Sohn gewaschen hat, berührt. Ich glaube, ich spreche dieses Gefühl auch für viele Leute aus, die vor dem Ü-Wagen standen. So mancher mußte nach der Schilderung sein Taschentuch herausholen. Ich übrigens auch. Ich bewundere diese Frau sehr, für ihren Mut, offen über alles zu sprechen. Vielleicht kann sie dadurch für andere ein Beispiel sein oder auch Trost spenden. Sie sei an dieser Stelle ganz herzlich gegrüßt von mir. „Behalten Sie Ihren Mut!"

Die Sendung hat mir gezeigt, daß man die Angst verlieren kann und sollte, wenn ein Angehöriger im Sterben liegt, dabeizusein. Oder auch einige Zeit mit der Leiche alleine zu sein, um auch auf diese Art Abschied zu nehmen. Sicherlich wird man mit zunehmendem Alter und der dazugehörigen Lebenserfahrung eher die Angst vor einer Leiche verlieren, weil man häufiger über den Tod nachdenkt oder im Familien- und Freundeskreis liebe Menschen verstorben sind.

Herr R. G. aus Bonn:
Sie fragten Ihr Publikum immer wieder, warum es so schwer ist, Gestorbene zu berühren. Als Antwort darauf und erstaunlicherweise in der ganzen Sendung, kam als ein blockierendes Motiv auch nicht einmal das Wort „Ekel" vor. Bei aller durch die Pietät gebotenen Einzelfall-Differenzierung: Abneigung gegenüber toten, d. h. abgestorbenen Körpern ist natürlich. – Leben und damit Menschsein mit allen seinen lebens- und liebenswerten Attributen sind im Zustand der Leiche zum Nichts erstarrt. Daher gilt meine Abneigung – darin Professor Tausch nahe – der Manipulation jeder Art an der leblosen Hinterlassenschaft. Ja, ich halte sie, bei aller erforderlichen Toleranz, für unwürdig.

Eine Hörerin aus Alpen, die ungenannt sein möchte:
Im Laufe der Sendung wurde mir durch einige Aussagen der Experten ein wenig klarer, daß ich selber große Angst vor dem Tod habe, und daß ich vielleicht deshalb meinen toten Mann nicht anfassen konnte.

Beeindruckt hat mich besonders die Dame aus Köln, die ihren Sohn kurz nach seinem Tod noch waschen konnte und sich so von ihm verabschiedet hat. Ich wünsche mir und allen, daß wir es wieder lernen, natürlicher mit dem Tod umzugehen.

Frau C. H. aus Bonn:
Obwohl mir klar ist, wie wichtig die Auseinandersetzung mit diesem Thema für unser Leben ist, so ging ich doch mit etwas mulmigem, gespanntem Gefühl an die Sendung heran. Auch in mir sitzt die Angst vor dem Tod und die Tendenz, mich dem unangenehmen Thema zu entziehen... Auf mich trifft zu, was eine Ihrer Expertinnen, Frau Dr. Schenk, äußerte: Mir ist der Tod völlig entfremdet. Das Thema Tod war in unserem Elternhaus völlig tabu. Als meine Großeltern nacheinander starben, wurden sie schnell aus dem Haus geschafft, ohne daß wir Kinder Gelegenheit hatten, sie noch einmal anzusehen oder gar anzufassen. Noch nie habe ich einen toten Menschen gesehen – nur im Fernsehen, wo die Entfremdung besonders groß ist. Denn

jeder weiß, daß der Tod dort meist nur gespielt, also unecht ist.

Durch dieses Ausgliedern des Todes aus unserem Alltagsleben nahm er in meiner Phantasie fürchterliche Dimensionen an und führte zu einer Todesangst, die mein Leben teilweise lähmte. In einem Selbsterfahrungsprozeß, den ich im letzten Jahr durchlebte, wurden wir Teilnehmer auf ganz konkret-anschauliche Weise mit dem Tod konfrontiert, mit dem wir uns dann auseinandersetzen mußten, was ich als traurig-schön und tröstlich empfand.

Sendungen wie Ihre gestrige regen ebenfalls dazu an, sich mit dem Tod zu beschäftigen, und besonders der Erlebnisbericht der Mutter, die so engagiert, lebhaft und temperamentvoll von ihrem Umgang mit dem Leukämietod ihres Sohnes erzählte, ging mir so nahe, daß mir die Tränen in die Augen traten. Gerade diese Schilderungen fand ich ein überzeugendes Plädoyer dafür, sich von einem toten Angehörigen ausgiebig zu verabschieden und dies als Lebensversicherung in seinen Alltag aufzunehmen.

Frau W. R. aus Bad Salzuflen:

Beim Berühren eines Toten läßt uns deren Kälte das Blut in unseren eigenen Adern stocken. Um so erschreckender fand ich, daß sich Sterbende auch sehr kalt anfühlen und deren Ende somit in greifbarer Nähe ist.

Als ich in jungen Jahren von einem lieben Verstorbenen Abschied nehmen mußte, riet mir eine Bekannte, nicht die Hände des Toten zu berühren, da sie die Kälte ihrer verstorbenen Mutter noch lange in sich spürte und deren Berührung. Als ich ihren Rat befolgte und den Toten über das Haar strich, fühlte ich eine Angst in mir. Ich befürchtete, dem Toten könnte die Kinnlade herunterfallen. Der dadurch ausgelöste Schreck lähmte alle weiteren Empfindungen.

Frau S. W. aus Köln

Ich hatte meine Mutter abends verlassen, um am nächsten Morgen wieder zu ihr zu gehen. Doch da lebte sie nicht mehr. Als ich zu ihr kam, lag sie tot in ihrem Bett. Mein Gefühlsausbruch, der dann folgte, traf mit Sicherheit auch eher auf eine südländische Tochter zu, wie die Dame (in der Sendung) ihr Verhalten treffend formulierte.

Als dieser Ausbruch vorüber war, begann ich damit, mich um den toten Körper meiner Mutter zu kümmern, während mein Mann und meine Schwägerin die formellen Dinge erledigten. Mein Bruder brachte mir warmes Wasser und die Seife, die meine Mutter immer benutzte, er half mir beim „Drehen und Wenden". Denn es ist gar nicht so einfach, mit einem an Kilogramm leichten Körper umzugehen, der starr ist. Das Nachthemd mußte ich aufschneiden, und nur mit großer Mühe gelang es, das frische anzuziehen.

Bei dieser ganzen „Prozedur" habe ich mit meiner Mutter gesprochen. Geweint habe ich eigentlich gar nicht mehr.

Als meine Mutter später im Sarg eingebettet lag, nahmen wir alle Abschied. Doch ich brauchte das eigentlich gar nicht mehr, denn ich hatte die ganze Zeit über den Abschied von meiner Mutter „erlebt" und dabei auch empfunden, daß das meine Mutter gar nicht mehr war.

Ich hätte mir früher nie vorstellen können, daß so ein Erlebnis auch positiv sein kann, nämlich in den folgenden Punkten: Während des „Herumhantierens" mit unserer toten Mutter war ich meinem Bruder so nahe wie nie zuvor. Außerdem war es für mich ein wunderbares Gefühl (was auch später ein Trost war), daß kein Fremder unsere Mutter berührt hat, sondern nur wir, ihre Kinder. Auch die Distanz zu Toten allgemein wurde durch dieses Erlebnis kleiner bzw. verschwand.

Trotz der sehr großen Trauer, denn auch heute nach 2 Jahren vermisse ich meine Mutter noch oft, war der

Umgang mit der Toten ein positives Erlebnis. Vielleicht kann es manch einen dazu ermuntern, es auch so zu tun.

Frau C. W. aus Köln:
In Ihrem Titel hat mir das Wort „Leiche" ziemlich lange zu schaffen gemacht. Es ist aber auch schwer, an sein Kind als Leiche zu denken. Aber mit diesem Wort wollen Sie, liebe Frau Thomas, wieder ein Tabu angreifen und Ihre Zuhörer zwingen, an das zu denken, was der Tod wirklich ist – eine verwesende Leiche im Grab – und auch den eigenen Tod als unabwendbar anzunehmen. Und das finde ich gut.

Frau E. K. aus Hamminkeln:
Was ist der menschliche Tod und eine Leiche doch für ein Phänomen, daß die meisten Menschen nichts davon sehen und hören wollen. Geschweige denn berühren, wo doch so viele Tiere getötet werden, um unseren Hunger nach Fleisch zu stillen. Dieses Fleisch geht durch viele Hände, viele Leute berühren es und bereiten es zu, bis es schließlich auf dem Teller landet. Keinem der Fleischesser gruselt es davor, sondern er „genießt" das saftige, oft noch blutige Steak, die Schweinshaxe oder die Lammkeule. Dagegen einen geliebten oder nahestehenden Menschen zu berühren, ist für viele unüberwindlich, wenn er gestorben ist.

Herr G. S. aus Düsseldorf:
Der Vortrag einer Frau Werheit über ihre Empfindungen und das, was sie noch im Krankenhaus tat, verdient Achtung vor ihrer inneren Größe. Warum kommen solche Zuwendungen, solche Nähe zu einem hier toten Menschen selten von männlichen Personen?

Eine Hörerin aus Monheim, die gerne ungenannt sein möchte:
Gerade habe ich den leidenschaftlichen Beitrag der Frau gehört, wie sie von ihrem Sohn Abschied genommen hat. Das hat mich so berührt, daß ich weinen mußte. So pervers es klingt, es waren Freudentränen. Als Mutter eines schwerkranken Kindes, freue ich mich über diesen innigen Abschied. Durch den ständig drohenden Tod genießt man das Leben, das Beisammensein mit dem Kind anders: Als etwas Geschenktes, als etwas Besonderes.

Frau C. W. aus Köln (Teilnehmerin an der Sendung):
Ich habe mir die Sendung gerade noch einmal angehört und dabei festgestellt, wie gut die anderen waren. Ich dachte, ich wäre während der Sendung voll konzentriert gewesen und ich hätte alles mitbekommen, aber das stimmt nicht. Ich war auch erstaunt, wie stark man meiner Stimme die Anspannung anmerkte. Aber auch wieviel Kraft die Bewältigung solch einer Trauer kostet. Daß ich auf dem Ü-Wagen immer so rede, als wenn jemand hinter mir stünde, der mich antreibt, liegt daran, daß ich immer Angst habe, ich könnte nicht alles sagen, was ich sagen muß. Sehr geholfen hat mir, als die Aufnahmeleiterin, Frau Schmitt, hinter meinem Stuhl hockte und von hinten die Arme um mich legte. Ich glaube, nur dadurch habe ich die Kraft und den Mut gehabt, die fünfprozentige Erleichterung über den Tod meines Sohnes zuzugeben. Es war ein sehr schönes Erlebnis, auf dem Ü-Wagen zu sein.

Frau M. J. aus Werdohl:
Imponiert hat mir die Frau, die sagte, daß sie nach dem Unfalltod eines ihrer Söhne versuchte, mit ihren beiden anderen Kindern und ihrem Hund ein ganz normales Leben weiterzuführen. Sie kam mehrmals zu Wort und wurde von Ihnen ermuntert, einen Brief an einen Arzt in Essen zu schreiben. Mit meinem Mann habe ich lange über diese mutige Frau gesprochen, ohne zu ahnen, daß wir zwei Tage später (samstags) einen unserer Söhne durch einen Verkehrsunfall verlieren würden.

Lassen Sie mich ihr hiermit danken. Noch gelingt mir das „Damit-Leben" nicht, doch sie hat mir durch ihre Worte Mut gemacht.

Post, die später kam:

Frau H. J. aus Hürth:
Meine Mutter war lange Jahre eine sehr kranke Frau. Irgendwo im Kopf dachte man auch schon einmal, was hat sie noch vom Leben. Als uns der Arzt dann sagte, sie hat nur noch ein paar Tage zu leben, waren wir nicht darauf vorbereitet. Wir Geschwister lösten uns nachts ab, um bei ihr zu sein. Ich selbst hatte eine panische Angst, sie könnte sterben, und ich wäre alleine bei ihr. Ich weckte meinen Vater. Ich konnte oder wollte sie auch nicht im Sarg liegen sehen. Meinen Vater, der 2 Jahre später starb, übrigens auch nicht. Ich wollte sie in Erinnerung haben, wie sie lebten. Dann hörte ich Ihre Sendung. Eine Mutter, die ihren erwachsenen Sohn durch Leukämie verlor, schilderte, wie sie ins Krankenhaus kam, den Sohn nach Hause holen wollte, und er war gerade in den letzten Minuten plötzlich gestorben. Diese Schilderung hat mich sehr berührt. Was sie für ihren toten Sohn noch alles gemacht hat, wie sie getrauert hat. Immer wieder habe ich darüber nachdenken müssen. Dann starb mein Schwiegervater ganz plötzlich. Bis alle weit verstreuten Kinder da waren, vergingen 2–3 Stunden. Der Bestatter konnte erst abends kommen. So saßen wir Kinder, Enkel alle bei dem Toten, etliche Stunden, erzählten, weinten, sprachen ganz zum Schluß ein Gebet, und ich konnte mit dem Tod umgehen. Ich hatte keine Angst. Ich glaube, die ausführlichen Schilderungen Ihrer Gäste haben verursacht, daß ich mich mit dem Thema innerlich so auseinandergesetzt habe, daß ich den Tod besser akzeptieren konnte.

Herr K. T. aus Dortmund:
Ich wurde in der Sterbestunde meiner 90jährigen Mutter nicht rechtzeitig vom Spital, in dem meine Mutter schon längere Zeit gelegen hatte, informiert. Und dies, obwohl ich (in derselben Stadt) meine Telefonnummer im Schwestern- und Krankenzimmer hinterlassen und wiederholt gebeten und daran erinnert hatte – sozusagen auf Abruf – im Ernstfall sofort benachrichtigt zu werden. Es kam ganz anders. Dabei war ich mit meiner Frau immer zweimal wöchentlich zu Besuch gekommen, und manchmal hatten wir, einige Male sogar mit unseren beiden Kindern, „die Oma" im Rollstuhl in den Garten genommen, d. h., daß das gesamte diensthabende Personal uns und unsere familiäre Anhänglichkeit gut kannte.

Als es dann in der fraglichen Nacht geschah – wir hatten sie einen Tag zuvor besucht gehabt –, wurde ich am nächsten Morgen vom Stationsarzt von ihrem Tod benachrichtigt. Mir wurde bedeutet, erst gegen 10 Uhr zu kommen. Ich ahnte damals noch nicht, was mir blühte (man hat ja anerzogenen Respekt vor dem Wort eines Arztes), sonst wäre ich natürlich sofort ins Auto gesprungen. Vielleicht war damals auch ein gewisser Schock dabei im Spiele. Ich weiß es nicht. Besagten Arzt kannte ich übrigens von mehreren Gesprächen her auch privat ganz gut. Er war auch immer zu meiner Mutter nett gewesen.

Nichtsahnend kamen wir dann um 10 Uhr, um von meiner Mutter Abschied zu nehmen. Sie war aber nicht mehr im Krankenzimmer. Meine Bitte, sie sehen zu dürfen, lehnte der Arzt ab. Er bedeutete mir, sie sei schon gegen 8 Uhr morgens ins Leichenhaus gebracht worden, und dorthin dürfe ich nicht. Aber ich würde sie ja noch später, vor dem Begräbnis sehen. Wiederum wußte ich mangels Erfahrung nicht, daß es so ein „später", wie ich es im Sinne hatte, und wie es m. E. auch normal ist, nicht mehr gab.

Der Alptraum setzte sich dann über den Leichenbe-

statter bis zur Feuerbestattung auf dem Zentralfriedhof fort, wo ich dann meine Mutter einige Meter hinter Glas „schön hergerichtet" zum letzten Mal, per distance aufgebahrt sehen durfte. Ihr letzter Wunsch, in den Armen ihres einzigen Kindes zu sterben, ging nicht in Erfüllung. Mein Wunsch, in ihrer letzten Stunde bei ihr zu sein, zumindest ihre Hand noch einmal anzufassen, auch nicht. So passierte diese Unmenschlichkeit, für die ich bis heute noch keine plausible Erklärung weiß.

Es gab aber auch noch ein wenig erbauliches und zu nichts führendes Nachspiel: Die Nachtschwester, der letzte Mensch, den meine Mutter wahrscheinlich noch wahrgenommen hatte, wollte ich wenigstens noch sprechen, um vielleicht noch ihre letzten Worte zu erfahren. „Sie sagte nichts mehr", erfuhr ich von der Schwester am Telefon. Eine persönliche Aussprache mit der Schwester konnte ein Jahr lang nicht arrangiert werden, weil sie ein Kind erwartete „und sich nicht aufregen durfte". Bei der lange erwarteten Aussprache im Spital dann, bei der ich auch nicht mehr erfuhr, war auch der Arzt zugegen und auch noch beleidigt, weil ich ihn bat, uns bei dem Gespräch allein zu lassen. Es klang ihm offensichtlich zu sehr nach Argwohn. Resultat: Meine Mutter sei ruhig entschlafen und hätte auch nicht mehr nach mir verlangt. Totenschein und Krankengeschichte bekam ich dann auf Wunsch zur Einsicht, fand aber nichts weiter Ungewöhnliches.

Trotzdem argwöhnisch geworden, wandte ich mich an die Aufsichtsbehörde des Krankenhauses. Nach vielen Terminproblemen kam dann im Spital eine Gegenüberstellung des Leiters und fast des gesamten anwesenden Personals zustande, bei der als einziges „greifbares" Resultat folgendes zutage kam: Die damals diensthabende Oberschwester (die ebenfalls von meinem Benachrichtigungswunsch informiert gewesen war) entschuldigte sich und bedauerte das „Mißverständnis". Sie hätte gemeint, uns nachts nicht stören zu dürfen, da ja Verwandte im allgemeinen Kranke abschöben und nicht behelligt werden wollten!

Ich werde wohl mit dieser ganzen Ungewißheit leben müssen. Mir (uns) kann nicht mehr geholfen werden. Aber ich möchte berichten, wie hilflos man trotz aller guten Vorsätze und Planungen manchmal sein kann, als warnendes Beispiel, daß so etwas nie mehr passieren darf.

Ich möchte erwirken, daß Verwandte grundsätzlich im Todesfall benachrichtigt werden müssen.

Frau D. B. aus Witten:

In unserer Bekanntschaft verstarb vor ca. 2 Wochen der Mann (46 Jahre) nach einem langen Krankenhausaufenthalt (gutartiger Gehirntumor). Obwohl wir täglich mit seinem Sterben rechneten, erschütterte sein Tod uns doch. Seine Frau hatte ihn zwei Tage vorher nach Hause geholt und war auch während seines Todeskampfes anwesend.

Nun waren wir alle sehr überrascht, als wir hörten, daß seine Frau ihn zu Hause im Wohnzimmer aufgebahrt hatte. Sie hat ihm seinen Lieblingsanzug angezogen und seine Hochzeitsfliege umgebunden. Nach anfänglichem Zögern gingen auch seine zwei Kinder (8 und 9) zur Leiche ihres Vaters und streichelten ihn. Viele Bekannte konnten auch so noch von ihm Abschied nehmen.

Mich hat das Ganze zum Nachdenken angeregt, warum im „Normalfall" die Leiche möglichst schnell aus dem Haus geschafft wird. Vor diesem Ereignis hätte ich genauso gehandelt. Auch als vor 11 Jahren mein Vater starb, wollte ich ihn so in Erinnerung behalten, wie ich ihn lebend kannte. Nun bin ich zumindest ins Nachdenken geraten. Auf jeden Fall bewundere ich den Mut und die Kraft der hinterbliebenen Ehefrau.

Frau C. S. aus Bielefeld:

Meiner Meinung nach gehört der Umgang mit Toten zu den Tabus unserer Gesellschaft, da er meistens hinter verschlossenen Türen geschieht, so daß viele von uns bei dem Tod eines Menschen gar nicht wissen, wie sie mit dem Toten umgehen sollen und hilflos reagieren. Ich selber habe als Kind (12 Jahre) erfahren, daß ich meine sterbende Oma sehen durfte, als sie bei Bewußtsein war. In den letzten Tagen wurde ich von ihr ferngehalten. Als tote Oma habe ich sie nicht gesehen. Auch von meinem toten Onkel, der Jahre später gestorben ist, habe ich mich fernhalten lassen, da meine Eltern meinten, sein Aussehen habe sich sehr verändert.

Eine ganz andere Erfahrung entstand durch ein Unterrichtsprojekt im Rahmen meiner Examensarbeit für das Grundschullehramt. Eine Mitstudentin und ich führten ein Unterrichtsprojekt mit SchülerInnen des vierten Schuljahres zum Thema „Wie gehen Menschen mit dem Tod um?" durch. Ein Teil des Unterrichts waren drei Exkursionen. Eine zum Friedhof mit einem Angestellten des Friedhofsamtes. Eine zum Bestattungsinstitut und eine zur Friedhofskapelle mit dem Pfarrer des Dorfes. Diese Unterrichtsgänge ermöglichten Situationen, die das Tabu im Umgang mit den Toten ankratzten. Die Kinder durften beim Bestatter Urnen und Särge anfassen. Der Bestatter zeigte ihnen einen Kleiderschrank mit Totenwäsche, die sich die Kinder interessiert anguckten. In der Friedhofskapelle erlebten die SchülerInnen, wie gerade ein Sarg aufgebahrt wurde. Sie durften sich zwei Räume der Leichenhalle angucken. Während die Kinder sich alles interessiert anhörten und anschauten, bekam ich eine Gänsehaut, als ich den aufgebahrten Sarg und die Räume der Leichenhalle sah. Dieses Projekt hat mir verdeutlicht, daß es in der Schule die Möglichkeit gibt, Kinder Erfahrungen machen zu lassen, die ihnen unseren Umgang mit dem Tod vor Augen führen und dieses Tabu ein Stück ankratzen. Gleichzeitig habe ich gemerkt, daß trotz der Beschäftigung mit dem Thema die Unsicherheit und die Angst angesichts des Toten im Sarg in der Friedhofskapelle tief in mir steckte.

Frau K. P. aus Bonn:

Als ich 1989/90 ein freiwilliges soziales Jahr in einem Kölner Altenheim absolvierte, verstarb ziemlich zu Beginn meiner Dienstzeit einer der Pflegebedürftigen, nachdem er einige Tage im Sterben gelegen hatte. Als ich zum Dienst kam, fragte mich einer der Zivildienstleistenden, ob ich schon einmal einen Toten gesehen hätte. Ich verneinte. Er bot mir an, mit mir in das Zimmer zu gehen, in dem der Tote lag. Ich war hin und her gerissen, ob ich das wirklich wollte. Die Neugier siegte schließlich. Der Zivildienstleistende nahm mich an der Hand, und wir betraten den abgedunkelten Raum. Neben dem Bett brannte eine Kerze und warf ein schwaches Licht auf die friedlichen Gesichtszüge des alten Mannes. Dieser Moment hatte etwas Feierliches für mich. Es tat mir gut, an der Hand gehalten zu werden. Wie ich später erfuhr, war mein „Zivi" auf eben diese Art behutsam an seinen „ersten Toten" herangeführt worden. Im Verlauf des Jahres hatte ich wenig Schwierigkeiten, mit dem Sterben und dem Tod unserer MitbewohnerInnen zu leben. Ich habe meine Scheu vor dem Tod im Altenheim überwunden.

Herr O. K. aus dem Ruhrgebiet:

Schon als Kind war ich beeindruckt von einer gewissen Schönheit des Leichenwagens. Es war nicht der Leichenwagen, wie er heute zu sehen ist, sondern ein Fuhrwerk, das von zwei Pferden gezogen wurde. An allen vier Seiten waren große Lampen angebracht, und das Pferdefuhrwerk mit dem Sarg war geschmückt. Der Leichenzug war auf dem Weg zum Friedhof. Welchen Sinn dieses hatte, war mir zu diesem Zeitpunkt nicht bewußt. Jedenfalls fand ich es unwahrscheinlich interessant und schön.

Doch im Alter von 15 Jahren erlebte ich den Tod dann in solch einer schlimmen Form, daß ich noch heute Schwierigkeiten damit habe. Mein Vater, der an Leberzirrhose erkrankt war, wurde ins Krankenhaus eingeliefert. Es war Montag, und ich verbrachte fast jede Stunde meiner Freizeit im Krankenhaus, obwohl mir bewußt war, daß ich nicht helfen konnte. Am 17. Juli 1964 wurde ich 15 Jahre. Meine Mutter und ich waren im Krankenhaus, sie wartete auf den Tod meines Vaters und schickte mich nach Hause. Sie wollte die Nachtwache machen. Der Stationsarzt sagte mir, daß mein Vater wohl sterben würde. Es war ein Schock. Der Arzt gab mir leichte Schlaftabletten, und ich ging nach Hause und konnte tatsächlich schlafen. Gegen 6.00 Uhr kam dann meine Mutter. Als erstes sah ich, daß meine Mutter an der rechten Hand zwei Ringe am Ringfinger hatte. Mein Vater, den ich über alles liebte, war nicht mehr.

Meine Trauer ist bis heute, ich bin 44 Jahre alt, nicht verflogen. Meiner Tränen, die ich im Moment im Auge habe, schäme ich mich nicht. Die Beerdigung war schlimm. Durch den Bekanntheitsgrad meines Vaters standen mehr als 100 Menschen am Grab und jeder schüttelte uns die Hände. Tapfer hielt ich durch. Doch ich kann es nicht vergessen.

Es sollte noch viel schlimmer kommen. Ende des Jahres 1964 mußte meine Mutter wegen einer Blinddarmentzündung ins Krankenhaus, war aber bereits wenige Tage später zu Hause. Ich habe mich gefreut. Am 13. Januar 1965 mußte meine Mutter erneut ins Krankenhaus. Man sagte mir, daß sie drei Tage zur Beobachtung bleiben müsse. Es wurden mehr als drei Tage. Nach sechs Wochen Krankenhausaufenthalt sagte meine 18 Jahre ältere Schwester, daß meine Mutter Unterleibskrebs habe und nicht mehr aus dem Krankenhaus kommen würde. Sie starb am 18. April 1965. Kurz vor ihrem Tod habe ich sie noch im Krankenhaus besucht. Doch am Todestag fand ich meine Mutter in dem Krankenzimmer nicht wieder. Eine Schwester auf der Station sagte mir, daß meine Mutter zum Sterben in ein anderes Zimmer gebracht worden sei. Ich bin in das „Zimmer" gegangen. Es war ein Baderaum des Krankenhauses. Meine Mutter lag im Sterben. Sofort bin ich zu meiner Schwester gegangen und habe sie gebeten, doch schnell ins Krankenhaus zu gehen. Doch meine Schwester ging nicht. Wie ich heute weiß, war meine Schwester tabletten- und drogenabhängig. An dem Tag war sie betrunken. Sie konnte nicht ins Krankenhaus. Also bin ich wieder allein ins Krankenhaus gegangen. Dort sagte eine Schwester der Station in barschem Ton: „Jetzt brauchst Du auch nicht mehr zu kommen. Deine Mutter ist tot." Mein Schock war so groß, wie ich es noch nicht erlebt habe. Ich habe mir meine Mutter noch einmal angesehen, sie gestreichelt und in den Arm genommen. Wo ich die Kraft dazu herhatte, weiß ich nicht. Heute denke ich, es war die große Liebe zu meinen Eltern. Nun war ich Vollwaise und mußte bei meiner Schwester leben. Dieses ging nicht gut. Ich zog aus in eine möblierte Wohnung.

Während meiner Lehrzeit beim Amtsgericht ergab es sich, daß ein Protokollführer für Leichenöffnungen gesucht wurde. Da ich noch in der Lehre war, konnte ich dieses Amt nicht ausfüllen. Eine Kollegin wurde bestimmt. Freiwillig hat sich damals keiner gemeldet. Die Kollegin, der Richter und ich als interessierter Teilnehmer sind dann zur Leichenhalle des Krankenhauses gegangen. Die Tür wurde geöffnet und ein erbärmlicher Leichengestank kam uns entgegen. Kripobeamte und Ärzte vom Gerichtsmedizinischen Institut waren anwesend, und die Leichenöffnung begann. Ohne auf die Einzelheiten einer Leichenöffnung einzugehen, ist mir ein Eindruck geblieben, den ich bis heute nicht vergessen werde. Der Sektionsgehilfe zog die abgetrennte Kopfhaut vom Nacken zum Gesicht. Ich habe drei Nächte davon geträumt. Die Protokollführerin mußte den Raum verlassen und übergab sich vor der Leichenhalle. Der Richter, der die Leiche zur Öffnung freigegeben hatte, war verschwunden und wurde nach Beendigung der Leichenöffnung aus einer Kneipe leicht angetrunken geholt. In der Folgezeit war ich bei mindestens

200 Leichenöffnungen Protokollführer. Vielfach wurden Babys obduziert. Es war schlimm. Meistens waren diese Babys an Erbrochenem erstickt. Ich bin sehr kinderlieb, doch in der ersten Zeit meiner Ehe hatte ich Angst vor der Zeugung eines Kindes. Ich sah immer die kleinen Kinder auf dem Obduktionstisch vor mir. Als ich dann endlich soweit war, daß ich dieses überwunden hatte, wollte meine heute von mir geschiedene Frau nicht mehr. Ich wollte so gerne Vater werden. Ich begann zu trinken, jedoch in geringen Mengen.

Nachhaltig sind mir die Leichenöffnungen in Erinnerung, die wirklich abartig waren. Es wurde eine Leiche obduziert, die bereits drei Monate im Wald lag. Die Leiche, soweit sie noch als Leiche bezeichnet werden konnte, lag auf einer Decke, und die Obduzenten stritten sich, wer die Leiche auf den Leichentisch legen und die Decke wegziehen sollte. Es war schon eklig. Als dann noch der Obduzent hinter dem Ohr der Leiche ein Messer in den Kopf stieß, und es kam eine grüne Flüssigkeit aus dem Loch, mußte auch ich mich das erste Mal übergeben. Warum machte ich dieses eigentlich mit? Es war meine Erziehung. Ich war zuerst Angestellter und danach Beamter. Also Pflichterfüllung. Später konnte ich dieses alles nur noch mit Alkohol ertragen. Ich empfand die Leichenöffnungen schon zu diesem Zeitpunkt als große Sauerei. Als meine Schwester 1969 an einer Überdosis starb und eine Leichenöffnung angeordnet wurde, habe ich mich mit allem, was ich hatte, dagegen gewehrt. Vergebens. Für außenstehende Personen hatte ich immer eine nette Geschichte parat. Ich konnte sogar Leichenöffnungen lustig schildern, weil ich, aus meiner Sicht, Lustiges erlebt hatte. So hatten wir einen Richter, der den Obduzenten aufforderte, an den Leichen etwas Komisches zu machen. Ich schildere mal eine solche Situation und muß sagen, heute schäme ich mich. Es lag eine etwa 30 Jahre alte Frau auf dem Leichentisch. Der Richter sagte zu dem Obduzenten: „Tu ihr doch mal den Finger rein, vielleicht ist sie noch schwanger." Es waren eine Vielzahl von solchen Obszönitäten, die ich erlebt habe. Die Kripobeamten fragten immer vor der Obduktion: „Kommt der Doktor wieder? Hoffentlich! Es gibt dann was zu lachen." Nein, es war ekelerregend, was mit den Leichen nach Beendigung der Leichenöffnung gemacht wurde. Das herausgenommene Hirn wurde einfach in den Bauchraum geworfen und der Kopf mit Papiertüchern ausgestopft.

Bei einer Leiche ging das nicht. Es war eine mumifizierte Leiche, die nach 6 Jahren in dem Aufbau auf einem Hochhaus von Handwerkern gefunden wurde. Diese Leiche hat derart gestunken, daß Kleider sofort in die Reinigung mußten. Ein weiteres Mal stand am Sonntag in der Zeitung, daß ein Mann seine Frau, seine Schwiegermutter und ein Kind umgebracht hat. Tatsächlich, es war in dem Gerichtsbezirk geschehen, für den wir zuständig waren. Montags am Morgen sagte ich meiner Frau, daß ich sicherlich vor Abend nicht nach Hause käme. So war es auch. Gegen 9.00 Uhr am Morgen sagte man mir auf der Dienststelle, daß bereits ab 14.00 Uhr die Leichenöffnungen stattfinden sollten. Eine Kollegin bot an, mir zu helfen und fuhr mit zur Leichenhalle. Als sie den Obduktionsraum betreten wollte, war gerade eine andere Obduktion beendet. Die Leiche wurde vom Obduktionstisch einfach heruntergerollt und befand sich in dem bereitstehenden Sarg. Meine Kollegin drehte sich um und ging weg. Sie konnte mir nicht helfen. Also war ich allein mit der Arbeit und das bei vier Leichen. Dieses konnte ich einfach nicht schaffen. Also wurde von dem zuständigen Oberstaatsanwalt angeordnet, daß „Leichen-Erich" vom Amtsgericht Essen noch kommen sollte. So geschah es. Ein Mann, der wie eine Leiche aussah. Er gab mir zur Begrüßung die Hand, und ich erschauerte, denn er packte seine Tasche aus und goß sich als erstes eine Tasse Kaffee ein. Das Brot wurde ausgepackt und er ging essend zu dem Leichentisch, beugte sich mit dem Butterbrot in der Hand vor und schaute zu, wie die Obduktion vonstatten ging. Diesen Anblick werde ich nicht vergessen. Es war aber gut, daß er gekommen war. Ohne ihn hätte ich die Arbeit nicht schaffen können. Ich war nervlich fix und fertig.

Noch heute denke ich oft an diese Leichenöffnungen und stelle mir vor, wie es damals gewesen war. Warum habe ich das alles gemacht? Warum habe ich mich nicht gewehrt? Ich kann es nicht sagen. Vielleicht wollte ich mich damit wichtig machen.

Kinderlos bin ich 1986 geschieden worden. Bin alkoholabhängig geworden und seit länger als 2 Jahren trocken und kann heute sagen, daß der Tod meiner Eltern ursächlich war für meine Alkoholkrankheit. Seit meiner Therapie 1992 kann ich wesentlich besser mit dem Tod umgehen, obwohl ich doch eine gewisse Angst vor dem Tode habe.

Eine Hörerin, die gerne ungenannt sein möchte:
Gut 20 Jahre ist das jetzt her. Die Szene wie aus einem schlechten Film: Dunkel ist es, draußen regnet es leicht. Der Scheibenwischer zieht Schlieren über die Windschutzscheibe. Die Scheinwerfer der entgegenkommenden Autos brechen sich in sternförmigen Strahlen im Regenwasser. Die roten Rücklichter leuchten im Takt der Ampeln. Mutter tot. Unbegreiflich. Die Armaturen gelb. Das Radio an, aber ohne Ton. Leere im Kopf. Trauer. Was muß ich jetzt fühlen. Keine Ahnung. Eine Zigarette will ich vom Vater. Hatte vorher nie geraucht. Das tut man in solchen Situationen doch, denke ich. Bekomme keine. Ist auch gut, denn sie ändert nichts. Meine Schwester auf dem Rücksitz. Das glaube ich heute. Weiß es nicht mehr. Fühlen kann ich nichts. Schweigen im Auto. Nicht zu schnell. Denn es ist zu spät, sowieso.

Das Krankenhaus dicht bei der Innenstadt. Auf dem Hof am Strahlenbunker vorbei. Sie haben nicht geholfen, nur verbrannt. Der Parkplatz ist dunkel. Die Fenster der Kranken leuchten. Scharf trennt das Licht die Dunkelheit. Schatten auf dem Weg zum Treppenhaus. Gelbes Licht auch hier. Kann nicht denken. Sehe den Vater nicht. Die Schwester auch nicht. Hinter mir. Die weite Treppenflucht aus braunem Schiefer. Die Stufen gebohnert. Hochhasten, zwei Stufen auf einmal. Fühle mich benommen. Wohin jetzt? Die Nonne kommt von der Seite. Eingeschlafen sei sie, ruhig. Ohne Schmerzen. Ich fühle, das stimmt nicht. Krebs tut weh. Habe ihre amputierte Brust gesehen. Den Eiter weggetupft. Vor dem Spiegel zu Hause. Als noch Hoffnung war. War verschämt. Hatte Mutter so nie gesehen. An ihre Perücke hatte ich mich gewöhnt. Ihr röchelndes Atmen tat mir selbst weh. Konnte nicht helfen. Weiter den Flur entlang. Das Sterbezimmer. Fühle nichts. Streiche ihre Wange. Sie ist noch warm. Die Türkin – oder ist sie Asiatin? – radebrecht. Die Tote nicht mehr küssen, bitte. Ich kann nichts zeigen, wenn sie dabei ist. Sehe auf die Mutter. Ohnmacht. Sie liegt in einem Waschraum. Gelbe Kacheln. Halbhoch. Getünchte Wand. Geradeaus das Fenster. Das Fensterkreuz teilt im trüben Licht die Dunkelheit. Das Fenster steht ein Viertel auf Kippe. Sehe das. Fühle immer noch nichts. Links ihr Bett. Stahlrohrrahmen. Zum Sterben abgeschoben in eine Kammer. Nur die dunkelhäutige Frau mit den Plastikhandschuhen bei ihr. Geschäftsmäßig. Warum bleibt sie nur. Unter dem Kinn der Mutter ein gerolltes Handtuch. Die Hände gefaltet. Das macht man so. Von draußen keine Geräusche. Seltsam leer das Zimmer. Ihr Spind schon ausgeräumt, die wenigen Kleider in der alten Reisetasche. Noch am Nachmittag waren wir bei ihr. Sie konnte kaum noch reden. Flüstern: „Du mußt gucken, daß du immer gut durchs Leben kommst." Ich trug eine Sonnenbrille, es war Sommer. Sie hat meine Augen nicht mehr gesehen. Sie schläft, denke ich. Langsam ziehe ich an dem Handtuch unter ihrem Kinn. Halte die Rolle ganz fest. Sie ist noch warm. Die Wärme will ich nicht hergeben.

Niemals. Fühle über den Frotteestoff, rauh und warm. Ein bißchen. Meine Finger wollen Wärme. Die Rolle wird immer kälter. Halte sie fest, fest. Sehe Mutter an. Wachsbleich. So sagt man doch. Augen zu. Ihre Gesichtszüge wohl ruhig. Habe keine Erfahrung mit Toten. Fühle kein Schwanken. Fühle nichts. Sehe sie an und gehe weg.

Wie muß Trauer denn sein? Will den Vater nicht hören. Schweigend zurück zum Haus. Immer noch Regen. Das Radio bleibt stumm. Ich will keine Zigaretten mehr. Finde das Verhalten auf der Herfahrt kitschig. Die Wange gegen die Seitenscheibe gedrückt. Sehe nicht den Verkehr. Geblieben ist das Handtuch. Noch nach Wochen zusammengerollt. Scheinbar achtlos in eine Ecke gelegt. Und doch aufmerksam bewacht. Konnte es kaum anfassen. Hin und wieder ein scheuer Griff. Befühlen. Nichts, keine Wärme, nur rauh. Das Muster ausgeblichen. Wo es geblieben ist? Ich weiß es nicht.

Frau P. B. aus Wuppertal:
Ich hatte Umgang mit Leichen auf zwiefache Weise:

Als mein Vater gestorben war, mußte ich ganz plötzlich und unvorbereitet ins Krankenhaus meinen toten Vater waschen und anziehen...! Ich hatte große Angst vor diesem Augenblick! Aber er sah gar nicht so abstoßend aus, wie ich befürchtet hatte. Ich wurde dann ganz ruhig.

Das zweite Mal hat mir eine Leichenspende mein Leben gerettet. Mir ist eine Niere transplantiert worden.

Das einemal war das Thema Abschied, das andere Mal Weiterleben.

Frau M. D. aus St. Augustin:
Ich schäme mich nicht zuzugeben, daß es bei dem Beitrag Herrn Professor L. mit meiner Fassung zu Ende war und ich mit ihm weinte. Ich wurde an den vergleichsweise qualvollen Tod meiner Mutter (33) vor nunmehr 36 Jahren erinnert (ich war gerade 14), die – „abgeschoben" in ein kleines Gebäude im Garten des Krankenhauses – von Nonnen mit einem 20 x 10 cm großen Kruzifix ausgestattet für den „Kampf des Himmels und der Hölle um ihre Seele...!" – mehr als eine Woche nicht leben und nicht sterben konnte. Ihre Sendung hat vieles in mir wieder aufgewühlt, und deshalb möchte ich – weil ich – während ich Ihnen schreibe, schon wieder einen mächtigen Kloß im Halse habe, nicht weiter auf den heutigen Vormittag eingehen.

Frau E. S. aus Bonn:
Am 5. Juli 1990 starb meine 89jährige Mutter auf der Pflegestation des Bonn-Bad Godesberger Hauses am Redoutenplatz, einem Altersheim, das vom Diakonischen Werk getragen wird. Meine Mutter lebte in diesem Haus während der letzten 6 Monate ihres Lebens, trotz des rapiden Verfalls ihrer Verstandes- und Körperkräfte liebevoll umsorgt von den – viel zu wenigen! – Pflegerinnen und Pflegern. Ich selbst konnte sie nur 1- bis 2mal pro Woche besuchen. Aber ich war immer beruhigt zu sehen, daß sie dort zufrieden und dankbar war – zum erstenmal in einem langen und streitbaren Leben.

Mitte Juni 1990 machte mich die Stationsschwester darauf aufmerksam, daß es mit meiner Mutter zu Ende ginge. Dennoch durfte sie in ihrer gewohnten Umgebung bleiben, einem großen, hellen Raum, in dem noch eine zweite, ein wenig verwirrte Frau lag. Die beiden Frauen hatten einander nie gestört: zum einen, weil ihre Wahrnehmungsfähigkeit eingeschränkt, zum anderen, weil das Zimmer so geschickt möbliert war, daß sie genügend Abstand voneinander hatten.

Ich habe in den folgenden 10 oder 15 Nächten regelmäßig einige Stunden lang in dem dunklen Zimmer am Bett meiner Mutter gesessen, ihre Hand gehalten und ihr die Lieder gesungen, die sie mir sang, als ich ein Kind war. Ich weiß nicht, ob sie das gehört hat, aber es ging uns gut dabei. Im Haus nahm niemand Anstoß an meinen nächtlichen Besuchen. Ich hatte sogar immer den Eindruck, als wäre ich gern gesehen.

Am 5. Juli 1990, morgens um 10 Uhr rief man mich. Ich möge schnell kommen. Meine Mutter lebte noch. Ich sang ihr das Marienlied, das sie früher am liebsten gesungen hatte. Unterdessen starb sie. Die Schwester kam leise, um nach uns zu sehen, stellte sich neben mich und half mir ein Vaterunser zu beten. Dann nahm sie mich mit und gab mir einen Kaffee.

Als ich wieder ins Zimmer trat, hatte eine Pflegerin gerade begonnen, meine Mutter zu entkleiden, um sie zu waschen. Ich fragte, ob ich helfen dürfte. Und so wusch sie mit meiner Hilfe den toten Leib meiner Mutter. Sie tat das mit der gleichen Hingabe und Sorgfalt, als wüsche sie ein kleines Kind. Dann bat sie mich, Kleidung aus dem Schrank zu nehmen: Hemdchen, Höschen, Strümpfe, das Sonntagskleid. Meine Mutter wurde gekleidet, gekämmt und schöngemacht, als stünde ein Festtag bevor. Zum Schluß bedeckten wir sie bis zu den gefalteten Händen mit einem weißen Laken. Ihr friedliches Gesicht war mir gleichermaßen vertraut und fern. Die Schwester ging zu der Mitbewohnerin und sagte leise und sehr lieb: „Die Frau E. ist eben gestorben und jetzt im Himmel. Darf sie noch ein wenig hierbleiben? Wir holen sie dann nachher ab." Es war gut.

Nachmittags, als der Bestatter mit dem Sarg kam, fanden wir meine Mutter in einem kleinen, blumengeschmückten, kapellenähnlichen Raum im Kellergeschoß des Hauses. Ich hatte einen Sarg ohne Kreuz bestellt, denn das hölzerne Wandkreuz meiner Mutter sollte den Sarg bedecken. Deshalb fuhr ich hinauf in die Pflegestation, um das Kreuz zu holen. Eine Schwester begleitete mich. Das Bett meiner Mutter war inzwischen abgezogen und mit einem weißen Leintuch bedeckt. Und auf diesem Tuch lag eine rote Rose! Fragend blickte ich die Schwester an. „Das machen wir immer so", sagte sie einfach. Da war's plötzlich um meine Fassung geschehen.

Nachdem meine Mutter eingesargt war, erkundigte ich mich, welchen verschwiegenen Weg wir nun mit dem Sarg zu nehmen hätten, um aus dem Haus und zu dem Totenwagen zu kommen. Die Dame an der Pforte wies auf die Haupt-Eingangstür und sagte: „Sehen Sie einmal ganz genau hin: In der Tür ist ein Kreuz. Durch diese Tür ist Ihre Mutter in dieses Haus hineingekommen, und durch diese Tür geht sie wieder hinaus." Und so haben wir meine Mutter durch das ganze, große, helle Foyer gefahren, in dem Patienten, Gäste saßen, die sich ehrfürchtig erhoben, und wir gingen gemeinsam durch diese Tür, in der ein Kreuz ist.

Erlauben Sie mir noch eine sehr persönliche Bemerkung: Während meiner Kindheit und eigentlich Zeit unseres ganzen gemeinsamen Lebens habe ich unter meiner Mutter sehr gelitten. Viele objektive Beobachter bestätigen mir heute, daß meine Mutter eine harte und schwierige Frau gewesen ist, und gelegentlich erfahre ich heute neue, traurige Geschichten aus meiner Kindheit, die ich Gott sei Dank vergessen (verdrängt?) habe. Die Art und Weise, wie das „Haus am Redoutenpark" mit dem Sterben und dem Tod meiner Mutter umging, wie man mir Zeit ließ, in der Stille der Nächte mit meiner Mutter ins reine zu kommen und ihr am Ende ihres Lebens Dienste zu erweisen – hat mir für den Rest meines eigenen Lebens den Frieden mit meiner Mutter geschenkt. Dafür bin ich sehr dankbar.

Frau M. R. aus Rhede:
Wenn bei uns im Dorf jemand starb, zog es mich mit Macht zur Leichenhalle, um Abschied zu nehmen. Meine Mutter und meine Tanten verstanden mich nicht, wie ich freiwillig eine Leichenhalle aufsuchen konnte. Ich dagegen verstand ihre Angst nicht. Denn ein toter Mensch strahlt eine wunderbare Ruhe und Zufriedenheit aus. Es machte mir Freude, einige Zeit am Totenbett zu stehen und zu beten. Manchmal beneidete ich sie um ihre Ruhe, die ich so selten bekam, weil meine

Mutter so anstrengend lebhaft war. Einmal konnte ich von einer lieben Tante, meiner Lieblingstante, nicht Abschied nehmen. Als sie plötzlich starb, war ich in Urlaub, und meine Mutter, die mir Gutes tun wollte, sagte nichts von ihrem Tod. Als ich das erfuhr, war ich tief getroffen. Mir fehlte der Gang zum Totenbett, das innige Abschiednehmen.

Herr und Frau C. aus Duisburg:
Sterben, aufbahren, beerdigen. Wir haben es gerade erlebt. Unsere Mutter ist Mitte März gestorben. 79 Jahre. An Krebs. Sie – voller Leben und Erwartung – hat es nicht akzeptiert. Mitte Januar die Diagnose, dann die Verbitterung, die Resignation, die Ablehnung. Es war nicht möglich, mit ihr über ihr Sterben zu reden. Erst in der letzten Woche vor ihrem Tod. Sie ist zu Hause gestorben. Es waren Wochen mit hartem Einsatz. Als uns im Krankenhaus gesagt wurde, daß sie nur noch wenige Wochen zu leben hat, haben wir sie ins Haus geholt. Es war unsere erste Begegnung mit dem Sterben. Ein Mensch wird hilflos. Er kann nichts mehr allein. Muß getragen werden – an den Tisch, auf den Topf. Muß gewaschen werden, Tag und Nacht. Früher war das in Großfamilien wohl gegeben. Aber der Umgang mit dem Tod hat uns um eine wichtige Erfahrung reicher gemacht. Auch das Kind – 11 Jahre – hat ihre Oma sterben sehen. Für uns war es der erste Umgang mit dem Sterben, mit einer Toten.

Wir können alles bestimmen – sogar den Zeitpunkt der Geburt. Der Tod kommt ungefragt. Und wir lernen nicht den Umgang mit dem Tod. Aber der Sterbende hat es genauso schwer wie die, die zurückbleiben. Auch ihm ist es schwer, über seinen Tod zu reden. Und dann das Ritual. Man kann den Toten ja nicht wegschieben wie einen Schrank, einen Tisch, der nicht mehr gebraucht wird. Ich war kaum in der Kirche in meinem Leben. Und dann waren da in der Kirche die, die mit dem Ritual vertraut waren. Alte Menschen vor allem. Sie sangen, beteten, knieten nieder, standen auf. Ich war in dem Ritual Analphabet. Fühlte mich hilflos, fremd. Das Lesen, intellektuelles Wissen über Sterben und Tod, konnte nicht helfen. Kultur – das ist auch der Umgang mit seinen Toten. Und da fehlt unserer Kultur wohl inzwischen eine Dimension. Wir sind eine Wegwerfgesellschaft. Auch im Umgang mit unseren Toten.

Frau J. G. aus Köln:
Ich wußte, daß meine Mutter nicht in einem Krankenhaus oder Heim sterben wollte. Daß sie dann in ihrem eigenen Haus starb, das sie nach dem Tod meines Vaters verlassen hatte und nie mehr aufsuchte, um Erinnerungen zu entgehen, betrachte ich als einen glücklichen Umstand. Ich weiß nicht, was mit ihr geschah, ich war nur voller Verwunderung über ihr Einverständnis, von ihrer Wohnung in die meiner Familie zur Pflege überzuwechseln. Dort starb sie ein paar Wochen später an einem hellen Vormittag, umgeben von ihrer Familie, ihrer ältesten Freundin und meiner Freundin, die mir bei der Pflege geholfen hatte. Nach ihrem Tod haben mein Sohn und ich sie angekleidet, während die Tochter und mein Mann Sterbegebete lasen. Die Totenwache habe ich selbst gehalten und die tote Mutter erst am anderen Tag den Männern vom Bestattungsinstitut übergeben. Was mit mir selbst geschah, ist erstaunlich: Der jahrelange Hader mit meiner Mutter hat sich verflüchtigt. Er ist zur Ruhe gekommen und hat es mir möglich gemacht, angemessen zu trauern. Die Veränderung in mir hat dann schließlich dazu geführt, daß ich im Verlauf der folgenden Jahre meinen Gedanken über Recht und Unrecht im beiderseitigen Verhalten freien Lauf lassen konnte. Der Tod hat auf schmerzliche Weise zustande gebracht, was wir beide im Leben nicht geschafft hatten – wir sind heute versöhnt.

Von
Rechten und
Möglich-
keiten

Vom Umgang mit der Leiche

Meinungen zum Thema: Aufbahren für Normalsterbliche

Frau G. S. aus Münster schrieb:
Ich bin persönlich gegen eine Aufbahrung. Ich lehne sie ab. Wurde dieser Tage bestärkt in meiner Ansicht. Eine gute Bekannte von mir wurde erst in diesen Tagen beerdigt. Sie war aufgebahrt, und der Sarg wurde erst kurz vor der Trauerfeier geschlossen. Ich sah mir die Leiche nicht an. Aber ich erfuhr nach der Beisetzung von einer anderen Bekannten, daß sie es getan hat. Sie war total erschüttert und bemerkte sofort dazu: „Hätte ich sie doch lieber in guter Erinnerung behalten." Sie erkannte sie kaum wieder. Ihr schweres Krebsleiden hatte seine Spuren deutlich hinterlassen. Auch bei einem plötzlichen Tod lehne ich die Aufbahrung ab. Habe es auch schriftlich niedergelegt. Man soll den Toten so in Erinnerung behalten, wie er zu Lebzeiten aussah.

Frau A. W. aus Ratingen:
Aufbahren Ja oder Nein? Meine Antwort: „Ja!"
Wenn ich an die Bahre Verwandter, Freunde oder Bekannter trete, tue ich dies, um sie auch in ihrem Letzten hier auf Erden „erleben" zu dürfen. Ein letzter Besuch, ein Dank, eine Rückerinnerung.
Im Oktober '83 verstarb mein Vater. Aufgebahrt wurde er – nicht in weißen Spitzen und Totenhemd. Er hatte seinen guten Anzug an. Denn so hatten wir ihn im Juli an seinem 40. Hochzeitstag erlebt. Für meine Kinder, 5 und 6, war es die erste Begegnung mit dem Tod. Ganz einfach war diese Erfahrung wohl nicht für sie. Aber sie verstanden nun eher, was Totsein heißt (sie durften auch Opas Hände berühren). Auch meine geistig behinderte Schwester begriff erst an der Bahre, daß Vater sich nicht regte.
Als die Mutter meiner Freundin aufgebahrt wurde, fotografierte ich sie. Nach Jahren gab sie dem Vater dieses Bild. Denn er wollte damals seine Frau nicht aufgebahrt sehen. Jetzt nahm er es dankbar an. Ich habe auch einmal erfahren, daß ein Lebender den Toten „besuchte", weil ihm dies zu Lebzeiten nicht möglich war.

Frau U. W. aus Köln:
Als ich im Radio Ihre Aufforderung hörte, Hörer möchten sich zum Thema Aufbahren äußern, war mein erster Gedanke: Kein Thema für dich! Denn darüber hatte ich noch nie nachgedacht. Obwohl ich noch lange nicht ans Sterben denke – ich bin 47 Jahre alt und ziemlich gesund –, beschäftige ich mich in den letzten Jahren doch öfter mit dem Thema Tod und Sterben. Wahrscheinlich kommt das daher, weil einige sehr nahe Verwandte und Freunde von mir gestorben sind. Ich habe mir dann vorgestellt, wie das wäre, wenn diese aufgebahrt worden wären, und fand das gut. Zeit zum Abschiednehmen, nicht dieses Schnell-in-den-Sarg-und-weg.
Meine Mutter ist zu Hause gestorben. Ich war leider nicht dabei, habe mich aber dann mit ihr noch einige Stunden im Sterbezimmer aufgehalten, da kein anderer Raum im Appartement zur Verfügung stand, um die nötigen Dinge zu erledigen. Trotzdem hatte ich nachher, als sie weg war, das Gefühl, mich nicht richtig verabschiedet zu haben. Der Schock über den plötzlichen Tod und die notwendigen Formalitäten lassen einen nicht zur Besinnung kommen.
Wenn ich zuerst gedacht habe, dieses Thema gibt nicht viel her, so stelle ich jetzt fest, daß das nicht stimmt. Wenn ich alles aufschriebe, was mir dazu einfällt, wird dieser Brief viel zu lang. Denn da ist ja noch das Aufbahren von bedeutenden Menschen in der Öffentlichkeit. Ob die Verstorbenen damit einverstanden

gewesen wären? Ich selbst wollte das auf jeden Fall nicht nach meinem Tod. Der Gedanke wäre mir schon unbehaglich.

Frau U. L. aus Bielefeld:
Wenn jeder Mensch früh genug an seinen Tod denken würde, bestände ja die Möglichkeit, daß man vorher entscheiden könnte, ob man sich als Leiche von den Verwandten und Freunden „begutachten" lassen möchte oder nicht. Aber leider wird über den eigenen Tod nicht gesprochen. Ich halte von diesem Brauch nichts, da es mir stets peinlich genug war, dem Toten ins Antlitz starren zu können, ohne daß dieser sich dagegen wehren konnte. Ich würde mir als Leiche diesen Neugierigen ausgeliefert vorkommen.

Frau U. Z. aus Eymatten/Belgien:
Seit Sie es angesprochen haben, geht mir das Thema „Aufbahren oder nicht" immer wieder durch den Kopf. Um es gleich zu sagen: Ich bin für Aufbahren bzw. dafür, einen Verstorbenen die drei Tage nach dem Tod nicht abzuschieben in eine kalte Leichenhalle, sondern ihn oder sie möglichst in der Wohnung zu halten. Ich weiß nicht, wie die gesetzlichen Bestimmungen da sind. Wenn ich es begründen soll: Es ist nicht rational zu begründen. Es grenzt an Glaubensfragen. Denn wir wissen ja nicht, wie schnell sich die Seele vom Körper löst (vorausgesetzt, wir glauben mal an die Existenz der Seele und daran, daß dann nicht sowieso alles aus ist...). Daß man einen Menschen beim Sterben nicht allein lassen sollte, ist in anderen Kulturen und bei anderen Völkern viel selbstverständlicher als bei uns. Aber auch hier setzt sich die Einsicht allmählich durch. Wie lange das Sterben dauert, Minuten, Stunden, vielleicht noch viel länger, darüber sind sich wohl die Ärzte auch noch nicht einig. Jedenfalls werden die drei Tage bis zur Beerdigung in der Regel respektiert. (Aus welchen Gründen auch immer.)

„Primitivere" Völker, in Afrika z. B., haben traditionelle Rituale: Drei Tage singen, beten, klagen, beweinen. Jedenfalls lassen sie ihre Toten nicht alleine. Wir haben den Kontakt zum Tode verloren. Wir verdrängen das alles. Wir wissen nicht mehr, warum. Wir möchten möglichst schnell das Ganze los sein, es einem Institut überlassen, weil wir eben nicht mehr wissen (oder glauben), was sich in der kurzen Zeit nach dem Tod in der toten Persönlichkeit vollzieht. Ich weiß es auch nicht. Trotzdem bin ich nicht fürs Abschieben, weil ich das sichere Gefühl habe, daß man den Verstorbenen noch eine Weile begleiten sollte.

Ich glaube, ich habe es bei meinen beiden Eltern falsch gemacht. Meine Mutter starb zu Hause, und wir ließen sie einen Tag lang in ihrem Bett liegen. Ich wusch sie und machte sie zurecht. Aber nach einem Tag (es war im heißen Sommer) habe ich mich aus hygienischen Gründen überreden lassen, sie abholen zu lassen. Ich hatte ein sehr ungutes Gefühl dabei. Bei meinem Vater (der die drei Tage Aufbahrung in seinem Hause letztwillig verfügt hatte) hatte ich keinen Einfluß auf das Verfahren. Seine zweite Frau ließ ihn zwei Tage in der Leichenhalle des Krankenhauses und holte den Sarg am dritten Tag in die Wohnung, wo wir dann bis zum nächsten Morgen abwechselnd Wache gehalten haben. Auch das war in seinem Sinne nicht befriedigend.

Herr F. D. aus Dormagen:
Ich finde die Sitte des Aufbahrens eines Toten makaber. Der Respekt des Toten verlangt es nach meiner Meinung, daß man ihn ruhen läßt. Die Beziehung zu einem Menschen sollte man zur Zeit des Lebens aufbauen und pflegen. Wenn er dann gestorben ist, soll man für ihn beten, und das kann man sicherlich auch am anderen Ort als am Sarg. Ich finde, das hat nichts mit der Verdrängung des Todes aus unserem Lebensbereich zu tun, sondern das Leben der Menschen hat seine Zeiten:

die Zeit der Begegnung und des Zusammenseins, die Zeit der gegenseitigen Hilfe und Unterstützung und die Zeit des Abschieds.

In unserem engsten Bekanntenkreis starb eine Frau, die meine Familie und ich sehr geschätzt, ja sogar verehrt haben. Nach dem Tode wurde sie noch aufgebahrt. Und es wurde erwartet, daß man hinging und die aufgebahrte Tote dort besuchte. Man sah dort einen geschminkten, gezupften und zurechtgeklebten menschlichen Körper. Aber den Menschen, den wir gekannt hatten, mit dem wir uns gefreut und mit dem wir gelitten hatten, der war nicht mehr da. Der Anblick hat mich tief erschüttert und ist mir lange nicht aus dem Sinn gegangen. Welch schönes Bild hatte ich in meinem Herzen (und habe es jetzt wieder). Und was für einen Anblick bot dieses Schauspiel. Dazu kam noch, daß sich dieser Aufbahrungsraum im Hause des Beerdigungsinstituts befand, genauer gesagt, in einem Anbau hinter dem Haus. Wie ich flüchtig bemerkte, als wir den Aufbahrungsraum aufsuchten, befand sich hinter diesem Raum zum Garten hin eine Terrasse mit bunten Lämpchen, die dem Inhaber dieses Geschäfts sicher als Freizeitaufenthalt diente.

Und „last but not least" wird dieser „Service" sicherlich eine Kleinigkeit kosten, und das wird den Hinterbliebenen auch sicher erst klar, wenn sie die Rechnung bekommen. Auch manch einem fällt sicher im Schmerz über den Verlust eines lieben Menschen das Überlegen und das Rechnen schwer. Aufgrund dieser vor kurzem gemachten Erfahrung haben meine Frau und ich im Falle eines Falles verboten, mit uns solchen Kult zu treiben, und ich werde dies auch in nächster Zeit testamentarisch festlegen.

Herr W. G. aus Remscheid:
Ich finde es immer furchtbar, wenn z. B. hochgestellte Persönlichkeiten nach ihrem Tod tagelang im offenen Sarg aufgebahrt sind und von jedem begafft werden können. Die meisten Leute, die dann an dem Sarg vorbeigehen, tun dies nicht aus Trauer, sondern nur, um ihre Neugierde zu stillen. Wenn man nämlich den geschlossenen Sarg aufbahren würde, wäre die Anzahl der „Trauernden" wesentlich geringer. Ich finde, man sollte einem Toten die ewige Ruhe gönnen und ihn nicht noch als Schauobjekt präsentieren. Egal unter welchen Umständen er starb.

Herr H.-J. T. aus Stromberg:
Ihre Sendung hat mich wieder ein Stückchen nachdenklich gemacht, vor allem mit dem „Wegwerf-Menschen", der in einem Toten nur noch die gammelige Hülle sehen konnte, die nach seiner Meinung schleunigst in die Kiste gehörte. Seine wäre vor der Sendung sicher auch meine Meinung gewesen. Aber nun denke ich, indem wir ihn kurz und schmerzlos und keimfrei wegpacken, machen wir uns mit der scheinbaren Bewältigung des Todes die Möglichkeit der Bewältigung unserer absoluten existentiellen Grenze vor. Das ist ein Verfahren, mit dem wir uns in vielen intimen Bereichen um manche doch wohl recht lebenswichtige (für das Leben wichtige...) Erfahrung bringen, wie das einer Ihrer Fachgäste zu erklären versucht hat.

Frau G. T. aus Dortmund:
Aus meiner eigenen Erfahrung kann ich sagen, daß mir das Anschauen meiner „nicht hinter Glas" aufgebahrten Mutter zunächst einen Schock versetzt hat, da sie völlig unnatürlich gekämmt und hergerichtet war, wie sie lebend nie ausgesehen hat. Das ist ein deutlicher Nachteil, wenn ein fremder Mensch die Versorgung des Toten übernimmt.

Zum anderen war es mir eine buchstäblich sichtbare Erfahrung, daß mit dem Leben die Seele aus der sterblichen Hülle eines Menschen entweicht. Es ist nichts mehr da von dem persönlichen Ausdruck – dem noch so schwachen Lächeln eines schwerkranken Menschen.

Dieses „Entweichen der Seele" war mir ein großer Trost bei dem Schmerz, den man beim Begraben eines lieben Menschen empfindet. Man begräbt nur die sterblichen Überreste, nicht den Menschen selbst. Mit dem kann man über Jahre hinaus in Gedanken, manchmal auch Gesprächen in Verbindung bleiben. Das war für mich eine gute Erfahrung, die sehr für das Abschiednehmen spricht. Aber niemals hinter einer Glasscheibe mit „Theaterbühnenvorhang"! Eine direkt grotesk wirkende Art, die auch Kinder von 12 Jahren für völlig unverständlich halten!

Herr oder Frau B. G. aus Wuppertal:
Nachdem sich eine Dame geäußert hatte, ihr und ihrem kleinen Sohn sei es leichter gefallen, den eingesargten Leichnam zu verabschieden als einen Aufgebahrten, fiel mir wieder mein eigenes Empfinden zur Aufbahrung meiner Großmutter ein. Zu der Zeit war ich acht Jahre alt. Meine Eltern hatten mir den Anblick einer Toten, zudem noch der toten Großmutter ersparen und mir die Erinnerung an die lebende, gesunde Oma bewahren wollen. So gaben sie mich in die Obhut einer Tante, die mit mir vor der Leichenhalle warten sollte. Die Tür der Leichenhalle war jedoch geöffnet, und ich konnte meine tote Großmutter sehen: Sie lag aufgebahrt in weißen Kissen mit Blumen geschmückt dort und sah so friedlich aus, als ob sie schliefe. Ich habe diesen Anblick überhaupt nicht als unangenehm empfunden, obwohl meine Großmutter an einem Schlaganfall gestorben war und verzogene Gesichtszüge hatte. Diese Erfahrung hatte ich als Kind. Deswegen war ich so überrascht über den Beitrag der Mutter über die Empfindung ihres Sohnes. Denn ich denke schon, daß Kinder generell ein natürliches Verhältnis zum Tod haben; vielleicht spielt auch die Einstellung der Eltern zu diesem Thema bei der Erziehung ihrer Kinder eine wesentliche Rolle – Ängste übertragen sich etc.

Ich kann mir schon vorstellen, daß der Tod eines Menschen, Freundes oder nahen Verwandten – besonders, wenn es Eltern oder Geschwister trifft – einen schmerzlicher berührt (natürlich immer im Bezug zur Aufbahrung!), je älter man wird, weil man selber ein Stück fester im Leben steht. Doch meine ich, daß diese schmerzliche Erfahrung nicht zu umgehen ist, auch wenn man den Anblick des geliebten toten Menschen bei einer Einsargung vermeiden kann. Ich glaube auch, daß die Scheu vor der Aufbahrung gleichzeitig eine Scheu vor dem Bewußtsein der eigenen Unzulänglichkeit ist.

Frau I. H. aus Köln:
Ich erinnere mich, als meine Großeltern starben, wollte meine Mutter jedesmal ihren Vater bzw. ihre Mutter noch einmal sehen, bevor sie endgültig beerdigt wurden. Sie sagte, sie müsse sich mit eigenen Augen davon überzeugen, daß sie wirklich tot sind. Ich bin sicher, daß es mir beim Tod eines nahen Angehörigen (was ich zum Glück noch nicht erleben mußte) genauso gehen würde.

Außerdem erinnere ich mich sehr gut an meine tote Großmutter. Als ich mit meiner Mutter noch einmal ins Krankenhaus fuhr, um sie zu sehen, hatte ich zunächst große Angst. Aber ihr Anblick war so tröstlich, sie hatte ein so friedliches Lächeln im Gesicht wie nie zu Lebzeiten (sie hat leider immer sehr viel geschimpft), so daß ich zwar beim Anschauen sehr weinen mußte, aber hinterher trotzdem irgendwie getröstet war und glauben konnte, daß sie friedlich eingeschlafen ist, und es ihr jetzt gutgeht. Ebenso erinnere ich mich aber auch an die Fotos meiner toten Tante, deren Gesicht von Schmerz und Kampf gezeichnet war. Das fand ich schrecklich. Aber ganz gewiß hätte ich als nahe Angehörige sie auch sehen müssen, bevor ich sie beerdigen kann, eben um mich zu vergewissern, daß sie wirklich tot ist. Das ist für mich der Hauptgrund dafür.

Eine aufgebahrte Persönlichkeit des öffentlichen

Lebens würde ich mir aber nicht anschauen gehen. Das sollte der Familie vorbehalten bleiben. Bei den anderen Leuten ist das, glaube ich, überwiegend Sensationslust.

Frau E. N. aus Mönchengladbach:
Es ist richtig, daß ein Verstorbener grundsätzlich nur 36 Stunden im Haus verbleiben darf. Jedoch gibt es zumindest in Nordrhein-Westfalen eine Ausnahmeregelung, die – weil so selten davon Gebrauch gemacht wird – auch bei den zuständigen Stellen (Ordnungs- und Gesundheitsamt) nicht oder wenig bekannt ist:

Nach der ordnungsbehördlichen Verordnung über das Leichenwesen – § 2 (1) – vom 7. 8. 1980 kann auf Antrag eine Aufbahrung des Verstorbenen zu Hause über 36 Stunden hinaus erfolgen, wenn Haus- und Amtsarzt zustimmen. Zu diesem Zweck muß der Hausarzt ein Attest ausstellen, auf dem er bescheinigt, daß bei dem Verstorbenen keine Infektions- bzw. meldepflichtigen Krankheiten vorgelegen haben. Ferner hängt dessen Zustimmung ab von den räumlichen Gegebenheiten und der Witterung. So wird man im Winter eher die Genehmigung für eine längere Aufbahrung erhalten als in den übrigen Jahreszeiten.

Uns hat diese Regelung, die es uns erlaubte, unsere Mutter nach ihrem Tod für 2½ Tage zu Hause aufzubahren, sehr geholfen, von ihr Abschied zu nehmen. Die bei uns bestehende intensive Bindung an unsere Mutter konnte sich in der Zeit der Aufbahrung allmählich lösen und umwandeln. Das vorherrschende Gefühl in diesen Tagen war, neben dem immer wieder aufbrechenden Schmerz, ein nie zuvor so intensiv empfundener Friede.

Frau M. S. aus Essen:
Mit der Frau, die ihren Mann im Iran plötzlich verloren hat, bin ich auch der Ansicht, daß gerade bei einem nahestehenden Menschen, der so unerwartet von einem gerissen wird, ein Abschiednehmen sehr wichtig ist.

Man kann sonst kaum begreifen, daß er nicht mehr zurückkommt. Anders ist es bei einem Menschen, mit dem ich innerlich bereits abgeschlossen habe, denn selbst bei nahen Verwandten ist in so einem Fall die innere Ablösung bereits erfolgt.

Frau E. M.-K. aus Duisburg-Marxloch:
Irgendwann habe ich im Fernsehen eine Bestattung gesehen, in deren Verlauf eine Leiche in kleine Stücke gehackt und an die auf den Höhen Tibets zahlreichen Geier verfüttert wurde. Das Bild wird mir unvergeßlich bleiben: Die grau-braune baumlose weite Landschaft, die riesigen schwarzen Vögel, die ruhig niedergleiten, der Eindruck von Ruhe und Einheit, von Zeitlosigkeit. So wünschte ich, daß mein Körper in die Natur zurückkehrt.

Die übliche Alternative – kleine, dunkle Kiste, zwar honorige, aber ziemlich engstirnige Würmer, oder maschinell geschürter, feuriger Vorgeschmack der Hölle im Krematorium – macht mir Platzangst. Außerdem sollen meine Angehörigen lieber nett zu mir sein, solange ich noch was davon habe, und nicht zwanzig Jahre lang meiner leeren Hülle eine Reverenz erweisen.

Herr K. H. aus Ennepetal:
Ich war schockiert, wie einige Diskussionsteilnehmer Ihrer Sendung ihre Ablehnung der Aufbahrung begründeten. Aussagen wie „Der Abschied fällt leichter" oder „Ich will mir den Anblick ersparen" machen deutlich, daß kein gutes Verhältnis zu dem Verstorbenen bestanden haben kann, daß die Beerdigung nur eine lästige gesellschaftliche Verpflichtung ist.

Der geliebte Tote hat meiner Meinung nach einen Anspruch darauf, daß ich mir den Abschied eben nicht leichtmache, indem ich mir seine direkte Nähe erspare.

Frau E. O. aus Bonn:
Meine Begegnungen mit dem Tod waren sehr unterschiedlich. Als Kind und Jugendliche erlebte ich das Sterben meiner Großeltern und von zweien meiner Geschwister. Als Tote wurden diese im Hause aufgebahrt. Neben dem offenen Sarg brannten Kerzen, die nur abends ausgemacht wurden. Das Anzünden und Löschen habe ich auch gemacht ohne Furcht oder Schrecken. Aber als meine Eltern starben, beide im Krankenhaus, Vater 1977 und Mutter 1980, war es mir nicht möglich, ins Zimmer zu gehen und sie als Tote anzusehen. Warum ich plötzlich diese Abwehr hatte, weiß ich nicht. Ob es daher kam, daß ich zum Zeitpunkt des Sterbens nicht dabei war?

Einige Jahre später, etwa 1986, habe ich eine Dame ins Krankenhaus begleitet, deren Mann schnell eingeliefert worden war und die während meines zufälligen Besuches den Anruf erhielt, so schnell wie möglich zu kommen. Als wir im Krankenhaus ankamen, war der Mann bereits verstorben. Zuerst ging die Frau allein ins Zimmer, dann bat sie mich durch die Schwester auch hinein. Ich habe diesen Toten gut ansehen können. Er schien um Jahre jünger geworden zu sein, so entspannt waren die Gesichtszüge. Aber ich glaube, den Tod eines Mitmenschen erlebt jeder anders. Auch wie nahe einem der Verstorbene stand, macht viel aus. Nur verdrängen sollte man diese Erfahrungen nicht, denn der Tod ist ja allen Menschen sicher.

Wissenswertes zum Thema Aufbahren

Rechtliches

In einer ordnungsbehördlichen Verordnung vom 7. August 1980 wird „im Benehmen mit dem Innenminister" für das Land Nordrhein-Westfalen das „Leichenwesen" geregelt. Folgende Paragraphen sind für eine Aufbahrung von Belang:

§ 4 Bestattungsfrist
Danach muß jede Leiche innerhalb von „120 Stunden, jedoch nicht vor Ablauf von 48 Stunden nach dem Tode" bestattet werden (entspricht 5 Tagen).

§ 7 Aufbahrung Leichenhalle
Danach ist jede Leiche „spätestens nach 36 Stunden, jedoch nicht vor Ausstellung der ärztlichen Todesbescheinigung" in eine Leichenhalle zu überführen. Steht keine Leichenhalle zur Verfügung und „ist ein Verbleib der Leiche im Sterbehaus ... nicht genehmigt", muß die örtliche Ordnungsbehörde für die Aufbewahrung der Leiche sorgen.

Auf Antrag eines Angehörigen (Ehegatte, Eltern, Geschwister, Kinder) kann die örtliche Ordnungsbehörde den Verbleib der Leiche im Sterbehaus bis zum Begräbnis genehmigen, wenn ein Arzt bescheinigt, daß gesundheitliche Bedenken (Übertragung von Krankheiten etwa beim Tod durch Infektionskrankheiten) nicht bestehen.

§ 9 Öffentliches Ausstellen von Leichen
Danach ist das Ausstellen von Leichen und das Öffnen und Offenhalten des Sarges während des Begräbnisses verboten. In „besonderen Fällen" kann die öffentliche Ordnungsbehörde Ausnahmen zulassen.

§ 10 Übertragbare Krankheiten
Danach muß ein Leichnam, der Krankheiten nach dem Bundesseuchengesetz übertragen kann, sofort eingesargt werden. Das Ausstellen der Leiche im Sterbehaus ist dann verboten.

§ 19 Zuwiderhandlungen
Danach handelt u. a. der ordnungswidrig, der vorsätzlich oder fahrlässig „ohne Ausnahmegenehmigung während der Begräbnisfeierlichkeiten eine Leiche öffentlich ausstellt oder den Sarg öffnet oder offenhält. Die Ordnungswidrigkeit kann mit einer Geldbuße geahndet werden."

In Köln z. B. können die Angehörigen in Begleitung eines Friedhofsbediensteten die Leichenhalle betreten, nach Anmeldung. Wenn sie es wünschen, wird für diesen Besuch der Sarg noch mal geöffnet. (Ein solcher Wunsch kommt heute allerdings selten vor.) Eine halbe Stunde vor der Trauerfeier ist der Sarg endgültig und für jede-n zu.

In Bayern kann auf Antrag die offene Aufbahrung in der Leichenhalle genehmigt werden, wenn der Zustand der Leiche dies zuläßt. Das entscheidet letztendlich der Verwalter des Friedhofes. Ablehnungsgründe sind Pietät, Ästhetik, fortgeschrittene Verwesung, entstellender Unfall etc. Den Antrag können nur Angehörige stellen. In München und anderen Großstädten geschieht dies aber kaum noch. Auf dem Land jedoch wird – unterschiedlich nach kommunaler Bestattungsordnung – eine offene Aufbahrung in der Leichenhalle (oft jedoch nur hinter einer Glaswand) noch häufiger vorgenommen. In verschiedenen Gemeinden kennt man noch eine offene Aufbahrung im Wohnhaus für mindestens einen Tag. Eine Trauerfeier mit offenem Sarg gibt es nur für einen Bischof.

Die Leichenschau

Für jedes Bundesland ist die Leichenschau geregelt. Im großen und ganzen existieren nur geringe Abweichungen. Dazu gehört, daß jeder Arzt und jede Ärztin, der/die zu einer Leichenschau gerufen wird, wie bei einem Notfall sofort kommen muß. Sie dürfen nicht ablehnen und nicht auf später vertrösten. Das hängt damit zusammen, daß die Leiche nicht so bleibt, wie sie ist. Je frischer, desto besser eignet sie sich zur Begutachtung. Auch Totgeburten gehören übrigens in diese Kategorie. Nicht aber Fehlgeburten. Hier greift die 1000-g-Regelung, d. h. als Fehlgeburt gelten alle Babies mit einem Gewicht unter 1 kg, als Totgeburt alle, die mehr wiegen. Eine Totgeburt muß wie eine Leiche behandelt werden. D. h. sie muß in einem Leichenwagen transportiert werden und braucht einen korrekten Totenschein. Fehlgeburten werden gleichbehandelt wie abgetrennte Körperteile. Sie können ohne besondere juristische Verfahren für wissenschaftliche Zwecke benutzt werden. Ansonsten gilt, sie nach Sitte und Empfinden zu beseitigen, d. h. sie können auf Wunsch der Eltern bestattet werden oder schlicht in der Mülltonne entsorgt werden.

Obwohl -- oder vielleicht gerade weil – all diese Dinge so detailliert vorgeschrieben sind, geschieht manchmal Erstaunliches. Lesen Sie dazu eine Meldung aus dem STERN:

Herzliches Beileid
In Niederbayern erhielt ein Frührentner vom Friedhofsamt eine Rechnung über 225 Mark – für die Beerdigung seines amputierten linken Unterschenkels

Die Rechnung trug die Nummer 5357 und war adressiert an „Herrn Hans Henseleit, 8316 Frontenhausen, Eggergasse 24". Dort lebt Hans Henseleit im „Bürger-

heim", seitdem ihm der linke Unterschenkel wegen eines Zuckerleidens amputiert werden mußte. Der Rechnung Nummer 5357 konnte der 41jährige Frührentner entnehmen, was mit seinem Unterschenkel geschehen war: „Anläßlich der Beerdigung Ihres amputierten Beines im Städt. Friedhof Dingolfing", hieß es dort, falle ein Betrag von 225 Mark an.

Detailliert führten die niederbayerischen Beamten auf, wie diese Summe zustande kam. 20 Mark für die „Verwaltung und Unterhaltung des Friedhofes". 10 Mark für das „Leichenhaus". 40 Mark für „Leichenträger" und 155 Mark für „Friedhofswärter und Totengräber".

„Mich wundert's, daß die keinen Pfarrer berechnet haben", meint Hans Henseleit, der im übrigen die Rechnung an die Allgemeine Ortskrankenkasse in Straubing weiterleitete. Die AOK verweigerte jedoch die Zahlung. Sie teilte ihrem Mitglied mit, „daß für Teile des Körpers ein Sterbegeld nicht bezahlt werden kann. Wir bedauern, keinen günstigeren Bescheid geben zu können." Hans Henseleit bezahlte – „was will man machen" – die Rechnung für die eigene Teilbeerdigung.

Daß die Rechnung überhaupt geschrieben wurde, führt ein Sprecher des Dingolfinger Bestattungsamtes darauf zurück, daß im nahen Kreiskrankenhaus Landau „die geplante Verbrennungsanlage für amputierte Gliedmaßen immer no ned fertig is". Bis dahin aber sei man „nach dem Bestattungsgesetz verpflichtet, Leichenteile ordnungsgemäß zu bestatten". Und – „ja mei" – dabei fielen halt Kosten an, „die uns ja auch niemand abnimmt". Im Fall „vom Herrn Henseleit seinem Bein" habe es sich zum Beispiel ergeben, daß der Unterschenkel „angeliefert wurde zu einem Zeitpunkt, wo der Friedhofswärter zum Bestatten gerade keine Zeit gehabt hat". So erklärten sich auch die in Rechnung gestellten zehn Mark für die Lagerung im Leichenhaus.

Der Unterschenkel ruht derweil in einer „ganz normalen Stelle" des Dingolfinger Friedhofes. Der Wärter, so heißt es, könne Herrn Henseleit „jederzeit dorthin führen". Für andere Amputierte aus dem Raum Dingolfing ist die Ruhestätte ihrer Gliedmaßen leichter zu finden. Ein Beamter des Bestattungsamtes: „Die verfügen hier über Familiengräber."

(STERN, Okt. 1983)

Todesfälle sollen unverzüglich beim Standesamt gemeldet werden, d. h. am folgenden Wochentag, damit der Tod jedes Menschen einwandfrei registriert werden kann. Zu melden ist auf jeden Fall der Ort des Todes. Der Wohnsitz des/der Toten ist ohne Bedeutung. Bei Wasserleichen ist entscheidend, wo die Leiche angeschwemmt wurde. Bei Tod in Autos, Schiffen und Flugzeugen gilt ebenfalls die Fundstelle als Todesort. Nur bei Schiffsreisen ins Ausland wird der Wohnort angegeben. Für ausländische Reedereien ist das Standesamt Berlin zuständig.

Der Leichenschein muß die Information enthalten, ob der Verdacht auf einen nicht natürlichen Tod besteht. In diesen Fällen muß unbedingt die Polizei benachrichtigt werden. Die wiederum informiert die Justizbehörden, die dann entweder die Leiche freigeben oder eine Obduktion anordnen. Leichen, die unbekannt sind, oder Tote, die keine Verwandten haben, werden meist obduziert. Wenn die Leichenschau früh stattfindet, kann der Todeszeitpunkt genauer festgelegt werden.

Im Anschluß an die Leichenschau wird die Todesbescheinigung ausgestellt. Sie wird umgehend an das Standesamt weitergeleitet. Das gilt auch bei Verdacht einer nicht natürlichen Todesursache. Außer der Todesbescheinigung gibt es noch den Leichenschauschein. Er enthält einen vertraulichen Teil für die Gesundheitsbehörde der zuständigen Gemeinde. Diese Unterlagen werden verschlüsselt und dienen statistischen Zwecken. Sie werden dem Statistischen Landesamt übergeben.

„Aufbewahrung" von Leichen

In Deutschland dürfen konservierte Leichen nicht erdbestattet werden. Es besteht die Vorschrift, Leichen nur in einem Holzsarg zu beerdigen. Asche muß in fest verschlossenen Urnen beigesetzt werden. Eine Leiche darf nur in einem Leichenwagen transportiert werden. Leichen aus dem Ausland brauchen einen Leichenpaß und einen Metallsarg.

In der Bundesbahn dürfen Leichen nur transportiert werden, wenn sie in einem Holzsarg liegen, der eine 10 cm hohe, flüssigkeitsaufsaugende Materialschicht hat.

Obduktionen sind gesetzlich nicht eindeutig geregelt. Geklärt ist lediglich, daß nur Patholog-inn-en in besonderen Räumen die Leichen obduzieren dürfen. Die Leichen sollen möglichst frisch sein und gekühlt gelagert werden. Für Ärzte und Ärztinnen kann eine Obduktion wichtig sein, weil dadurch unbekannte Fakten oder Fehldiagnosen ermittelt werden können. Auf diese Weise läßt sich in 40 Prozent aller Fälle die vorherige Diagnose noch einmal präzisieren. Von daher ist die Obduktion eine wichtige Sache für die ärztliche Weiterbildung.

Die Zustimmung der Angehörigen ist bisher nicht zwingend. Es wird lediglich empfohlen, sie einzuholen. Wer nicht obduziert werden und dies auch bei seinen Angehörigen ausgeschlossen wissen möchte, muß deshalb ausdrücklich widersprechen. Im Fall von Erkrankungen, die unter das Bundesseuchengesetz fallen, oder im Fall eines nicht natürlichen Todes kann die zuständige Behörde, entweder das Gesundheitsamt oder die Staatsanwaltschaft, die Obduktion anordnen. Die Vorschriften sehen vor, daß auf die Abwehr von Angehörigen religiöser Gruppen Rücksicht genommen werden kann.

Wer die Leichenschau und die Obduktion bestellt, muß sie auch bezahlen. Die Krankenkassen zahlen nicht. Allerdings kann das Sterbegeld auch für solche Zwecke in Anspruch genommen werden. Das Teuerste an einer Obduktion ist oft der Transport der Leiche und das Anmieten des Obduktionsraumes. Wer jemanden obduzieren lassen will, sollte vorher auf jeden Fall die Kosten erfragen. Nach der normalen ärztlichen Gebührenordnung GOÄ kostet die normale Leichenschau ca. 20,- DM. Eine „Obduktion", also Sektionsleistungen, die nur in einem pathologischen Institut durchgeführt werden können, d. h. eine vollständige innere Leichenschau, einschließlich Bericht und pathologisch-anatomischer Diagnose wird mit ca. 188,- DM berechnet. Hinzu kommen Anfahrtswegekosten.

Anfallende Kosten (Beispiele):
– Besichtigung und Untersuchung eine-s-r Toten einschließlich Ausstellung des Leichenschauscheines kostet 16,72 DM.
– Eröffnung einer Schlagader bei einem-r Toten kostet 14,30 DM.
– Entnahme einer Körperflüssigkeit bei einem-r Toten kostet 13,20 DM.
– Entnahme eines Herzschrittmachers bei einem-r Toten kostet 17,60 DM.

Stand: Juli 1994

Das „Leben" der Leiche

Nachdem der Tod eingetreten ist, kühlt die Leiche ab: an der Körperoberfläche innerhalb von 6–12 Stunden, an den Händen und im Gesicht innerhalb einer halben bis einer Stunde. Die inneren Organe sind oft noch nach 20 Stunden warm. Die Mastdarmtemperatur sinkt um ca. ein Grad pro Stunde.

Vertrocknungserscheinungen zeigen sich bald nach dem Eintritt des Todes an den zarten Hautstellen. Die

Augen verlieren ihren Glanz und ihre Spannung. Bei Kinderleichen vertrocknet zuerst die Schleimhaut an den Lippen, an der Zunge, an der Nasenspitze und an den Genitalien.

Bärte von Leichen wachsen nicht mehr, die Haut drumherum vertrocknet, und dadurch treten die Haarstümpfe deutlicher hervor.

Totenflecken können sich schon während des Todeskampfes zeigen. Auf jeden Fall treten sie bereits eine halbe bis eine Stunde nach dem Tod auf. Die Ursache ist, daß das Blut der Kapillargefäße nicht mehr transportiert wird. Deshalb entstehen Leichenflecken an der Unterseite, d. h. der aufliegenden Seite des Körpers. Wer eine frische Leiche umlagert, kann auf diese Weise dafür sorgen, daß das Blut wieder nach unten sackt und die Flecken oben verschwinden.

Die Totenstarre beginnt bei Wärme früher, etwa 2 bis 3 Stunden nach dem Tod, bei kühlerer Umgebung später. Zunächst sind die am stärksten beanspruchten Muskeln, der Unterkiefer, der Nacken und die Gelenke davon betroffen. Auch die inneren Organe und das Herz, das oft schon eine halbe Stunde nach dem Todeseintritt erstarrt, werden davon ergriffen. Wird die Starre gewaltsam gelöst, kommt sie wieder. Wenn dem Tod schwere Anstrengungen und Krämpfe vorausgingen, tritt die Starre früher ein. Nach 2 bis 3 Tagen löst sie sich wieder. Manchmal kann sie aber auch wesentlich länger anhalten. Temperaturen unter 5 Grad Celsius können dazu beitragen, daß die Totenstarre über Wochen anhält. Warum sie sich überhaupt löst, ist wissenschaftlich noch nicht völlig geklärt. Offenbar fällt dieser Vorgang jedoch mit dem Beginn der Fäulnis zusammen.

Wie die Verwesung vor sich geht, hängt mit der Umgebung, der Luftfeuchtigkeit und der Temperatur zusammen. Die Autolyse (Selbstauflösung) ist der erste Prozeß der Zersetzung, d. h. die körpereigenen Fermente zersetzen die organischen Strukturen: der Magen verdaut sich selbst, das Gehirn wird weich, und die Körperflüssigkeiten werden nicht mehr von Membranen getrennt. Die Zersetzung findet ökologisch einwandfrei statt. Fäulnis tritt ein, wenn die Bakterien aktiv werden, die schon vorher im Körper gelebt haben. Während dieses Prozesses bilden sich starke Gase. Der Körper bläht sich auf. Jetzt entsteht der charakteristische Leichengeruch durch die Abspaltung von Ammoniak. Die Bauchdecke verfärbt sich grün, die Venennetze schlagen an der Körperoberfläche durch und wirken wie ein dunkles Netz. Durch die Gasentwicklung treiben die Leibeshüllen auf. Das Gesicht wird gedunsen, die Lippen und die Lider sind geschwollen. Durch den Druck werden die Zunge sowie After, Penis und Vulva vorgetrieben. Die Zähne werden locker und fallen aus. In den Körperhüllen gärt es. Flüssigkeiten sammeln sich. Durch den Druck fließen sie aus Mund und Nase. Die Haut löst sich in Fäulnisblasen. Mit der Zeit wird der Körper immer trockener. Die Verwesung selbst ist ein trockener Prozeß, denn die Säuren spalten sich ab. Die Leiche riecht jetzt aromatisch, manchmal etwas ranzig nach Buttersäure und nicht mehr nach scharfem Ammoniak. Danach siedeln sich Schimmelpilze an, die den muffigen Gruftgeruch verursachen.

An der Auflösung der Leiche hat der Tierfraß einen erheblichen Anteil. In der warmen Jahreszeit legen Fliegen ihre Eier in Augen, Nase und Mundöffnungen ab. Nach 10 bis 25 Stunden schlüpft die erste Madengeneration. Binnen kürzester Zeit sind dann mehrere Madengenerationen an der Leiche zugange. Am haltbarsten sind die Knochen. Nach drei bis vier Jahren sind die Weichteile wie auch die Knorpel aufgelöst, nach zehn Jahren die sichtbaren Fettbestandteile. Jetzt werden die Knochen leichter und brüchiger, poröser. Knochen, die im Freien liegen, sind bereits nach 20 Jahren bis auf Reste zerstört. Wenn die Umgebung der Leiche sehr trocken ist und sie eine gute Luftzufuhr hat, kann der/die Tote durch starke Verdunstung mumifizieren. Bei Kinderleichen dauert dieser Prozeß einen bis mehrere Monate, bei Erwachsenen ein halbes bis ein ganzes Jahr. Bei Wasserleichen dagegen oder Leichen in feuchten Gräbern kommt es zur Fettwachsbildung. Das ist ein chemisch komplexer Vorgang, durch den die Fette verseifen. Der Prozeß findet von außen nach innen statt und führt dazu, daß sich ein tonartig-festweicher Fettwachspanzer bildet, der dazu führt, daß der Körper noch nach Jahren vollständig erhalten ist

Bestattungsarten – und ihre Geschichte

Überblick

Bei uns sind Erdbestattung und Einäscherung die beiden einzigen zulässigen Bestattungsarten. Dabei korrespondiert die Erdbestattung als ältere Form mit dem christlichen Auferstehungsglauben. Die Feuerbestattung wurde gegen den Widerstand der Kirche gegen Ende des 19. Jahrhunderts eingeführt. Damals entstand in den 1870er Jahren das erste Krematorium in Gotha. 1934 wurde die Feuerbestattung der Erdbestattung gleichgestellt. 1963 hob der Vatikan das bestehende Verbot der Einäscherung für Katholik-inn-en auf.

Die Bestattung ist in der Regel am dritten oder vierten Tag nach dem Tod vorgeschrieben. In den meisten Bundesländern besteht eine Frist von 96 Stunden. Im bevölkerungsreichsten Bundesland, Nordrhein-Westfalen, wurde sie auf 120 Stunden ausgedehnt.

Der Trend zur Einäscherung nimmt auch in katholischen Gemeinden zu: 1950 wurden 7,5 Prozent aller Verstorbenen eingeäschert, 1987 schon 21,7 Prozent.

Anonyme Bestattung

Seit den 70er Jahren dieses Jahrhunderts breitet sich auch bei uns der aus Skandinavien stammende Brauch der anonymen Totenruhe aus. Bei einer solchen Urnenbeisetzung wissen auch die Angehörigen nicht genau, wo die Urne deponiert wurde. Im katholischen Süden und im Westen der Bundesrepublik gibt es noch wenig anonyme Gräber. Im protestantischen Norddeutschland nehmen sie jedoch zu. In Flensburg machen sie heute schon 45 Prozent der Bestattungen aus.

Seebestattung

Die moderne Seebestattung kann seit 1973 für jede-n Tote-n vorgenommen werden. Sie hat heute nichts mehr mit den aus früheren Seefahrerzeiten gebräuchlichen Sitten, den eingehüllten Leichnam ins Meer zu werfen, zu tun: Außerhalb der Fischfanggründe in Nord- und Ostsee wird die Urne versenkt. Die Position wird auf einer Seekarte festgehalten und den Angehörigen mitgeteilt. Das Ausstreuen der Asche ist verboten.

Beerdigung

Die Beerdigung ist noch immer die häufigste Bestattungsform. Insgesamt existieren auf den ca. 25 000 bundesdeutschen Friedhöfen mehr als 32 Millionen Gräber. Laut ZVG Informationsdienst (Zentralverband Gartenbau) haben 51 Prozent aller Bundesbürger ein Grab zu betreuen. Dafür geben sie allein bei den ca. 8000 friedhofsgärtnerischen Betrieben mehr als 3 Milliarden DM aus. Die Zahl der Dauergrabpflege-Vertragsabschlüsse nimmt ständig zu. Zur Zeit beträgt die Zahl der Auftraggeber fast 180 000 und der Auftragsbestand ca. 920 Millionen DM.

Kremierung

Die ersten Aschenfunde sind in südrussischer Keramik aus den Jahren 3500 bis 2500 v. Chr. nachweisbar. Funde aus Mitteleuropa liegen ab ca. 3000 v. Chr. vor. Die Hauptfundplätze liegen im nördlichen Frankreich. In der Frühen Bronzezeit dominierte eindeutig die Erdbestattung. Erst seit 1000 v. Chr. wurden wieder Leichenverbrennungen durchgeführt.

Im alten Griechenland der homerischen Zeit wurden die Toten verbrannt. Unter etruskischer und römischer Herrschaft kamen beide Formen – Erd- und Feuerbestattung – vor. In Ägypten und Mesopotamien war die Bestattung des einbalsamierten Körpers die vorherrschende Form. Indien dagegen war von alters her ein Land der Leichenverbrennung.

Die Feinde des Christentums haben die Feuerbestattung immer als Kampfmittel gegen die Kirche angesehen; z. B. wurden im Jahre 177 n. Chr. in Lyon die Leichen der Märtyrer verbrannt und ihre Asche in die Rhône gestreut, um die Auferstehungshoffnungen der Christ-inn-en zu verhöhnen. Demgegenüber verbrannte die Kirche in der Inquisition Hexen und Feinde zum Zeichen ihrer Nähe zum Teufel.

784 n. Chr. erließ Karl der Große zur Bekämpfung noch lebendiger heidnischer Bräuche ein Verbot dieser Form der Leichenbestattung. Die geistige Grundlage der Leichenbestattung war wahrscheinlich der Gedanke, daß sich die Seele vom Körper löst.

Vom 17. Jahrhundert an verherrlichte man die antike Sitte der Feuerbestattung in den Kreisen, die sich unter dem Einfluß der Renaissance und Aufklärung von der Kirche entfernt hatten. 1797 versuchten Revolutionäre in Frankreich die Feuerbestattung durchzusetzen. 1848 wurde in Deutschland ein Vorstoß zur Kremierung gemacht. Ab 1870 propagierten die italienischen Freimaurer diese Form der Beisetzung.

Nachdem Siemens einen modernen Ofen für die Feuerbestattung konstruiert hatte, baute man 1876 in Gotha das erste Krematorium. 1905 schlossen sich Marxisten zu einem „Verein der Freidenker für Feuerbestattung" zusammen. In den 20er Jahren forderten die „proletarischen Freidenker" Feuerbestattung und Kirchenaustritt. Dementsprechend empfand die katholische Kirche, daß die Bejahung der Feuerbestattung einem Abfall von der Kirche gleichkäme.

1933 gab es 109 Krematorien in Deutschland (die Krematorien der KZ nicht mitgerechnet). In diesem Jahr wurden 459 271 Beerdigungen und 46 091 Feuerbestattungen vorgenommen. Die evangelische Kirche äußerte sich seinerzeit nicht gegen die Feuerbestattung. Der evangelische Oberkirchenrat in Berlin hatte jedoch noch 1885 jede Beteiligung eines evangelischen Pfarrers an einer Feuerbestattung verboten. Allerdings wurde wenige Jahre später in Gotha, Meiningen und Sachsen den Pfarrern die Teilnahme erlaubt.

Der Islam lehnt die Leichenverbrennung streng ab. In Indien, China und Japan dagegen ist sie bis heute noch üblich.

Bemerkenswert vielfältig ist übrigens die Bedeutung des Wortes „Urne", das aus dem Lateinischen stammt. Es bezeichnet die Gefäße, die zur Aufnahme des Leichenbrandes dienen. Volkstümlich werden so außerdem frühgeschichtliche Gefäße benannt. Aber auch der Kasten zum Einwerfen von Stimmzetteln und der zum Entnehmen von Lotterielosen heißt Urne.

Am 19. 1. 1913 wurde in Berlin eine Interessengemeinschaft „Volks-Feuerbestattungsverein Groß-Berlin" gegründet. Initiatoren waren die Metallarbeiter Georg Mending und Fritz Dietrich aus Berlin. Unter dem Motto „Einer für alle, alle für einen" sollte es auch Interessenten aus minderbemittelten Bevölkerungsschichten ermöglicht werden, die anfallenden Kosten für die Durchführung ihrer Feuerbestattung schon zu Lebzeiten sicherzustellen. Gegen einen geringen Betrag konnten die Anschaffung des Sarges,

Der Siemenssche Ofen für Leichenverbrennung, empfohlen von Prof. Reclam. Originalzeichnung von W. Reiche, 1874.

die Überführung ins Krematorium und die Beisetzung in einer Urne finanziert werden. Der Facharbeiterlohn betrug damals 28 Mark im Monat, das Bruttojahresgehalt für einen Verkäufer 1958 Mark. Im Jahre 1913 kostete eine einfache Erdbestattung 130 bis 320 Mark. Der Volks-Feuerbestattungsverein ermöglichte eine kostenlose Feuerbestattung gegen monatliche Beiträge von 20 bis 65 Pfennig bereits nach einjähriger Mitgliedschaft. Der Verein betrachtete sich als religiös-neutral. Mitglieder wurden vor allem freigewerkschaftlich organisierte Männer und Frauen. Mittels Lichtbildervorträgen und Führungen durch Krematorien konnten sich die Mitglieder informieren. Später kam die Sterbegeldversicherung hinzu. Ab 1918 erschien die Vereinszeitschrift „Die Volks-Feuerbestattung". Zu diesem Zeitpunkt umfaßte der Verein bereits 4000 Mitglieder und verfügte über ein Vermögen von etwa 50 000 Mark. 1922 waren es schon über 150 000 Mitglieder. Deshalb entschloß man sich jetzt, unabhängig von privaten Bestattungsunternehmen zu werden und eigene Bestattungsfahrzeuge anzuschaffen. Der Verein kaufte ein Sägewerk für die Sargherstellung und verbreitete sich ab 1925 über das gesamte Reichsgebiet. Es wurden eigene Urnenanlagen auf den Friedhöfen angelegt und eine Versicherung für die Hinterbliebenen ins Angebot aufgenommen. Bis zum Jahre 1932 gab der Verein über 8 Millionen Reichsmark als Darlehen für Krematoriumsbauten, Urnenheimanlagen etc.

1933 wurde der Verein gleichgeschaltet. Mit 256 000 Mitgliedern und Rücklagen von 15 Millionen Reichsmark übernahmen die Nationalsozialisten den Verein und tauften ihn in „Deutsche Feuerbestattung" um. Der humanitäre Gedanke der Feuerbestattung wurde nun als altgermanische Sitte ideologisch umgemünzt.

Bald nach dem Krieg formierte sich der „Volks-Feuerbestattungsverein" neu. 1948 zählte man wieder 743 000 Mitglieder. Der Gedanke, einer großen Familie anzugehören, um eine würdevolle, kostenlose Bestattung zu wissen, galt damals fast schließlich als erlösendes Gefühl von größter Not. Das Vermögen des Vereins war auf 59 Millionen Mark angewachsen. Daraus entstand die „Ideal-Lebensversicherung", die 1963 einen Bestand von 1,5 Millionen Versicherungsverträgen und eine Versicherungssumme von 440 Millionen Mark besaß. 1981 gab es in der Bundesrepublik in 71 Städten 77 Krematorien. Fast 750 000 Menschen waren Mitglied. Der Anteil der Einäscherungen näherte sich der 20-Prozent-Grenze, während er 1961 noch bei 10 Prozent gelegen hatte. Das waren absolut 135 000 Feuerbestattungen im Bundesgebiet. An der Spitze standen die Städte Selb in Franken mit 83,1 Prozent, Coburg mit 75 Prozent und Hof mit 71 Prozent. In Nordrhein-Westfalen lagen die Städte mit den geringsten Einäscherungsquoten: Aachen mit 5,6 Prozent, Bochum mit 7 Prozent, Bielefeld mit 9 Prozent.

Im Vorwort der ersten Gedenkschrift zum 10jährigen Bestehen des Feuerbestattungsvereins Selb und Umgebung aus dem Jahre 1930 heißt es, daß die wichtigsten Begebenheiten aufgeführt werden, um „die Freude zur ferneren Mitarbeit zu erhalten und zu steigern. Den Gegnern wollen wir aber den Beweis liefern, daß sich die Feuerbestattungsbewegung trotz aller vergeblichen Hemmungsversuche unaufhaltsam gebieterisch Bahn bricht". Der Verein wurde am 2. 4. 1920 gegründet. Er hatte 85 Mitglieder. 1930 waren es bereits 9000.

Zunächst wurde beschlossen, daß bei der Einäscherung aus Pietätsgründen niemand anwesend sein sollte. Wie bei einer Beerdigung mußten alle Leute gehen, wenn der Sarg versenkt war. Das aber „führte zu Mißtrauen und unsinnigen Gerüchten". Deshalb durften später gegen eine Mark Gebühr zwei Angehörige bei der Verbrennung dabeibleiben, „um böswilligen Ausstreuungen den Boden zu entziehen". Besonders erwähnt wurde, daß unter den Mitgliedern 1930 auch 1844 Katholiken waren, und die „große Zahl der weiblichen Mitglieder bezeugt fernerhin, daß auch das Frauengemüt den Ewigkeitsgedanken mit der Feuerbestattung sehr wohl in Einklang zu bringen vermag". Bei der Einweihungsfeier des Krematoriums sagte der Vereinsvorsitzende damals: „Durch die Errichtung des Krematoriums wird die Feuerbestat-

Das Krematorium zu Dresden, erbaut 1911. Die offene Urnenhalle an der Rückseite des Gebäudes (rechts) bietet Aussicht „nach dem freundlichen Gestade der Elbe" (Illustrierte Zeitung, 29. 6. 1911).

Das Behältnis mit der Leichenasche wird üblicherweise in einer künstlerisch gestalteten Urne untergebracht.

tung selbst in allen Kulturländern an Ansehen gewinnen. Unaufhaltsam ringt sich die Erkenntnis durch, daß in der Wirkung und der Reinheit der Flamme zur schleunigen Vernichtung des Körpers in Staub und Asche in voller Wahrung von Ethik und Ästhetik die vollendete Form der Bestattung zu erblicken ist."

Einige Beispiele: In Köln wurden 1993 auf stadtkölnischen Friedhöfen 6702 Menschen erdbestattet. In Krematorien eingeäschert wurden 3526 Menschen, auf den Friedhöfen des Umlandes beigesetzt (da Menschen aus der Region im Kölner Krematorium und zu Hause beigesetzt werden können) wurden 1038 Menschen. In Darmstadt werden bereits seit Anfang der 80er Jahre mit der Abwärme, die in der Verbrennungsanlage anfällt, die Feuerungsanlage, die Frühstücks- und Mannschaftsräume, die Dienstwohnungen und die Verwaltungsräume der Krematoriumsbediensteten beheizt. Pfarrer beider Konfessionen, die zu dem Vorgehen in Darmstadt befragt wurden, finden zwar, daß die Pietät berührt werde, daß aber letztlich die Nachwelt ihren Nutzen davon habe. In Berlin-Wedding, wo ein Krematoriumsbau bevorstand, sagte dagegen der Bezirksbaudezernent: „Grundsätzlich soll aus Krematorien kein wirtschaftlicher Nutzen gezogen werden." Ein Krematorium sei doch kein Kraftwerk. Er finde daher, daß die Abwärmenutzung von Krematorien gegen Sitte und Anstand verstieße.

In Krematorien in Duisburg entdeckte man eine Gefahr durch Herzschrittmacher. Deshalb hat das Duisburger Gesundheitsamt in einem Schreiben an alle Ärzte und Ärztinnen dazu aufgefordert, auf dem Totenschein in Zukunft deutlich einzutragen, ob der/die Verstorbene einen Herzschrittmacher trägt. Im Krematorium Buchholz sei bei einer Feuerbestattung ein Herzschrittmacher explodiert.

Ablauf einer Feuerbestattung

Für die Feuerbestattung erteilt die zuständige Ordnungsbehörde die Genehmigung. Dazu braucht man eine Sterbeurkunde, eine amtsärztliche Bescheinigung des natürlichen Todes, eine polizeiliche Bescheinigung, daß keine Bedenken wegen einer kriminellen Todesart bestehen, und eine Willensbekundung oder andere Verfügungen des Verstorbenen. Außerdem braucht man für die Kremierung einen zusätzlichen Schein, in der Regel vom Gesundheitsamt, den ein Amtsarzt oder eine Amtsärztin ausstellt: Da verbrannte Körper nicht mehr exhumiert werden können, ist es Vorschrift, daß jede Leiche noch einmal vollständig amtsärztlich untersucht wird, um jeden Verdacht auf ein möglicherweise verübtes Verbrechen auszuschließen. D. h. jede-r wird vor einer Kremierung unweigerlich noch einmal komplett ausgezogen und von einem fremden Amtsarzt oder einer Ärztin untersucht.

Zur Einäscherung wird der geschlossene Sarg mit dem eingebetteten Leichnam in die Verbrennungs-

Phasen einer Feuerbestattung: Der Sarg mit dem Verstorbenen wird auf dem Versenkungstisch aufgebahrt. Nach der Trauerfeier versinkt der Sarg und der Tisch schließt sich wieder.

anlage des Krematoriums gegeben. Dabei ist der Sarg von allen Metallteilen befreit, damit er ohne Rückstände verbrennen kann. Nitro- und Kunstharzlacke werden vermieden, damit die Umwelt geschont wird und der Sarg möglichst ruß- und rauchfrei verbrennt. Dem Leichnam wird ein Erkennungsschild aus Schamotte beigegeben. Nach der Einäscherung wird die Asche der Einäscherungskammer entnommen, von eventuellen Metallresten befreit und völlig zerkleinert. Danach wird sie mit dem Erkennungsschild in eine luft- und wasserdichte Aschenkapsel eingefüllt, die dann verschlossen wird. Auf dem Deckel finden sich: Einäscherungsnummer, Name, Geburts- und Todesdatum, der Krematoriumsname und das Datum der Einäscherung.

Ablauf einer Seebestattung

Auf See bestattet werden dürfen heute nur noch Urnen, das heißt, eine Leiche muß grundsätzlich erst kremiert werden.

Die Beisetzung von Asche-Urnen auf See übernimmt die „Deutsche Seebestattungsgenossenschaft" des Deutschen Bestattungsgewerbes. Dazu bedarf es einer Genehmigung der Ordnungsbehörde des Wohnortes. Für die Bestattung auf See wird eine Beisetzung in einer Urne vorausgesetzt, die nach den Vorschrif-

Die Leiche wird im Sarg in den Verbrennungsofen gefahren.

ten des Deutschen Hydrographischen Institutes so beschaffen sein muß, daß sie sinkt und sich das Material des Gefäßes nicht zersetzen kann. Die Angehörigen haben die Wahl, der Zeremonie beizuwohnen oder einen Auszug aus dem Logbuch zu erhalten. Außerdem bekommen sie eine Seekarte, in der die Position des Versenkungsortes eingezeichnet wird.

Alles über
Seebestattungen
der Seebestattungs-Reederei Hamburg

Leistungsumfang

Abstimmung und Absprache mit Ihrem
Bestattungsunternehmen an Ihrem Heimatort.

Anforderung oder Abholung der Urne
vom Krematorium.
Gestellung der Aschenamphore für die Seebeisetzung.
Überführung der Amphore an den Kapitän.
Verbringung der Amphore mit dem Seeschiff zum
Beisetzungsort. Einzelne, individuelle Beisetzung,
auch mit geistlichem Beistand.
Musik vom Tonband nach Wunsch.
Beisetzung der Amphore nach gesetzlichen Vorschriften
außerhalb der Dreimeilenzone in Ost- und Nordsee
sowie allen Weltmeeren.

Während der Beisetzung Feststellung der genauen
Position mit modernsten nautischen Geräten.
Eintragung der Position im Logbuch und der Seekarte
sowie Anfertigung je eines Auszuges für die
Hinterbliebenen und das Krematorium.

Die Aschenamphore wird in Gebieten auf See beigesetzt,
in der die Tiefe des Meeres und die Beschaffenheit des
Grundes eine ungestörte Ruhe bis in die Ewigkeit
gewährleistet.

Der Kapitän des Schiffes versenkt die Urne auf offener See.

Ganzkörperspende

Diese Form des Umgangs mit der Leiche ist in Einzelheiten nicht so bekannt, so daß viele Menschen verunsichert sind, ob sie richtig handeln und was mit ihrem toten Körper geschehen wird, wenn sie einer Ganzkörperspende zustimmen. Dazu zwei Briefe aus unserer Hörerpost:

Herr A. K. aus Leverkusen
Meine Frau und ich haben bereits im Jahr 1971 unsere Körper dem Anatomischen Institut der Uni Düsseldorf zur Verfügung gestellt. Im Bestätigungsschreiben von Herrn Prof. Dr. Dr. A. Kiesselbach heißt es wörtlich:

„Die Überführungs-, Bestattungs- und Grabkosten übernimmt das Institut. Wir bezahlen ebenfalls die Anfertigung einer Grabtafel und die Grabpflege für zwei Jahre. Sollten Sie in einer privaten Sterbeversicherung sein, so können Sie diese kündigen, damit Ihnen die zustehenden Gelder ausgezahlt werden. Die Beisetzung mit kirchlichen Ehren findet auf dem hiesigen Stoffeler Friedhof oder in einem etwa vorhandenen Familiengrab statt, sofern es in NRW liegt. Für Ihre Angehörigen ist es sicher wichtig zu wissen, daß die Beerdigung im allgemeinen frühestens im Februar oder März des nachfolgenden Jahres stattfinden kann."

Hierbei kann ich den von einzelnen Diskussionsrednern in Ihrer Sendung geäußerten Befürchtungen nicht folgen, wonach das Sterbegeld eventuell an das Institut abzuliefern sei; aus dem vorstehenden Text geht das nicht hervor.

Prof. Dr. H. G. Goslar vom Anatomischen Institut der Universität Düsseldorf antwortete 1980 (also 9 Jahre später) auf eine Anfrage eines Hörers aus Wuppertal folgendermaßen:

In der Regel finden Erdbestattungen auf dem Südfriedhof und Urnenbeisetzungen auf dem Stoffeler Friedhof in Düsseldorf statt. Die Kosten für den Sarg, die Überführung, Bestattung und das Grab sowie für die Anfertigung einer Grabtafel und die Übernahme der Grabpflege für zwei Jahre werden von dem Sterbegeld aus der gesetzlichen Krankenversicherung beglichen. Übersteigen die Kosten diesen Betrag, dann übernimmt die Universität Düsseldorf die Mehrkosten. In Fällen, in denen kein Sterbegeld gewährt wird, werden die Gesamtkosten von der Universität Düsseldorf getragen. Die Beisetzung findet Ihrem Wunsche gemäß mit oder ohne kirchliche Ehren statt.

Eine Urnenbeisetzung in ein bereits vorhandenes Familiengrab ist auch außerhalb von Düsseldorf möglich. Erdbestattungen in bereits vorhandene Familien-

gruften können dagegen nur innerhalb von Düsseldorf stattfinden.

Für Ihre Angehörigen ist es sicher wichtig zu wissen, daß die Beerdigung nicht unmittelbar nach dem Tode, sondern erst zu einem späteren Zeitpunkt erfolgt. Ihre Angehörigen werden von dem Beisetzungstermin rechtzeitig unterrichtet.

Die Universität Düsseldorf dankt Ihnen nochmals für Ihre selbstlose, idealistische Einstellung, mit der Sie der Wissenschaft einen wertvollen Dienst erweisen.

Dies gilt heute nicht mehr. In Düsseldorf zumindest wird gegenwärtig folgendermaßen vorgegangen: Spender-innen müssen sich bereit erklären, auf eine feierliche Bestattung zu verzichten. Die Leiche wird grundsätzlich eingeäschert und die Urne auf dem anonymen Grabfeld auf dem Stoffelner Friedhof in Düsseldorf beigesetzt (Anm. d. Red.).

Außergewöhnliche Bestattungsformen

In einem Vorstadtteil von Madrid gibt es einen Friedhof mit einheitlich hellen fünfstöckigen Häuserblöcken. In den bereits „bezogenen" Fronten sind bunte Kunststoffblumen und handtellergroße Madonnenbilder angebracht. In den Blöcken „wohnen" die Toten in Nischen, in jedem Quadratmeter Hauswand. Raummangel, steigende Bodenpreise und die hohen Betriebskosten des Ein- und Ausgrabens ließen die Friedhofsarchitekten der 5-Millionen-Stadt Madrid ein System perfektionieren, das seit den Zeiten des alten Roms an den Gestaden des Mittelmeeres üblich ist: die Beisetzung in Nischen. „Columbarien" nannten die Römer die Billigfriedhöfe, die nach dem Prinzip der Taubenschläge übereinandergereihte Schlupflöcher besitzen (Columba, lat. = die Taube).

24 Stunden nach dem Ableben muß in Spanien der

Urnennische in der alten Mauer des Krematoriums Wien-Simmering.

Tote beigesetzt werden. Ein grauer Leichenwagen befördert die Leichen zu den Blocks. Der Geistliche spricht einen schnellen Segen. Dann übernimmt ein Gabelstapler mit Geländer den Sarg. Der Totengräber fährt mit hoch vor die offene Nische und schiebt den Sarg hinein. Fünf Jahre später wird man den Sarg wieder herausziehen. Die an der trockenen Luft Kastiliens schnell vermodernden Überreste kommen dann in einen überdimensionalen Schuhkarton und werden an der Stirnseite des Columbarios endgültig beigesetzt.

Von den 20 660 Toten, die im Jahre 1983 bestattet wurden, wurden nur 397 eingeäschert. Eine Beisetzung kostete zu dem Zeitpunkt in Madrid zwischen umgerechnet 325 und 6600 Mark. Ein Dauergrab gibt es von 3700 bis 50 000 Mark und aufwärts.

Rechtliches
Nach einem Urteil des Landgerichts Essen von 1983 hat allein der/die Witwe-r des/der Verstorbenen das Recht, die Bestattungsart zu bestimmen, wenn der/die Verstorbene keine Anordnungen dafür hinterlassen

hat. Die gemeinsamen Kinder haben dieses Recht nicht. In einem Fall, der mir bekannt wurde, wollte die Witwe ihren verstorbenen und eingeäscherten Mann in einer Seebestattung beisetzen. Die Tochter protestierte und betonte, der Vater habe sich immer ein Erdgrab gewünscht. Das Landgericht Essen entschied schließlich, daß die Witwe allein bestimmen könne.

Von deutschem Geist – der Friedhofszwang

Nach dem Hamburgischen Gesetz von 1915 konnten Urnen auch den Angehörigen zur anderweitigen Beisetzung oder Aufstellung übergeben werden. Durch ein Gesetz der Nationalsozialist-inn-en von 1934 wurde Friedhofszwang eingeführt. In besonderen Fällen waren Ausnahmen für Urnen zulässig. In Hamburg gibt es, ähnlich wie in anderen Bundesländern, seit 1970 ein Friedhofsgesetz. Das hat den Friedhofszwang der Nazis übernommen, auch mit der Ausnahme für besondere Fälle. Weiter gilt noch von 1934, daß die Asche in einer Urne begraben werden muß und daß jederzeit die Möglichkeit bestehen muß, festzustellen, von wem die Aschenreste stammen und wo die Asche aufbewahrt wird.

Die Frankfurter Allgemeine Zeitung berichtete 1981 von folgendem Fall:

Die Totenruhe im Garten und der Friedhofszwang

Sohn erfüllt Letzten Willen des Vaters / Asche in eigenes Grundstück / Im Strafprozeß zunächst Freispruch

KARLSRUHE, 24. April. *Statt der Asche befand sich in der Urne ein Spottgedicht, das der Verstorbene vierzehn Tage vor seinem Tode gereimt hatte: „Wenn Ihr meine Asche sucht, / ruft Ihr sicher: ‚Ei, verflucht!' / Urne längst schon ist verschwunden, / denn das Grab wurd' leer gefunden." Der Tote behielt recht. Zwar fand sich die Urne später wieder, aber die paar Hände voll Asche, die nach der Feuerbestattung von einem Menschen übrigbleiben, sollten für immer unauffindbar sein. Der Sohn dieses „Dichters" – ein ebenso ausgeprägter Individualist wie sein Vater – hatte sie im Garten der Hamburger Vorstadtvilla zwischen mannshohen Tannenbäumen vergraben. Zehn Autominuten vom nächsten städtischen Friedhof hatte sich so auf eigenem Grund und Boden der Satz „Friede seiner Asche" erfüllt. Der Sohn konnte sich dabei als Vollstrecker eines eigenwilligen Letzten Willens fühlen. Denn sein Vater, der schon sechs nahe Familienangehörige heimlich in gleicher Weise und an gleicher Stelle bestattete, hatte zehn Jahre vor seinem Tode mit staunenswerter Hartnäckigkeit vor allen staatlichen Gerichten um diese Form der Beisetzung gekämpft; eine Bestattung, die in unserem Kulturkreis eigentlich nicht heimisch ist.*

Schon im Mai 1969 hatte dieser Mann erstmals um Befreiung vom sogenannten Friedhofszwang nachgesucht. Aus alter Verbundenheit mit seinem Garten, dessen Pflege jahrzehntelang seine Freizeit ausgefüllt hatte, wollte er dort im Grünen aufgehen und nicht auf dem Friedhof zwischen Toten liegen, die ihn nichts angehen. Er hoffte dabei auf eine gesetzliche Bestimmung, die eine Ausnahme von der üblichen Bestattung auf dem Friedhof vorsah. Ein solcher Ausnahmefall, so belehrten ihn damals aber die zuständigen Ämter, sei nicht zu sehen – zumal er, wie es in unnachahmlicher behördlicher Logik hieß, ja noch am Leben sei.

Das Hamburger Verwaltungsgericht, wo der Rechtsstreit später dann seinen Ausgang nahm, sah die Dinge weniger „eng". Zwar ging es auch dort den Richtern zu weit, daß die Asche – wie der Vater es ursprünglich gewollt hatte – auf dem Grundstück verstreut werden sollte. Aber sie erlaubten, die Urne mit der Asche im ei-

genen Garten beizusetzen – wenn es denn soweit sein sollte –, sozusagen als posthume freie Entfaltung der Persönlichkeit. Es sollte der einzige Prozeßsieg in einem zehnjährigen Rechtsstreit bleiben.

Denn weder das Oberverwaltungsgericht noch das Bundesverwaltungsgericht zeigten Verständnis für den Wunsch nach einer individuellen Beisetzung. Unsere moderne Gesellschaft verdränge das Phänomen des Todes immer mehr, sagten die Oberverwaltungsrichter. Und deshalb sahen sie im Friedhofszwang einen guten, historisch gewachsenen Sinn. In dem Urteil klang zugleich die Besorgnis über mögliche Folgen an, wenn das Hamburger Beispiel Schule machen sollte. Private Grabstätten könnten einer städtebaulichen Entwicklung entgegenstehen, hieß es. Deshalb wolle man nur seltene Ausnahmen vom Friedhofszwang zulassen – nicht aber hier, im Grünen in Hamburg.

Auch das Bundesverwaltungsgericht in Berlin befaßte sich vier Jahre später ausführlich mit dem „Sterbefall zu Lebzeiten". Die Berliner Richter sprachen nicht von der Verdrängung des Todes, sondern von der weitverbreiteten Scheu vor dem Tod, die bei dem Anblick von Urnen im Nachbargarten weiter vertieft werden könnte. Gegen das Sittengesetz, so räumten sie ein, verstoße der Wunsch nach privater Bestattung nicht – wohl aber gegen das Friedhofsgesetz, das seinerseits wieder an der Verfassung standhalte. Auch beim Bundesverfassungsgericht holte sich der Kläger, der sich damals noch bester Gesundheit erfreute, eine Abfuhr – wenn auch immerhin vom ganzen Senat und nicht nur vom weitaus kürzer angebundenen Dreierausschuß. Der Gesetzgeber hat nach Ansicht der Richter in Karlsruhe die Verfassung nicht verletzt, als er sich für den grundsätzlichen Friedhofszwang entschied. Damit war aber der gesamte Prozeß noch nicht zu seiner letzten Ruhe gekommen. Der Mann wandte sich – letztlich erfolglos – auch an die Europäische Menschenrechtskommission in Straßburg.

Inzwischen geschah, was stets die dumpfe Begleitmusik des Rechtsstreits gewesen war: der Kläger verstarb. Sein Sohn, der sich mehr dem Willen des streitbaren Vaters als der Gesetzesauslegung der Gerichte verpflichtet glaubte, tat gerade das, was ihm wortreich verboten worden war. Er grub die Urne aus, trug sie nach Hause, vergrub die Asche im Grundstück und hinterließ die Spottverse auf dem Grabe. Wer den Spott hat, braucht für den Schaden nicht zu sorgen, heißt es. So war es auch hier: Wenige Tage später wurde der Austausch bekannt, die Urne beschlagnahmt und ein Strafprozeß in Gang gesetzt – wegen Störung der Totenruhe.

Das sah der Sohn aber nun ganz und gar nicht ein: denn er hatte ja gerade jene Totenruhe herstellen wollen, von der der Verstorbene zeitlebens geträumt und für die er so lange gekämpft hatte. Bei dem Strafprozeß in Hamburg stieß der Sohn vor kurzem auf einen einfühlsamen Amtsrichter. Der machte ihm zwar klar, was so manch anderer Richter im Laufe der zehn Jahre schon versucht hat, daß er etwas Unerlaubtes getan habe, als er die Urne ins Grüne entleerte. Aber bestrafen mochte er ihn dennoch nicht. Der Sohn sei bei dieser Form der Beisetzung einem Verbotsirrtum erlegen, meinte der Richter – eine Art Antigone-Komplex als Entschuldigungsgrund.

Da die Staatsanwaltschaft Berufung gegen den Freispruch eingelegt hat, ruht der „Fall" einstweilen noch nicht in Frieden. Hinter dem Wortlaut des Gesetzes stellen sich Fragen, die vielleicht auch dem Richter – die schriftliche Begründung des Urteils steht noch aus – durch den Kopf gegangen sein mögen: Wer ist letztlich der „Berechtigte", von dem im Strafgesetzbuch die Rede ist und der die Asche eines Verstorbenen in Gewahrsam haben darf? Und wie soll man wissen, wo hier die Grenze verläuft zwischen Erlaubtem, Verbotenem und Strafbarem?

„Guten Tag, ich bin die Asche", soll der exzentrische

Vater im Verkehr mit den Behörden bisweilen schmunzelnd gesagt haben. Scherz, Satire, Ironie: der Fall hat zugleich seine tiefere Bedeutung. Freilich ist es zutreffend, wie die Gerichte dies sahen, daß wir das Phänomen des Todes immer mehr verdrängen. Dies geschieht ja auch mit anderen Phänomenen, die uns schmerzlich daran erinnern, wie dünn der Boden ist, auf dem wir unserer Wege gehen. Natürlich kann ein fremdartiger Totenkult Tabus verletzen. Rührt es aber wirklich an einer Grundangst, einem Tabu, wenn jemand eine Urne – für andere unsichtbar – nicht auf dem Friedhof beisetzt, sondern dort, wo er zu Lebzeiten seinen Frieden suchte?

Seeleute dürfen auf hoher See beigesetzt werden; manch Großer dieser Welt ruht in seinem privaten Mausoleum und auch der eine oder der andere kleine Mann suchte und fand seine letzte Ruhe außerhalb der Mauern eines Friedhofs. Mögen also auch im Tode alle gleich und einige noch gleicher sein: zu guter Letzt bedeckt sie doch alle Erde.

(Frankfurter Allgemeine Zeitung, 25. 4. 1981)

Der Sohn, Dr. Volker Heydt, war Gast bei einer „Hallo-Ü-Wagen-Sendung" und erläuterte dort: Nach seiner Auffassung verstößt das Friedhofsgesetz eindeutig gegen die Verfassung. Es werden verletzt:

Artikel 1: Würde der menschlichen Person;
Artikel 2: Freie Entfaltung der Persönlichkeit;
Artikel 4: Religionsfreiheit.

An sich sind die Gesetze von 1934 ohnehin ungültig. Nazi-Gesetze dürfen rechtswirksam nur dann weiterbestehen, wenn überprüft worden ist, daß sie mit unseren Verfassungsgrundsätzen übereinstimmen. Da dies bis zur Verfassungsklage von Herrn Heydt noch nicht überprüft worden war, konnte man sich nicht auf sie als geltendes Recht berufen.

Die Argumentation der Hamburger Behörden stützt sich darauf, daß Gesetze eingehalten werden müssen. Sie meinen, daß die Gesetze vernünftig und nicht verfassungswidrig seien, denn durch den Friedhofszwang werde verhindert, daß durch mangelnde Ausführung der Behandlung von Leiche und Asche sittliche Gefühle großer Bevölkerungskreise verletzt oder die öffentliche Gesundheit und die öffentliche Ordnung gefährdet werden. Der Staat habe eine Verpflichtung, dafür zu sorgen, daß Leichen und Aschenreste ordnungsgemäß bestattet werden. Und zwar in würdiger Form. Auch hat der Staat dafür zu sorgen, daß die Grabstätten in gehöriger Weise gepflegt werden. Dies aber kann der Staat nicht, wenn jemand die Urne in seinem Garten aufbewahrt. Der Garten kann anders genutzt oder bebaut werden. Dadurch wäre die Totenruhe nicht garantiert. Der Gleichheitsgrundsatz wäre verletzt, da nur die Menschen mit eigenem Garten oder einem Hausfriedhof eine solche Möglichkeit hätten. Auch das Strafrecht sei tangiert. Wenn die Asche nicht mehr vorhanden ist, kann man nie mehr z. B. einen Giftmord nachweisen. Ausnahmen seien nur in besonderen Fällen möglich: Kirchenbestattung von kirchlichen Würdenträgern, Seebestattung, Adeligenbestattungen.

Nur in der ersten Instanz hatten die Heydts beim Verwaltungsgericht Hamburg einen Teilerfolg. Heydt selbst hatte beantragt, in seinem Garten ohne Urne begraben zu werden. Hilfsweise stellte er einen Antrag, in seinem Garten in einer Urne beigesetzt werden zu dürfen. Ohne Urne geht es nicht, sagte das Gericht, weil im Friedhofsgesetz eine Urne ohne Ausnahmemöglichkeit bestimmt ist. Aber im Garten geht, weil Heydt eben unter die Ausnahme falle. Im Grunde, meinte das Gericht, falle jede-r darunter, der/die einen Antrag stelle. Denn wenn es die Ausnahme nicht gäbe, sei das Gesetz tatsächlich nicht verfassungskonform. Dies war der einzige Erfolg für Herrn Heydt. Alle anderen Instanzen, inklusive Verfassungsgericht, hielten die Gesetze für verfassungskonform und teilten die Auslegung der Stadt Hamburg. Das Oberverwaltungsgericht begründete erneut: Um den Friedhofszwang zu würdigen, müsse man von der heutigen Einstellung zu Tod und Sterben ausgehen. Und diese Einstellung wolle heute, daß der Tod, wie alles, was an ihn erinnert, so wenig wie möglich sichtbar werde. Große Trauerzüge gebe es heute deshalb nicht mehr, weil man den Tod aus dem öffentlichen Leben verschwinden lassen wolle. Die Begegnung mit dem Tod solle möglichst auf den Kreis der unmittelbar Betroffenen beschränkt bleiben. Für die Toten gebe es aufgrund dieser Einstellung daher zu Recht einen abgelegenen „Ort des Todes", den Friedhof.

Der Sohn von Herrn Heydt hat in mehreren Artikeln in juristischen Fachzeitschriften viel zu diesem Fall geschrieben. Darunter auch einiges über die Geschichte des Friedhofszwanges: Bei Römern und Germanen gab es keinen gemeinsamen Friedhof. Die Toten waren Sache der Familien. Auch im frühen Christentum wurde am Familiengrab festgehalten. Aber da nach christlichem Glauben die Gemeinschaft der Gläubigen eine große Familie ist, erfand man für diese große Familie auch den gemeinsamen Friedhof. Entsprechend sinnvoll war, daß Exkommunizierte und Verbrecher-innen nicht „in geweihter Erde", d. h. nicht innerhalb der Friedhöfe beigesetzt werden durften. Der Ausschluß vom Friedhof war also eine Art Strafe. Erst als das Bestattungswesen im vorigen Jahrhundert in staatliche Hände überging, wurde als rechtlicher Zwang das eingeführt, was bis dahin ein Vorrecht unbescholtener Bürger gewesen war: nämlich die Bestattung auf dem Friedhof. Entsprechend wirkt im Friedhofszwang kirchliches Bestattungsrecht in staatlichen Normen weiter, auch wenn es die „Ehrlosen" nicht mehr gibt. Diese Tradition – so Sohn Volker Heydt – stimme allerdings nicht überein mit der weltanschaulichen Neutralität, die das Grundgesetz fordert.

In Ländern wie Belgien, Dänemark, Frankreich, Großbritannien, den Niederlanden und Österreich kann man sehr wohl privat in Urnen bestattet werden. Dort gibt es routinemäßig Ausnahmegenehmigungen zur Privatbeisetzung. Volker Heydt hat mehrere Fälle aufgeführt, wo Leute, selbst ohne Urne, privat bestattet wurden, unter anderen der Philosoph Ernst Haeckel, 1919, oder in den 50er Jahren ein Chinese, dessen Asche in den Main gestreut wurde.

Sechs weitere Fälle führt Volker Heydt auf als Beispiele, wo Urnen im Garten bestattet wurden, u. a. gab Bundeskanzler Kohl 1972 als Ministerpräsident für eine Frau Neuwirt diese Ausnahmegenehmigung.

Daß Volker Heydt die Urne seines Vaters vom Friedhof stahl, wurde mit einer Geldstrafe von 1800 Mark belegt (Gesetzesgrundlage § 168 des Strafgesetzbuches: Störung der Totenruhe).

Natürlich durchlief der Jurist Volker Heydt die Instanzen. Das Bundesverfassungsgericht lehnte eine Überprüfung ab. Deshalb wandte er sich an die Europäische Kommission für Menschenrechte. Der Antrag lautete, die Strafe aufzuheben. Die Begründung für den Antrag war, daß sein Vater die Überführung der Urne in den Garten testamentarisch so gewollt hätte, und damit der Diebstahl der Urne nicht unbefugt gewesen sei. Der Tote sei nicht gestört, sondern sein Wille sei ausgeführt worden.

Volker Heydt, Jurist und heute Beamter der EG-Kommission in Brüssel, wurde in allen Instanzen abgewiesen und ist damit vorbestraft.

Ein ähnlicher Fall, wo jemand sich intensiv gegen den Friedhofszwang auflehnte, ereignete sich im Landkreis Lüneburg und sorgte dort für Schlagzeilen.

Unter den Wipfeln ist Ruh'

Weil seine Verwandten auf dem eigenen Waldgrundstück bestattet werden wollten, hat ein Heide-Bauer einen bizarren Rechtsstreit entfacht

Zwischen Schneeglöckchen und den ersten Narzissen steht der Stein des Anstoßes. Der massige Findling auf dem hügeligen Geestrücken der Gemarkung Boltersen bei Lüneburg.

Hier ruht der Altbauer Friedrich Gause – auf seiner eigenen Scholle, wo er geboren wurde und aufgewachsen war und wo seine Vorfahren schon seit dem Jahre 1540 eine Hofstelle hatten.

Nur da wollte er begraben sein, nur dort könne er ewige Ruhe finden, hatte er zu Lebzeiten verfügt – und damit einen bizarren Rechtsstreit entfacht, der bis heute andauert. Denn Tote, so die heute herrschende Meinung, gehören auf den Friedhof und nicht in jedermanns Garten.

Der Ärger begann 1970, als dem Bauern der Erhalt der Grabstätten seines 1916 verstorbenen Großvaters und des Urgroßvaters auf dem öffentlichen Friedhof der nahegelegenen Gemeinde Neetze verweigert wurde. Begründung: Die Plätze würden für Neubelegungen benötigt.

Friedrich Gause bot seiner Heimatgemeinde Boltersen an, auf einem Waldgrundstück seines 70 Hektar großen Besitzes kostenlos einen Friedhof zu errichten. Einzige Bedingung: Den dort Beerdigten solle ewige Ruhe garantiert sein, jedes Grab nur einmal belegt werden. Die Gemeinde zeigte kein Interesse. Auch eine private Familiengrabstätte auf dem Waldstück lehnte der Landkreis Lüneburg 1988 ab.

Am 9. September 1990 starb Friedrich Gause mit 92 Jahren. Seinem Sohn Klaus war der letzte Wille des Altbauern natürlich heilig, und so legte er den Leichnam des Vaters bei minus 20 Grad in eine eigens dafür angeschaffte Gefriertruhe in der Garage. Vom Hausarzt ließ er sich die sachgerechte Lagerung der Leiche bestätigen und wartete ab.

Damit der Grab-Streit ein Ende finden und der Altbauer endlich unter die Erde konnte, gestatteten die Behörden schließlich am 22. September 1990 gnadenhalber seine Beisetzung auf dem geliebten Waldgrundstück.

Nun wollte Klaus Gause auch seine Großmutter und seine 1971 gestorbene Mutter dorthin umbetten, die gegen ihren erklärten Wunsch auf dem öffentlichen Friedhof lagen.

Das ging dem Landkreis zu weit. Die zuständige Behörde lehnte ab. Klaus Gause klagte und bekam in erster Instanz vor dem Verwaltungsgericht recht. Die Kammer stellte fest, „daß zur Errichtung einer privaten Begräbnisstätte keine spezielle friedhofsrechtliche Erlaubnis erforderlich ist", da in Niedersachsen – anders als in anderen Bundesländern – bislang kein formelles Gesetz existiere, das den Friedhofszwang vorschreibe.

Der Landkreis befürchtete einen Präzedenzfall und ging in die Berufung. In der vorvergangenen Woche entschied das Oberverwaltungsgericht Lüneburg, Verstorbene müßten gemäß alten Gewohnheitsrechts auf kirchlichen oder kommunalen Friedhöfen beigesetzt werden.

Überrascht erfuhren dann die Richter, daß Bauer Gause – nach dem vorläufigen Urteil des Verwaltungsgerichtes – gleich vollendete Tatsachen geschaffen und auch die sterblichen Überreste seiner Mutter und seiner Großmutter hatte umbetten lassen.

Das ist nach dem Richterspruch zwar illegal, aber eine zwangsweise Rückverlegung der beiden Gräber nach Neetze wird es nicht geben. „Wir wollen da nicht dran rühren", sagte Gudula Heintzmann, Rechtsdezernentin des Landkreises.

Ob eines Tages auch Klaus Gause neben seinen

Vorfahren ruhen darf, ist damit aber noch nicht geklärt. Der ist fest entschlossen, für sein Recht aufs hauseigene Grab bis vor das Bundesverwaltungsgericht zu ziehen: „Ich will nicht, daß man nach 30 Jahren mit meinem Totenschädel Fußball spielt."

(STERN 15/1994)

Der Friedhof in der modernen Gesellschaft

1921 wurde in Dresden der „Reichsausschuß für Friedhof und Denkmal" gegründet, als Endpunkt eines zwischen 1750 und 1850 vollzogenen revolutionären Wandels, was die Gestalt der Friedhöfe anging. Es wurde eben nicht mehr auf dem Kirchhof rund um die Kirche begraben oder gar in der Kirche selber, sondern außerhalb der Ortschaften, da angebliche wissenschaftliche Erkenntnisse, die den Leichnam als Überträger von Krankheiten identifizierten, es nahelegten, den Kontakt zu vermeiden. So verbot die österreichische Kaiserin Maria Theresia 1772 aus Fürsorge für den „allgemeinen Gesundheitszustand" die Begräbnisse in den Kirchen. 1788 wurden in Hessen und Kassel Geldstrafen gegen Eltern verhängt, die ihre an Blattern verstorbenen Kinder „öffentlich zur Schau stellten".

Schließlich wurde in früheren Jahrhunderten nicht nur anders mit den Toten umgegangen, sondern auch anders getrauert. Beliebt waren bis ins 19. Jahrhundert sogenannte Haarbilder für die „Gute Stube", das waren zum Beispiel Blumengebinde, die aus dem geflochtenen Haar der Verstorbenen gefertigt waren.

Gräber

Auf Kreta fand ich ein' Friedhof
Für Führer und Vaterland
Da schlafen viel deutsche Soldaten
Im Hügel am Straßenrand
Und über ihnen wuchert
Der gelbe Rosinenwein
Zu süß! der Wein für Rosinen
Den stopfe ich in mich rein.

Und auf Formentera da wohnen
Die Toten bequem direkt
Am großen Auto-Friedhof
Das hat mich ein bißchen geschreckt
Wie Krieger mit ihren Waffen
So liegen die Toten bereit
Mit ausgeschlachteten Autos
Zur Fahrt in die Ewigkeit

Wo immer ich Menschen suche
Besuch ich auch Gräber gern
In Barcelona, da hausen
Die Toten supermodern
Sie liegen in Mietskasernen
Aus Steinschachteln ist das Haus
Und starren, wie früher ins Fernsehn
Nun auf das Meer hinaus

In Moskau der Nonnenfriedhof
Da liegen mit Bildchen und Stein
Die Mörder und ihre Opfer
Sie liegen Gebein an Gebein
Und fluchen und wimmern und stoßen
Und kratzen einander wund
Und schrein mit blutiger Erde
Im aufgerißnen Mund

> So graste ich manches Grab ab
> Fraß Blumen verwelkt in mich rein
> Und lud mir auf die Seele
> In Prag einen Juden-Stein
> Die Toten leben ganz eigen
> Sie reden so still und so klar
> Sogar ihre Lebenslügen
> Werden im Schweigen wahr
>
> Ich weiß es, die Toten leben
> Und wolln, daß sie einer besucht
> Wer kalt an den Kalten vorbeigeht
> Der wird verhext und verflucht
> – ich nicht! meines Vaters Grabstein
> Steht überall. Ich brauch
> Sein Grab nicht lange suchen
> Es ist so leicht zu finden
> Dort, wo ein Schornstein raucht.
>
> (Wolf Biermann)

Heutzutage verfallen die Sitten auf deutschen Friedhöfen immer mehr. In Hamburg wird z. B. nur noch für die Hälfte der Verstorbenen um einen Pastor gebeten. Bei einem Drittel treten andere Redner-innen auf. Der Rest wird ohne Trauerfeier beerdigt. Die Bestatter-innen nennen so etwas einen „einfachen Abtrag". Pastoren und Pastorinnen erleben immer wieder, daß zu einer Beerdigung niemand erscheint, nicht einmal die engsten Angehörigen. Der Seelsorger eines städtischen Pflegeheims in Hamburg berichtet, daß er ca. 25mal im Jahr in der Friedhofskapelle mit dem Sarg allein bleibe. Weder Angehörige noch Zimmernachbar-inne-n, noch das Pflegepersonal machen sich auf den Weg.

Was die Trauermusik betrifft, führen heute nicht mehr Kompositionen von Albinoni oder Vivaldi die Liste an, sondern „La Montanara" oder „Junge, komm bald wieder". Gesungen wird bei Trauerfeiern kaum noch.

Auf den Friedhöfen wird inzwischen gestohlen, was nicht niet- und nagelfest ist: Vasen, Porzellanfiguren, Blumen, Pflanzen werden ausgegraben. Vorbei ist auch die Zeit kunstvoller Grabsteinkultur. Kindergräber dagegen ziert oft ein marmorner Pumuckl oder ähnliches. Engel oder betende Hände sieht man bei neuen Gräbern nicht mehr. Statt dessen verrät die Elchschaufel, daß hier ein Landsmann aus Ostpreußen ruht. Hundeporträts und Wellensittiche können das letzte Geleit geben. Tauben verweisen nicht mehr auf den Heiligen Geist, sondern auf die Mitgliedschaft des Toten im Taubenzüchterverein.

Für die Trauerrede eines profanen Redners wird ein Honorar von 120 bis 200 Mark angesetzt. In Berlin gibt es bereits zehn solcher Redner-innen. Sie sind ursprünglich meist Musiker- oder Schauspieler-innen.

Es häufen sich Klagen darüber, daß lieb- und pietätlose Expreßbestattungen stattfinden, wo nach 15 Minuten der Sarg wegklappt, die Musik abrupt abgebrochen, die Gebete nicht zu Ende gesprochen werden können, weil Friedhofsämter die Viertel-Stunde in ihren Satzungen als Obergrenze festgeschrieben haben und Angehörigen so gedrängt werden, endlich Schluß zu machen, weil die nächsten schon draußen warten. Viele glauben, daß unsere Sterbekultur einen absoluten Tiefpunkt erreicht hat.

Der finanzielle Rahmen der Bestattung wird meist so ausgerichtet, daß die zur Verfügung stehenden Gelder völlig ausgeschöpft werden. Wer „1. Klasse" beerdigen will, mit Streichquartett und Mahagonisarg, muß mit 10 000 Mark, eher mehr rechnen, ohne Leichenschmaus und Grabstein. Lediglich die Sozialbestattung auf dem Friedhof gibt es schon für ca. 2000 Mark.

In manchen Orten haben sich traditionelle Gebräuche noch erhalten, wie das zum Beispiel in Velen

(NRW) der Fall ist. Hier gibt es einen Nachbarschaftsverein – „Der Barmherzige Hook" – der für den korrekten Umgang mit der Leiche sorgt. Diesem Verein gehören heute noch 60 Haushalte an. Hier sind in einer „Hooksversammlung" die Statuten festgeschrieben:

„Bei einem Sterbefall informiert der rechte Nachbar den Präsidenten der Nachbarschaft (Hook). Dieser bestellt zum Tragen des/der Toten sechs Leute, die einen schwarzen Anzug tragen müssen. Der rechte und der linke Nachbar des/der Verstorbenen sagen dann in der Nachbarschaft Tag und Zeit der Beerdigung an. Es wird dabei angesagt: „Mit Kaffeetrinken". Wenn nicht, ist das Kaffeetrinken nur für Verwandte und Angehörige. Von jedem Haushalt muß eine männliche Person an der Beerdigung teilnehmen; bei Nicht-Teilnahme ist Strafe zu bezahlen, je nach Beschluß der Statuten.

Der Präsident sorgt dafür, daß eine Person an der Friedhofskapelle vorbetet, bis der Pastor eintrifft.

Der rechte Nachbar trägt dabei das Kreuz und dessen Nachbarn tragen die Laternen.

Der Pastor betet, bis der Trauerzug die Grabstätte erreicht hat. Die sechs Sargträger lassen mit Seilen den/die Verstorbene-n ins Grab. Einige tragen noch Kränze und Gestecke, die nicht auf der Stafette Platz hatten. Die beiden Laternenträger stehen später an der Kirchentür und verteilen die Totenzettel."

Begleitung e. G.

Als Antwort auf den Verlust von Sitten und auf das Aussterben von Ritualen hat sich 1989 in Bonn und in Köln eine Genossenschaft „Begleitung e. G." neu gebildet. Die Genossenschaft versteht sich als selbstverwaltetes Selbsthilfeunternehmen. Im Mittelpunkt steht die Förderung der Mitglieder und nicht die Gewinnmaximierung. Deshalb fördert die Genossenschaft die Beschäftigung der Mitglieder mit der eige-

Noch in den 50er Jahren war es üblich, daß ein Zimmermann von Berufsgenossen zu Grabe getragen wurde (Historisches Museum Hannover, VM 25234).

nen Sterblichkeit. Die Mitglieder sollen zur Selbstbestimmung und Selbstorganisation aktiviert werden.

Die genossenschaftliche Firma „Begleitung" hat folgende Aufgaben: Abwicklung der Bestattung und aller dazu zählenden Maßnahmen wie Behördengänge u. a., trauertherapeutische Begleitung der Angehörigen sowie Entwicklung multikultureller und neuer Formen der Bestattung. Außerdem im Vorfeld: häusliche Pflege, ärztliche Betreuung, ambulante Schmerztherapie und psychosoziale Begleitung, Beratung und Begleitung in Lebenskrisen, Durchführung von Seminaren und Veranstaltungen zu den Themen Trennung, Sterben, Trauer, Tod, Weiterbildung von Fachkräften wie Ärztinnen und Ärzten, Schwestern und Pflegern für den Umgang mit Sterbenden. Das alles soll dazu verhelfen, zu begreifen, daß richtige Trauer nur dann möglich ist, wenn der Gegenstand der Trauer, nämlich der Tote selbst, auch gegenwärtig ist.

Rüdiger Reitz, Pfarrer, lange Jahre Berater von Willy Brandt sowie Mitbegründer der Begleitung e. G., über Zielsetzungen und Vorgehensweisen dieser Genossenschaft:

„Vor ca. fünf Jahren bin ich gebeten worden, in der Nähe von Frankfurt einen mir bekannten jungen Mann zu beerdigen, der in einem selbstverwalteten Betrieb gearbeitet hat. Ich habe sofort zugesagt. Und ich habe da zum ersten Mal in meinem Leben erfahren, daß bei Menschen, die die Bestattung eines Angehörigen oder eines Freundes oder einer Freundin wieder in die eigenen Hände nehmen, es ganz anders zugeht, als weithin in unserer Gesellschaft, wo eben eine Konsumhaltung erzeugt wird. Die Bestattung hat sich dadurch ausgezeichnet, daß in dem Betrieb für drei Tage alles geruht hat. Mich hat das alles so beeindruckt, daß ich das mal kontrastiert habe mit dem, was ich bisher erlebt habe. Und ich habe dann mit Freundinnen und Freunden über Konsequenzen gesprochen. Da haben wir dann entschieden, wir machen uns mal auf den Weg, um herauszufinden, wie wir selbst unser Verhältnis zu Tod, Sterben und Abschied ändern müssen.

Mit rund 40 Gründungsmitgliedern haben wir begonnen. Jetzt haben wir 160. Das sind Leute, die nach der Genossenschaftsidee bei uns einen Anteil zeichnen. Der beträgt bei uns 150 Mark im Jahr. Viele Leute zeichnen ein Mehrfaches. Die Genossenschaftsidee ist dadurch großgeworden, daß diejenigen, die Mitglied in der Genossenschaft sind, sozusagen auch Kunden in der Genossenschaft sind. Jetzt übertragen Sie das mal auf unser Beispiel. Wer bei uns Mitglied wird, mitten im Leben, der weiß, daß er von uns irgendwann bestattet wird. Er will es auch. Der Fortschritt gegenüber früher ist, daß die Mitglieder von Anfang an in unsere Arbeit einbezogen werden können. So lernen alle, die Sache wieder in die eigene Hand zu nehmen.

Es ist ein kleiner Betrieb mit fünf Angestellten. Wir haben einen eigenen Bestattungsdienst: Zwei Bestatter, die vom Fach kommen, mit einem Gehalt, so daß sie nicht am Aufwand verdienen. Zweitens haben wir einen Unternehmensbereich, den nennen wir ‚Trauerarbeit und Sterbebegleitung‘. Da ist eine Diplompsychologin, die nicht nur Mitglieder, sondern auch andere, die zu Hause sterben wollen, begleitet und andere in Seminaren dazu anleitet, dies zu tun. Wir haben jetzt einen Stamm von neun Leuten, die jederzeit abrufbar sind, um andere Menschen zu begleiten. Das sind erstens Menschen, die sich selbst mal vergewissern wollen, was in ihnen vorgeht, wenn sie Menschen in der Abschiedsphase und in der Übergangsphase zum ersten Mal kennenlernen. Das sind zweitens Menschen, die so klug sind, daß sie Mut zur Trauer haben.

Wir haben ein Büro in Köln: die Geschäftsstelle. Dort ist auch ein Sarglager und ein Wagenpark. Das

In der spanischen Provinz Pontevedra trägt eine Mutter ihr Kind zu Grabe.

ist Tag und Nacht besetzt. Wenn jemand einen Trauerfall anmeldet, dann machen wir das grundsätzlich so, daß zunächst ein Gespräch mit den Hinterbliebenen geführt wird, ohne daß es zu Geschäftsvereinbarungen kommt. Da wird auch die Diplompsychologin eingeschaltet, weil wir in dieser kritischen Zeit während der Bestattung die Stabilisierung der Angehörigen, also die Trauerarbeit, einleiten wollen. Erst dann kommt man zu geschäftlichen Vereinbarungen. Unsere Spezialität ist der Rückgriff auf eine alte Losung vom Bestattungsbruder Schöffner aus dem Mittelalter, die lautet: ‚Aus der Bestattung eines Menschen darf kein Gewinn gemacht werden.' Dies hat uns bereits zwei Abmahnungen in Köln eingebracht, weil die Anwälte der Bestatter der Auffassung sind, es handele sich um Wettbewerbsverzerrung, d. h. wir erweckten den Anschein, als ob wir kostenlos bestatten würden. Wir haben uns zum Ziel gesetzt, die Haushalte unserer Mitglieder von hohen Bestattungskosten zu entlasten. Deshalb haben wir einen Grundservice und einen Wahlservice entwickelt. Sehr teure Särge und sehr teure Bestattungen reden wir den Leuten sowieso nicht auf. Das widerspricht unserer Einstellung. So eine ganz schlichte Bestattung können Sie bei der Gesellschaft für ca. 1500 Mark bekommen. Die meisten Unternehmen steigen bei 2200 Mark ein und gehen dann sehr schnell hoch. Das ist der Preis für eine Feuerbestattung, weil die ja im Kommen sind.

Wir raten den Leuten, die zu uns kommen, richtige Trauerfeiern durchzuführen. Denn das ist nicht mehr die Regel. Die Leute wollen ganz schnell Abschied nehmen. Und sie wollen auch gar keine Kosten haben. Aber eine Trauerfeier gehört unserer Meinung nach zum Abschied eines Menschen. Und da haben wir etwas Neues entwickelt. Zunächst einmal ist uns aufgefallen, daß für die Trauerfeiern in Deutschland streng genommen niemand verantwortlich ist. Die Stadt stellt eine Halle zur Verfügung oder die Kirche.

Dann ist noch ein Bestatter da, der aber im Hintergrund steht. Im Gegensatz dazu ist die Genossenschaft bereit, treuhänderisch für die Hinterbliebenen die Regie zu übernehmen. Deshalb haben wir eigene Ablaufmodelle entwickelt. Wir haben gute Erfahrungen damit gemacht. Wir fragen die Angehörigen z. B. auch, ob es erwünscht ist, daß die Trauerfeier am offenen Sarg stattfindet. Einmal haben wir es schon so gemacht. Die Stadt will das nicht. Die Stadt sagt, dies ist aus Hygiene-Gründen nicht erwünscht und verweist auf die Satzung, die das verbietet. Wir werden das jetzt in die Öffentlichkeit bringen und versuchen, einen Beitrag zur Trauerkultur in Köln zu leisten.

Die Genossenschaft hat z. B. auch ein eigenes Musikangebot. Und wir ermutigen die Hinterbliebenen, daß aus dem Kreis der Angehörigen jemand spricht. Es braucht ja nicht immer ein Pfarrer zu sein. Auch ganz persönliche Dinge des Verstorbenen, die ihm lieb und wert waren: z. B. da ist ein junger Mann verunglückt, der Motorradfahrer war im Motorradclub. Da lag die Kleidung vorn. Oder bei einem Maler, da wurden einige seiner Arbeiten in der Trauerhalle gezeigt. Dann möchten wir unterstützen, daß die Angehörigen selbst das Grab zuschaufeln oder wenigstens dabei zugucken. Und wenn sie wollen, können sie auch selbst zupacken, z. B. den Sarg wieder selbst aus der Trauerhalle heraustragen. Das ist die Grundidee.

Wir leiten Menschen auch an, sich selbst noch mit der Leiche zu befassen und z. B. die Leiche länger zu Hause zu behalten.

Wir haben mehrere zu Hausaufbahrungen ermutigt. Dies hat dann meist dazu geführt, daß der Trauerprozeß ganz anders angelaufen ist. Die Leute haben dann gesagt, daß sie ein völlig anderes Verhältnis zu diesem Verstorbenen gewonnen haben und eigenartigerweise auch zum Tod an sich. Es kann also als ein herausforderndes, aber letztlich auch heilendes Ereignis empfunden werden, wenn man einen Angehörigen zu Hause verabschiedet. Das ist ja inzwischen bei uns fast unbekannt, daß man Tote berühren kann und auch soll.

Inzwischen haben wir so an die 200 Bestattungen vorgenommen. Unsere Mitglieder sind junge und alte Menschen. Wir greifen zurück auf die reiche Tradition in Deutschland und in Europa, von sogenannten Nachbarschaftsvereinen, Bruderschaften und Bestattungsgenossenschaften. Unser Vorbild ist eine Bestattungsbruderschaft in Prag aus dem Jahre 1594.

Mich hat einmal sehr beeindruckt, wie in Rumänien von einem Menschen im Kreis der Angehörigen Abschied genommen wurde. Der Sarg stand dort auf einem Podest wie auf einem Tisch mitten in der Kirche, der Priester hinter dem Sarg. Unter dem Tisch kauerte die Frau des Verstorbenen und klagte.

Richtig laut, so daß es bis auf die Straße drang. Der Tote wurde dann mit einer alten Leichenkutsche, von Pferden gezogen, zum Friedhof gefahren. Erst auf dem Friedhof, vor dem Herunterlassen des Sarges, wurde der Sarg geschlossen. Ich habe zwei solche Kutschen erworben, und ich hoffe, daß wir diese Karossen mit Pferden in Köln einsetzen können. Unser Stichwort dazu heißt ‚Langsamer Abschied'.

Auch im Ablauf der Totenfeier möchten wir Rituale unterstützen. Beispiel: Im Ablauf einer Bestattung wird während der Trauerfeier die Lebenskerze angezündet. Sie steht immer vorne neben der normalen Dekoration. Diese Lebenskerze geben wir nach der Trauerfeier den Hinterbliebenen mit nach Hause.

Auch ließe sich anbieten – immer vorausgesetzt, daß die Angehörigen das möchten –, daß während einer Trauerfeier zehn oder zwölf ‚Schlaglichter' in Form von Dias aus dem Leben des Verstorbenen gezeigt werden und gleichzeitig meditative Musik dazu gespielt wird. So kann der Tote noch einmal unter Leuten sein. Eine andere Möglichkeit ist, erschrecken Sie nicht, den Totentanz wieder dahin zurückzubringen, wo er ganz am Anfang mal war. Nämlich als Ausdrucksprache von Trauer und Klage. Im Jüdischen Museum in Budapest sollen ca. 30 000 Totentanzmotive archiviert sein.

Schwierig ist für so eine Genossenschaft sicher, daß wir uns vollkommen neu einstellen müssen auf neue Erwartungen an Bestattung. Die Individualisierung der Gesellschaft wird sich in

Einige Beerdigungsunternehmen bieten auch heute noch an, den Sarg in einer Kutsche zum Friedhof zu fahren.

ganz neuen Erwartungen ausdrücken. Wir haben begonnen, uns darauf einzustellen, indem wir sagen: Die Leute können sich z. B. bei uns ihren Sarg selbst streichen, wenn sie wollen. Es sind auch farbige Särge in unserem Angebot.

Aber an einem Punkt sind wir ziemlich hilflos. Die Bestatter übrigens auch. Wir werden im Rahmen des Binnenmarktes vor allem von Frankreich her eine neue Supermarkt-Trauerkultur bekommen. Das macht dort eine Ladenkette. Dann fahren Sie mit Ihrem Wagen rein, als wenn Sie in ein Möbelhaus gehen, und stellen sich dann Ihre Bestattung zusammen.

Für unsere Mitglieder ist ein großer Fortschritt die totale Transparenz, daß es überhaupt keine Geheimnisse gibt. Die Menschen können dabeisein, wenn jemand eingesargt wird. Sie können zu Hause aufbahren. Wir sagen ihnen: Ihr habt von der Rechtslage her 36 Stunden zur Verfügung, nutzt sie gut aus. Wie können wir Euch helfen? Dann rufen auch Leute mittendrin an und sagen, es genügt jetzt. Sechs Stunden genügt. Holt den Toten bitte ab.

Wir möchten insgesamt gern dazu beitragen, daß neu über die Bestattungs- und Trauerkultur gesprochen wird. Auf allen Ebenen. Auch in den Kirchen."

Ähnliche Bestrebungen wie in Köln hört man inzwischen zunehmend auch aus anderen europäischen Ländern. Ein Beispiel aus Holland: Der niederländische Bestatter Adrianus Vervaart bietet in De Meern Begräbnisse an, bei denen Hinterbliebene alles, vom Einsargen bis zum Schließen des Grabes, in die eigenen Hände nehmen können. Gegen eine Gebühr berät er nur noch, wie z. B. der/die Tote einige Tage zu Hause aufgebahrt werden kann, und er hilft, die Formalitäten zu erledigen. Auf ausdrücklichen Wunsch übernimmt er aber auch andere Teile der Beisetzung. Er will es auf diese Weise den Angehörigen ermöglichen, ohne Hast und ungezwungen Abschied vom Verstorbenen nehmen zu können.

Von Profis

Geantwortet

Die Profis im Umgang mit den Leichen

In der nebenstehenden Übersicht habe ich einmal alle Berufe, von denen mir bekannt ist, daß sie mit Leichen zu tun haben, aufgelistet. Viele Profis haben den „Normalbürger-innen" natürlich etwas voraus: Ihre Pflichten zwingen sie zum Umgang mit Leichen. Gespräche mit ihnen zeigen oft eine merkwürdige Schizophrenie. Sie bewältigen das Tabu in der Praxis. Aber das gesellschaftliche Tabu und die Tatsache, daß sie meist nicht in einer sozialen und emotionalen Beziehung zu den Toten stehen, bewirkt nicht, daß ihre Praxis ihnen zu einer in der Tiefe veränderten Haltung verhilft. Das heißt: Auch sie behindert das gesellschaftliche Tabu, zu einer anderen Haltung, z. B. der Menschen im Mittelalter oder der anderer Kulturen, zurückzufinden.

Da ich mich hier aus Platzgründen beschränken muß, habe ich für eine eingehendere Betrachtung der Profi-Haltung lediglich die Bestatter-innen herausgegriffen: Sie werden auch die ersten sein, die eine sich anbahnende Veränderung in der Gesellschaft zu spüren bekommen. Es scheint, daß sich zunehmend Bürger-innen wünschen, daß die Bestatter-innen den sich anbahnenden Wandel ohne Existenzangst aufgreifen könnten. Es bleibt sicher genug – wenn auch anderes – für sie zu tun.

Personengruppen mit Leichen-Kontakt — Überblick

systematisch

Wissenschaft	Anatom-inn-en	Patholog-inn-en	Gerichtsmedizin
	Leichen-Terler-in		
Technik	Sektionsgehilfen	Leichenwäscher	
	Mumifizierer-in		
Zeremonie	Pfarrer-in	Leichenbitter-in	Klageweiber
	Bestatter-in	Friedhofsamt bedienstete	Totengräber
Gewalt	Henker-in	KZ-Personal	
	Mörder-in		
Kultur	Kanibal-inn-en	Kopfjäger	
Krankheit	Nekrophile	Leichenschänder-in	
Tierleichen	Metzger-in	Abdecker-in	
	Tierversuchsleitung	Tierkörperverwertung	
	Präparator-in		

häufig

Beruf	Ärzt-inn-e-n	Amtsärzt-inn-en	
	Medizinstudent-in		
	Unfallfahrer-in	Pflegepersonal	Stationshilfen
	Friedhofsgärtner-in		
	Soldat-inn-en		
	Kripo	Polizei	
Sadist-inn-en	Folterer-innen		

Sonderrolle

"Aktive"	Scheintote	Suizidale	
Passive	Hinrichtungszeug-inn-en	Schaulustige	

Bestatter und Bestatterinnen

Mal ganz ehrlich: Als junger Reporterin waren mir die ersten Zusammentreffen mit Bestattern ziemlich unangenehm. Leute, die Tote anfassen! Das machte es mir schon schwierig, ihnen unbefangen die Hand zu geben. Schließlich glaubte ich damals auch noch den Quatsch vom Leichengift. Daß es überhaupt Bestatterinnen gab, war mir komplett unbekannt. Die Sendungen über diese Themen und auch ein Jahreskongreß der Bestatter-innen, den ich besuchte, änderten meine Einstellung. Diese Begegnungen ließen mich ihre Situation, ihre Arbeit, ihre Nöte und Sorgen besser verstehen. So wurde mein Verhältnis zu ihnen entspannter. Daher war es mir ganz selbstverständlich, mich an Curt Salm, der in mehreren Sendungen bei uns zu Gast war, zu wenden, um ihn um Unterstützung für dieses Buch zu bitten.

Bestatter-innen sind die Menschen, die heute den Toten am nächsten sind. Um eine Veränderung ihrer Arbeit ginge es tatsächlich in erster Linie, wenn es gelänge, daß sich die Bevölkerung in unserem Land wieder mehr ihrer Toten buchstäblich annehmen würden. Sie würden – wie das Beispiel aus Holland zeigt (vgl. Seite 186 f.) – mehr Berater-innen als Handelnde sein. Daß die Umstellung nicht immer konfliktlos gelingen wird, belegt der sofort begonnene Streit mit der Begleitung e. G..

Ich wollte den Berufsstand, der so sehr im dunkeln arbeiten muß, gerne näher beleuchten. Nein – mein Anliegen war, daß sie in einem neuen Licht erscheinen könnten, wenn sie sich selbst ins rechte Licht setzen könnten. Deshalb entwarf ich ein „Fragen-Geländer" und verschickte es mit Hilfe von Herrn Salm an acht Bestatter-innen genau in der gewünschten Streuung – mit dem kleinen „Schönheitsfehler", daß natürlich alle Befragten Verbandsaktive oder dem Verband besonders Verbundene und damit sicher eher Vorzeigebestatter-innen sind. Mich interessierten die unterschiedlichen Sichtweisen durch die Mischung aus Wahl- und Erbberuf, aus jung und alt, Stadt und Land, Mann und Frau. Mit Offenheit haben alle Beteiligten meinem Wunsch entsprochen und auf die Fragen geantwortet. Auszüge aus dem, was die einzelnen selbst so verfaßt haben, habe ich für Sie ausgesucht und unten aufgeführt. Interessant fand ich, daß die Leichen selbst,

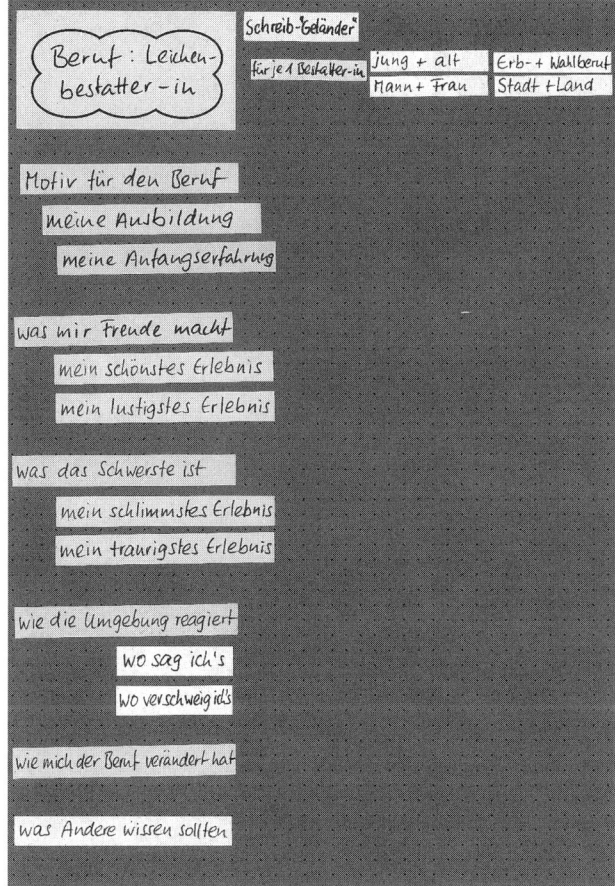

denen ja hier mein Hauptinteresse gilt, mit vergleichsweise großer Zurückhaltung erwähnt wurden. Erst war ich enttäuscht. Aber dann dachte ich: Wieso? Sie haben es so geschrieben. Es zeigt, daß das Tabu Leiche eben auch bei Profis erhalten ist. Wieso sollten Bestatter-innen nicht genauso Menschen wie du und ich sein und damit ein besonders klarer Spiegel unserer Gesellschaft – vielleicht gerade, weil sie ihre

Berührungsängste von Berufs wegen überwinden mußten. Wenn Sie mögen, zählen Sie mal mit, wie oft das Wort Leiche vorkommt:

Frau K. Z., Bestatterin aus Wuppertal:
Das Motiv zur Ausübung dieses Berufes ergab sich zwangsläufig daraus, daß ich das Glück oder Pech hatte, mich in einen Jungen zu verlieben, der aus einer „alten Bestatterfamilie" stammte.

Nach der Erlangung der Mittleren Reife machte ich eine Verwaltungslehre, konnte also Steno und Schreibmaschineschreiben, und war somit zunächst einmal „zu gebrauchen". Alle anderen spezifischen Kenntnisse habe ich durch Anlernen, Besuchen von Lehrgängen, Fachausbildungen und eigene Initiative erworben. Die fachspezifische Ausbildung habe ich vor vielen Jahren mit der Prüfung zur „Fachgeprüften Bestatterin" abgeschlossen.

Da ich zu diesem Zeitpunkt noch recht jung war, hatte ich kaum Berührungsängste. Ich stellte im Anfang jedoch fest, daß man einem relativ jungen Mädchen diese Arbeit kaum zutraute, und ich mußte mich besonders durch Fach- und Sachkenntnis behaupten. Vielen war es unverständlich, daß eine junge Frau sich mit einem solchen Beruf beschäftigte.

Das Schwerste in unserem Beruf ist wohl, denke ich, mit Eltern, die ein kleines Kind verloren haben, ein Beratungsgespräch zu führen. Aber auch die Hilflosigkeit manch anderer Personen, die einen nahen Angehörigen verloren haben, macht einem persönlich zu schaffen. Doch gerade hierbei kommt mir sehr stark zu Bewußtsein, daß der Beruf im Hinblick auf die Hilfestellung, die man manchen Menschen geben kann, sehr viel Freude macht.

Außerdem wird man sehr oft vor immer neue Aufgaben und ausgefallene Wünsche von Angehörigen gestellt, die man mit Einsatz und Organisationstalent erfüllen muß.

Probleme, den Beruf zu nennen oder zu verschweigen, habe ich keine. Ich denke, daß der Beruf und die Arbeit mit Hinterbliebenen mich selbstbewußter gemacht hat.

Wissen sollten insbesondere die Menschen, die oftmals die Nase rümpfen, was hinter der Tätigkeit des Bestatters wirklich steckt. Zunächst einmal ist er mit sehr viel Verlust an Freizeit verbunden. Darüber hinaus ist sehr viel Einfühlungsvermögen und auch soziales Engagement notwendig, um Menschen, die mit einer der schwersten Situationen ihres Lebens konfrontiert sind, helfen zu können.

Herr L. B., Bestatter aus Ahaus:
Mein Großvater eröffnete 1873 in seinem Heimatdorf eine Schreinerei. Als Dorfschreiner oblag ihm auch die handwerkliche Einzelanfertigung von Särgen. Nach seinem Tode – die Industrialisierung hatte inzwischen die dörfliche Idylle verändert und die serienmäßige Sargherstellung trat an die Stelle der Einzelanfertigung – übernahm seine Ehefrau (meine Großmutter) den Betrieb und führte ihn als Sargmagazin weiter. Mit dem Ableben meiner Großmutter trat mein Vater ihre Nachfolge an. Meinem Vater lag sehr viel daran, daß ich ebenfalls das Tischlerhandwerk erlernen sollte, womit mein beruflicher Werdegang eigentlich schon vorprogrammiert wurde.

Nach Lehrzeit, Soldatsein und Kriegsgefangenschaft kehrte ich 1946 zurück. Meiner Neigung folgend habe ich die Tischlerfachschule besucht mit dem Ziel, Innenarchitekt zu werden. 1948 hat mich mein Vater (er war schon 64 Jahre alt) gebeten, zurückzukommen, um Teilhaber im Unternehmen zu werden. Mich von meinen ursprünglichen Neigungen abnabeln zu können, hat eine Weile gedauert. Dann aber bin ich ein echter Bestatter geworden. Ich fühlte mich dazu berufen und bin total in diesem Beruf aufgegangen.

Der Bestatterberuf ist kein Lehrberuf. Man war dar-

auf angewiesen, was man vom Vater lernte. Es hat mich schon sehr früh irritiert, daß der Fachverband in dieser Hinsicht nicht initiativ wurde. Ich konnte es nicht gut verstehen, daß zwar geprüft, aber vorweg nicht unterrichtet wurde. Der Umgang mit Toten war mir zwar vertraut, dennoch habe ich mich anfangs lieber mit gestalterischen Aufgaben (Außengestaltung, Geschäftsräume, Trauerdekorationen etc.) befaßt.

Was das Schwerste ist: Mit Angehörigen unmittelbar nach Eintritt eines Todes die Formalitäten besprechen zu müssen. Das ist äußerst schwierig und für beide Parteien eine überproportionale psychische Belastung. Das gleiche gilt auch, wenn Eltern ein Kind durch den Tod verloren haben.

Was mir Freude macht? Jeder Todesfall, jede Bestattung ist als ein Einzelschicksal zu betrachten. Jedoch, je höher die Anforderungen, um so mehr Ansporn und Bestätigung. Das Wort „Freude" möchte ich vermeiden, aber „wohltuend" waren sie allemal, die vielen Worte und Briefe der Anerkennung, die ich aus allen Schichten in den vielen Jahren meiner beruflichen Tätigkeit erhalten habe. Die schlichten Briefe der Formulierungsunkundigen, die lediglich ein Dankeschön ausdrückten, gaben mir ebenso das Gefühl, mehr getan zu haben als routinemäßige Abwicklungen, wie die, die auf meine erbrachten Dienstleistungen und meine Verhaltensweise sehr nuanciert eingingen.

Mein lustigstes Erlebnis: In der Nachkriegszeit wurden die Toten zumeist im Trauerhaus aufbewahrt und aufgebahrt. Am Beerdigungsmorgen versammelten sich dort die Trauergäste, um dem Toten das letzte Geleit zu geben. Der Sarg wurde in den von Pferden gezogenen Leichenwagen eingeladen und die vorhandenen Kränze auf das Dach desselben gepackt. Je mehr Kränze, desto

Aufgebahrter Sarg in der Trauerhalle eines Beerdigungsunternehmens.

höher war die Ladung, so daß die Sargträger auch schon mal mit einem kräftigen Schwung die Kränze nach oben befördern mußten. Und eben dabei geschah es eines Tages, daß ein Kranz mit so viel Schwung über den Leichenwagen hinwegflog und direkt über den Kopf und über die Schultern eines Teilnehmers fiel. Blaß vor Schreck der Betroffene und lachende Gesichter ringsum. So mußte der Unglücksrabe noch den Spott hinnehmen, als einer aus dem Umfeld zu ihm sagte: „Das ist ein Wink des Himmels: Der nächste bist Du!"

Wie die Umgebung reagiert: Im lokalen Bereich ist man bekannt, und man nimmt, wie jeder andere, am gesellschaftlichen Leben teil. Und wie jeder andere Bürger auch, kann man als Bestatter einen guten oder weniger guten Ruf haben.

Wo sag' ich's? Zu Hause ist das nicht nötig, man kennt sich. Als junger Mensch habe ich von Fall zu Fall

Trauerhalle in einem Bestattungsinstitut.

– wenn ich es für ratsam hielt – mich als Tischlermeister oder Kaufmann ausgegeben. Beides entsprach den Tatsachen, unterdrückte jedoch meine eigentliche Tätigkeit. Wenn man aber erst einmal festgestellt hat, daß ein anfängliches (vermeintliches) Befremden flüchtig ist, verlieren sich die Hemmungen. Heute ist das ausgeräumt. Vor 2½ Jahren bin ich in eine mir völlig fremde, ländliche Region gezogen. Ich hätte meinen Beruf verschweigen oder vertuschen können, aber allen, die es wissen wollten, habe ich's gesagt.

Wie hat mich der Beruf verändert? Da ich zwischen Särgen aufgewachsen und schon als junger Mensch in den Beruf eingestiegen bin, hat mich der Beruf wohl geprägt, aber nicht verändert.

Was andere wissen sollten: Unsere Gesellschaft hat den Tod und das Todesgeschehen weitestgehend aus dem Alltag verdrängt, und damit auch so ziemlich alles, was in diesem Zusammenhang geschieht. Traurig und nachdenklich zugleich gemacht hat mich das, was mir kürzlich ein Kollege aus einer Ruhr-Großstadt berichtete. Nach seinen Angaben macht sich (noch vereinzelt – aber zunehmend) eine Entsorgungsmentalität breit. Die Bestatter würden gerufen, die Toten abzuholen und anonym zu bestatten. Dazwischen geschieht nichts. Kein Abschiednehmen, kein Gebet, keine Blumen, keine Aufbahrung, keine Trauerfeier und keine Angehörigen am Grab. Die Verdrängung des Todes ist die Wurzel allen Übels und leider schon in ein Stadium eingetreten, welches Vorerwähntes möglich werden läßt. Darum sollten andere wissen: Nur wenn wir wieder den Tod als zum Leben gehörig betrachten können und den Verstorbenen ein Maß an Würde zugestehen, können wir im Bestattungssektor ein Abrutschen in die Kulturlosigkeit vermeiden.

Da ich schon seit zwanzig Jahren in meinem Bestattungsunternehmen eigene Aufbahrungsräume hatte, konnten bei uns Angehörige, Freunde und Bekannte von ihren Verstorbenen am offenen Sarg Abschied nehmen. Hierbei konnte ich manche Beobachtungen machen und unterschiedliche Reaktionen feststellen. In der Regel habe ich die Besucher in die Kapelle geführt, die Kerze angezündet, mitgebrachte Blumen arrangiert oder in eine Vase gestellt. Dann habe ich die Besucher mit den Toten alleingelassen. In Ausnahmefällen – wenn dies erbeten wurde – bin ich auch diskret in der Kapelle oder in unmittelbarer Nähe geblieben. Festgesetzte Besuchszeiten hatte ich nicht eingeführt. Ich habe den Angehörigen sogar eingeräumt, außerhalb der Geschäftszeiten, sogar an Sonn- und Feiertagen, ihre Toten besuchen zu dürfen.

Das Verhalten der Besucher war recht unterschiedlich. Ganz normal-alltägliches Auftreten die einen, scheu, zurückhaltend und mit gedämpfter Stimme die anderen. Die Verweildauer hatte eine enorme Spannbreite von nur einem Blick auf den Leichnam werfen bis zu einer oder zwei Stunden. Ein Aufenthalt von 5 bis 10 Minuten war aber die Regel. Abgeschirmt von der Umwelt und der Hektik des Alltags hatten die Besucher Gelegenheit, Zwiesprache mit ihren Toten zu halten, für sie zu beten oder ihnen Sargbeigaben zuzustecken. Viele Besucher haben ihre Verstorbenen auch fotografiert.

Der Umgang mit Trauernden ist gefühlsbetont-sensibel. Der trauernde Mensch ist schutzbedürftig und aus seiner Verlassenheit heraus mitteilsam im gleichen Maße. Der Bestatter (auch als Fremder) wird zum Gesprächspartner der Einsamen. Geduld und Einfühlungsvermögen werden von ihm verlangt, und dieser Aufgabe hat er sich täglich aufs neue zu stellen. Die Aufgabe der Gesprächsbereitschaft und vor allem des Zuhörens ist dem Bestatter – ohne sein Mitwirken – mit der Vereinsamung (insbesondere der Älteren) und dem Rückzug der eigentlich dazu Berufenen: aus den kirchlichen und sozialen Bereichen, zugefallen.

Offenbar bringt es der Beruf mit sich, daß sich die meisten Bestatter auf diese schweren Situationen behutsam einstellen können. Gefühle des Anteilnehmens lassen sich nicht immer ausschließen, aber (vergleichbar mit Medizinern) setzt auch der Bestatter „seelische Schwielen" an, um dem ständigen Druck auf die Psyche widerstehen zu können.

Der Umgang mit Toten: Die manuelle Tätigkeit zur Versorgung Verstorbener ist weitgehend versachlicht. Dennoch habe ich stets darauf geachtet, daß die Toten immer noch als Menschen zu betrachten und mit Würde zu behandeln sind. Daß ich nicht alleine so denke, bezeugt das Nachfolgende:

Im Versorgungsraum einer Kollegenfirma habe ich eine an die Wand geheftete Aufforderung oder Mahnung an die Mitarbeiter gelesen:

Behandle jeden Mann so, als wäre er Dein Vater oder Dein Bruder,
Behandle jede Frau so, als wäre sie Deine Mutter oder Schwester.

Besser, so glaube ich, kann man die Kombination von erforderlichen Verrichtungen und ethischem Verhalten nicht ausdrücken. Diese sachlich-ethische Grundlage habe ich von Anbeginn meiner Bestattungstätigkeit von meinem Vater mitbekommen. Wir hatten nichts zu verbergen. Richtig ist, daß auch wir ganz gerne im Sterbehaus ohne Zuschauer die Trauerdekoration aufbauen und die Toten einbetten konnten. Wenn aber jemand aus der Familie den Wunsch äußerte, zugegen sein zu wollen, hat es keine faulen Ausreden gegeben.

Nun aber noch einmal zurück an den Anfang meiner ersten Berührung mit Toten und auf den Kern der Einbettungen: Meine ersten Erfahrungen gehen zurück

Aufbahrungsbett in einem Bestattungsinstitut.

bis in die Kriegsjahre (1942), und sie konnten mich dereinst nicht ermuntern, Bestatter zu werden. 1941 wurde ich zur Wehrmacht gezogen. Heimaturlaub hatte ich nach meiner Erinnerung nur dreimal in fünf Jahren. Wenn ich aber zu Hause war, hat mein Vater mich gerne zu seiner Unterstützung eingesetzt. Arbeitskräfte waren in jener Zeit rar. Nach jedem Bombenangriff auf die Kriegsindustrie waren -zig Opfer zu versorgen.

Ich kann nicht verhehlen, daß die grausamen Schicksale und die ekelerregenden Arbeiten mir ganz schön zugesetzt haben. Als Heranwachsender von Bomben zerrissene und unter Trümmern zerquetschte Leiber in die Särge legen zu müssen, ist kein Pappenstiel. Schutzkleidung und Handschuhe waren Mangelware, und so habe ich auch einmal zusehen müssen, wie Leichenteile mit einer Schaufel in den Sarg gelegt wurden.

Mein schlimmstes Erlebnis: Nach einem Autobahnunfall wurden zwei tote Frauen in unser Haus gebracht. Ein schockierender, entsetzlicher Anblick. Die Toten hatten weder Arme noch Beine und keinen Kopf, kohlrabenschwarz verbrannt sahen sie aus, (ich bitte um Verzeihung) wie im Backofen verbrannte Enten. Scheußlich! Die Polizei hatte vorher vergeblich versucht, die beiden Frauen zu identifizieren, welche war welche? Die Angehörigen hätten aber gerne „die Richtige" im Grab gehabt, womit wir uns angesprochen fühlten. Alle möglichen Daten, Körperstrukturen und Hinweise haben wir uns geben lassen, aber leider, alles paßte für beide gleichermaßen, oder sie waren nicht verwertbar. Ich kann mich nicht mehr genau erinnern, aber am Ende glaubten wir (nicht verbindlich), einen winzig kleinen Unterschied entdeckt zu haben, demzufolge die Toten dann in die entsprechenden Gräber verbracht wurden.

Eine ganz normale Einbettung wird etwa wie folgt vorgenommen: Die Toten werden von Schweiß gereinigt. Kopf, Brust, Arme und Hände werden gewaschen, bei Unfalltoten auch die Wunden. Ganzkörperwaschungen sind möglich, in den öffentlichen Leichenhallen fehlen aber die hierzu erforderlichen Einrichtungen. Frisieren und Rasieren sind selbstverständlich. Nicht immer trifft man die richtige Frisur – besonders bei Frauen, die lange Zeit bettlägerig waren. Dann muß eben korrigiert werden. Eine Naßrasur muß sorgfältig und mit Gefühl durchgeführt werden, weil sonst häßliche entstellende Gesichtsflecken sichtbar werden. Schmuck wird (wenn nicht anders gewünscht) abgenommen und den Berechtigten ausgehändigt.

Beim Ent- und Ankleiden wird darauf geachtet, den Körper nur so weit wie nötig zu entblößen. Dem Wunsch nach eigener Leibwäsche, auch schon mal warmen Wollsocken, wird Rechnung getragen.

In meiner Region ist es üblich, den Verstorbenen Totentalare überzuziehen, wobei die Benutzung eigener Kleidung (Anzug, Kleid, Rock und Bluse) gelegentlich gewünscht wird. Einen Anzug oder ein Kleid gut sitzend, ohne aufzutrennen, anzuziehen, erfordert Geschick und Mühe, verleiht aber auch das Gefühl, gut gearbeitet zu haben.

Zur Versorgung der Toten gehören Handschuhe und eine waschbare Schutzkleidung sowie die Desinfektion von Händen und Armen nach Beendigung der Einbettung.

Der Bestatter findet sich auch schon mal mit schwierigen Einbettungen konfrontiert, die da wären: Unfalltote mit schlimmen äußeren Verletzungen, schwere Zertrümmerungen, übelriechende Leichen aufgrund bestimmter Krankheiten, und Tote mit beginnender oder fortgeschrittener Verwesung. Man muß Verständnis aufbringen, daß die Einbetter bei letzterem nicht wie gewohnt vorgehen können.

Totenkosmetik ist im allgemeinen noch nicht üblich. Dezente Kosmetik kann ein Hilfsmittel sein und wird auf Wunsch und wenn nötig und möglich bei Unfalltoten eingesetzt. Totenkosmetik, richtig angewendet, kann *also nützlich sein. Aber das muß gelernt sein. Falsche oder übertriebene Anwendungen sind teuflisch, mit verheerenden Auswirkungen.*

Zu kosmetischen Korrekturen gehören auch Wundbehandlungen. Aus der Chirurgie übernommene Möglichkeiten befähigen den Bestatter, Riß-, Schnitt- und Platzwunden zu kleben oder zu nähen. Mit Geschick können die Nähte und Klebestellen mit Wachs und Kosmetika in verschiedenen Hauttönen übertüncht und nahezu unkenntlich gemacht werden.

Sehr geehrte Frau Thomas. Sie haben mich nach den Gefühlen im Umgang mit Toten und Trauernden gefragt. Einem Leidtragenden (mit Betonung auf „Leid") zu begegnen und von seinem Leid von ihm persönlich zu erfahren, hat mich (auch bei mir fremden Menschen) nicht ungerührt gelassen. Die Versorgung eines Toten habe ich sachlich und unter dem Aspekt, eine gute Arbeit zu verrichten, abgewickelt, es sei denn, daß ich vorher von der Dauer und von der Schwere des Leidens des zu Versorgenden erfahren habe. Und wenn diese Kriterien bei der Einbettung noch deutlicher sichtbar wurden, z. B. durch Abmagerung bis zum Skelett, Brandwunden, riesige Operationsnarben u. ä., dann konnte schon ein Mitleiden, Mitgefühl für den kranken (jetzt toten) Menschen, verbunden mit dem Brückenschlag zum eigenen dereinstigen Siechtum, Bettlägerigkeit, Pflegebedürftigkeit und Tod aufkommen. Aber auch wir Bestatter sind Menschen mit lebensbejahender Einstellung. Sonst könnten wir diesen schweren Beruf nicht ausüben. Gleich einem Arzt – der helfen wollte, aber nicht mehr helfen konnte –, der seinen Kegelabend nicht absagt, muß auch der Bestatter seine Batterie aufladen dürfen, um die Energie für seine nächste Anforderung zur Verfügung zu haben.

Herr C. S., Bestatter aus Düsseldorf:
Sehr geehrte Frau Thomas,
Ihr Anruf hat mir zunächst eine schlaflose Nacht gebracht. Seit vielen Jahren bemühe ich mich, nach Feierabend möglichst das Tagesgeschehen zu vergessen. Aber an diesem Abend, angeregt durch Ihren Anruf, gingen mir so manche Erlebnisse aus meiner Arbeit – meist schwere, ernsthafte – durch den Kopf.

Motiv für den Beruf: Unsere Firma besteht im nächsten Jahr 150 Jahre und mein Vater war die 4. Generation. Der Ursprung war eine Bau- und Möbelschreinerei, jedoch wurden auch immer Särge hergestellt. Die Sargproduktion wurde erst 1970 eingestellt. Nun zu mir: Ich bin 1927 geboren, verheiratet und habe drei Kinder, von denen zwei in unserem Unternehmen tätig sind. Wir sind drei Brüder, wobei schon früh feststand, daß der älteste Bruder Zahnarzt werden würde. So war es eigentlich selbstverständlich, ohne daß in der Familie groß darüber gesprochen wurde – wie das früher so war –, daß ich Bestatter werden würde. Bei meinem Bruder war es ähnlich.

Nach dem Besuch der Mittelschule kamen Arbeitsdienst, Militär, Gefangenschaft. Genau an meinem 18. Geburtstag wurde ich entlassen. Die Schule dann noch weiterzumachen, stand nicht zur Debatte. Mein Großvater legte Wert darauf, daß die Jungens zunächst einen anständigen Beruf erlernten. Nach der Lehrzeit in einer Tischlerei besuchte ich 6 Semester die Werkkunstschule in Düsseldorf und machte während dieser Zeit die Meisterprüfung und belegte Seminare in Buchführung und Betriebswirtschaft, um anschließend das Examen als Innenarchitekt zu machen. Dann trat ich 1950 voll in die Firma als Meister und Angestellter ein.

Anfangserfahrung: Schon mit 13 Jahren sah ich, eigentlich durch einen Zufall, die erste Verstorbene. Die Mutter unseres Dentisten war sonntags verstorben. Die Familie bat an dem Sonntag zunächst um die Umschläge, welche mein Vater und ich dort hinbrachten. Die Familie bat uns unerwartet in die Wohnung, um uns zu zeigen, wie friedlich die Mutter, von der Familie selbst hergerichtet, dort lag. Für alle Beteiligten war selbstverständlich, daß auch ich in das Sterbezimmer ging – nur zunächst für mich nicht. Im nachhinein war es für mich ein Glücksfall, daß ich in jungen Jahren Gelegenheit hatte, so eine gepflegte, gut gebettete Verstorbene zu sehen, damit war mir die Scheu genommen.

Was das Schwerste ist, und was mir Freude macht: Diese beiden Positionen liegen eigentlich eng beieinander. Schwer ist es, sich immer schnell, kurzfristig auf die Angehörigen und deren Probleme und Wünsche einzustellen. Wir haben täglich mit anderen Menschen zu tun. Die Probleme sind vielfältig, so daß man schon sehr konzentriert und einfühlsam an die Besprechung herangehen muß.

Freude ist, wenn man nach einem ein- bis zweistündigen Gespräch das Gefühl hat, die Angehörigen gut beraten zu haben und ihnen einiges von der schweren Last abgenommen zu haben. Wenn dann nachher die Hinterbliebenen extra vorbeikommen, um sich nochmals zu bedanken, erleichtert das unsere tägliche Arbeit. Leider geht es jedoch nicht immer so gut, wenn zum Beispiel die Angehörigen in der ersten Trauer ihren Zorn und Frust über eben diesen Tod an dem Bestatter auslassen. Man muß eben großes Verständnis und auch Langmut mitbringen.

Ein schönes Erlebnis: Hier in der Altstadt betreuten wir mit kleineren Geldspenden ein Original, vielleicht kann man ihn auch als „Edelpenner" bezeichnen. Es war ein kleinwüchsiger Mann, der gern zu großen Beerdigungen ging, um anschließend auch ein Essen zu bekommen. Er zog sich daher ganz in Schwarz an, ein viel zu großer Anzug und Mantel mit schwarzem Hut. Bei den Beerdigungen hatten wir viel mit ihm zu tun, weil er sich auch noch möglichst in die vorderen Reihen setzen wollte. So war es naheliegend, daß er auch mit uns rechtzeitig über seine Beerdigung sprach. Er hatte drei Wünsche: Der frühere Stadtdechant von Düsseldorf sollte die Beerdigung ausführen, eine Schützenfahne sollte zugegen sein, und der Südfriedhof sollte es

sein. Geld hatte er nicht, das Sozialamt sollte bezahlen. Er trug seit dieser Zeit immer ein Kärtchen unserer Firma bei sich, welches er auch oft vorzeigte. Vor einigen Monaten ist er dann plötzlich alleine in seinem Zimmer verstorben. Die Polizei fand unser Kärtchen, und somit war für die Polizei dieser Vorgang erledigt. Der besagte Stadtdechant war nun schon fast 15 Jahre nicht mehr in Düsseldorf und Leiter des Priesterseminars in Bensberg. Wir riefen ihn an. Er konnte sich an den Verstorbenen kaum noch erinnern. Er bot sich aber an, an einem Montag zur Beerdigung nach Düsseldorf zu kommen. Als wir noch einiges Privates mit dem Herrn Prälaten besprachen, stellte er fest, daß er am Sonntag vorher die Messe um 11 Uhr im Kölner Dom zelebrierte. Er sagte dann aber spontan, daß er die Messe für unseren Franz halten wolle.

Dieses löste in unserem ganzen Betrieb eine große Freude aus, daß Franz noch eine Messe im Kölner Dom bekam. Die Beerdigung wurde dann mit dem Herrn Prälaten, der Schützenfahne und drei Mitarbeitern aus unserem Betrieb in würdiger Form ausgeführt. Das zeigt, daß auch arme Menschen Bestattungsvorsorge treffen sollten.

Ein schlimmes Erlebnis: Dieses liegt schon etwa 40 Jahre zurück und war auch ein Grund meiner oben erwähnten schlaflosen Nacht. Am Heiligabend kam gegen 18 Uhr, mitten während unserer häuslichen Bescherung, ein Überführungsauftrag zum Stiftsplatz. Um unsere Mitarbeiter in dieser Stunde nicht auch noch zu stören, fuhren mein Vater und ich dort hin. Wir fanden am Eingangsgitter der Lambertuskirche einen erhängten Mann vor. Aus Ermittlungsgründen hatte die Polizei das Seil noch nicht gelöst. Die Person war nicht bekannt, nur ein kleiner Zettel vermerkte, daß er mit dem Leben nicht mehr fertig würde. Wir lösten das Seil und machten die Überführung. Wir zwei wechselten kein Wort, und auch nach unserer Rückkehr berichteten wir unserem Familienkreis nichts über die einzelnen Umstände. Erstaunlich war es, daß ich mit meinem Vater die Schweigsamkeit nicht abzusprechen brauchte, mit dem Problem mußten wir jeder für sich selbst fertig werden.

Noch ein weiterer Fall: Vor kurzem bekam ich einen Anruf einer Journalistin, sie wollte Auskunft über einen Öko-Sarg. Sie stellte Fragen zur angeblichen Holzverschwendung bei Bestattungen und konnte nicht verstehen, daß man sogar bei Einäscherungen einen Sarg verwenden müsse. Da fiel mir spontan ein Erlebnis ein, so etwa im Jahre 1943, als ich als 16jähriger Schüler einmal aushelfen mußte und unseren Wagen zum Krematorium begleitete. Es fuhr dort ein grauer LKW mit Plane vor und lud ohne großen Aufwand oder Vertuschung 6 rohe Bretter mit daraufliegenden, unbekleideten Männern aus, zur Einäscherung. Ich war erstaunt und tief erschüttert, und auf meine Frage wurde nur geantwortet, daß diese Verstorbenen aus einem Arbeitslager stammten. Heute frage ich mich natürlich, warum hast du die Sache nicht genauer hinterfragt, aber im Unterbewußtsein wußte ich, was geschehen war. – So war das damals. Der Journalistin verschlug es auch die Sprache, ich nehme an, sie weiß jetzt auch, warum es der Menschenwürde entspricht, daß ein Verstorbener auch bei einer Einäscherung das Recht hat, umkleidet zu sein.

Trauriges Erlebnis:
Es gibt viele traurige Erlebnisse. Besonders wenn man zu Sterbefällen aus dem Bekanntenkreis gerufen wird. Auch Situationen, wenn Kinder sterben oder wenn ein Elternteil oder beide plötzlich versterben und unversorgte Kinder zurückbleiben. An einen Fall mußte ich in der Nacht auch denken:

Vor etwa 25 Jahren hatte man auf einem Rundkurs um Wegberg eine neue Rennstrecke – Grenzlandring – entdeckt. Natürlich mußte schnell ein Hochgeschwindigkeitsrennen stattfinden. Ich konnte mich später überzeugen, daß die Zuschauer nur durch einzelne Strohballen gesichert waren. Es kam, was kommen mußte: Ein Rennwagen kam von der Bahn ab und erfaßte eine Schulklasse aus Düsseldorf-Heerdt. Über 10 Kinder waren sofort tot. Alle aus einer Klasse. Etwa 12 Jahre alt. Schon die Beratung mit den Eltern war eine Überforderung. Als ich aber dann die Überführung von 7 Kindern mitmachen mußte, diese in einem schrecklichen Zustand in die Särge betten mußte, das ging fast über meine Kräfte. Für einen Kollegen aus Heerdt war es noch schlimmer, weil er die Kinder zum Teil persönlich kannte.

Wo sage ich es? Bei dem Bekanntheitsgrad meiner Firma in Düsseldorf – hinzu ist der Name selten – weiß sofort jeder meinen Beruf. Das ist für mich kein Problem, besonders weil ich auf meinen Beruf stolz bin und auch die ganze Firma sich sehen lassen kann.

Wo sage ich es nicht? Sicher will ich z. B. im Urlaub anonym bleiben. Es macht mir allerdings nichts aus, wenn ich Post mit einem Firmenumschlag bekomme. Aber jedes Jahr erfahre ich es aufs neue in der Skigruppe: Spätestens am 2. Tag sind die Berufe bekannt. Erstaunlich ist es immer wieder, welche Neugierde unsere Arbeit und Aufgaben hervorrufen. Es ist schon oft passiert, daß wir selbst in einer Skihütte ausgiebig über Beerdigung und Sterben diskutiert haben. Ich muß dann immer nach einiger Zeit gewaltsam das Thema abbrechen.

Wie hat mich der Beruf verändert? Da ich den Beruf in die Wiege gelegt bekam, konnte ich mich nicht so sehr verändern. Es stellte sich vielmehr die Frage, wie wäre ich, wenn ich einen anderen Beruf gewählt hätte? Privat ist unsere Familie eine sehr lustige, aufgeschlossene Familie. Vielleicht liegt es auch daran, daß wir täglich erfahren, daß ein Leben nicht nur Arbeit, Ärger und Krankheit sein kann, sondern man sich auch der Freude und den schönen Dingen zuwenden sollte.

Was andere wissen sollten: Die vorher geschilderten Fälle sind meist etwas Besonderes, z. B. Unfall oder plötzlicher Tod. Wir sollen bedenken, daß die meisten Sterbefälle doch natürlich und normal sind. Sicher ist für jede Familie und deren Umgebung ein Sterbefall ein außergewöhnliches und einmaliges Ereignis. Aber in der Regel, auch in der heutigen Zeit, ist es doch selbstverständlich, daß das Leben ein natürliches Ende findet. Wenn der Verstorbene sich dann noch bemüht hat, ein erfülltes Leben zu leben, kann es auch ein tröstliches Ende sein. Wenn der Bestatter dann noch mithilft, dem Verstorbenen, der sich ja selbst nicht mehr äußern kann, ein ehrliches und würdiges Begräbnis zu bereiten, ist das eine gute Aufgabe, die auch Freude bereiten kann.

Herr S. S., Bestatter aus Fröndenberg:
Das Motiv für meinen Beruf: Mein Weg zum Bestatter war lang und mühevoll und schon gar nicht aus einer bestimmten Motivation heraus. Es sei denn, mein Vater war meine Motivation. Ich glaube, daß für mich in den ersten Jahren all das Lernen ein notwendiges Übel war und zum Leben eines jungen Mannes, der mal den Kleinbetrieb übernehmen soll, Familie gründen will usw., dazugehört. Aber im Laufe meines Berufslebens hat sich meine Einstellung bzw. Motivation zum Bestatter klar herausgestellt. Anfang der 70er Jahre habe ich den Schreinereibetrieb auslaufen lassen. Seit dieser Zeit habe ich nun ein reines Bestattungsunternehmen als Familienbetrieb.

Ich bin katholisch. Aus dieser Tatsache heraus ergibt sich eigentlich meine Motivation zum Bestatterberuf. Ich bin davon überzeugt, gerade unser christlicher Glaube bietet die vielfältigsten Möglichkeiten – Gebet, Gottesdienst, Gesang, Meditation usw. –, Gottes Allmacht und Güte auch in den schwersten Stunden des Lebens zu erfahren.

Der Bestatter sollte auch eine kulturelle Motivation haben. Es ist ein Zerfall alter Sitten und Gebräuche, wenn ich schreiben muß:

– von Beileidsbekundungen bitten wir Abstand zu nehmen;
– mein NN wird anonym bestattet, dann haben wir nichts damit zu tun;
– wenn für die Trauerfeier in den Friedhofshallen ein Zeitlimit von 12 Minuten gewährt wird;
– wenn Friedhofsbedienstete mit Bagger und Schaufel die Angehörigen zum Verlassen der Grabstätte auffordern.

Wo bleibt da die Würde des Menschen und die Ehrfurcht vor dem Tod? Zusammenfassend lautet meine Motivation: Dienst den Lebenden – Ehre den Toten

Wie war meine Ausbildung: Geboren in einer alteingesessenen Handwerkersfamilie – mein Großvater und Vater waren Stellmachermeister –, damals im Dorf, heute Stadt Fröndenberg mit ca. 13 000 Einwohnern verbrachte ich meine Jugend mit meinen Geschwistern zwischen Brettern, Bohlen, Speichen, Rungen, Rädern, Kutschwagen, Erntewagen, Holzbearbeitungsmaschinen, Garten, Wiese, Haus, Werkstatt, Hof usw. So kam ich frühzeitig mit dem Werkstoff Holz in Berührung, und mein Vater konnte die Hilfe seiner Kinder gebrauchen.

1942 kam ich in die Volksschule. Der Wechsel zu weiterführenden Schulen war für uns kein Thema. Im Frühjahr 1951 sagte mein Vater eines Tages zu mir: „Ich habe für dich eine Lehrstelle, du wirst Schreiner und fängst am 2. 4. an." Bis zum Ende meiner Schulzeit kam ich mit dem Tod nicht in Berührung. Das änderte sich aber in meiner Lehrzeit. In meinem Lehrbetrieb wurde für jeden Verstorbenen der Sarg speziell angefertigt, und ich machte mit meinem Chef die ersten Erfahrungen mit Toten. Nach meiner Lehr- und kurzen Gesellenzeit in anderen Schreinereien mußte ich zurück nach Hause. Mein Vater war krank. Wir schrieben das Jahr 1957. Der Stellmacherberuf hatte seine Bedeutung und damit für uns die Lebensgrundlage verloren. Mit letzten finanziellen Mitteln kaufte mein Vater einen

Überführungswagen. Jetzt versuchte er, nicht nur den Sarg zu liefern, sondern auch etwas Service zu bieten.

Dann kam für mich die Zeit der Vorbereitung zur Bestatterprüfung. Fachliches und theoretisches Wissen mußte ich mir aus Büchern und in Kursen aneignen. All dies neben meiner Arbeit in unserer kleinen Schreinerei. Nach erfolgreich abgelegter Prüfung wurde mir am 11. 12. 1965 das Diplom „Fachgeprüfter Bestatter" verliehen. Aber die Ausbildung geht nie zu Ende. Seit dieser Zeit habe ich viele Kurse und Seminare besucht, Studienreisen unternommen und viel Literatur über Tod und Bestattung gelesen. Sehr wichtig sind mir heute Gespräche mit meinen Fachkollegen im ganzen Bundesgebiet.

Meine Anfangserfahrungen: Die ersten Erfahrungen mit Verstorbenen habe ich in meiner Lehrzeit gemacht. Zunächst wurde der Sarg angefertigt. Beschläge montiert, Ölpapier und Velvet als Innenausstattung, Späne und Sägemehl im Unterteil als aufsaugende Stoffe gebraucht. Dann wurde der Wagen bestellt. Kein Überführungswagen, sondern ein Lastwagen, der vormittags aus vielen Dörfern zunächst von den Bauern die Milchkannen abholte und zur Molkerei brachte. Am Nachmittag wurde dann unser Sarg auf den Wagen verladen und mit einer Decke abgedeckt. So überführten wir den Sarg zum Krankenhaus.

Beim Einbetten und Herrichten des Verstorbenen brauchte ich die ersten Male nicht zu helfen. Aber dann!! Mit ca. 28 Jahren machte ich meine ersten Erfahrungen mit Behörden, Pfarrämtern und Kunden. Bis zu diesem Zeitpunkt war nur mein Vater für diese Dinge zuständig. Aber dann überfiel ihn eine unheilbare Krankheit. Und für mich kam der Sprung ins kalte Wasser. Plötzlich war ich für alles verantwortlich. Einkauf, Büro, Finanzen usw., aber auch für Kundschaft und Behörden. Wenn ich mich recht erinnere, bin ich nicht sehr selbstsicher aufgetreten, fehlte mir doch Übung und Erfahrung, aber auch einiges an Fachwissen. „Schade, daß Ihr Vater nicht kommen kann." „Für solch ein Geschäft müßte man schon etwas älter sein als Sie." Sätze wie diese sind sicher für mich keine ermutigenden Sätze gewesen.

Was das Schwerste ist: Grundsätzlich, muß ich sagen, kostet mich jeder Sterbefall aufs neue Überwindung. Da wird man zu irgendeiner Zeit zu einer Familie gerufen oder bestellt, die mir noch nicht einmal vom Namen her bekannt ist. Da fahre ich schon mit gemischten Gefühlen und manchmal auch mit einer gewissen Angst und Furcht hin. Die praktische Seite wirkt da schon mehr auf mein Mitgefühl, Mitleid und Psyche. Da mir meistens die Zeit fehlt, mich auf eine schwere Situation einzustellen, z. B. Verkehrsunfall, Suizid in den vielen Varianten, der Tod von Kindern usw., wächst man bei der Arbeit über sich hinaus und erkennt in dieser Zeit nicht die ganze Tragweite der Situation. Die Besinnung auf diese Erlebnisse kommt dann, wenn ich wieder zu Hause bin. Manchmal dauert es schon ein paar Tage, bis ich mit einer schwierigen Situation oder Lage fertig geworden bin.

Was mir Freude macht: Ich glaube, wer die richtige Einstellung zum Beruf hat, kann seine Arbeit nicht mißmutig, sondern nur mit einer gewissen Freude tun. Ja, was macht mir besonders Freude? Z. B. wenn die Beerdigung so abläuft, wie von mir organisiert. Wenn Gärtner/Floristen Kränze und Buketts so anfertigen, wie von mir bestellt, Druckereien und Zeitungen saubere Arbeit geliefert haben. Freude ist für mich auch, wenn Pastoren eine gut vorbereitete Trauerfeier und Ansprache halten, nicht auf Tränendrüsen drücken, sondern Trost, Hoffnung, Mut und Kraft als Hilfe vermitteln. Freude macht mir auch, wenn ich ab und zu ein „Danke schön" bekomme. Sei es ein Anruf, ein paar Blumen, eine Flasche Wein oder eine Einladung.

Mein schönstes Erlebnis: Frau M. ließ mich eines Sonntagnachmittags in ihre Wohnung rufen. Ihr Mann ist im Krankenhaus verstorben. Vor mir stand eine hagere, dünne, ca. 75 Jahre alte Frau. „Bitte setzen Sie sich." Bot mir einen Kognak und Zigarette an, die ich dankend ablehnte. Sie selber war starke Raucherin und bediente sich mit Kognak selber. Dann mußte ich mir 2½ Stunden Frau M.s Lebensgeschichte anhören. Die Kognakflasche wurde leerer und die Zigarette ging bei Frau M. nicht aus. Der Zustand der älteren Dame wurde für mich schon bedenklich. Aber sie hatte eine Art an sich, daß ich ihr zuhören mußte und bei ihr blieb. Wer war da alles schuld am Tod ihres Mannes? Arzt, Krankenhaus, Nachbarn, Pfarrer, Vereine, Verwandtschaft, Bekannte und nicht zuletzt auch ich. Reine Schimpfkanonaden habe ich über mich ergehen lassen müssen. Aber schließlich war der Punkt erreicht, daß Frau M. müde wurde und wir uns für den nächsten Tag verabredeten. Montag war die alte Dame wie umgewandelt, und wir konnten in aller Form und Würde über alles reden. Nach der Beisetzung überreichte ich ihr die Karten von Blumen und Kränzen. Sie nutzte diese Gelegenheit, mir Dank zu sagen und überreichte mir eine Flasche Kognak. Nach ca. drei Wochen brachte ich ihr die Dankkarten. Sie dankte mir und gab mir eine zweite Flasche Kognak. Als ich dann später mit Frau M. abrechnete, dankte sie mir wieder und gab mir drei Tafeln Schokolade und eine dritte Flasche Kognak. Ich erklärte ihr, daß ich Flasche und Schokolade nur annehme, wenn sie mir den Grund dieser dritten Zuwendung sagen würde. „Ja, wissen Sie, als ich Sie am Sonntag in meine Wohnung rief, da haben Sie mit Himmelsgeduld bei mir gesessen und nur zugehört, als ich meine Lebensgeschichte erzählte und auch, als ich all die vielen Mitmenschen verurteilte, am Tod meines Mannes schuld zu sein. Für all diese Geduld, Verständnis, Mühe und Last herzlichen Dank."

Mein schlimmstes Erlebnis: Ein junger Mann starb an den Folgen eines Verkehrsunfalls. Seine Eltern und seine Freundin beschuldigten sich gegenseitig, ihn in den Tod getrieben zu haben. Nach der Beisetzung – etwa 50 Meter von der Grabstätte entfernt – wurde der Streit zwischen den Familien handgreiflich. Lautstarke Wortgefechte zwischen den Streitenden schallten über den Friedhof, und schließlich artete dies alles in eine Schlägerei aus. Nach einiger Zeit ist es mir und ein paar anderen Männern gelungen, die Streitenden zu trennen. Und dies alles vor den Augen der vielen Trauergäste. Für mich ein wahrlich schlimmes Erlebnis.

Wie die Umgebung reagiert: Meine Familie, die meinen Werdegang miterlebt hat, nimmt heute diesen Beruf wie jeden anderen. Es ist ein Gewöhnungszustand: der unstete Arbeitsablauf, mal Tag, mal Nacht, mal die Unterbrechung einer Feier. All dies wird heute von meiner Familie im weitesten Sinne hingenommen. Aber da ist auch die andere Seite. Einige Freunde können bis heute nicht verstehen, daß wir wegen eines Todesfalles sofort gebraucht werden, wo die Fête doch gerade am schönsten ist. Oder bei Eintritt in eine Gaststätte muß ich mir doch so manches sagen lassen und anhören. Jeder meint etwas Witziges oder Bissiges sagen zu müssen. Aber ich habe im Laufe der Jahre gelernt, mit diesen Situationen fertig zu werden. Und bald merkt jeder, daß der Bestatter ein Mensch ist wie jeder andere.

Wie hat mich mein Beruf verändert: In den ersten Jahren meines Berufslebens als Schreiner und Bestatter ging ich unbeschwert an meine tägliche Arbeit. Ohne viel Gedanken über die Sorgen und Probleme unserer Kunden. Aber dann, im Dezember 1967, starb in unserem Haus mein Vater. Plötzlich war ich selber der Betroffene. Hatte langes Krankenlager und Tod meines Vaters miterlebt. Dies war für mich eine Schlüsselerfahrung. Ich ging nun mit ganz anderen Voraussetzungen zur Kundschaft. Habe Verständnis, Mitgefühl, Zeit. Seither trage ich dunkle Anzüge, weiße Oberhemden, schwarze Schuhe. Mein Benehmen bei der Kundschaft und in der Öffentlichkeit hat sich vom Handwerker (rauh, aber herzlich) auf den Bestatterberuf umgestellt.

Was andere wissen sollten: Daß ich Mensch bin wie

jeder andere, mit seinen Fehlern und Schwächen, aber auch Bedürfnissen wie Schlaf, Feierabend, Sonntag, Familie, Geselligkeit u.v.m. Denn gerade diese Bedürfnisse brauche ich zu meiner eigenen Regeneration.

Herr W. K., Bestatter aus Salzgitter:
Motiv für den Beruf: Als ich 1965 in den Dienst der Finanzverwaltung Niedersachsen als Finanzbeamtenanwärter eintrat, hätte ich nie damit gerechnet, einmal Bestatter zu sein. Wie nun das Leben so spielt, kauften meine Eltern im Jahre 1970 ein größeres Bestattungsunternehmen. Selbstverständlich wurde von mir verlangt, die Buchführung, Steuererklärungen usw. zu übernehmen, was ich in meiner Freizeit auch gerne tat. Doch schon nach einem Jahr wurde ich gedrängt, ganz in die Firma einzusteigen. Mein schönes, geruhsames Beamtendasein war dahin. Ich folgte, zwar widerstrebend, der Bitte meiner Eltern, ahnte aber schon, auf was ich mich da einließ.

Wie war die Berufsausbildung: Wie jeder neue Besen, der gut kehrt, kümmerte ich mich fortan um alle kaufmännischen Belange und die Verwaltung des Betriebes. Doch das war nicht alles. Die eigentlichen Tätigkeiten eines Bestattungsunternehmens waren mir fremd. Aus den Betriebsunterlagen fand ich heraus, daß es eine Bestatterprüfung mit Diplom gibt. Das muß mein Ziel sein, sagte ich mir und begann, mich in die anderen Tätigkeiten einzuarbeiten. Beratungsgespräche mit Angehörigen, Beerdigungen, Überführungen wurden mit anderen Mitarbeitern durchgeführt. Bald gewann ich eine genaue Kenntnis über die Vorbereitung und Ausführung einer Bestattung. Ich besuchte die Vorbereitungslehrgänge und konnte im Jahre 1976 die Bestatterprüfung ablegen. Natürlich war ich stolz darauf und hatte das gute Gefühl, nun die ganze Palette des Bestatterbereiches zu beherrschen.

Meine Anfangserfahrungen: Zuerst war ich neugierig, wie ich mich selbst bei dem Umgang mit Verstorbenen verhalten würde. Als es dann zum ersten Mal geschah und ich mit den Mitarbeitern zum Einsargen fuhr und bei der Einsargung und Herrichtung der Verstorbenen mithalf, war ich über mich selbst überrascht. Ich erfaßte diese Arbeit als etwas ganz Normales, einer vielleicht sogar moralischen Verpflichtung, jetzt diese Tätigkeit vorzunehmen. Denn die Angehörigen würden meine Arbeit überprüfen. Es dauerte nicht lange, und ich war der sorgfältigste Mitarbeiter. Ich staunte über mich selbst. Ich hatte eine neue, sehr interessante Tätigkeit, die mit meiner bisherigen Lebenserfahrung überhaupt nicht zu vergleichen war.

Was das Schwerste ist: Nun sind 23 Jahre in diesem Bestatterberuf vergangen. Viele Nächte, viele Sonntage, viele Feiertage haben Angehörige von Verstorbenen mich als Bestatter aufgesucht oder ich bin bei ihnen gewesen. Es fällt schon mal nicht leicht, immer der Ansprechpartner zu sein, immer bereit zu sein. Doch es ist notwendig, weil ich weiß, daß die Angehörigen das von mir erwarten.

Was Freude macht: Immer wieder überrascht mich und erfüllt mich auch mit Stolz, wenn sich Angehörige persönlich bedanken.

Mein schönstes Erlebnis: So kam eine alte Frau zu mir und weinte. Sie sei so unglücklich, daß sie ihren Mann habe in einer Urne anonym beisetzen lassen. Sie bereue diesen Schritt, und die Friedhofsverwaltung würde keine Ausnahme machen, um die Exhumierung in eine Einzelstelle zuzulassen. Ich versprach dieser Frau zu helfen. Am nächsten Tag verfaßte ich ein Schreiben an das Friedhofsamt. Ich teilte mit, daß ich einen Beratungsfehler begangen hätte, und daß ich schuld sei, daß nun die Urne in einer anonymen Sammelgrabstätte beigesetzt sei. Da ich mit einem Schadenersatzprozeß zu rechnen hätte, erbat ich ausnahmsweise die Genehmigung zur Umbettung und verpflichtete mich, sämtliche Kosten zu tragen. In der folgenden Woche wurde die Genehmigung ausnahmsweise erteilt.

Die alte Frau war überglücklich und fiel mir um den Hals. Der Amtsleiter des Friedhofes rief jedoch bei mir an und sagte: Lieber Herr, noch einmal können Sie das mit mir nicht machen. Ich habe Ihrer Begründung zu keinem Zeitpunkt geglaubt.

Mein schlimmstes Erlebnis: Früh morgens um 5.00 Uhr ruft die Polizei an: Bergung einer unbekannten Leiche auf dem Bahnhof. Der Körper des Toten war entlang einer Strecke von 150 Metern mehr oder weniger verstreut. Wir stellten fest, daß noch ein Arm fehlte. Ich kroch unter die Diesellok des noch wartenden Zuges. Der Arm war eingeklemmt. Auf meine Bitte hin ließ der Zugführer die Motoren an und und fuhr ein Stück vor. Ich dachte, die Welt geht unter. Der Motorenlärm, der Schmutz, der Gestank, der Arm. Ich hatte ihn frei. Hoffentlich passiert mir das nicht noch einmal.

Wo sag ich's: Mein Beruf ist Bestatter. So stelle ich mich vor, wenn danach gefragt wird. Die Reaktion des Gegenübers ist sehr unterschiedlich. Oft wird dann im weiteren Gespräch klar, wie wenig gerade junge Menschen aufgeklärt sind. Ich bemühe mich, kurz und umfassend über meinen Beruf zu informieren. Denn dann geht es sofort von den Fragen ins Detail. Der Wissensdurst ist unbändig. Man hat ja schon viel gehört, und die anderen wissen alles ganz genau. Und Tante Frieda hat gesagt, „eine Beerdigung kostet heute mindestens 15 000 Mark". Dann hole ich tief Luft und frage geduldig nach den Einzelheiten, die ich preislich erklären kann. Sicherlich gehörten das schwarze Kostüm, die Bewirtung der Trauergäste, der Grabstein, die Friedhofskosten und die Blumen und die Anzeige zu den Beerdigungskosten. Es sind aber keine Kosten des Bestatters. Ebenda ist der Unterschied.

Wie hat mich der Beruf verändert: Ich bin besonnen und ernst geworden. Es gibt viel nachzudenken, um den Angehörigen auch die geforderten menschlichen Ratschläge geben zu können. Das hat aber mein Wesen nicht verändert. In meiner Familie und in meiner Freizeit bin ich genauso fröhlich und aufgeschlossen wie andere.

Was andere wissen sollten: Die hohen Anforderungen, die an den Bestatter zu jeder Tages- und Nachtzeit gestellt werden, der Verzicht auf Freizeit machen es schwer, immer die gestellten Aufgaben zu erfüllen.

Herr P. B., Bestatter aus Flensburg:

Nach Abschluß meiner Mittleren Reife besuchte ich die Städtische Handelslehranstalt, um mein Fachabitur zu erreichen. Hiernach begann ich, die Gründe sind für mich heute nicht mehr nachzuvollziehen, eine Ausbildung als Bauzeichner, welche ich nach zweieinhalb Jahren abschloß. Ohne Unterbrechung begann meine Zeit bei der Bundeswehr, die ich schon im Vorwege auf zwei Jahre fixierte, später dann auf zwölf Jahre insgesamt verlängerte, um studieren und als Offizier dienen zu können. Die Gründe für den vorzeitigen Abbruch meiner Dienstzeit erfahren Sie im Folgenden.

Warum Soldat und nicht Bestatter? Als viertes Kind meiner Eltern war es mir seit vielen Jahren bewußt, daß mein Bruder Friedrich als Namensträger die Nachfolge im Unternehmen antreten würde. Somit suchte ich meinen eigenen beruflichen Weg. Begründet durch „unfamiliäres" Verhalten meines Bruders trat mein Vater 1980 – damals war ich 20 Jahre alt und gerade bei der Bundeswehr – mit der Bitte an mich heran, die Nachfolge anzutreten. Ohne weitere Überlegung sagte ich zu. Die Entscheidung bekam durch die Aussage meines Vaters, daß nur ein „B." die Firma fortführen dürfe, ansonsten würde die Firma geschlossen, eine gewisse Eindeutigkeit.

Nach zwei Jahren Bundeswehr begann ich 1981 offiziell eine Ausbildung zum Bürokaufmann in einem Bestattungshaus. Hier wurde mir jenes Rüstzeug verliehen, das Bestatter heute vorweisen müssen: Flexibilität, Sensibilität und auch Robustheit (wie viel mehr könnte hier aufgezählt werden). In den ersten Wochen kamen mir sehr große Zweifel, ob nun meine Berufswahl wirklich richtig war. Bei meinen ersten Überführungen von Verstorbenen war die übliche erste Scheu natürlich vorhanden. Die Gedanken um Tod und Leben, die ewigen Fragen nach dem Warum steigerten sich nach und nach derartig, daß Schlaf- und Appetitlosigkeit meine ständigen Begleiter wurden.

Folgend versuchte ich, durch einen überdeutlichen Humor im privaten und im firmeninternen Kreis, diese Ängste abzubauen. Nur durch viele Gespräche mit meinen Kollegen und die ständigen Wiederholungen dieser unangenehmen Arbeiten gelang es mir, den Tod als Bestandteil des Lebens zu akzeptieren und als unabänderliche Tatsache zu respektieren

1982, ich war damals 22 Jahre alt, verstarb unerwartet mein Vater. Zu Hause kein Nachfolger. Die eigene Ausbildung noch nicht abgeschlossen. Die Erben vor der Tür laut klopfend. Hier begann mein eigentlicher Reifeprozeß zum erwachsenen Menschen und auch Bestatter.

Das Schwerste ist zum einen die Gesprächsführung mit den trauernden Angehörigen und zum anderen die oftmalige Unvereinbarkeit zwischen der kaufmännischen Betriebsführung und der Kaufkraft bzw. finanziellen Bereitschaft der Familien. In den Beratungen prallen einem sehr oft die eindeutigsten, klarsten und natürlich auch tiefsten Gefühle entgegen. Wie viele Male ich hier mitschwinge, den Aussagen der Betroffenen nachgehe und versuche, nachzuempfinden und zu helfen, den richtigen Weg zu beschreiten. Viele Tränen sind bei mir dabei geflossen – bis mein Verstand wieder einsetzt, der mich zur Ordnung ruft (mag sich merkwürdig anhören – ist aber so).

Diese Sensibilität straft einen auch. Wenn z. B. bei der Abwicklung von Bestattungen auf Kosten der Sozialhilfe die Entscheidung des Kostenträgers noch aussteht, wickeln wir trotzdem die Bestattung innerhalb der normalen Frist ab. Wenn dann wieder das Sozialamt die Übernahme ablehnt, weil irgendwo in Bayern ein zahlungspflichtiger Angehöriger wohnt, können wir den Ersatz unserer Leistungen in aller Regel vergessen.

Was mir Freude macht: Freude bereitet mir mein Beruf jeden Tag aufs neue. Die tägliche Herausforderung, das ständige Spiel zwischen Anforderung und Möglichkeit, täglich neue und oftmals interessante Menschen kennenzulernen und die Mitarbeiter jeden Tag zu motivieren, immer das Beste zu geben und dabei die Anliegen unserer Klienten zu erkennen, umzusetzen und ebenso von den Aufträgen und ihren Inhalten auch zu lernen.

Mein traurigstes Erlebnis: Nach einem langen und auch feuchten Abend mit Freunden meines langjährigen Stammtisches ruft mich am folgenden Morgen die Mutter eines Freundes an und teilt mir mit, daß sich ihr Sohn das Leben genommen hätte. Nach Auflegen des Hörers sagte ich mir, daß der Alkohol wohl schlimmere Auswirkungen zeigte als angenommen, und legte mich wieder ins Bett. Nach einer Viertelstunde schoß ich wieder hoch und spürte, daß etwas nicht stimmte mit meiner normalen Gedankenwelt und rief bei der Mutter an, um mich zu vergewissern. Leider Realität. Während der Fahrt zur Familie verfluchte ich meinen Beruf. Die Angst vor der vor mir liegenden Situation wurde überdeutlich, und der Wunsch zu fliehen, wurde stärker. Dieses Beratungsgespräch war ein einziges Grauen. Ständige Unterbrechungen durch Weinkrämpfe der Mutter, Anrufe von Freunden und Verwandten ließen einen einigermaßen geregelten Ablauf nicht zu. Ich selbst war auch nicht in der Lage, klar zu denken und die Bestattung vorzubereiten. Diese Momente des Aufnehmens und Umsetzens, der Tag der Beisetzung und die nachfolgende Betreuung sind für mich die schwersten, schlimmsten und auch traurigsten Momente in meinem Leben gewesen.

Mein lustigstes Erlebnis bringt mich heute noch zum Lachen. Ein älterer Herr verstarb im Bewußtsein seines eigenen Todes im Kreise seiner Familie. Das Gespräch mit den Angehörigen verlief harmonisch und zielsicher. Der Verstorbene war in sehr vielen Vereinen tätig, u. a. auch im Taubenzüchterverein. Selbst hatte er sich gewünscht, daß unmittelbar nach der Beisetzung in die Gruft seine Tauben aus ihren Käfigen aufsteigen sollten. Gesagt – getan. Der Pastor sprach sein Gebet. Die Vögel stiegen auf, und eine Taube hinterließ auf dem fast lichten Kopf des Sohnes einen Beweis ihrer Verdauungstätigkeit. Hiernach brach zuerst der Sohn, dann die Witwe und später die gesamte Trauergesellschaft (ca. 300 Personen) in schallendes Gelächter aus.

Wie die Umgebung reagiert: Wo sag ich's? Wo verschweig ich's? Auf die Frage nach meinem Beruf sage ich ganz klar: „Ich bin Bestatter", werde dabei nicht mehr verlegen und versuche nicht, irgendeine Entschuldigung hinterherzuschieben. Seit nunmehr fast zehn Jahren werde ich regelmäßig zu Vorträgen in Schulen, Seniorenkreisen und sonstigen Gruppen eingeladen, um über meinen Beruf, Fragen zum Tod und Sterben sowie Friedhofs- und Bestattungskultur zu sprechen. Ebenso führe ich nach Vorgesprächen Schulklassen ab dem 9. Jahrgang in unser Bestattungshaus mit Feierhalle, zu den örtlichen Friedhöfen und zeige ihnen dort Grabstätten und auf Wunsch das Krematorium. Nach diesen Führungen sind die jungen Menschen wie verwandelt. Anfängliches Desinteresse („Was geht mich der Tod an!") verwandelt sich in Verständnis und Offenheit. Ebenso können zum großen Teil Ängste abgebaut und Verständnis gegenüber Trauernden aufgebaut werden. Verschwiegen habe ich meinen Beruf niemals!

Wie hat mich der Beruf verändert? Mein Beruf hat mich gelehrt, mehr Verständnis gegenüber meinen Mitmenschen aufzubauen, und auch die Fähigkeit, zuhören zu können, wurde gestärkt. Der Humor, in anderer Form als oben beschrieben, ist geblieben, und ansonsten kann ich keine große Veränderung feststellen.

Was andere wissen sollten:
– daß unser Beruf nicht nur Sargverkauf und Beisetzung beinhaltet;
– daß bereits zeitlebens das Thema Tod und Bestattung im Familienkreis besprochen werden müßte und nicht tabuisiert werden darf;
– daß uns wegen unserer Tätigkeit nicht mit Scheu oder Angst gegenüber aufgetreten werden muß und diese Gefühle nicht mit humorvollen Äußerungen überdeckt werden müssen;
– daß Bestattungskosten zeitlebens auch ein Thema sind und Vorsorge zu Lebzeiten beiden Partnern die Arbeit erleichtert.

Herr H. V., Bestatter aus Hagen:
Und immer dieselbe Antwort auf die Frage: „Was willst Du denn mal werden?" „Zu Vater ins Geschäft." Erst nach Jahren wurde mir klar, daß ich lieber Physiker oder Architekt geworden wäre. Doch da war es zu spät. Schon als Kind und später mit Freunden habe ich im Sarglager gespielt. Nach Penne, Höherer Handelsschule und Volontärzeit Eintritt in das väterliche Geschäft; und das vor 38 Jahren. Kaum war ich drei Monate im Geschäft, da erlitt mein Vater einen Beinbruch. Und so wurde ich voll ins kalte Wasser geworfen. Zum Nachdenken blieb keine Zeit.

In den 50er und 60er Jahren war die Kindersterblichkeit wesentlich höher als heute. Die Kinder einbetten, die Fingerchen falten, das Köpfchen richten, vielleicht die Augen schließen. Alle versuchten sich vor dieser Aufgabe zu drücken.

Ein junger Mann – Mitte 30 – war plötzlich verstorben; diese hilflose Trauer! Irgendwann im Beratungsgespräch fanden sich die Hände der Eltern heimlich hinter ihrem Rücken. Die Innigkeit dieser Geste erfüllt mich noch heute und gibt Halt in vielen Situationen.

Das Verlassen einer Tabu-Zone, die Weiterentwicklung und Anerkennung unseres Berufsstandes, verbunden mit Aus- und Umbau meines Geschäfts, machen Freude und erfüllen mich mit Stolz und Zufriedenheit.

Als junger Mann mußte ich im Hochsommer einen Selbstmörder aus einem Wald bergen. Acht Wochen war er wohl schon tot und in Verwesung übergegangen, mit Maden und Würmern übersät. Wir mußten ihn ungefähr zwei Kilometer durchs Dickicht, über Stock und Stein tragen. Das war zuviel. Erst nach einem Wasserglas voller Schnaps ging's weiter. Einer unserer Mitarbeiter hat daraufhin den Beruf gewechselt.

Doch es gibt auch Lustiges. Nach der Aufbahrung eines 45jährigen Familienvaters kam die Schwiegermutter heimlich zu mir und drückte mir eine Flasche Bier in die Hand: „Tun Sie ihm bitte die Flasche noch in den Sarg. Ich hab's ihm versprochen." So ist er mit seiner geliebten Pulle Bier beerdigt worden.

Eines Samstags gegen 14 Uhr ein Anruf: Mein Kegelbruder Rolf ist plötzlich verstorben. Herzinfarkt! Die Besprechung mit Ehefrau und Kindern war fürchterlich. Anschließend habe ich meinen Freund Achim anrufen müssen... zwei Männer am Telefon versuchten, mit den Tränen zu kämpfen. Drei Monate später mußten wir Achim nach einem Verkehrsunfall begraben. Dann haßt man seinen Beruf. Später hörte ich: „Es ist gut, einen Bestatter zum Freund zu haben."

Als junger Mensch habe ich's tunlichst verschwiegen. Doch seit Jahren antworte ich selbstbewußt: Ich bin Bestatter! Oft werde ich in Gespräche über den Beruf verwickelt. In aller Regel neugierig und konstruktiv. Denn über die Vielfältigkeit und das große Spektrum unserer Tätigkeit macht sich kaum jemand ein Bild – bis man selbst mit einem Sterbefall konfrontiert wird. An einem feucht-fröhlichen Abend vermeide ich, darüber zu sprechen; es gibt ja so viele dumme Sprüche.

Der ständige Umgang mit dem Tod und den Trauernden hat mich nachdenklich, aber auch abgeklärt werden lassen. Wahrscheinlich beschäftigt man sich doch mehr mit dem eigenen Tod. Doch privat bin ich wie jeder andere auch: mit allen Stärken und Schwächen und viel Humor.

Da meine Eltern mit einem Friedhofsverwalter bekannt waren, hatte ich als kleiner Junge auch Zutritt zu der Leichenhalle. Neugierig, wie kleine Kinder nun mal sind, schlich ich mit dem Schäferhund des Verwalters in die Leichenhalle. Es war uns beiden nicht ganz geheuer. In einer Kammer stand ein Kindersarg. Mit zitternden Händen habe ich den Deckel aufgeschraubt und mir das Kind angesehen. Der Hund hatte sich irgendwohin verkrochen. Dann den Deckel fallengelassen, zugeschraubt und nichts wie weg aus der Leichenhalle. Später durfte ich dann bei Überführungen mitfahren, mußte aber stets im Wagen bleiben. Wann ich meinen ersten „richtigen Toten" gesehen habe, kann ich beim besten Willen nicht mehr sagen. Die Grenzen wurden durch den ständigen Umgang verwischt. Der Umgang mit toten Menschen wird ganz selbstverständlich.

Sicherlich teilen auch Sie die landläufige Meinung, daß Tote kalt und steif sind. Wenn jemand stirbt, ist das aber nicht sofort der Fall. Der Körper ist noch warm und voll beweglich, die Leichenstarre nicht ausgebildet. Nur die wächserne Blässe verrät den Tod. Man hat das Gefühl, es sei noch Leben in dem Körper; schon ungewohnt und eigenartig. Aber auch diese Gefühle werden zu Alltäglichkeiten. Einen Toten zu waschen, anzukleiden, zu kämmen, evtl. auch zu schminken, ist nichts Außergewöhnliches. Irgendwelche Hemmschwellen gibt's nicht mehr. Weitaus schwieriger ist es, eine Leiche von den Gleisen der Eisenbahn zu bergen. Einen völlig zerfetzten Körper dort regelrecht aufzusammeln, ist sicherlich nicht jedermanns Sache. Aber auch hier kann man die tollsten Dinge erleben. Ein Kollege hatte einen Mitarbeiter beschäftigt, der bei derartigen Überführungen immer nervös und merkwürdig erregt gewesen sein soll. Auch andere Ungereimtheiten wurden erzählt. Kurz darauf wurde der Mann entlassen. Zu den schwie-

rigen Aufgaben des Dienstes am toten Menschen gehört auch, eine längere Zeit im Wasser gelegene Leiche zu transportieren. Zum einen der Ekel durch Anblick und Geruch, zum anderen löst sich die Haut vom Körper und man kann ihn nicht festhalten. Dann fragt man sich unwillkürlich: Was ist der Mensch, was? Können Sie sich vorstellen, daß ein Mensch allein in seiner Sauna stirbt und bei voller Hitze Tage dort liegt? Auch das ist schon passiert. Wir mußten mit der Bergung bis zum nächsten Tag warten!

Das Versorgen eines jungen oder sehr ausgezehrten, von Krankheit gezeichneten Menschen geht immer irgendwie mit einem Gefühl des Mitleidens einher: Warum mußte er so früh sterben? Oder welche Leiden?! Gleichwohl man keine persönlichen Beziehungen zu dem Verstorbenen hat. Das wird schlagartig anders, wenn ein nahestehender Mensch stirbt. Dann bin ich betroffen wie jeder andere auch: Mit aller Trauer, Tränen, Einsamkeit. Hinterbliebener und Bestatter gleichzeitig sein zu müssen, grenzt dann an Hilflosigkeit. Einen klaren Kopf behalten, nichts vergessen und doch alles beachten und veranlassen, kostet unendlich Kraft. Die von uns so oft hilfreich angebotene Hand habe ich dann schmerzlich vermißt.

Und dann noch ein ungeschriebenes, aber ehernes Gesetz: Immer sofort die Blöße eines Menschen bedecken. Freiwillig würde sich keiner so anschauen lassen. Die Vorstellung, selbst so daliegen zu müssen, wird dann unerträglich.

Soweit die Stimmen der Bestatterin und Bestatter. Mich hat gefreut, daß man all diesen Berichten entnehmen kann, mit wieviel Berufsethos und Ehrfurcht vor den Toten der wohl größte Teil der Bestatter-innen ihren Beruf ausführen.

Dennoch zurück zu den Ausgangsüberlegungen am Anfang dieses Kapitels. Da stand die Frage, ob es begrüßenswert sei, wenn die Menschen sich wieder mehr selbst um ihre Toten kümmern würden. Dazu möchte ich Ihnen einen Brief vorstellen, der uns als Reaktion auf die Sendung: „Das Letzte? – das eigene Begräbnis planen?", zugesandt wurde:

Herr E. S.-T. aus Laer:

Ihre letzte Ü-Wagen-Sendung war wie immer nachdenkenswert. Am Samstag vor Ihrer Sendung fand in den Niederlanden die Beerdigung meiner Tante statt, die so viel anders als bei uns war, daß ich es Ihnen schreiben will.

- *In den Niederlanden kann man eine Sterbegeldversicherung abschließen, die dann die Kosten trägt und die Organisation übernimmt.*
- *Die/der Verstorbene wird in einer öffentlichen Halle aufgebahrt, wo Freunde und Bekannte von ihm/ihr Abschied nehmen können.*
- *Der Sarg ist aus einfachem Material und schmucklos.*
- *Die Trauernden tragen keine Trauerkleidung (nur meine Geschwister und ich kamen in Schwarz und wurden als die deutschen Verwandten erkannt).*
- *Es gibt keine Kränze und Blumen.*
- *Die Trauernden gestalten den Abschiedsdienst selbst. Er ist im wahrsten Sinne ein Abschiedsdienst, denn die selbst geschriebenen Fürbitten trugen die Kinder der Verstorbenen vor, und sie trugen ihre Mutter in die Kirche und aus der Kirche hinaus in den Leichenwagen.*
- *Das Leben der Verstorbenen steht im Mittelpunkt des Abschiedsdienstes; nicht nur ein Satz wie bei uns.*
- *Vor der Kirche stehen dann große Wagen, die im ersten den Sarg und im zweiten alle engsten Trauernden aufnehmen. Die weiteren Trauernden schließen sich den Trauerwagen an und fahren in einem Konvoi zum Friedhof, wobei sie selbst bei Rot über die Ampeln fahren dürfen.*

- *Auf dem Weg zum Friedhof wird ggf. das Elternhaus des/der Verstorbenen angefahren, so daß das Kind Abschied von seinem Elternhaus nehmen kann.*
- *Der Sarg bleibt auf dem Grab stehen, wo dann von dem/der Verstorbenen der letzte Abschied genommen wird.*
- *Der Geistliche hilft durch Nähe und Stütze beim Abschied.*
- *Auf dem Friedhof bedankt sich ein naher Angehöriger für die Anteilnahme der Trauergemeinde.*
- *Der anschließende Begräbniskaffee ist schlicht gehalten.*
- *Das Grab bekommt eine Grabplatte – also nicht pflegeintensiv – und ein Kreuz, wobei weibliche verheiratete Verstorbene ihren Mädchennamen wiederbekommen.*

Meine Geschwister und ich waren von diesem sehr persönlich gestalteten Abschied von unserer Tante ergriffen, und ich glaube, daß ich diese Form auch für mein Begräbnis wähle.

Briefe zum Thema: Der letzte Mensch, der mich berührt? – Bestatter und Bestatterinnen

In der Hallo-Ü-Wagen-Übertragung vom 9. 11. 1989 haben wir uns ausführlich mit diesem Beruf und den ihn ausübenden Menschen beschäftigt. Dazu Auszüge aus der Post nach der Sendung:

Eine Hörerin aus dem Ruhrgebiet, die ungenannt bleiben möchte:
Ich arbeite seit sechs Jahren als Putzfrau in einer Kirche bzw. Leichenhalle. Des öfteren bekomme ich auch mit, wie die Toten eingesargt werden. Wenn die Angehörigen dieses manchmal mitbekommen würden – es ist ekelhaft. Ein Fall steht mir noch vor Augen: Ein sehr beleibter Toter wurde mit Aussprüchen wie „Du fette Sau" und „Schlabberbauch" in den Sarg gestampft. Mir drehte sich der Magen um bei dem Gedanken, daß auch ich einmal sterben werde...

Ein Hörer, der gerne ungenannt bleiben möchte:
Herr Peters als Vertreter der Bestattungsbranche war sicherlich ihr bestes Aushängeschild. Wohl den Hinterbliebenen, die einen solchen Menschen wie Herrn Peters zu sich rufen! Der Punkt, der von Ihnen zum Schluß noch angesprochen und von Herrn Peters m. E. nicht wahrheitsgemäß beantwortet wurde, ist der nach dem Verdienst. Der in der Gesellschaft tabuisierte Tod wird von der Bestattungsbranche ausgenutzt zu einem Geschäft sondergleichen. Hier wird ein weiteres Tabu angehängt, im Todesfall eines Angehörigen offen über Kosten zu sprechen.

Stichwort: Pietät. Die Stiftung Warentest wollte vor einigen Monaten Licht ins Dunkel der Bestattungskosten bringen. Der Verband der Bestatter hatte seine

Mitglieder schriftlich dazu aufgerufen, sich zu verweigern. Kosten sollten also bewußt nicht öffentlich thematisiert werden. Ich selber arbeite bei einem großen, seriösen Unternehmen in NRW und weiß, wie Gespräche, sprich: Verkaufsgespräche, gelenkt werden. Das erste, was ein normaler Bestatter in einem Sterbefall bei den Hinterbliebenen macht: Er läßt sich sämtliche Papiere geben. Und nennen Sie mir bitte den Unternehmer, der Ihnen eine Bestattung macht, die mit dem Preis unter dem Versicherungsbetrag liegt. Und wenn Sie mit den Preisen nicht einverstanden sind: Wer hat schon den Mut, einen Bestatter, den Sie gerufen haben und der bei Ihnen zu Hause ist, dessen Preisliste Sie aber überhaupt nicht kennen, wieder fortzuschicken?

Frau S. R.-P. aus Sternwede:
Vor knapp 2 Monaten ist meine Tochter mit 9 Monaten am „Plötzlichen Kindstod" gestorben, und deswegen ist mir Ihre heutige Sendung sehr nahe gegangen. Nachdem der Arzt den Tod unseres Kindes festgestellt hatte und gegangen war, standen wir allein mit der Leiche da. Wir haben sie genommen, in unseren Armen gewiegt und geheult. Wir waren fassungslos. Irgendwann bin ich dann mit ihr ins Badezimmer gegangen, habe sie gewaschen und den Strampler angezogen, den wir am liebsten mochten. Wir haben sie in ihr Bettchen gelegt und eine Bestatterin angerufen.

Sie hat uns stark darin unterstützt, möglichst viel selbst zu machen. Wir haben unsere Tochter bei uns aufgebahrt, haben sie selbst in den Sarg gelegt und den Sarg auch selbst geschlossen. So waren unsere Hände die letzten, die sie berührt haben. Drei Tage hatten wir sie so noch bei uns, konnten jedesmal, wenn uns danach war, zu ihr gehen, sie angucken, berühren und bei ihr um sie weinen. Auch unserer dreijährigen Tochter haben wir ihre tote Schwester gezeigt, und es war tröstlich zu sehen, wie unbefangen Kinder dem Tod gegenüberstehen. Ich habe eine Zeitlang überlegt, ob ich Sie darum bitte, den Brief bzw. Auszüge daraus nicht im Radio zu verlesen, weil dieses Abschiednehmen für mich eine sehr intime Sache ist. Aber ich werde es nicht tun, da ich eigentlich vielen Menschen sagen möchte, daß sie Abschied nehmen und sich nicht abschieben lassen sollen, da es wichtig für das eigene Weiterleben ist.

Frau H. P. aus Leverkusen:
Welch ein Hohn! Heute stelle ich das Radio an, um wie immer Ihre Sendung zu hören, und dann haben Sie ausgerechnet dieses Thema! Dazu muß ich sagen, daß gestern mein Vater beerdigt wurde. Er starb für uns alle wirklich plötzlich und unerwartet auf der Intensivstation eines Krankenhauses. Ich hatte den dringenden Wunsch, ihn in die Arme zu nehmen, ihn zu küssen. Aber mehr als ein Streicheln der Wange und ein flüchtiger (ängstlicher) Kuß war einfach nicht drin. Heute, eine Woche später, frage ich mich, warum ich solche Angst hatte (und noch habe).

Der zweite echte Schlag war für mich, meine Mutter in das Beerdigungsinstitut zu begleiten, um die Beerdigung zu veranlassen. Ich hatte den Eindruck, in einem sehr gediegenen Institut zu sein. Aber trotzdem die Angst, was geschieht jetzt mit meinem Vater, werden die Leute ihn liebevoll behandeln? Wenn er ausgezogen wird, werden sie ihn stoßen und zerren?

Meine Meinung zu den Bestattern in der Sendung: Die Aussagen der Geschäftsleute empfand ich als Heuchelei. Diesen angeblichen Respekt, dieses Gerede von Mitgefühl, das sie vorgeben zu empfinden – das kaufe ich den Leuten nicht ab. Es werden mit Sicherheit viele Bemerkungen über die verschiedenen Toten gemacht. Kurzum gesagt: Es ist ein Geschäft, ein Beruf wie jeder andere, bei dessen Ausübung gelacht und gescherzt wird. Das hätten die Leute sagen sollen. Dann wäre das Ehrlichkeit gewesen.

Frau I. H. aus Gießen:
Bei Ihrem letzten Thema ist mir so einiges bewußt geworden. Jetzt habe ich mir überlegt, da es ja eigentlich mein Tod ist und ich nicht einfach so als „Müll" (womöglich noch in einer Plastikhülle) abtransportiert werden möchte, mich also schon vorher damit zu beschäftigen und sozusagen meine Beerdigung zu „planen" habe. Vielleicht kann ich mich dadurch auch besser mit meinem irgendwann eintretenden Tod auseinandersetzen und vielleicht auch beruhigter sterben. Dann weiß ich wenigstens, was auf mich zukommt.

Eine Hörerin, die gerne ungenannt bleiben möchte:
In Ihren Gesprächen mit Betroffenen und auch mit den Bestattern kam eigentlich nur der natürliche Tod zur Sprache. Was ich vermißt habe, ist das Nachdenken darüber, wie es ist, wenn wir die letzte Berührung eines verstorbenen, geliebten Menschen Fremden überlassen müssen und nicht einmal von dem Toten Abschied nehmen können. So erging es uns, als unser Sohn schuldlos im Straßenverkehr schwerverletzt wurde, zwei Tage auf der Intensivstation in der Uni-Klinik Essen lag, wo wir zweimal kurz bei ihm sein konnten. Wir wußten, es gab keine Hoffnung mehr, und wir haben schweren Herzens einer Organ-Entnahme zugestimmt.

Als wir in der zweiten Nacht nach dem Unfall telefonisch die Nachricht von seinem Tod erhielten, stellte sich uns gar nicht die Frage, ihn noch einmal sehen zu können.

Die Beerdigung fand erst eine Woche später statt, weil es um fahrlässige Tötung ging und die Staatsanwaltschaft eingeschaltet wurde.

Wir hätten viel darum gegeben, wenn wir von unserem toten Sohn Abschied hätten nehmen können. Doch der Bestatter, der für uns alle Formalitäten übernommen hatte und den wir gut kennen, riet uns davon ab.

Das war sehr hart für uns. Wir haben uns gefragt, ob es richtig war, einer Organ-Entnahme zuzustimmen.

Wir bedauern es nicht, denn wir denken, es war in seinem Sinne. Nur – wie man ihn zur letzten Ruhe gebettet hat, können wir nur vage aus der Rechnung des Bestatters ersehen.

Frau C. S. aus Wuppertal:
Ich lebte fast 40 Jahre mit einem Künstler zusammen, der vor zwei Jahren mit 81 Jahren starb. Der große Altersunterschied von 20 Jahren bringt einen natürlich früh dazu, über dieses notwendige Thema nachzudenken. – Ich hatte Angst davor. Aber als er eines Abends vor meinen Augen im Sessel sitzend starb, fiel die Angst von mir ab und ich dachte glücklich, daß wir das sehr gut geleistet haben, seiner Zustimmung sicher: Ein Nachbar trug ihn mit mir auf sein Bett, und ich hatte ihn fünfzehn Stunden (allein in der Wohnung) zu Hause, um Abschied zu nehmen. Glauben Sie mir, ich hätte das nicht für möglich gehalten, aber ich war ganz ruhig und bin jetzt noch sicherer, daß mit dem Tod nicht das Ende des Menschen da ist, ich spüre ihn so oft neben mir.

Ich habe ihn nicht gewaschen (warum denn eigentlich?), sondern in seiner gemütlichen Hauskleidung, auf einem Sofakissen mit einer selbstgestrickten Decke zudecken lassen, als er in den Sarg gelegt wurde.

Der Bestatter hilft natürlich vor allem bei den bürokratischen Angelegenheiten, wobei man sonst ja nur mit gleichgültigen Menschen zu tun hätte. Da mein Freund nicht in der Kirche war und eben auch kein Pfarrer da war, bat ich die Organistin, ein Stück von Bach zu spielen. Es könnte auch ruhig fröhlich sein. Am Grab sprach ein Bekannter einige Worte. Einige Freunde sagten, so eine schöne Beerdigung hätten sie noch nicht erlebt.

Frau C. F. aus Krefeld:
Wir wußten schon seit einigen Monaten, daß Vater todkrank war und eine Aussicht auf Heilung nach mensch-

lichem Ermessen nicht mehr möglich war. Er hatte Knochenkrebs im fortgeschrittenen Stadium. Aufgrund glücklicher Umstände war es möglich, daß Vater zu Hause gepflegt werden konnte und daß er auch zu Hause sterben konnte.

Mein Mann und ich waren in seiner Sterbestunde bei ihm. Am Morgen hatten mein Mann und sein jüngster Bruder Vater noch gewaschen und rasiert. Da war Vater aber schon nicht mehr ansprechbar. Als wir so an Vaters Bett saßen, schlief er ganz friedlich ein. Kein Todeskampf. Sehr tröstlich nach all diesen Monaten der Qualen und Schmerzen und des körperlichen Verfalls.

Ja, und dann taten wir Kinder und Schwiegerkinder das, was wir vorgehabt hatten: Vater wurde von uns eingekleidet, so, wie wir uns das vorgestellt hatten. Kein Totenhemd! Vater bekam ein hellblaues Oberhemd an, dazu eine silbergraue Krawatte und seinen blauen Anzug. Es war ein so friedlicher und tröstlicher Anblick, Vater nun so zu sehen. Ein wunderbarer Friede ging von ihm aus.

Vater starb am Samstagabend, und erst am Sonntagnachmittag ließen wir den Bestatter zum Einsargen kommen. Bis dahin hatten wir ihn noch zu Hause.

Was uns den Abschied von Vater leichter gemacht hat, waren die Stunden, die wir ihn noch für uns haben durften. Wir saßen an seinem Bett, beteten für ihn, konnten Zwiesprache mit ihm halten, ihm Dank sagen für all das, was er uns im Leben gewesen war. Alles das hilft, den Tod eines geliebten Menschen erträglicher zu machen. Schön auch, daß man noch Handreichungen für den Verstorbenen machen konnte.

Frau E. N. aus Duisburg-Baere:

Meine Oma wurde 92 Jahre und starb nach kurzer Krankheit zu Hause. Bis zu ihrer letzten Stunde waren wir bei ihr. Mit der größten Selbstverständlichkeit habe ich sie dann mit meinem Mann gewaschen und ihr die Kleidung angezogen, die sie sich gewünscht hatte. War es die Liebe zu ihr, die mich so handeln ließ? Dies alles für sie tun zu können, hat mir geholfen, mich glücklich und zufrieden zu fühlen. Ich hatte etwas tun können, was mir bei anderen lieben Menschen nicht möglich war.

Als meine Oma dann fertig war zum Abholen, machten wir Platz vor ihrem Sterbelager. Man sollte sie besser in den Sarg betten können. Zu meinem Entsetzen stellten zwei Leute den Sarg in den Flur. Die vier Zipfel des Bettlakens anfassend, trug man nun meine Oma nach draußen. Zwei Zipfel ließ man los, und meine Oma rollte in den Sarg. So war in einer Minute alle Mühe und Vorbereitung kaputtgemacht. Manch lebloser Gegenstand wird sanfter behandelt als ein toter Mensch. Dies war eine bittere Erfahrung für mich, und noch heute schaudert's mich bei dem Gedanken an dieses Erlebnis.

Frau J. B. aus Aachen:

Als mein Mann vor 13 Jahren starb, war ich nicht allein mit ihm, sondern meine 12jährige Tochter, sein Sohn (aus der ersten Ehe) und die Schwiegertochter waren dabei. Ich hatte meine Tochter vorbereitet, und so ging alles etwas leichter. Wir zogen meinen Mann an, als wenn er ausgehen wollte. Sein Lieblingsanzug, Hemd, Krawatte, Schuhe, Strümpfe, rasiert und gekämmt wurde er auch. Er wurde am nächsten Tag abgeholt. Beim Einsargen durften wir nicht dabeisein. Warum? Auf meine Frage wurde nicht geantwortet.

Eine Hörerin, die gerne ungenannt bleiben möchte:

Vor fast 4 1/2 Jahren starb unser kleines, 7 Monate altes, gesundes Töchterchen durch den Krippentod. Ich habe versäumt, mich von meinem Töchterchen zu verabschieden, habe es versäumt, sie zu waschen und anzuziehen. Ja, ich hatte sogar Angst, ins Zimmer zu gehen und sie anzufassen. Für mich ist heute dieses alles sehr unverständlich und ich leide sehr darunter, komme mir vor wie eine Mutter, die ihr Kind nicht geliebt hat. Es ist schrecklich. Unsere Kleine wurde vom Bestatter in einer Decke abgeholt und in die Leichenhalle gebracht. Es war kein Kindersarg vorhanden. Wenn ich mir heute vorstelle, daß sie bis zum anderen Tag in dieser Decke, alleine, dort abgelegt worden ist... Der Gedanke ist schrecklich und tut sehr weh.

Es ist sehr wichtig, daß über dieses unangenehme Thema viel berichtet wird, daß man sich selbst mit dem Tod auseinandersetzt. Ich selbst versuche seit dieser Zeit, viel über das Sterben, den Tod und alles, was damit zusammenhängt, zu erfahren. Meine Unerfahrenheit hat mich damals so handeln lassen. Leider kann ich nichts nachholen. Ich leide darunter.

In unserer Gegend gibt es auch noch Nachbarschaftshilfe, die sich nicht nur aufs gemeinsame Feiern bei Hochzeiten und Geburtstagen bezieht. Wir haben z. B. unserem ersten Nachbarn Bescheid gegeben. Dieser hat dann den Arzt und den Bestatter angerufen. Den Sarg trugen bei der Beerdigung die größeren Nachbarsjungen. Ein Nachbar hat einen Raum für den Beerdigungskaffee bereitgestellt. Die Nachbarsfrauen haben Kaffee gekocht und Brötchen belegt. Eine gute Nachbarschaft ist sehr wichtig, denn Freunde und die Verwandtschaft wohnen doch meistens weiter weg und können deshalb einfach nicht schnell genug dasein, um zu helfen.

Herr H. R. aus Unna:
Anbei ein Auszug aus einem Tagebuch, das ich für unsere Tochter Anne in den Jahren 1981–86 schrieb: Unsere Tochter wurde am 17. 9. 81 mit einer schweren Behinderung (spina bifida – offener Rücken mit Querschnittslähmung und Wasserkopf) geboren. Sie wurde knapp 4½ Jahre alt und starb am 31. 1. 86. Über diese Zeit habe ich ihr Leben begleitet und unseren Kummer, aber später auch unsere Freude über ihre Entwicklung verarbeitend, ein Tagebuch geschrieben.

Daraus schicke ich Ihnen einen zweiseitigen Auszug: Alles mit Dir war nun vorbei. Unfaßbar! Wir leben in einer Welt des Machbaren. Alles läßt sich irgendwie reparieren, wiederherstellen, neu machen. Es gibt kein Ende. Es wird uns eingeredet, wir können alles. Wie sollen wir da mit dem Tod fertig werden? Wir können es nicht begreifen. Können wir das nicht rückgängig machen? Wenigstens für einen Moment?

Wir wollen unsere liebe Anne jetzt wenigstens noch einmal sehen. „Sie ist nicht hier im Krankenhaus", teilte uns der Arzt mit. „Der Notarztwagen hat sie gleich wieder mit nach Unna genommen." „Wo können wir sie sehen?" Er verweist uns an die Leichenhalle des Katholischen Krankenhauses. Wir bitten um ein Taxi. Wir wollen Dich sehen und machen uns bald auf den Weg zum Krankenhaus. Mit zitternder Stimme fragen wir in der Anmeldung nach Dir. Aber hier weiß man nichts von einem Kind. Wir setzen uns, während die Frau in der Anmeldung einige Telefongespräche führt. Wir werden unruhig, wir wollen doch nur unser totes Kind sehen. Ich habe Angst, daß die Zeit und der Tod Dich schnell verändern.

Schließlich verweist man uns an ein Bestattungsunternehmen in der Nähe des Krankenhauses. Was haben sie mit unserer Anne gemacht? Wir gehen dorthin.

Hinter dem Schreibtisch erscheint eine junge Dame. Es fällt uns schwer, unser Anliegen auszudrücken. Teilnahmslos drückt sie uns die Hand und sagt irgend etwas von Anteilnahme. Wir wollen unser Kind sehen. „Ihr Kind ist nicht hier", erklärt sie uns. „Wir haben es gleich in die Trauerhalle zum Friedhof gebracht." „Können wir sie sehen?" Die Frau zögert: „Sollen wir nicht zunächst die Formalitäten erledigen?"

Meine Trauer ist groß, aber nicht so übermächtig, daß ich nicht auch Wut in diesem Moment verspüren könnte. „Nein, wir wollen jetzt nur unsere Tochter sehen!" „Es ist aber kein besonders schöner Anblick. Warten Sie doch, bis sie aufgebahrt ist", erklärt sie uns.

Müssen wir uns jetzt in dieser schweren Situation noch mit einer solchen Frau auseinandersetzen? Du bist doch erst wenige Stunden nicht mehr bei uns. Unverschämtheit! Hat sie selbst keine Kinder? Weiß sie denn gar nicht, was uns eben passiert ist? Wie die Aasgeier, denke ich, wie die Aasgeier stürzen sie sich auf den Tod. Sie wittern Beute und werden skrupellos. Du gehörst niemandem. Aber wenn jemand das Recht hat, sich von Dir zu verabschieden, Dich noch einmal zu sehen, dann sind wir es.

Schließlich fährt sie uns in ihrem schicken Mercedes zum Friedhof. Es ist kalt. Vor dem Abgang in den Keller der Trauerhalle sollen wir warten. Wenig später bittet sie uns runter. Wir betreten einen Vorraum, kahl, unpersönlich, tot. Es ist eiskalt. Da liegst Du endlich, auf einem Blech mitten im Raum auf der Erde. Halb auf der Seite unter einer einfachen Decke. Nur Dein Kopf schaut heraus. So habe ich Dich oft gesehen, wenn ich noch einmal in Dein Schlafzimmer kam, um vor dem Zubettgehen nach Dir zu schauen. Ein schlafendes, ruhiges, zufriedenes Gesicht. Die Händchen liegen neben dem Körper, der Mund ist leicht geöffnet. Ganz sanft bewegen sich Deine abstehenden, feinen Haare in dem vorsichtigen kalten Hauch, der durch den Raum geht.

Wir hocken uns neben Dich. Ich habe Angst, Dich anzufassen. Wird es anders sein als gestern? Nanni streichelt Dir vorsichtig über die Backe. Ich mache es ihr nach. Dein Körper ist noch warm. Es ist schön wie immer. Noch einmal sind wir Dir ganz nah. Die Trennung, zu der uns der Tod gezwungen hat, scheint für einen Augenblick vorbei.

Du spürst das Streicheln, hörst unsere Worte: „Liebe Anne, liebe Anne." Ich möchte Zeit haben, mich von Dir zu verabschieden. Ich möchte Dich mit nach Hause nehmen. Aber vor der Tür wartet diese Frau. Wir erheben uns, gehen Arm in Arm langsam die schräge Rampe nach oben und erklären der Frau, daß wir zu Fuß nach Hause gehen wollen. Sie schließt die Tür ab, steigt in ihren Wagen, nicht ohne uns im Vorbeifahren noch einmal darauf aufmerksam zu machen, daß wir uns bald wegen der Formalitäten bei ihr melden sollen.

Der Gang nach Hause tut gut. Wir nehmen uns vor, Dich bis zur Beerdigung noch einmal lange zu besuchen. Du warst uns eben noch einmal so nah. Wir brauchen Zeit und Ruhe, um uns von dir zu verabschieden, um irgendwie zu begreifen, was geschehen ist.

Wir haben später das erwähnte Bestattungsunternehmen nicht in Anspruch genommen und ihnen keinen Pfennig gezahlt. Noch heute bin ich fassungslos über ein solches Verhalten, wenn ich das Tagebuch wieder einmal lese. Von dem anderen Unternehmen wurde unsere Tochter dann so aufgebahrt, daß sie uns sehr entstellt und völlig untypisch vorkam. Wir haben dann den gewünschten langen Abschied, auch wegen der Kälte in dem Aufbahrungsraum im Keller und dem Fehlen von Stühlen, nicht mehr nehmen können.

Herr K.-J. S. aus Essen:
In meiner Praktikantenzeit in einem Rheinischen Landeskrankenhaus vor mehr als 20 Jahren hatte ich ein Erlebnis, das mich immer wieder bis heute beschäftigt hat und das durch Ihre Sendung auch wieder in mein Bewußtsein gerufen wurde. Auf der Siechenstation, so genannt, starben im Durchschnitt pro Tag 6–8 Menschen. Assistenzärzte und Pfleger machten sich einen Spaß daraus, die Toten durch den Wäscheschacht in den Keller zu werfen (es ging damals auch durch einige Zeitungen), anstatt sie in die dafür vorgesehenen Transportsärge zu legen und in die Pathologie zu bringen.

Ich empfand es erschütternd und als Mißachtung vor den Toten und den Lebenden. Manche Kolleginnen und Kollegen meinten dazu nur, rege dich nicht auf, den Weg gehen wir eines Tages alle. Ich hoffe, ich nicht. Denn für mich möchte ich mir schon wünschen, daß mich zuletzt noch ein lieber Mensch berührt.

Frau E. K. aus Mülheim a. d. Ruhr:
Meine Mutter starb vor zwei Jahren im Krankenhaus an Krebs. So stand ich an dem Bett, dessen Kopfteil erhöht war, weinte und streichelte meine tote Mutter. Später kam die Krankenschwester und sagte, sie wolle die Tote zurechtmachen. Eine asiatische Nachtschwester. Als wir wieder ins Zimmer traten, hatte meine Mutter ein Papiernachthemd an, die Zudecke war weg, die Hände lagen gefaltet auf dem Bauch, das Bett war jetzt ganz flach und eine Blume steckte in den Händen.

Das sah so abscheulich kitschig aus. Meine tote Mutter mit der Blume! Ich nahm mir fest vor, dieses Bild nicht als das letzte Bild meiner Mutter in Erinnerung zu halten. Wir beteten laut ein Vaterunser, dann drängte ich meinen Vater, er solle ihr den Trauring abnehmen, damit niemand ihn stehlen kann. Wir packten die Sachen ein. Wir gingen.

Am nächsten Tag trafen wir uns bei meinem Vater mit einem Bestattungsunternehmer (und Möbelhändler – Wie hießen die Särge noch in der ehemaligen DDR: „Erdmöbel"). Der wollte natürlich verkaufen, ich hatte schon im Vorfeld keine gute Meinung von diesem Berufsstand. Das wurde nun auch nicht besser.

Warum eine Leiche noch mit einem Leichenhemd bekleidet und mit Kissen zugedeckt werden muß, ist mir unbegreiflich. Wahrscheinlich nur, damit die Bestatter gut daran verdienen. Wir wurden nackt geboren, dann sollten wir auch nackt beerdigt werden. An diesem Nachmittag jedenfalls konnte der Bestatter uns kein Hemd und Kissen verkaufen, mein Vater ließ sich leiten und meine Brüder setzten auch nichts gegen meine o. g. Meinung. Bei einem späteren Treffen (einen Tag später) mit dem Bestatter teilte er uns mit, das wäre gegen seine Berufsehre, jemanden nackt zu beerdigen, er hätte ihr ein einfaches Hemd angezogen und hätte sie mit einem einfachen Kissen zugedeckt. Und mein Vater sagte, das wäre gut. Er wolle es doch noch so haben. Da war ich sprachlos.

Am Tag der Beerdigung hätte ich zu gerne noch mal in den Sarg geschaut, obwohl das nicht vorgesehen war. Eben um zu sehen, ob sie die Sachen tatsächlich erhalten hätte. Ich traue den Bestattern eben nicht!

Ein Bestatter, der nicht genannt sein möchte:
Bei einigen Ihrer Interviewpartner hatte ich das Gefühl, daß die gesellschaftliche Veränderung stark vorangeschritten ist. Es zählt offenbar nur der produktive, konsumierende Mensch, der von der ewig jungen Werbung angesprochen werden soll. Tod und Sterben sind negativ und haben somit keinen Platz in der Gesellschaft! Alles, was damit zu tun hat, wird verdrängt. Der alte, gebrechliche Mensch wird nach seinem Ableben verscharrt, weil aus einer personenbezogenen, würdevollen Bestattung kein gesellschaftliches Ansehen zu erzielen ist.

Vielleicht erklärt auch dieses Verhalten, warum der Bestatter als Preistreiber dargestellt wird. Hier müßte jedoch der gesunde Menschenverstand sich sagen, daß man nicht alle über einen Kamm scheren soll. Die Mitarbeiter von Beerdigungsinstituten wollen auch leben und haben ein Anrecht auf eine angemessene Entlohnung. Hinzu kommt der Wareneinsatz, der ja erst einmal vorfinanziert werden muß, sowie der Betriebsmitteleinsatz, den jeder seriöse Kaufmann und somit auch der reelle Bestatter einkalkulieren muß.

Ich vernahm zudem von einer Dame, daß sie die Tibetanische Luftbestattung, wobei die Verstorbenen, in kleine Stücke zerlegt, den Raubvögeln zum Fraß vorgeworfen werden, für gut hieß. Dieses ist eine andere Kultur mit ganz anderen ethischen Grundsätzen! Sie hat schlicht Äpfel mit Birnen verglichen! Ebenso finde ich die Idee mit den Leihsärgen, wo der Verstorbene durch eine Klappe nach unten fällt, unannehmbar. Diese Idee hat es im 17. Jahrhundert in Österreich gegeben. Sie wurde aus gesundheitlichen Aspekten wieder abgeschafft. Zudem widerspricht diese Bestattungsform dem geltenden Bestattungsrecht sowie den seuchenhygienischen Bestimmungen. Dieses sind Gesetze zum Schutze der Bürger, und sie sind nicht von Bestattern dem Gesetzgeber aufgeschwatzt worden. Die Bestatter haben im Bundestag keine Lobby, sonst hätte es die Gesundheitsreform nicht gegeben.

Ich stimme jedoch der Aussage zu, daß man sich bei mehreren Bestattern Preise zwecks deren Vergleich einholen sollte. Zugleich rate ich auch dazu, dem Bestatter konkret zu sagen, wir haben diesen Betrag zur Verfügung, wir möchten eine personenbezogene, würdevolle Bestattung in diesem Rahmen haben. Jeder reelle Bestatter sieht sich nämlich als Berater und nicht als Preistreiber. Es hat sich nämlich herausgestellt, daß die Hinterbliebenen beraten werden und somit das gute Gefühl haben, daß sie alles im Interesse des Verstorbenen getan haben. Hierbei sei nur erwähnt, daß Billiganbieter wie der Sargdiscount in Köln und Düsseldorf ihre Pforten schließen mußten, und dieses kommt nicht von ungefähr.

Beruf: Bestatter-in

Ein festes Berufsbild oder eine Zulassungsprüfung für Bestatter-innen gibt es bislang noch nicht. Man braucht lediglich einen Gewerbeschein und muß sich in die Handwerksrolle B. „handwerksähnliche Gewerbeausführung" eintragen lassen. Daher ist es auch schwierig, unsauber arbeitenden Bestatter-inne-n auf die Spur zu kommen. Mehr als die Hälfte der in Deutschland jährlich sterbenden Menschen (ca. 900 000) treten den Weg zur letzten Ruhestätte durch die Krankenhaustür an. Daher empfiehlt das Krankenhauspersonal den Angehörigen oft eine-n Bestatter-in, der oder die sich um ein gutes Verhältnis zum Krankenhauspersonal bemüht. Es gibt auch Unternehmen, die zur Polizei einen guten Draht haben. Sie werden dann schon von der Kriminalpolizei beauftragt, die Überführung der Leiche auszuführen. Ein wichtiger Hinweis dazu für die Hinterbliebenen: Die Polizei hat nur die Überführung veranlaßt, für alle weiteren Dienste kann man den/die Bestatter-in des eigenen Vertrauens wählen.

Grundsätzlich vorgeschrieben ist bei einer Bestattung nur ein einfacher Sarg und die Bestattung auf einem Friedhof bzw. im Meer. Transporte müssen mit für den Leichentransport zugelassenen Wagen durchgeführt werden.

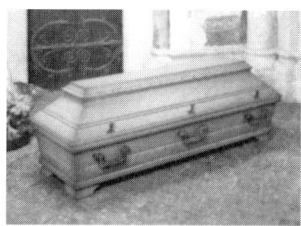

Verschiedene Särge aus dem breiten Angebot einer Sargfabrik.

Um Ihnen einen Überblick zu geben, wie umfangreich heute in der Regel das Sargangebot der Bestattungsunternehmen ist und welche zusätzlichen Leistungen Sie in Anspruch nehmen können, haben wir Ihnen nebenstehend einmal ein Leistungsangebot eines großen Bestattungshauses aufgeführt.

Die Tätigkeit der Bestatter-innen gliedert sich in drei Bereiche:
Einen administrativen, einen Dienstleistungsbereich und einen kaufmännischen.

Für die Bestatter-innen beginnen die Probleme schon bei der Begrüßung: Sagen sie mit Leichenbittermiene „Herzliches Beileid", dürfen sie „Guten Tag" oder gar „Auf Wiedersehen" sagen? Über gute Umsätze können sie sich nur still freuen. Die Firmenräume müssen sachlich aussehen, dürfen aber keine kalte Atmosphäre ausstrahlen. Holz gilt als gut, Stahl nicht. Im Schaufenster darf heute auf keinen Fall ein Sarg stehen. Erlaubt sind Blumen, eine aufgeschlagene Bibel, Kerzen.

Bestatter-innen berichten, daß sie in Kenntnis der vier Trauerphasen arbeiten:
Die erste Phase ist in der Regel die Schockphase – der Tod wird verleugnet. Es folgt die kontrollierte Phase, die sich durch Aktivismus auszeichnet. Es gilt als günstig, in dieser Phase einen Auftrag abzuwickeln. Die dritte Phase ist die der Regression in Phase eins. In dieser Zeit scheint es empfehlenswert, wenn Bestatter-innen im verborgenen arbeiten: Gänge zum Standesamt, zu Versicherungen, Friedhofsämtern erledigen oder ähnliches. Die vierte ist die Phase, in der der Tod eher akzeptiert wird. Sie scheint sich offenbar am besten zum Präsentieren der Rechnung zu eignen.

Als rufschädigend wirkt sich aus, wenn Bestatter-innen in Alters- und Pflegeheimen Werbezettel über ihren Service verteilen.

Eine normale Bestattung kostet ca. 4000,– DM. 3600,– DM tragen die Kranken- und Sterbekassen. Al-

Auszüge aus dem Leistungsangebot eines Bestattungsinstituts.

lein die Friedhofsgebühr beläuft sich bei einer Liegedauer von dreißig Jahren leicht auf zwölfhundert DM. Aber die Höhe der Grabnutzungsgebühr richtet sich nicht nur nach der Nutzungsdauer, sondern auch nach der Art der Grabstätte. In der Regel sind die Grabnutzungsgebühren in kleineren Kommunen geringer als in großen Städten. In einigen Kommunen gibt es sogar unterschiedliche Gebühren innerhalb der Stadt.

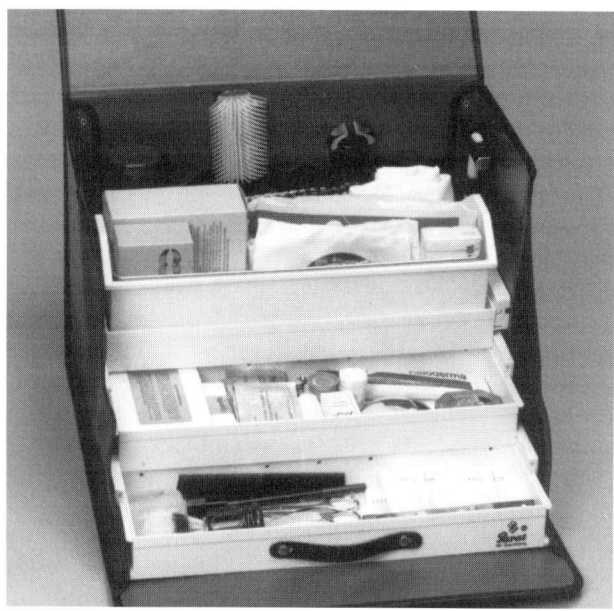

Der „Kleine Bestatterkoffer".

Die Bestatter-innen erhalten von den Hinterbliebenen Einblick in die Versicherungsverhältnisse und die Inkassovollmacht und rechnen direkt mit den Versicherungen und Krankenkassen ab.

Was Profis tun

Zum konkreten Umgang mit den Leichen gehört viel Fingerspitzengefühl. Mit Lapofix, einem Kleber, wird der Mund geschlossen. Damit die Leiche nicht quillt, wird sie mit Elbalmol-Leichenspray übersprüht. Beides befindet sich in einem Koffer für die Leichenbehandlung, der zum Handwerkszeug der Bestatter-innen gehört. Darin befinden sich außerdem: Rasierzeug mit Pinsel, Seife, Creme, Alaunstein und andere Blutgerinnungsmittel, Puder, Schminke, Schminkstifte, Haut- und Gesichtscremes, Kölnisch Wasser, Eisspray, Mullbinden, Pflaster, Jodtinkturen, Nagelschere, Nagelfeile, Verbandsschere und Pinzette, Kamm und Bürste, Haarklemmen und Nadeln, Steck- und Sicherheitsnadeln, Kinnstützen, einsetzbare Augenklappen als Lidschließer, Mundformer als Lippenstützen, Klebemittel, Serviettentücher, Reinigungs- und Desinfektionsmittel, Watte, Taschenmesser, kleiner Hammer, kleine Beißzange, Eisenstifte, Polyhandschuhe, Fein-Desinfektionsmittel, Seife, Handtücher, Sprühdesinfektionsmittel für den Raum, Streudesinfektionsmittel für den Sarg.

Als Dienstleistungs- und Warenzeichen eingetragenes Fachzeichen des Bundesverbandes des deutschen Bestattungsgewerbes e.V.

Entwicklung des Berufsstandes

Bis zum Ende des vorigen Jahrhunderts war es innerhalb unserer Kultur Aufgabe der Familie und der Nachbarschaft, sich nach dem Tod um den Leichnam zu kümmern und mit der Unterstützung der Kirche die Beerdigung auszurichten. Der Schreiner fertigte lediglich den Sarg. Der Fuhrmann besorgte den Transport zum Friedhof. Im letzten Drittel des 19. Jahrhunderts tauchten erstmals Leute auf, die, gegen Bezahlung, die bislang ehrenamtlichen Tätigkeiten bei den Beerdigungen übernahmen. 1885 gab es den ersten berufsständischen Zusammenschluß im Bestattungsgewerbe im „Verband der Großberliner Sargtischlermeister und Inhaber von Bestattungsinstituten". Danach wurden Landesverbände gegründet. Seit 1957 gibt es den „Bundesverband des deutschen Bestattungsgewerbes". Darin sind ⁴/₅ aller Unternehmen zusammengeschlossen. Die Zahl der Bestattungsbetriebe nahm in den letzten Jahren leicht zu. Fast 95 Prozent sind Familienbetriebe. Mit den Inhaberinne-n beträgt die Zahl der Beschäftigten durchschnittlich zwischen fünf und sieben. Insgesamt arbeiten ca. 25 000 Menschen direkt für das Bestattungsgewerbe. Hinzu kommen Sargträger oder Menschen, die nur gelegentlich beschäftigt sind.

In Deutschland gilt das Bestattungswesen als ein Gewerbe, d. h. jede-r, der/die einen Gewerbeschein erwirbt, kann ein Bestattungsunternehmen gründen. Lehre und Ausbildung sind nicht vorgeschrieben. Da jedoch der Profi-Umgang mit der Leiche jede Menge Fachwissen voraussetzt, versucht der Berufsverband des deutschen Bestattungsgewerbes die fehlenden gesetzlichen Berufsrichtlinien durch eigene Initiativen zu ersetzen. Deshalb werden nach dem Vorbild von Handwerksorganisationen freiwillige Fachprüfungen angeboten. Wer sie absolviert, ist berechtigt, das Fachzeichen „Fachgeprüfter Bestatter" zu führen. Das Fachzeichen ist ein Sarg vor einem dreiteiligen Kirchenfenster. Ungefähr 83 Prozent der gemeldeten Teilnehmer-innen bestehen die Fachprüfung, die 24 Fachgebiete umfaßt.

Der Lehrplan der Bestatter-innen ist gegliedert in einen „fachtheoretischen" und einen „fachpraktischen" Teil. Die Theorie ähnelt der in anderen medizinischen Berufen (etwa Krankenschwester): Im Mittelpunkt steht die Vermittlung von anatomischen Kenntnissen (82 Unterrichtsstunden), wobei vor allem die „Gefäßlehre" wichtig ist (Blutkreislauf, Arterien, Herz etc.). Zum fachtheoretischen Teil gehört auch die Einführung in die Geschichte der Thanatopraxie und die Behandlung des Rechtsstatus eines Leichnams (vier Unterrichtsstunden). Außerdem befaßt sich der theoretische Teil des Unterrichts noch mit den Fächern „Hygiene" (vier Stunden), „Warenkunde" – welche Produkte werden bei der Leichenbehandlung verwendet? (vier Stunden) und „Psycho-soziale Aspekte des Todes" (vier Stunden).

Die praktische Ausbildung umfaßt insgesamt 196 Unterrichtsstunden – gegenüber 120 Stunden für die Theorie. Die Auszubildenden befassen sich mit Hygiene, Instrumentenkunde, Gesichtsbehandlung, Körperöffnungsdesinfektion, Körperhöhlenbehandlung, Körperflüssigkeitsaustausch, Kosmetik und plastischer Rekonstruktion und dem speziellen Einbetten. Unter der „Einbettung" der Toten versteht man eine Konservierung für mehrere Tage. Es geht darum, die Verstorbenen so zu versorgen, daß der Sarg ohne weiteres mehrere Tage geöffnet bleiben kann.

Hygiene wird ganz groß geschrieben. Als „Mindestausstattung" benötigt ein Bestatter „Beschützende Kleidung" (bestehend aus: weißem Kittel, evtl. Wegwerfschürzen aus Plastik oder Papier, gut anliegende Wegwerfhandschuhe aus Latex, eine Schutzbrille) und die wichtigsten benötigten Instrumente: Haken, Trennhaken, Scheren, Pinzetten, kleine Zangen, Nadel und Garn. Außerdem sind erforderlich: Massagecreme, Hydra-Creme (Feuchtigkeitscreme), Augenklappen und Mundformer, dazu diverse übliche Kosmetika (Make-up etc.).

„Das Erfordernis der Hygiene" ergibt sich – so Gebot Nr. 1 des Lehrstoffs laut Bestatterverband – aus Respekt vor dem Toten. Darüber hinaus argumentiert man mit einem Risiko der Übertragung von Krankheiten. Daher müßten die Leichen auch mit Desinfektionsmitteln behandelt werden. Bei der „hygienischen Totenversorgung" haben Gesicht und Hände des Verstorbenen Vorrang, weil sie für das Aussehen am wichtigsten sind. Auch dann, wenn keine „komplette Körperbehandlung" durchgeführt werden soll, muß der/die Bestatter-in Schutzkleidung tragen. Schlechte

Gerüche des Leichnams werden mit einem „Geruchs-Umwandlungsmittel" namens X-O behandelt.

Zunächst wird der Leichnam auf den Behandlungstisch gelegt und entkleidet. Der Kopf sollte dabei immer etwas erhöht liegen, damit sich in ihm kein Blut sammelt, was zu Deformationen führen könnte. Aus Respekt vor dem/der Toten sind die Genitalien mit einem Tuch zu bedecken. Anschließend wird der Körper gereinigt: Mit kaltem Wasser und Desinfektionsmittel. Warmes Wasser, heißt es, könnte die Verbreitung von Bakterien fördern. Vor allem der Anal- und Genitalbereich müsse gründlich gewaschen werden (mit den Chemikalien Microcide und Hygiasept). Zweck der Reinigung ist die Entfernung von Bakterien, die Vertreibung schlechter Gerüche, die Verzögerung der Schimmelbildung. Dann wird der Körper gründlich abgetrocknet. Aus den Körperöffnungen (Anus, Vagina, Augen, Ohren, Mund) wird die Flüssigkeit mit Hilfe von Wattebausch und Pinzette entfernt. Beim Reinigen der Augen darf kein scharfes Mittel verwendet werden, da sie sonst austrocknen und dies Deformationen zur Folge hat.

Nach der Versorgung der Körperhöhlungen und Körperöffnungen werden sowohl Männer als auch Frauen rasiert (bei den Frauen nur die Partie um Mund und Kinn, auf die später Make-up aufgetragen wird). Nach dem Rasieren wird Massagecreme aufgetragen. Mit Hilfe einer Pinzette werden Augenklappen eingeführt. Dabei steht der/die Bestatter-in hinter der Leiche und öffnet die Lider mit einem Haken. Nach Einführen der Augenklappe werden die Lider geschlossen, und zwar so, daß das Oberlid zwei Drittel der Augenfläche bedeckt und das Unterlid ein Drittel – sonst sähe es nicht gut aus.

Nach dem Versorgen der Augen wird der Mund geschlossen und geformt. Damit er nicht verzerrt aussieht, dürfen die Zähne nicht zu eng aufeinander gepreßt sein. Zu diesem Zweck legt man Wattetampons zwischen die Zähne. Ein fehlendes Gebiß ersetzt man ebenfalls durch Watterollen oder durch eigens dafür hergestellte künstliche Prothesen, die dem Mund ein natürliches Aussehen geben. Die Lippen werden von innen mit Feuchtigkeitscreme bestrichen, damit der Mund natürlich aussieht.

Die Leichenstarre beginnt am Augenlid. Man kann ihr aber entgegenwirken bzw. sie teilweise wieder aufheben, indem man leichten Druck auf den Unterkiefer ausübt. Das erleichtere das Formen des Mundes. Um den Mund zu schließen, werden verschiedene Techniken des Zunähens oder Zuhakens verwandt. Die Einstich- und Nahtstellen werden mit Massagecreme und Make-up bedeckt.

Anschließend erfolgen kosmetische Verbesserungen: Make-up, Maniküre, Haarpflege. Entstellende Haare sollten aus Nase und Ohren entfernt werden, der Bart oder Schnäuzer beigeschnitten werden, die Fingernägel gereinigt und gegebenenfalls geschnitten, die Haare gewaschen und geföhnt werden. Danach wird der ganze Körper massiert. Die Massage soll die Leichenstarre aufheben, die Elastizität und das natürliche Aussehen der Haut fördern, Schwellungen im Gesicht oder an den Händen rückgängig machen, das Auftreten von Leichenflecken (braune Flecke, sogenannte Brandflecke) verhindern. So lassen sich auch Falten im Gesicht glätten. Man massiert, nachdem man Massagecreme aufgetragen hat, in Richtung des Herzens. Also vom Äußeren der Gliedmaße zum Körperzentrum hin. Beim Gesicht jedoch von unten nach oben. Die Massagecreme gibt dem Körper seine natürliche Farbe und Weichheit zurück. Der *rigor mortis* (die Leichenstarre) kann durch leichten Druck auf Hände, Füße und Ohren wegmassiert werden. Die Massagecreme verhindert auch, daß sich Hautstücke durch Ödeme oder den Verwesungsprozeß lösen.

Nach dem Massieren wird der Arm gebeugt, der Unterarm über den Rumpf gelegt. Ein leichter Druck auf den Ellbogen wirkt der Steifheit der Schulter entgegen. Auch die Hände werden massiert: Jeder Finger wird erst einzeln gebeugt und gestreckt, dann alle zusammen, bis die Gelenke wieder beweglich sind.

Das Motto all dieser Bemühungen lautet: „Die Angehörigen werden dann zufrieden sein, wenn die Verstorbenen so aussehen, als ob sie schliefen." Entsprechend gehören Wörter wie *tot* und *Leiche* nicht ins Repertoire eines Bestattungsunternehmens. Es wird von Verstorbenen oder Dahingeschiedenen gesprochen.

Die Angehörigen als Kund-inn-en

Kein Käufer, keine Käuferin ist von so ungünstigen Umständen belastet wie die Kund-inn-en eines Bestattungsunternehmens und der weiteren Firmen und Ämter, deren Geschäft mit dem Tod zusammenhängt. Schmerz und Trauer bestimmen das Denken. Denn in den Kulissen der Friedhöfe warten außerdem noch Steinmetze, Blumenhandlungen und Grabpflegeunternehmen. Betroffene müssen sich schnell entscheiden, haben keine Ahnung von der Ware und den gesetzlichen Bestimmungen. Außerdem müssen sie eigenständig das Vakuum füllen, wenn der Verstorbene oder die Verstorbene es nicht selbst bestimmt hat. Für was soll er oder sie sich entscheiden? Soll man sich vom eigenen Geschmack leiten lassen oder besser versuchen, sich in den/die Tote-n einzufühlen? Und dann noch die liebe Nachbarschaft! Schließlich soll es ein schönes, würdiges Begräbnis sein. Was aber ist das?

Die meisten Menschen kennen sich auf diesem Gebiet nicht aus. Sie haben nur alle fünfzehn Jahre eine Beerdigung auszurichten. Dabei ist, der Statistik zufolge, die Bestattung – nach dem Erwerb eines Hauses und eines Wagens – die drittgrößte Ausgabe im Leben einer gewöhnlichen Familie. Während vor dem Kauf eines Autos Testberichte studiert werden, haben Kund-inn-en von Beerdigungsinstituten und allen Unternehmen, die außerdem Leistungen erbringen, fast gar keine Orientierungshilfe. Außerdem hindern Konvention und persönliche Gefühle daran, sich später zu beklagen, wenn man sich übervorteilt fühlt. So kann es sicher schon mal vorkommen, daß die Unwissenheit der Angehörigen von beteiligten Unternehmen ausgenützt wird. Das Besondere in diesen Gewerben ist zusätzlich, daß alle Geschäftsleute der dazugehörigen Branchen es immer nur mit Einzelkund-inn-en zu tun haben. Meist sind die Käufer-innen im Geschäft allein. Man kann nicht – wie im Restaurant am Nebentisch – mal sehen, was es dort gibt, oder Tips bekommen, wie z. B. Kund-inn-en im Fahrradgeschäft, mit denen sich Erfahrungen austauschen lassen oder Fachsimpeln möglich ist. Außerdem kommt man selten wieder. Das kann es für schwarze Schafe in diesen Gewerben leichter machen, nach dem Prinzip der „verbrannten Erde" zu arbeiten.

Bestattungskosten

In 80 Prozent aller Fälle wird eine Erdbestattung gewählt. Die Überführung der Leiche kostet ca. 2 DM pro km, innerhalb einer Stadt gelten Pauschalpreise. Die Gebühren der jeweiligen Friedhofs- und Krematoriumsverwaltungen sind sehr unterschiedlich. Bei manchen Friedhöfen muß man ein Pauschalangebot bezahlen, kann aber einzelne Elemente weglassen, wie z. B. Glockenläuten, oder man begnügt sich mit vier statt sechs Sargträgern.

In etwa können Sie sich, was die Kosten betrifft, nach folgenden Angaben richten: Eine Erdbestattung kostet heute ohne Friedhofsgebühren ca. 3000 bis 5000 Mark, inklusive Friedhofsgebühren 6000 bis 10 000 Mark. Bei einer Feuerbestattung müssen Sie mit etwa 2500 bis 4000 Mark (ohne Friedhofsgebühren) bzw.

4000 bis 8000 Mark rechnen. Eine Seebestattung liegt bei 4000 bis 6000 Mark. Die anonyme Feuerbestattung kostet 1500 bis 6000 Mark.

Wer in der gesetzlichen Krankenkasse versichert ist, erhält ein sogenanntes Sterbegeld. Bei Pflichtversicherten hängt die Höhe vom monatlichen Grundlohn ab. Bei freiwillig Versicherten ist je nach Tarif ein Restbetrag vorgesehen. 1981 zahlten die Krankenkassen Sterbegeld zwischen 1623,– DM bis 2652,– DM, d. h. einen Preis, mit dem ein Mensch nur knapp anonym begraben werden kann. Es gibt zusätzliche Sterbegeldversicherungen. Bestatter-innen bieten die Vermittlung solcher Versicherungen gern als Zusatzleistungen an.

Die Zeitschrift „Test" rät in einer Ausgabe aus dem Jahr 1981, sich bei verschiedenen Bestatter-innen zu informieren, bevor es ernst werde. Bei einem Bestattungsvorsorgevertrag, den jede-r abschließen kann, erfragen die Bestatter-innen, welchen Beruf, welche Religionszugehörigkeit, welche Versicherungen und welche Spargutenhaben vorliegen. Mit Sicherheit ist es am günstigsten und am einfachsten, soviel wie möglich frühzeitig selber festzulegen.

Friedhofsverwalter-innen

Die Friedhofsverwalter-innen haben nicht nur Kontakte mit den Bestattern und Bestatterinnen, sondern auch mit Angehörigen von Verstorbenen, und zwar in der Regel in vier Situationen.

1. Wenn die Angehörigen ein Wahlgrab wünschen (was in den Städten für ca. 50 Prozent der Beerdigungen gilt), müssen sie sich mit den Friedhofsverwalter-inne-n gemeinsam eine Grabstelle aussuchen. Dabei berät er oder sie.
2. Wenn nach einiger Zeit ein Grabmal oder eine Grabplatte aufgestellt werden soll, ist er bzw. sie Ansprechpartner-in für eine Beratung und Erläuterung der örtlichen Bestimmungen.
3. Oft kommen Angehörige, um sich für die Bepflanzung der Grabstelle beraten zu lassen. Häufig sind Friedhofsverwalter-innen auch Gärtner-innen.
4. Oft entscheiden die Friedhofsverwalter-innen auch, wer, ob und wie jemand die Leiche in der Leichenhalle sehen darf (z. B. dürfen die Angehörigen in manchen Leichenhallen mit Verglasung nicht mehr an den Sarg treten, um den/die Tote zu berühren! Ein Skandal, der abgeschafft gehört.)

Außerdem kommt es häufig vor, daß Angehörige kurz vor der Beerdigungsfeier feststellen, daß an den Blumen-, Kranz-, Baumdekorationen noch etwas geändert werden soll, was dann ebenfalls Aufgabe der Friedhofsverwalter-innen ist.

Die Bestatter-innen sprechen vor jeder Beerdigung mit den Friedhofsverwalter-inne-n die gewünschte Zeremonie durch. Dekoration, Blumenschmuck, Kerzen etc. werden festgelegt. Die Kosten nach der Gebührenordnung für den Friedhof streckt der/die Bestatter-in dem Friedhof zunächst vor.

Friedhofsverwalterverein und Bestatterverein besprechen auf Tagungen allgemeine Fragen der Friedhofskultur. Dabei liegt den Friedhofsverwalter-inne-n der Umweltschutz besonders am Herzen, z. B. das Thema Särge und Urnen aus Kunststoff. Auch Friedhofsverwalter-innen sind gehalten, Feinfühligkeit und psychologisches Geschick im Umgang mit Hinterbliebenen zu zeigen.

Von der Wissenschaft

Geforscht

Was Leichen lehren – zur Geschichte der Sektion
von Hans Schadewaldt

Es ist überraschend, daß bei fast allen Naturvölkern und vielen sogenannten „Hochkulturen" der Alten Welt eine ausgesprochene Scheu vor der Öffnung von Verstorbenen bestand, verbunden offensichtlich mit einer gewissen Gleichgültigkeit, sich über den inneren Bau des menschlichen Körpers genauer zu orientieren, obwohl die Heilkunde als solche genauso alt ist wie die Menschheit. Aber in den frühen Phasen der Medizin stand allein das Bestreben im Vordergrund, Schmerzen zu lindern und Wunden zu heilen. Weitergehende theoretische Anforderungen stellte man an diese „Heiler", die erst später von den Kolonialmächten als „Medizinmänner" bezeichnet wurden, nicht, bis in einer späteren Phase der Menschheit, als der Homo sapiens begann, sich selbst reflektierend gegenüberzustehen, erste Überlegungen über die Ursachen von Krankheiten aufkamen, die freilich in der Phase des sogenannten „Dämonismus" von außen in den Körper eindringenden, bösartigen Geistern oder Kräften zugeschrieben wurden. Die Erfahrungen, die man mit Verletzungen durch Waffen, das Eintreten von Dornen oder gar das Eindringen von menschlichen Parasiten in den Organismus gewonnen hatte, führten zu einer derartigen Auffassung, die mit den therapeutischen Bemühungen einherging, diese Fremdkörper und schädlichen Dämonen oder ihre Kräfte mit allen möglichen Mitteln aus dem Körper auszutreiben. Dazu dienten sowohl äußerlich angewandte Salben und Tinkturen sowie der Aderlaß, das Auslösen von Erbrechen oder Abführmittel sowie Schwitzprozeduren.

Bei dieser Auffassung von der Entstehung von Krankheiten war offensichtlich eine Kenntnis der inneren Organe nicht besonders notwendig. Das gilt auch für die Zeit, in der ein erstes System der Heilkunde in Form der Vier-Säfte-Lehre aufgestellt wurde. In der altgriechischen Welt hatten nämlich die Hippokratiker im 4. vorchristlichen Jahrhundert und ihr Nachfolger Galen (129–199 n. Chr.) ein System entwickelt, das auf der Theorie der vier wichtigen Säfte im Organismus des Menschen – Schleim, Blut, schwarze und gelbe Galle – beruhte, deren ausgewogenes Gleichgewicht Harmonie und Eukrasie, d. h. Gesundheit, ein Ungleichgewicht hingegen Dyskrasie, d. h. Krankheit, auslösen sollte. Dies war eine neue Vorstellung von der Entstehung von Krankheiten, die nun nicht mehr als von außen in den Organismus eindringende gefährliche Kräfte, sondern als im Körper selbst entstandene Verschiebungen des Gesamtgleichgewichts betrachtet wurden. Aber auch bei diesem System war ein Bedürfnis nach genauerer Kenntnis der inneren Teile des menschlichen Körpers noch nicht entstanden.

Hinzu kam die weltweit zu beobachtende Scheu vor der Leichenschändung, die zu den verschiedenen religiösen Begräbnispostulaten führte und im Christentum noch durch die Ansicht von der Auferstehung des Körpers aus dem Grabe unterstrichen wurde, obwohl bereits im Neuen Testament vom Apostel Paulus ausdrücklich betont wurde, daß der Mensch zum Jüngsten Gericht nicht in seiner irdischen Gestalt, sondern in einer von Gott für ihn vorgesehenen, neuen geistigen auferstehen werde, womit auch die ängstliche Frage der Kirchenväter geklärt wurde, wie es denn möglich sei, daß die von wilden Tieren zerrissenen Märtyrer dennoch nach dem Glauben der frühkatholischen Kirche das Himmelreich erreichen konnten, obwohl doch ihre Gestalt weitgehend zerfetzt war. Hier half die Lehre von der Besonderheit der menschlichen Gestalt, die als einzige nach Gottes Ebenbild von ihrem Schöpfer geschaffen worden war und deshalb von ihm auch in dem wünschenswerten Idealbild wieder im ewigen Leben neugestaltet werden konnte. Da aber die Verstümmelung der Leichen als eine schwere Sünde angesehen wurde, die in der Christenverfolgungszeit ausschließlich von heidnischen Schlächtern durchgeführt wurde, schien auch in der frühchristlichen Zeit eine Leichenöffnung ausgeschlossen. So kann man feststellen, daß weder in der ein eigenes Gesundheitssystem und Medizinalwesen entwickelnden griechischen noch in der römischen Antike Sektionen, d. h. Leichenöffnungen, durchgeführt wurden.

Mit einer Ausnahme: In der Zeit des freisinnigen Hellenismus hatte sich in Alexandria, der Gründung Alexanders des Großen, eine erste Anatomieschule auf der Basis der ägyptischen Einbalsamierungskunst entwickelt, in der nun nicht die wenig angesehenen und weit außerhalb der ägyptischen Städte arbeitenden Leichenbehandler tätig waren, sondern hochqualifizierte Ärzte wie Herophilos (um 335–280 v. Chr.) und Eraistratos (um 310–250 v. Chr.). Diese beiden frühen Anatomen hatten sich zwei Fragen zugewandt: Ob tatsächlich, wie das immer behauptet wurde, das Gehirn, das von den meisten als eine wenig beachtete Schleimmasse angesehen wurde, der Sitz der höheren geistigen Regionen und des Gefühls wäre oder das Herz oder die Leber, die man freilich bereits vorher in der Welt der Babylonier und später der Etrusker für die Wahrsagekunst der Leberschau durch bestimmte Spezialpriester untersuchte. Dabei ging man von der Auffassung, die auch bei vielen anderen Völkern üblich war, aus, daß im Augenblick des Todes der Versuchstiere – Menschenlebern wurden nur in Alexandrien gelegentlich untersucht – bestimmte Veränderungen auf die dann folgenden allgemeinen oder spe-

Anatomischer Unterricht an einem toten Schwein.

ziellen Ereignisse bezogen werden konnten. Diese kurze Epoche der Sektionsgeschichte hängt damit zusammen, daß die beiden in Alexandria wirkenden Ärzte Anhänger einer sogenannten „Solidarpathologie" waren, d. h. nicht die gängige Auffassung von der Vier-Säfte-Lehre vertraten, sondern glaubten, daß sich in einzelnen Organen krankhafte Veränderungen bilden könnten, eine Theorie, die im übrigen erst endgültig 1858 durch Rudolf Virchows (1821–1902) Zellularpathologie zu der bis heute anerkannten Lehrmeinung der Schulmedizin wurde.

Dennoch entwickelten sich bei allen alten Kulturvölkern bestimmte Vorstellungen über den inneren Bau der Organe, die man gelegentlich bei Unfällen oder aus Analogie beim Schlachten von Tieren beobachtet zu haben glaubte, und die in spekulativer Weise auf den Menschen übertragen wurden. So entstanden erste anatomische Darstellungen, die in der Regel kaum etwas mit der Wirklichkeit zu tun hatten. Im indischen Raum z. B. hat es keine Kenntnis der Lungen gegeben, sondern man war der Auffassung, daß die Luft sogleich durch Röhren in das Herz eingesogen würde. Lange noch galt bei vielen Völkern die Ansicht, daß der männliche Samen im Rückenmark entstünde und beim Koitus direkt von dort in die weiblichen Geschlechtsorgane gelange. Ein letztes Relikt dieser Theorie war im 19. Jahrhundert die Auffassung, daß geschlechtlich besonders aktive Menschen leichter an Rückenmarksschwindsucht leiden würden, obwohl, wie wir allerdings erst seit den Forschungen zu Beginn des 20. Jahrhunderts wissen, diese „Tabes dorsalis" eine Spätfolge einer syphilitischen Infektion war, die man sich natürlich bei häufigem Geschlechtsverkehr eher zuziehen konnte, als wenn man sich in dieser Beziehung zurückhielt.

In der chinesischen Medizin, in der man von den beiden Grundprinzipien des Lebens, Yin und Yang, ausging, den weiblichen und männlichen Wirkkräften, glaubte man, daß diese in bestimmten Röhrensystemen zirkulieren würden, die später für die Akupunktur als Meridiane von großer Bedeutung waren und die bis zum heutigen Tag von Anhängern dieser alternativen Heilrichtung postuliert werden, ohne daß sie bisher anatomisch nachgewiesen werden konnten. Es hat im übrigen Jahrhunderte gebraucht, bis uns heute selbstverständliche Organe wie die Bauchspeicheldrüse oder das Lymphgefäßsystem beim Menschen in ihrer Funktion überhaupt entdeckt werden konnten.

Auch das junge Christentum brachte hier keine Änderung. Nach wie vor galt in der sogenannten Klostermedizin die antike, von dem griechischen Leibarzt Kaiser Marc Aurels, Galen, in ein bestechendes theoretisches System gebrachte „Vier-Säfte-Lehre", die für anatomische Zergliederungen kaum Interesse hatte. Bei der ausgesprochenen Bibelgläubigkeit jener Zeit der Scholastik glaubte man, auch den Bau des menschlichen Körpers allein aus biblischen Aussagen erklären zu können. Ein besonders eindrucksvolles Beispiel ist die Tatsache, daß in mittelalterlichen Skelettdarstellungen männliche Abbildungen jeweils eine Rippe weniger aufweisen, weil nach dem ersten, freilich jüngeren Schöpfungsbericht Gott zur Erschaffung der Eva dem Adam eine Rippe entnommen hat: Erst die später durchgeführten Sektionen ergaben, daß diese Ansicht nicht stimmt und bei beiden Geschlechtern eine gleich große Zahl von Rippen vorhanden ist.

Einzig die Chirurgie verlangte gewisse Grundkenntnisse der menschlichen Knochen-, Gefäß- und Muskellehre. Und so hat der bereits erwähnte Galen, der in der Regel seine Erfahrungen durch die Sektion von Schweinen gewonnen hatte, wenigstens zweimal menschliche Leichen gesehen, einmal ein Skelett, das

Heimliche Sektion an einer weiblichen Leiche.

während einer Überschwemmung aus einem Grab ausgewaschen worden war, das andere Mal einen unbeerdigten, zu Tode gekommenen Räuber, dessen Leib Vögel bis auf das Skelett abgefressen hatten. So gelang es wenigstens, eine gewisse Übersicht über den Knochenbau des Menschen zu bekommen. Aber auch hier spielten viele Hindernisse eine gewichtige Rolle. Erwähnt werden sollte aber in diesem Zusammenhang ein merkwürdiger Katakombenfund, der erst vor einigen Jahrzehnten, 1956, im Vatikan entdeckt und von den archäologischen Ausgräbern als eine frühe Sektionsszene gedeutet wurde. Er zeigt nämlich eine Gruppe von jüngeren Menschen um einen Meister, der, so scheint es, über einen geöffneten Knaben doziert. Typisch ist dafür ein Stab, den später die sogenannten „Demonstratoren" tatsächlich benutzten, um die Vorlesung des Anatomieprofessors zu verdeutlichen. Es stellte sich aber heraus, daß diese für jene Zeit des 2. nachchristlichen Jahrhunderts völlig ungewöhnliche Szene aus dem christlichen Bereich stammte und die Wiederbelebung eines Knaben durch den Propheten Elisa wiedergibt. Die angebliche Bauchöffnung ist nichts anderes als eine Andeutung der bereits eingetretenen Totenflecken im Bauchraum, die als erste erscheinen, die aber nicht hinderten, daß der von göttlicher Eingebung geleitete Prophet, nachdem sein Diener Gehasi erfolglos mit einem Zauberstab Wiederbelebung versucht hatte, den Knaben mit einer Mund-zu-Mund-Beatmung, die erstmals in diesem „Buch der Könige" des Alten Testamentes beschrieben worden war, ins Leben zurückholte.

Man darf jedenfalls feststellen, daß es außerhalb der erwähnten Epoche in Alexandrien keine Hinweise auf Sektionen gab, wobei man die Einbalsamierung in Ägypten ausnehmen muß. Es bleibt allerdings merkwürdig, daß trotz der dort an Tausenden von Leichen geübten Konservierung, bei der in der Tat durch einen Schnitt im Unterleib die Eingeweide entfernt und durch einen Griff durch das Zwerchfell auch Herz und Lunge aus dem Körper herausgerissen wurden sowie das Gehirn durch die Nase mit bestimmten Geräten förmlich herausgelöffelt wurde, wegen des nicht angesehenen Standes der Einbalsamierer irgendwelche anatomischen Erkenntnisse nicht in die zahlreichen Papyri gelangt, sondern auch hier nur hypothetische Vorstellungen zu finden sind. Die ägyptische Mumifizierungs- und Bestattungstechnik hat also nichts zur Kenntnis der Anatomie beigetragen.

Gewisse Konservierungsmaßnahmen entwickelten sich dann während der Kreuzzugszeit aus dem Bestreben heraus, wenigstens die Knochen der gefallenen oder an Krankheiten verstorbenen Kreuzritter in die Heimat zurückzuführen und dort in geweihtem Boden beerdigen zu lassen. Darüber hinaus herrschte noch ein lebhafter Handel mit Reliquien, weil bis zum heutigen Tage die Vorstellung gilt, daß eine Kirche unter ihrem Altar eine wie auch immer geartete Reliquie besitzen sollte. So kam im Heiligen Land die Sitte auf,

Lehrsektion: Der Demonstrator verdeutlicht mit Hilfe eines Stabes die Vorlesung des Anatomieprofessors; die entnommenen Eingeweide bekommen die Hunde.

Sektion an einer hängenden Leiche.

die dort Verstorbenen auszukochen und die dann freigelegten Knochen mit Heimkehrern in die Heimat zu schicken. Aus dieser Zeit ist ein einziges Mal aus dem Jahre 1111 von einem norwegischen König die Rede, der von einem Kreuzzug heimkehrte und in Byzanz infolge des plötzlichen Todes von mehreren seiner Begleiter eine Sektion anordnete, um festzustellen, ob eventuell in Byzanz genossener Wein vergiftet gewesen sein konnte. Hier finden sich die ersten Vorläufer der sogenannten „gerichtlichen Sektion", die vor den Lehrsektionen an den Universitäten, dann gelegentlich auf Befehl der Obrigkeit durchgeführt wurden, um plötzliche Todesfälle aufzuklären.

Vom 13. Jahrhundert an existieren dann mehr und mehr Abbildungen solcher Sektionen, die zum Teil aber auch als Negativbilder derartiger Eingriffe z. B. durch Kaiser Nero dargestellt wurden: um damit dessen Grausamkeit noch deutlicher werden zu lassen. Er hat nämlich angeblich seine eigene Mutter in seiner Gegenwart sezieren lassen, was aber nicht der Wirklichkeit entspricht. Andererseits müssen bereits da und dort heimlich Sektionen vorgenommen worden sein, wie ein Bild aus dem Jahre 1290 zeigt, das einen Mönch während einer Sektion an einer weiblichen Leiche in seiner Zeit abbildet, der von seinem Abt und einem seiner Mitbrüder überrascht wird, der offensichtlich das sündhafte Treiben der Obrigkeit gemeldet hatte. Um die weit geöffnete Leiche liegen bereits alle herausgeschnittenen Organe herum, und die Darstellung des überraschten und erschreckten Mönches spricht dafür, daß es sich dabei eindeutig um eine verbotene Sektion handelt.

Nachdem sich schon die beiden Kirchenväter Tertullian (160–230) und Augustin (354–430) energisch gegen jede Leichenöffnung gewandt hatten, als in Ärztekreisen erste Überlegungen aufkamen, die tatsächliche Beschaffenheit der inneren Organe auch des Menschen kennenzulernen, verbot das Konzil von Tours im Jahre 1163 ausdrücklich die chirurgische Tätigkeit und damit auch die Sektion durch Mönche mit dem bekannten Verdikt „die Kirche verabscheut Blut", und 1299 verbot Papst Bonifaz VIII. dann endgültig das Abkochen von Leichen im Heiligen Land, obwohl damit keineswegs die erst später eingeführte Sektion gemeint war, die man dann auch als „Autopsie" – wörtlich „die Sicht durch das eigene Auge" – bezeichnete.

*Titelblatt des klassischen Lehrbuchs von Andreas Vesal:
De humani corporis fabrica, 1543.*

Vom 14. Jahrhundert an änderte sich diese Auffassung, nicht zuletzt infolge des Interesses – auch der Päpste – an gerichtsmedizinischen Sektionen. Einer der ersten, der solche durchführte und diese Erkenntnisse dann auch an seine Studenten vermittelte, war der italienische Arzt Mondino de Luzzi, der 1316 eine Handschrift, „Anathomia", für seine Studenten verfaßte, in der zwölf Sektionen, die noch in der Winterzeit auf einem Friedhof in Bologna aus gerichtsmedizinischen Gründen durchgeführt wurden, erwähnt werden. Kurz vorher hatte der in Frankreich wirkende Henri de Mondeville (1260–1320) in einer Handschrift auch 13 Abbildungen der menschlichen Anatomie herausgebracht, die allerdings jeder Realitätsbezogenheit entbehren, wie viele angebliche anatomische Werke auch der folgenden zwei Jahrhunderte. Inzwischen war sogar Papst Alexander V. (1340–1410), der 1410 plötzlich verstorben war, durch einen berühmten Arzt seiner Zeit, Pietro D'Argellata, seziert worden, ohne daß die wahre Todesursache bekanntgegeben werden konnte. Aber damit war der Bann über die Leichensektion gebrochen, und Papst Sixtus IV. (1414–1434) erlaubte daraufhin ein Studium der Anatomie an der Universität in Bologna und Padua, so daß nunmehr die Sektionen nicht mehr nur gerichtlichen Zwecken, sondern auch Ausbildungszwecken dienten. In diesem Zusammenhang sei erwähnt, daß Kaiser Friedrich II. (1212–1250), als er seine berühmte Gesundheitsgesetzgebung schuf, darin bereits auch das Studium der Anatomie mit aufgenommen hatte, obwohl keineswegs an allen Universitäten der damaligen Welt schon anatomische Vorlesungen üblich waren.

Im Gegensatz zu ihren sonstigen Verdiensten auf dem Gebiet der Medizin haben die jüdische und die arabische Heilkunde praktisch nichts zur Kenntnis der Anatomie des Menschen beigetragen, weil die jüdische Religion die sofortige Beerdigung ihrer Toten verlangte und eine respektvolle Beisetzung selbst von hingerichteten Verbrechern forderte, während die islamische Welt eine allgemeine Scheu vor der Beschäftigung mit Leichen hatte, wie sie sich ja auch heute noch in vielen Teilen der Welt und sogar in Deutschland finden läßt. Dies hängt zum Teil mit der Vorstellung zusammen, daß im Körper eines Verstorbenen immer noch Seelenanteile existieren, die unter gar keinen Umständen durch Eingriffe an der Leiche verletzt werden dürfen. Erst in späteren Jahrhunderten kam zu dieser Scheu vor der Beschäftigung mit Leichen die Ansicht hinzu, daß in vielen Fällen der Tod noch gar nicht exakt feststellbar gewesen wäre und ein sogenannter „Scheintod", gegen den eine Reihe von Vorsichtsmaßnahmen auch noch in der Aufklärungszeit ergriffen wurden, bei einer Sektion zum wirklichen Tod geführt hätte. Es kursieren eine Reihe von Gerüchten, daß selbst der berühmte Erneuerer der Anatomie, Andreas Vesal (1514–1564), dessen klassisches Lehrbuch „De humani corporis fabrica" von 1543 eine neue Periode der Medizin mit der subtilen Kenntnis der inneren Organe, wie sie sich tatsächlich bei der Biopsie dem Beschauer zeigten, eingeleitet hatte, sich solcher Sektionen an Scheintoten schuldig gemacht hätte und daher eine Pilgerreise nach Jerusalem angetreten hätte, von der er nicht mehr nach Europa zurückkehrte, weil er auf der Insel Xante in Griechenland verstarb. Im übrigen hatte selbst die Volksvertretung in Israel, der Knesset, größte Schwierigkeiten, ein Gesetz, das die Erlaubnis zur Lehrautopsie erteilte, durchzusetzen. Im 18. Jahrhundert wurde ein berühmter jüdischer Lehrer, der Rabbi Landau, nach der Zulässigkeit von Sektionen gefragt, die dieser nur in einem einzigen Fall erlaubte, nämlich wenn dadurch direkt einem anderen, noch lebenden Menschen geholfen werde. Damit schloß er die Lehranatomie an Universitäten für jüdische Hörer praktisch aus.

Dennoch setzte sich die Sektion im christlichen Bereich weiter durch, insbesondere als die Frage nach dem Nachweis des Sitzes der Seele auftauchte, die im übrigen jahrhundertelang als „im gesamten Organismus auf dem Blut reitend" betrachtet wurde. Diese Annahme führt heute noch dazu, daß bestimmte Sekten wie die Zeugen Jehovas Bluttransfusionen generell ablehnen, weil sie die Übertragung von Seelenanteilen vom Spender auf den Empfänger befürchten. In diesem Zusammenhang ist eine 1533 in der Dominikanischen Republik, dem damaligen Hispanola, in Mittelamerika durchgeführte Sektion von Interesse, weil dort nach der Geburt von siamesischen Zwillingen die Frage auftauchte, ob sich in diesem Doppelleib nun eine oder zwei Seelen befänden. Der Priester stellte diese Frage an die Ärzte, weil er nicht sicher war, ob er ein oder zwei Taufen vornehmen müsse. Als die Sektion ergab, daß die inneren Organe der Zwillinge getrennt angelegt waren, wurde entschieden, daß es sich um ein Lebewesen mit zwei Seelen handelte, die doppelt notgetauft werden mußten. Freilich sind die armen Opfer dann kurz danach gestorben.

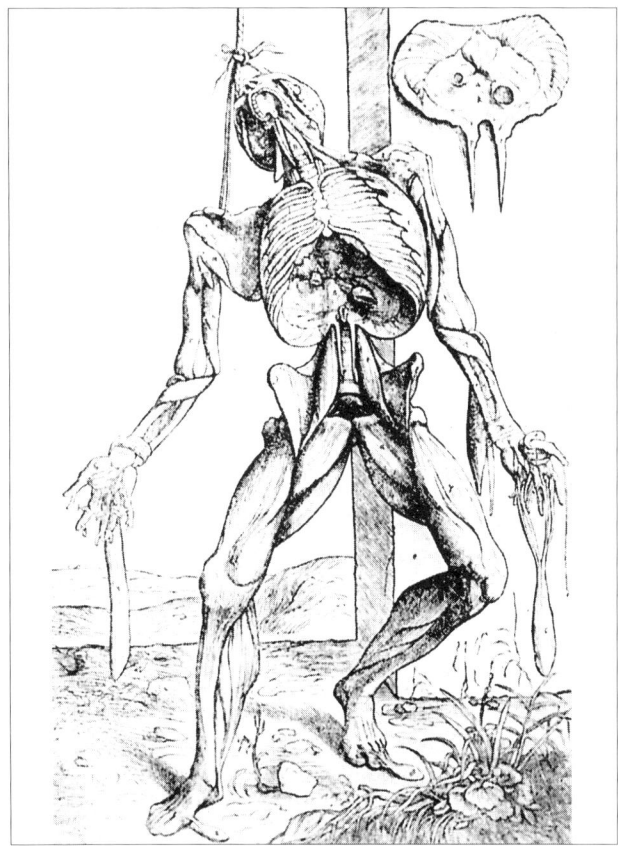

„Muskelmann" aus Vesals Lehrbuch.

Bahnbrechend war dann die Einführung der Lehrsektionen, die in der Regel nur sehr selten im Jahr vorgenommen wurden und jeweils eine Art akademisches Fest für die gesamte Bevölkerung bedeuteten, wofür sogar Eintrittsgeld genommen wurde. Da es an weiblichen Leichen mangelte, war der Eintrittspreis bei solchen doppelt so hoch wie bei männlichen. Da in der ersten Phase ausschließlich verurteilte Verbrecher zur Sektion kamen, ergab sich die Notwendigkeit, geeignete Sektionsräume zu schaffen. Zu den ersten akademischen Universitätseinrichtungen gehörten neben den botanischen Gärten auch die „Theatra anatomica" genannten Einrichtungen, von denen heute noch diejenigen in Bologna und Padua in Norditalien existieren, sowie nördlich der Alpen in Leiden, Amsterdam, Kopenhagen und Uppsala. Dies zeigt die Bedeutung des anatomischen Unterrichts, der von Vesals klassischem Lehrbuch an zu den Grundvoraussetzungen des Medizinstudiums gehörte, wobei aber festzustellen ist, daß keineswegs alle damaligen Beobachtungen später tatsächlich bestätigt werden konnten. Eine ganze Reihe von ihnen beruhte auf theoretischen Erwägungen, die zum Teil noch mit der Humoralpathologie in Zusammenhang standen. An drei Beispielen sei dies erläutert:

Blick in das von Fabrizio d'Acquapendente entworfene Anatomische Theater von Padua.

– Kein Geringerer als Leonardo da Vinci (1452–1519) hat ein für seine Zeit aufsehenerregendes Koitusbild geschaffen, das sich heute im Besitz der Königin von England in Windsor befindet. Dabei ist nicht der Vorgang als solcher besonders interessant, sondern die Tatsache, daß vom Uterus der Frau ein eigenartiges Gefäß in ihre Brust geht, das man als „Ductus lactiferus", als „Brustmilchgang" bezeichnete, weil man der Auffassung war, daß die nach der Geburt während der Stillzeit aussetzende Menstruation auf ein Hochsteigen des Menstrualblutes und eine Veränderung der Muttermilch zurückzuführen sei. Diesen Gang gibt es tatsächlich. Aber es ist nichts anderes als ein Lymphgefäß, der „Durdus thosacicus", das auf der linken Seite von den Darmabschnitten zum Adersystem führt und auf diesem Wege die fetthaltige Lymphe aus der Nahrung dem Körper zuführt. Henker beobachteten gelegentlich bei Enthauptungen, daß anstelle von rotem Blut aus dem Rumpf weiße Milch herausschoß. Daher entwickelte sich der Glaube an die direkte Verbindung zwischen Brust und Uterus.

– Ein zweites Beispiel ist das sogenannte „Vas breve", das kleine Gefäß, das sich angeblich als ein Verbindungsgang zwischen der Milz und dem Magen befinden sollte, um die in der Milz gebildete schwarze Galle in den Magen abzuführen. Dieses Gefäß gibt es tatsächlich. Aber es hat nichts mit einer Ableitung eines wie auch immer gearteten Milzsekretes zu tun, denn diese schwarze Galle gibt es in Wirklichkeit nicht. Sie sollte ja – so war die Meinung bis in das 19. Jahrhundert – die Krankheit der Melancholie, die Schwarzgallenkrankheit, mit einer schweren Depressionen und Selbstmordneigung auslösen. Es handelt sich vielmehr um ein reines

Blutgefäß, das zwischen Magen und Milzarterie existiert.
– Ebenso könnte als drittes Beispiel noch die umstrittene Funktion des Bauchspeicheldrüsenganges erwähnt werden. Ursprünglich nahm man an, daß die erst relativ spät entdeckte Bauchspeicheldrüse, die diesen Namen überhaupt erst im 18. Jahrhundert bekam, griechisch aber „pankreas" (= ganz aus Fleisch) genannt wird, ein Polster oder Kissen wäre, das bei gefülltem Magen die dahinter liegenden Gefäße vor einem zu starken Druck schützen würde. Erst im 17. Jahrhundert kamen zwei Forscher etwa gleichzeitig zur Entdeckung eines Ganges, der von der Bauchspeicheldrüse in den Zwölffingerdarm führt, der sogenannte „Ductus pancreaticus". Er war fast gleichzeitig von Moritz Hofmann (1622–1698), 1641 am Truthahn und ein Jahr später, 1642, von Johann Georg Wirsung (1600–1643) in Padua entdeckt worden. Wirsung konnte gerade noch eine Zeichnung, die heute noch erhalten ist, dieses merkwürdigen Ganges anfertigen, bevor er von einem Meuchelmörder im Jahre 1643 ermordet wurde. Lange rätselte man über die Frage, ob nun dieser Gang dazu diente, aus dem Pankreas als einer Kloake des Körpers die dort abgelagerten Abfallstoffe in den Darm abzuführen, ob aus dem Darm bestimmte derartige Fäkalien in das Pankreas transportiert würden oder ob dieses Pankreas noch eine andere Funktion hätte. Erst die Feststellung des Holländers Reignier de Graaf (1641–1673), der aufgrund von ersten Experimenten 1664 aus Pankreasgangfisteln einen wasserähnlichen Stoff gewinnen konnte, machte deutlich, daß dieses Organ etwas mit der Verdauung zu tun haben mußte, so daß erst 1798 dann der Name „Bauchspeicheldrüse" durch den Anatomen Samuel Thomas Soemmering (1755–1830) in die deutsche Sprache eingeführt wurde.

Diese Beispiele ließen sich bis in die neueste Zeit um viele andere vermehren. Sie zeigen jedoch, daß auch diejenigen Anatomen, die nun den gesamten Situs, wie man die geöffneten Leibeshöhlen in der Medizin nennt, vor sich hatten, keineswegs sofort aufgrund ihrer eigenen Beobachtungen die richtigen Schlüsse auch auf die Funktion der Organe gezogen haben. Immerhin darf man feststellen, daß von nun an in den folgenden Jahrhunderten die Verbindung der klinischen Beobachtung mit dem Sektionsbefund nach dem Tode zur Regel gehörte und daß eine Reihe von bedeutenden Werken dieser doppelten klinischen und pathologischen Kontrolle diente. So hat Antonio Benivieni (1443–1502) in dem posthum 1507 veröffentlichten Werk „De abditis non nullis acmirandis morborum et sanationum causis" über „Einige verborgene Ursachen von Krankheiten und ihre Kuren" schon über 110 Fälle berichtet, bei denen 15mal Autopsien vorgenommen worden waren. Ein anderer bedeutender Arzt jener Epoche war Theophile Bonet (1620–1689), in dessen Werk „Sepulchretum" (=Friedhof) von 1679 über 3000 Autopsien mitgeteilt wurden, die freilich nicht alle von dem Verfasser selbst, sondern von vielen anderen Kollegen vorgenommen worden waren. Aber immer noch spielte die Vier-Säfte-Lehre die Hauptrolle, und das Hauptaugenmerk galt den Flüssigkeiten im geöffneten Organismus.

Ein weiteres Ansteigen der Sektionsbefunde brachte auch das 18. Jahrhundert, und hier insbesondere der Holländer Herman Boerhave (1668–1738), der schon ausführlicher Krankengeschichte und Sektionsbefund miteinander verknüpfte. Aber erst der Begründer der modernen makroskopischen Anatomie Giovanni Battista Morgagni (1682–1772) hat in seinem epochemachenden Werk „De sedibus et causis morborum", über „Sitz und Ursachen der Krankheiten", von 1762 umfassend über die moderne Pathologie und

Anatomie berichtet. Er hatte sich noch nicht mit einer neuen Untersuchungsmethode mit Hilfe des inzwischen eingeführten Mikroskopes beschäftigt. Das blieb der sogenannten „französischen Schule" Anfang des 19. Jahrhunderts vorbehalten. Hier entdeckte man bei den Sektionen nun die Eigenschaften bestimmter Gewebe und legte außer der Beschreibung der Anatomie vermehrten Wert auf die Vorstellung über die Funktionsweise der Organe, die sogenannte „Physiologie". Es begann die Phase der mikroskopischen Anatomie und der experimentellen Physiologie. Dabei wurde der Tierversuch erneut in die medizinische Diskussion miteinbezogen. Frankreich wurde das Mekka der Heilkunde, wohin Studenten aus aller Welt während ihrer Lehrwanderung, der sogenannten „Peregrinatio academica", pilgerten.

Aber auch in dieser Phase zeigte sich wieder das Vorherrschen einer theoretischen Lehrmeinung über das praktisch Gesehene bei der Autopsie. Ein französischer Militärarzt, François Joseph Victor Broussais (1772–1838), glaubte, daß die meisten inneren Krankheiten auf eine sogenannte „Magen-Darm-Entzündung", die Gastroenteritis, zurückgeführt werden könnten, was er aus angeblichen Veränderungen dieser Darmabschnitte während der Sektion glaubte folgern zu dürfen. Es zeigte sich aber, daß dies allenfalls Begleiterscheinungen vieler anderer infektiöser und fieberhafter Erkrankungen waren und keineswegs die Ursache derjenigen Erkrankungen, die man heute mit Begriffen wie Typhus, Sepsia, Malaria usw. belegen würde.

Erst die intensive Beschäftigung mit dem Mikroskop führte dann dazu, daß eine neue Ära eröffnet wurde, die zu einer weitergehenden Klärung von Erscheinungen wie der Entzündung, der Degeneration, der Thrombose und des Krebses durch Rudolf Virchow (1821–1902) führte, der seinen Wiener Gegenspieler Karl von Rokitanski (1804–1878), der über 30 000 Autopsien – freilich noch ohne weitgehende Benutzung des Mikroskopes – in seinem Leben durchgeführt hatte, ausstechen konnte, weil dieser in die Feinheiten der geweblichen Veränderungen nicht mehr eingedrungen war. Ein ähnlicher Vorgang wiederholte sich in unseren Tagen, als die normale Mikroskopie in Anatomie und Pathologie durch die Elektronenmikroskopie auf der einen Seite und die Molekularbiologie auf der anderen abgelöst wurde, wodurch sich sehr viel feinere Einblicke in das Zellinnenleben und das der Mikroorganismen, insbesondere der Viren, ergaben, was wiederum der heutigen modernen Forschung ganz wesentliche Impulse geben konnte.

Glücklicherweise sind die Zeiten vorbei, in denen man wegen der Knappheit an Leichen, insbesondere in ruhigen Friedenszeiten, als nicht so viele Verbrecher hingerichtet wurden, auf den Leichenraub angewiesen war, den selbst anerkannte Anatomen mit durchführten, die sich zum Teil Leichenzügen anschlossen und in der Nacht nach der Beerdigung die Beigesetzten wieder ausbuddelten und für ihre anatomischen Zwecke verwandten. Daß auch ganze Banden von Mördern angeheuert wurden, um auf die eine oder andere Weise an das mangelnde Leichenmaterial zu kommen, ist nicht nur eine Horrorgeschichte, sondern beruht auf tatsächlichen Gerichtsprotokollen, vor allem aus Frankreich und Großbritannien, aber auch aus Deutschland. Hier galt als eine der Leichenraubmethoden das sogenannte „Rollfinken", genannt nach einem sehr bekannten Anatomen aus Jena, der sich mit Hilfe solcher Praktiken das notwendige Leichenmaterial bei Nacht und Nebel verschaffte. Bekannt waren Fälle, wo man aus Krankenhäusern todkranke Patienten entführte, um sie dann erst zu Tode zu bringen und der Anatomie zur Verfügung zu stellen. So gibt es einen Bericht aus dem Hôtel Dieu in Paris vom 8. Januar 1681, in dem ein Kranker durch zwei unbekannte Personen entführt worden war, in denen man

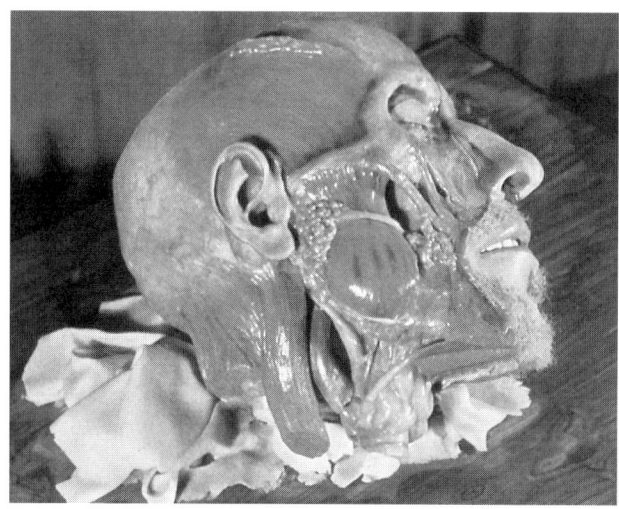

Wachsmodell eines Kopfes.

zwei Chirurgen aus Paris vermutete, die dann den Patienten auf die vereiste Seine geschleppt hätten, um ihn von dort abzutransportieren. Inzwischen hatten Schwestern den Verlust des Patienten bemerkt und konnten ihn noch von der Seine wieder in das Hôtel Dieu zurückbringen, wo er aber dann schnell an Unterkühlung starb.

Die Schwierigkeiten, sich für die Lehrsektionen, insbesondere in den anatomischen Theatern der Universitäten und Akademien, genügend Leichen zu verschaffen, führten dann zu einer neuen Ausbildungspraxis an Wachsmodellen, den sogenannten Moulagen, einer Methodik des 17. und 18. Jahrhunderts, die auch in unseren Tagen erneut diskutiert wird. Es entwickelte sich nämlich in dieser Zeit des Barock mit seiner Freude am Skurrilen und Kuriosen eine eigenständige Industrie der Wachsbildner anatomischer Präparate, von denen noch heute grandiose Zeugnisse dieser hohen Kunst im Medizinhistorischen Museum in Wien, einer ehemaligen, von Kaiser Joseph II. 1785 begründeten militärärztlichen Akademie, und im Moulagenkabinett des Museo della Specola in Florenz erhalten sind. Neben der naturgetreuen Wiedergabe in Form und Farbe der sogenannten Muskelmänner und -frauen imponiert die künstlerische Perfektion dieser Lehrmodelle, die nicht nur für Mediziner, sondern auch für die damals zur Zeit Michelangelos und Leonardo da Vincis sehr beliebten Künstlerakademien gebraucht wurden.

Ausgelöst wurde diese neue Arbeitsmethode durch einen sizilianischen Mönch Giulio Gaetano Zumbo, der mit einem neuen Verfahren in den damaligen Zeiten des „Schwarzen Todes", der Pest, versuchte, die verschiedenen Verwesungszustände des menschlichen Leibes in einem Schauder erweckenden Realismus als *Memento mori* darzustellen. Andererseits entstand in Holland in der gleichen Zeit eine besondere anatomische Präparierkunst, bei der man Arterien und Venen sowie die einzelnen Muskelpartien und die inneren Organe durch Einspritzen farbiger Konservierungsmassen deutlicher sichtbar und für den Unterricht verwertbar machen konnte. Schließlich hatte in Italien Papst Benedikt XIV. Interesse an solchen Moulagen für sein eigenes Kuriositätenkabinett bekundet, und nun nahmen sich dort unter päpstlichem Schutz eine Reihe von berühmt gewordenen Wachsmodellierern wie Ercole Lelli in Bologna und sein Mitarbeiter Giovanni Manzolini dieser Aufgabe an. Manzolinis Frau, Anna Morandi Menzolini, führte nach dem Tode ihres Gatten sein Werk erfolgreich fort und hielt an Hand ihrer Modelle sogar anatomische Vorlesungen an der Bologneser Universität, die sie deshalb – ein unerhörter Vorgang in jener Zeit – zur Universitätsprofessorin ernannte. Ein anderer Vertreter war der Pisaner Abt Felice Fontana, dessen plastische anatomische Wachspräparate sogar von Goethe auf seiner Italienreise bewundert wurden.

Freilich hatte es auch früher schon letztwillige Verfügungen gegeben, den Körper der Anatomie für wissenschaftliche Zwecke zur Verfügung zu stellen, wie das heute auch immer wieder mal der Fall ist. Damit ist die Verpflichtung verbunden, für eine pietätvolle Beerdigung nach Beendigung der Sektionsübungen durch die betreffende Anatomie zu sorgen, was auch schon dazu führte, daß in Kiel, Würzburg und München diesen „Helfern der ärztlichen Wissenschaft" an der Stelle, wo die Urnen beigesetzt worden sind, Denkmäler errichtet wurden.

So endet eine zum Teil kuriose, zum Teil geradezu dramatische Geschichte der Sektion doch verbindlich, wenngleich auch heute wieder Klagen über die unrechtmäßige Entnahme von Organteilen oder ganzen Organen zu Transplantationszwecken erhoben werden. Doch hat man inzwischen erkannt, daß das Thema „Was Leichen lehren" zu ganz erheblichen Fortschritten in der Medizin geführt hat, die stets den Lebenden zugute kamen. Früher stand in manchem Anatomie-Präpariersaal das berühmte Motto „Hier helfen die Toten, das Leben zu erhalten", in der Regel noch in der ursprünglichen lateinischen Fassung, wie im Präpariersaal des Heidelberger Anatomischen Institutes: *Hic mors vivos docet.*

Gesehen

Die Gesichter der Toten

Der Fotograf Rudolf Schäfer stellte uns für dieses Buch drei Fotos aus seinem Gesamtwerk „Der ewige Schlaf" und folgenden Text zur Verfügung:

Meine Bilder reflektieren über etwas, was noch zum Anfang des zwanzigsten Jahrhunderts gelebter Alltag war. Nicht schön, nicht häßlich – aber präsent.

Die Hinterbliebenen erreicht heute meistens ein Telegramm und dann der scheinbar besorgte Ratschlag, daß man doch die Verstorbenen so in Erinnerung behalten solle, wie sie zu Lebzeiten waren. Meistens wird auf den Vorschlag eingegangen. Das Personal ist froh. Die Technologie wird nicht gestört.

Der Umgang mit den Toten gleicht der Entsorgung. Was dem gänzlich widerspricht, sind die Gesichter der Toten. Selbsttätig stellt sich das Gefühl ein: Das ist kein Unrat, es ist der letzte Zustand eines Menschen, und ein toter Mensch verdient genausoviel Feingefühl und Würde wie ein Lebender.

Ich möchte nicht, daß mein Körper, wenn ich tot bin, als Abfall oder als Werkstoff behandelt wird. Wo der Geist auch immer geblieben ist, er war da, und er hat mit diesem Körper gelebt. Ein Leichnam ist eben nicht nur eine Hülle oder eine Sache.

Vielleicht wird heute unser Wissen zu sehr über die Weisheit gestellt. Die Sektionen im Pathologischen Institut berührten mich nicht so sehr, wie ich es erwartet hatte. Es war ein technisches Geschehen, das fortlaufend von den Erklärungen der Ärzte begleitet wurde. Der Mensch verschwand, wurde reduziert auf einen biologischen Apparat – solange ich nicht in die Gesichter sah. (© *Rudolf Schäfer, 1994*)

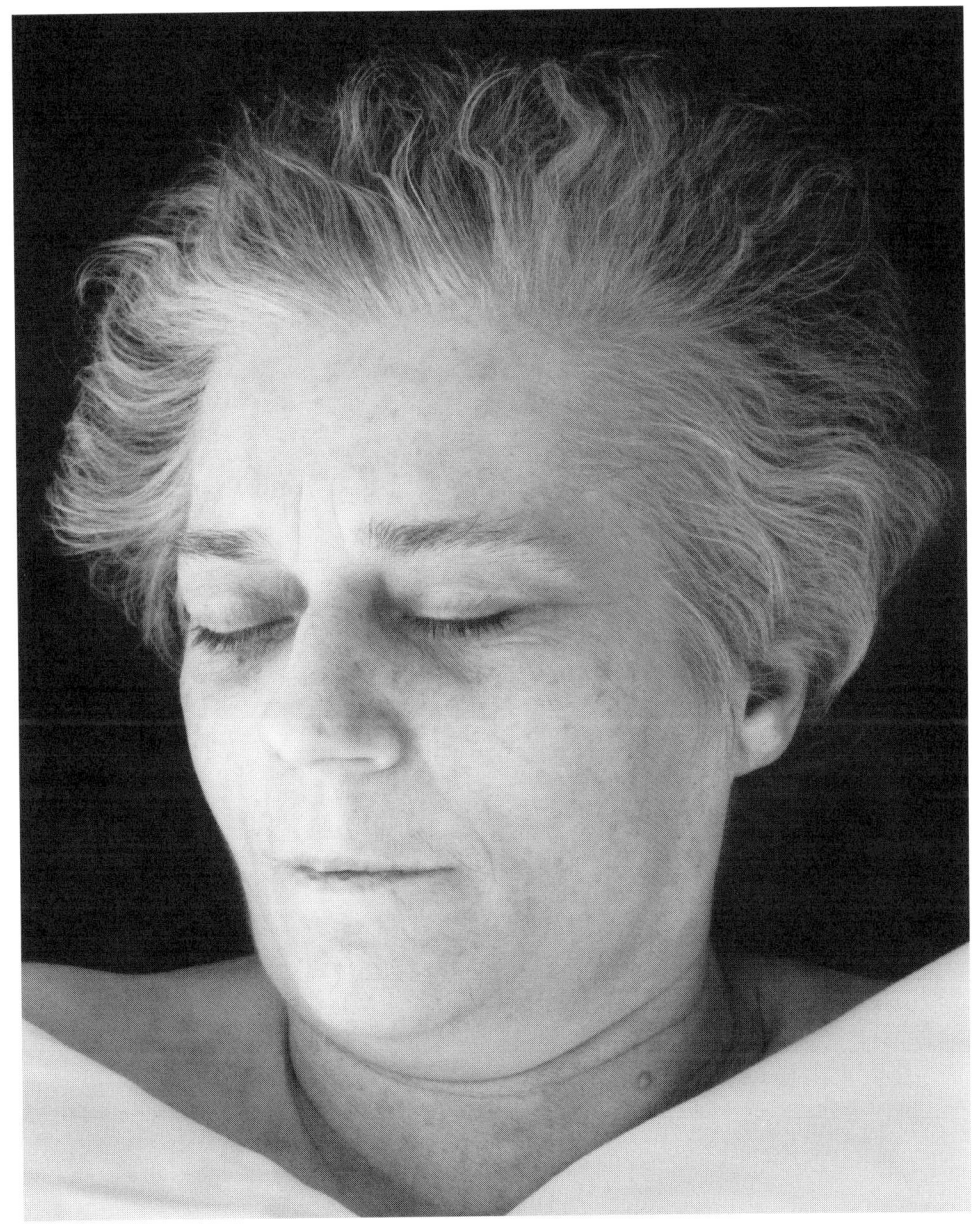

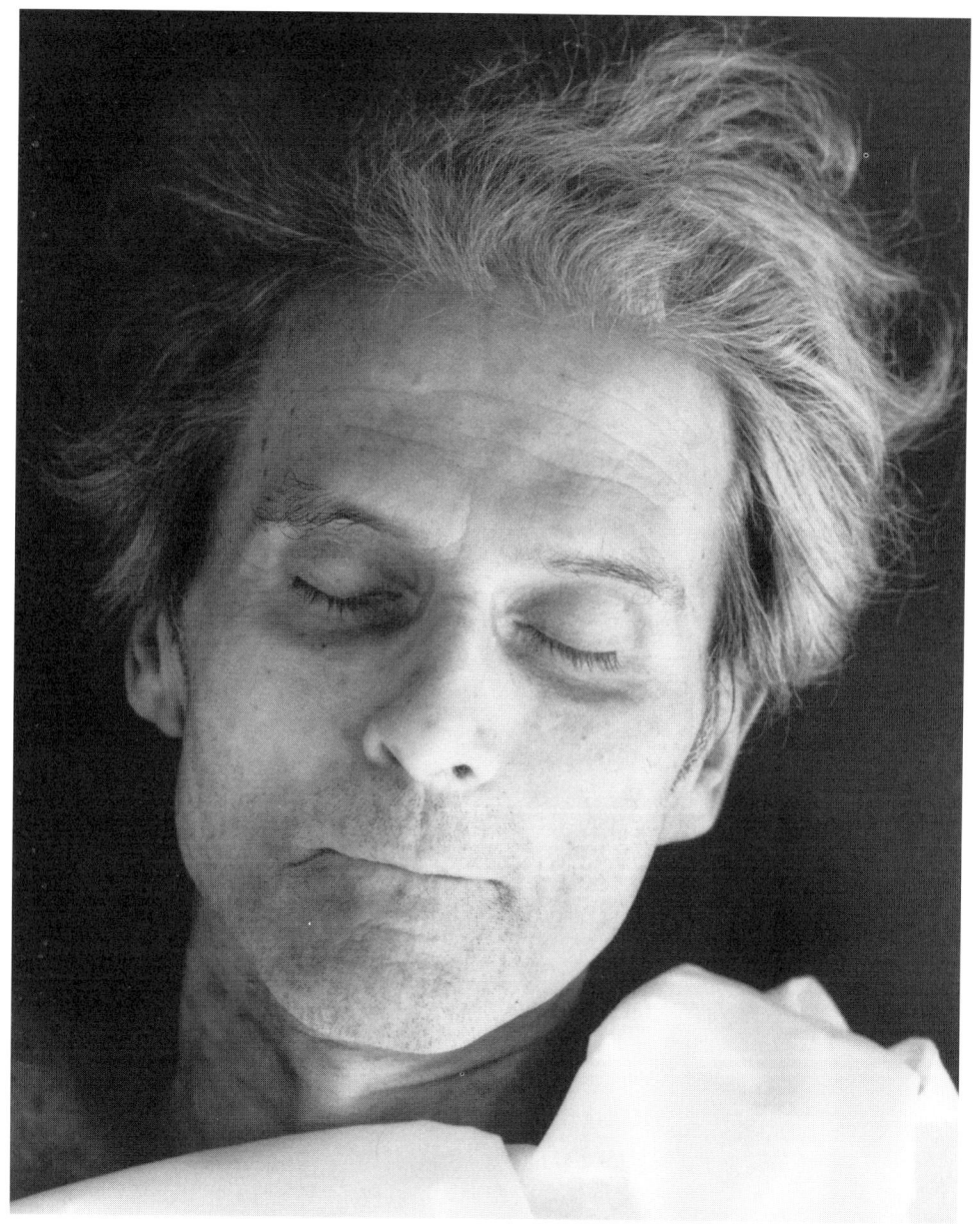

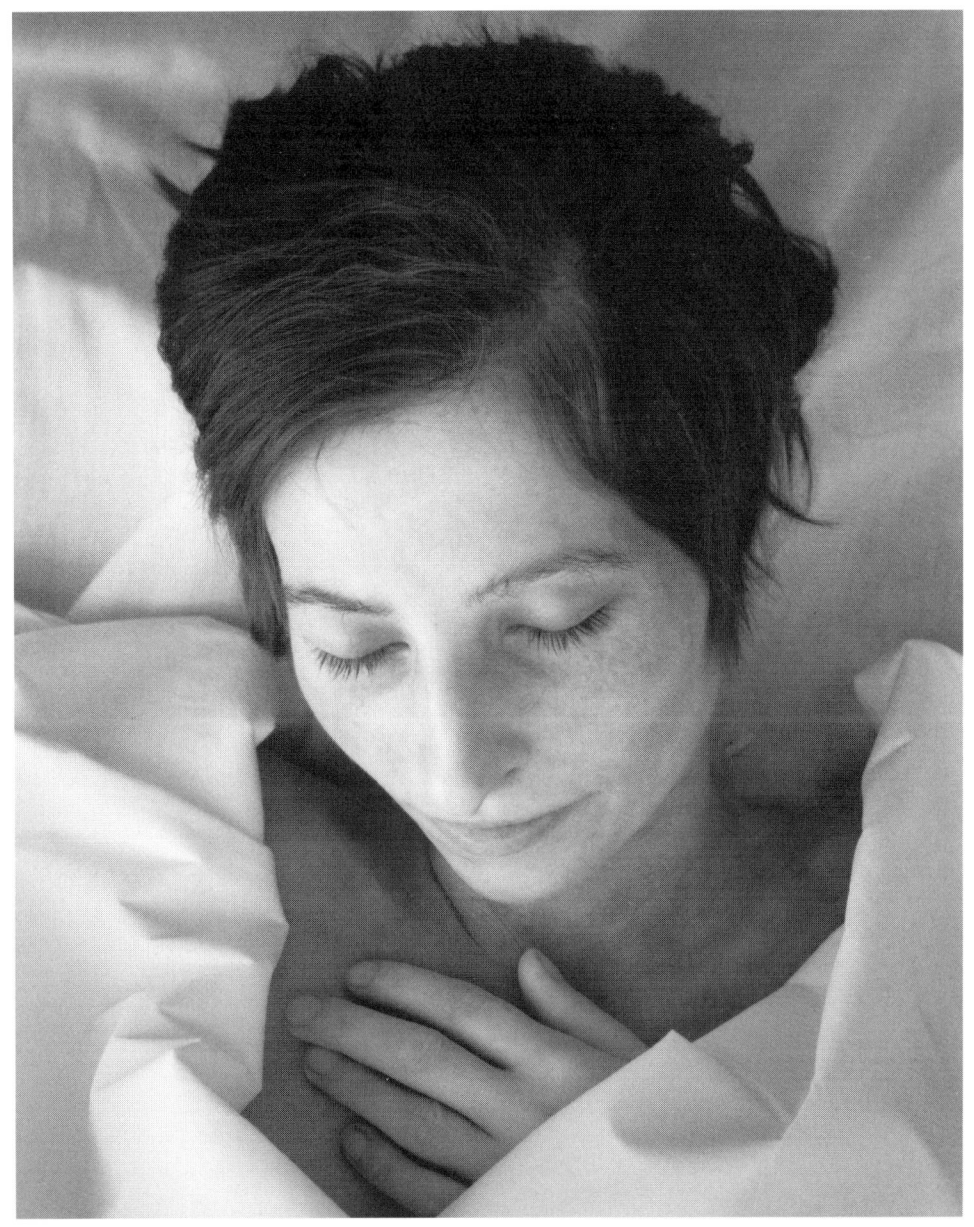

Von
Hoffnungen

Zum Schluß

Eine meiner letzten „Hallo-Ü-Wagen-Sendungen" hatte das Thema: Füchse. Ergebnis nach knapp 3 Stunden Sendung war, was für ein faszinierendes Tier der Fuchs und seine Familie ist – von seiten der Experten. Das Publikum blieb die ganze Zeit über vor allem mit der Tollwut und den Fuchs-Bandwürmern beschäftigt. Allen Fabeln und Märchen, allen eindrucksvollen Schilderungen vom Fuchs, den Füchsinnen und Füchschen zum Trotz, stand Angst im Vordergrund. Die Erkenntnis, daß die rotbraunen Evolutionskünstler-innen seit Jahren, selbst in den Großstädten, mitten unter uns leben – zu Tausenden – machte wenig Eindruck. Was zählte, waren völlig übertriebene Sensationsmeldungen über fuchswurmverseuchte Waldbeeren, die in journalistischen Sommerlöchern ein total schiefes Bild von der Wirklichkeit der Gefahren lieferten.

Nach der Sendung kam eine Frau auf mich zu und sagte: „Bitte, Frau Thomas, machen Sie eine Sendung über die Angst vor der Angst. Die Menschen sind in ihrem Leben so fremd geworden. Alles und jedes ist inzwischen von Angst überschattet."

Sicher ist unsere schwarz-weiß ausgerichtete Medienwelt nicht unschuldig daran. Sie hat vor allem einen Blick fürs „Schwarze". Zu selten bleibt Zeit und Ehrgeiz für eine ganzheitliche Sicht, wie sie z. B. als Modell östlicher Philosophien existiert. Dort haben Vorgänge, Dinge und Menschen die komplexe dialektische Struktur des Yin-Yang, das stets den weißen Punkt im schwarzen sowie den schwarzen Punkt im weißen Teil berücksichtigt.

Zwar besteht die Chance, daß die Medien unseren Blick weiten. Andererseits können sie die Sicht aber auch stark verengen. Vor allem fehlt, daß die Wirkung der „objektiven" Meldungen, das, was sie in den Seelen anrichten, mit bedacht würde: Die Schatten des Jugoslawien-Krieges in unser aller Herzen; die Folgen von Ruanda und der Zerfall der UdSSR mit Armut, Elend und Gewalt für unseren Seelen-Haushalt. Welche Auswirkungen hat es für uns alle, wenn der Focus der Betrachtungen sich fast ausschließlich auf das Ängstigende, Bedrohliche, den Tod richtet? Wo bleiben die ausgleichenden objektiven und die positiven Meldungen? Dazu fallen mir Eltern ein, denen zum Erziehungs-Beratungs-Gespräch ein großes weißes Blatt mit einem schwarzen Punkt in der Mitte gezeigt wird. Auf die Frage, was sie sehen, antworten sie in der Regel: „Einen schwarzen Punkt." Das große weiße Blatt bleibt regelmäßig unerwähnt.

Aber offenbar ist die Angst allenthalben – ob vor Füchsen oder vor der Apokalypse – nicht nur ein individuelles Problem oder eines, das von Medien, Politik, Medizin etc. hervorgerufen wird. Ob vielleicht viel tiefer in unserem Unterbewußtsein noch altes, magisches Denken wirkt?

Erst kürzlich las ich erstmals in einem Buch (Jörg Langbein, *Die großen Rätsel der letzten 2500 Jahre*, Augsburg 1992) eine Schilderung aus dem Jahr 1000. Im Geschichtsunterricht hatte ich das nicht gelernt: Zur Jahrtausendwende gab es eine Massenhysterie, weil die Menschen der Überzeugung waren, daß nun die Welt unterginge:

„Es war, als verließe den ganzen Kontinent der Lebensmut und Lebenswille. Ein Mensch kann sterben, wenn er die Hoffnung aufgibt und nicht mehr leben will. Aber ist es möglich, daß eine Massenhysterie einen ganzen Kontinent dazu bringt, sich aufzugeben? Genau das war der Fall. So, wie es – für frühere Jahrhunderte ist Ähnliches nicht überliefert – am Ende des 19. Jahrhunderts jenen allgemeinen kulturellen Müdigkeitspessimismus gab, der als „Fin du siecle" in die

Kulturgeschichte einging. Und so wie zwischendurch in allen Jahrhunderten (ganz besonders aber in unserem) immer wieder Sektierer aller Art, religiöse Eiferer ebenso wie hellsehende oder sonst weissagende Scharlatane Weltuntergänge sozusagen am laufenden Band ankündigten, ... so trafen vor dem Jahr 1000 religiöse Unheilserwartungen und allgemeine Lebensangst angesichts dieses bevorstehenden symbolischen Datums zusammen.... Alle Handelsbeziehungen zwischen den Städten und auf dem Lande brechen zusammmen, es gibt akute Engpässe in der Lebensmittelversorgung, in den größeren Städten macht sich bereits Hunger breit, wird aber mit fatalistischer Gelassenheit hingenommen und ertragen. Denn wozu noch essen und trinken, wo in wenigen Wochen ohnehin das Ende der Welt kommt?...

Am 31. Dezember des Jahres 999 schließlich erwartete Papst Sylvester der II. in Rom ebenfalls das Ende der Zeit und hält eine vermeintlich letzte Mitternachtsmesse. Und als es Mitternacht schlug, trat Grabesstille in der Kirche – wie überall auf dem Kontinent – ein. Alle warteten sie auf die dröhnenden Posaunen, auf das wachsende Donnergrollen, auf die Engelsscharen und eben das Ende der Zeit. Bekanntlich passierte gar nichts. Es war einfach nur das Jahr 999 zu Ende gegangen, und das Jahr 1000 hatte begonnen. Ohne irgendein besonderes Ereignis, wie Tausend Tage und Jahre vorher einander abgelöst hatten. Die Welt bestand weiter wie zuvor „als wäre nichts geschehen". Und da entlud sich die Spannung in einem kollektiven Aufschrei der Erleichterung. Und der Papst sang in Rom mit seiner Gemeinde das große Tedeum. Auch zwei, drei Jahrhunderte danach wallte noch einmal eine ähnliche Massenhysterie auf: Die Bewegung der Flagellanten mit der Zeit des Veitstanzes in ihrem Gefolge.... Es ist nicht wahrscheinlich, daß heute noch derartige wahrlich kollektive Wahn- und Hysteriezustände eintreten könnten. Dennoch gibt es genug Anzeichen für ein quasi permanentes, dem Menschen womöglich angeborenes Hysteriepotential, eine Warnbereitschaft, zumindest in Teilen der Bevölkerung aller Länder dieser Welt. Man denke an die Sekten und ihren Zulauf, ... – Man denke an die Fundamentalisten mancherlei Couleur, insbesondere an die des Islams in unserer Zeit...."

Ist es das magische Jahr 2000? Sind es die Medien mit ihrem Katastrophenjournalismus? Ist es die echte Bedrohung – Ozonloch, Genmanipulation, Atom, immer intelligentere Computer etc.? Oder ist die Angst vor dem Tod schlicht angeboren?

Keine Angst vor dem Tod – gibt es das überhaupt? Doch – das scheint es zu geben. Vor allem bei Menschen, die ihr Leben als erfüllt betrachten, bei solchen, die sich mit ihrem Ende aktiv beschäftigt haben. Und bei Kulturen, die den Tod offenbar ohne Schrecken erleben können, z. B. in Indonesien.

Ich weiß nicht, wie es Ihnen bei der Lektüre dieses Buches ging. Aber Prof. Schadewaldts historischer Rückblick scheint in eindrucksvoller Weise zu belegen, daß die Menschen früher offenkundig andere Ängste hatten als wir. Drängt sich nicht die Frage auf, warum die Menschen über Jahrtausende Bedenken hatten, Leichen zu öffnen? Wieso tappten sie so lange im dunkeln, was das Innenleben der Menschen anging? War es Ignoranz, ihre Tumbheit, die Macht der Verbote der Kirche? Oder wußten sie vielleicht mehr als wir, weil sie noch bei den Toten wachten? Hatten sie mehr Gespür dafür, daß der Übergang vielleicht doch fließender ist, daß die Toten unseres achtsamen Umgangs, unseres Respekts und unseres Schutzes bedürfen?

Der Mann im Publikum bei der Sendung über das Herz geht mir nicht aus dem Sinn. Ein Typ wie aus einer Camel-Reklame. Der Ton seiner Stimme hat sich mir eingegraben. Seinen verzweifelten Blick bei seinen drängenden Fragen, ob er ein Frauenherz in sich trage, werde ich nie vergessen. Es ging mir unter die Haut, wieviel Eindringlichkeit dabei mitschwang, weil offenbar seine Empfindungen so stark verändert waren. Mir fiel ein, wieviel eindrucksvolle Bilder der Volksmund für das Phänomen besitzt, das diesen Mann zu plagen schien: „Ich nehme mir etwas zu Herzen", „Das Herz zerspringt vor Kummer/Freude", „Es schlägt mir etwas auf den Magen", „Etwas macht mir Kopfzerbrechen", „Etwas geht mir an die Leber/Nieren", „Jemand hat schwer zu tragen", „Das hat ihm das Rückgrat gebrochen" usw. Wo sind die Gefühle und Erfahrungen gespeichert? Werden tatsächlich, wenn der Hirnstrom nicht mehr fließt und das Herz nicht mehr schlägt, alle Ereignisse und Empfindungen zugleich mit ausgelöscht? Wenn schon jede einzelne Zelle unser gesamtes Genmaterial enthält, ist es da nicht vorstellbar, daß vielleicht auch in den angesprochenen Organen Erfahrungen und Gefühle noch weiter existieren können? Kann es sein, daß das alles erst langsam zerfällt? Und wenn dem so wäre, müßte es nicht Folgen haben für den Umgang mit unserer eigenen Leiche, mit den Leichen unserer Nächsten, mit geliebten und geachteten Menschen? Kann es nicht sein, daß uns die Toten noch brauchen in dieser letzten Phase, die sie unter uns verbringen? Könnte zumindest den Sterbenden das Sterben leichter sein, wenn sie wüßten, daß und wie wir ihnen beistehen?

Und was sind die Konsequenzen, wenn wir wieder mehr unseren Gefühlen vertrauen und nicht nur messen? Könnte der Umgang mit Leichen nicht tatsächlich unsere eigene Furcht und unsere Angst mindern? Die Sterbens-, die Todes-, aber auch die Lebens-Ängste vor Füchsen, Fremden oder Katastrophen? Würden die Ketchup-Toten im TV an Faszination einbüßen, könnte die Isolation der Menschen wieder verringert werden, wenn wir es schafften, unser eigenes Ende und das von anderen in Würde zu gestalten? So wie wir andere Teile unseres Lebens bewußt gestalten – Geburtstage, Hochzeiten, Jubiläen. Könnten vor diesem Hintergrund Todesfälle auch eine Chance sein, etwas für die Betroffenen, aber auch für sich selber und das eigene Leben und Sterben dazu zu gewinnen? Eine Erweiterung, die heute zu oft achtlos übersehen und weggeschoben wird?

Jede-r weiß, Berührung ist immer zweiseitig, Während ich berühre, werde ich berührt. Berührung ist ein schöpferischer Akt, Ausdruck persönlicher Bezogenheit. Berührung gibt Selbstvertrauen und Trost. Im Gegensatz zum Sehen ist Berühren ein immer wechselseitiger Kommunikationsproceß, der unser leibliches Gedächtnis stärkt für das Faszinierendste an den Leichen, nämlich daß sie gleichzeitig das Diesseits und das Jenseits, das Leben und den Tod verkörpern.

Aber was ist mit denen, die niemanden mehr haben? Da, wo die Mini-Familien zerstreut, zerstört oder ausgestorben, die Nachbarschaften verschwunden sind? Können für sie Hospize oder Institutionen wie die Begleitung e.G. eine Hilfe sein? Kann es helfen, den Ort und die Menschen für das eigene Sterben vorher kennenlernen zu können? – Einrichtungen, in denen der Tod nicht als Feind gesehen, sondern als gegebene Größe angenommen wird, wo mit Gesprächsbereitschaft und mit Schmerzlinderung versucht wird, dem Ende seine Würde zu lassen.

Und was bleibt für die Profis? Z. B die Bestatterinnen? Kann es nicht für sie und für uns eine Chance sein, wenn sie es schaffen – da, wo von ihnen gewünscht – ihren Beruf noch einmal neu zu definieren: Von der Schreinerei im vorigen Jahrhundert über das Entsorgungsunternehmen (anders als bei der Müll- und Atom-Industrie trifft der Begriff in diesem Kontext buchstäblich zu) hin zu Menschen, die mit den Angehörigen nach dem Prinzip der Maria Montessori arbeiten: „Hilf mir, es selbst zu tun"? Oder nach dem chinesischen Sprichwort, das meine gesamte Arbeit im Rundfunk, bei meinen Veranstaltungen, meiner Lehrtätigkeit, meine schriftstellerische Arbeit verändert hat:

„Sagst du's mir, vergess' ich's.
Zeigst du's mir, merke ich es mir vielleicht.
Läßt du's mich mitmachen, versteh' ich es".

Und dann in der Regel eben ohne Desinfektionsspray, Geruchsumwandlungsmittel X-O, Lidklappen und Lippenkleber.

Hilfen, Hinweise und Adressen ➡

Anhang

Hilfen, Hinweise und Adressen

11-Gebote-Checkliste
zugesandt von O. P. aus Bielefeld:
Wenn ich nicht zu Hause sterben kann, sondern im Krankenhaus, dann habe ich folgende Wünsche:
Ich möchte, daß der behandelnde Arzt sein Recht und seine Pflicht wahrnimmt, mir die Wahrheit über meinen Zustand soweit zu sagen, wie ich sie im Augenblick verkraften kann. Ich möchte nicht belogen werden und durch mein Nachfragen Schwestern und Angehörige in Verlegenheit bringen.
Ich möchte, daß Arzt, Schwestern, Angehörige, Seelsorger mir gegenüber mit einer Zunge reden und mir nicht durch ausweichende Antworten auf meine Fragen Mißtrauen einflößen.
Ich möchte, daß der Zeitplan im Krankenhausablauf weitgehend an meinen Bedürfnissen und Möglichkeiten (Schlafen, Essen, Behandlungen) orientiert wird.
Ich möchte in dem Bett und dem Zimmer bleiben, in das ich eingeliefert wurde. Ich möchte nur dann verlegt werden, wenn ich es selber wünsche oder einverstanden bin.
Ich möchte über alles, was mit mir gemacht wird, ausführlich und verständlich informiert werden.
Ich möchte, daß die Entscheidung über medizinische Maßnahmen sich daran orientiert, ob sie mir helfen können, und nicht daran, ob sie der Auslastung der Geräte oder dem wissenschaftlichen Fortschritt dienen, es sei denn, ich bin mit letzterem ausdrücklich einverstanden.
Ich möchte, daß bei mir nur dann lebensverlängernde Maßnahmen durchgeführt werden, wenn sie mir oder meinen Angehörigen dazu verhelfen, noch wichtige Dinge zu erledigen, oder daß liebe Menschen mich noch lebend erreichen, um Abschied zu nehmen.
Ich möchte, daß durch entsprechende Medikamente meine Schmerzen erträglich gehalten werden, ich aber nicht in einen Dämmerzustand versetzt werde, der es mir unmöglich macht, noch zu regeln, was ich regeln möchte.
Ich möchte, daß man mich allein läßt, wenn ich es möchte, und meine Angehörigen, auch für längere Zeit und auch nachts, zuläßt, wenn ich es wünsche.
Ich möchte, daß nach Möglichkeit auch meine Angehörigen menschlich betreut werden, für die mein Sterben vielleicht schwerer ist als für mich.
Ich möchte, daß mir der Besuch eines Seelsorgers und der Empfang der Sakramente angeboten und im entsprechenden Rahmen ermöglicht werden, wenn ich es wünsche.
Ich möchte, daß ich auch als Bewußtloser noch angesprochen werde und nicht über mich geredet wird, als lebte ich nicht mehr.
Ich möchte bis zum Schluß hygienisch gepflegt werden und nicht verkommen.
Ich möchte, daß in meiner letzten Stunde jemand bei mir ist, der mir die Hand hält, mir den Schweiß abwischt, die Lippen befeuchtet, der mit mir betet, wenn er es kann und ich es möchte.
Und das elfte Gebot: Ich stimme keiner automatischen Organentnahme zu, sondern möchte – wenn überhaupt – mit einem unmißverständlichen Formular im vorhinein um mein Einverständnis gebeten werden.

Formalitäten im Sterbefall

Totenschein ausstellen
Wird beim Tod im Krankenhaus oder Altenheim oder Unfalltod automatisch veranlaßt, ansonsten muß der

Hausarzt oder die Hausärztin gerufen werden, um den Tod festzustellen, um den Totenschein auszustellen.

Die Sterbeurkunde besorgen
Diese amtliche Beglaubigung des Totenscheins ist die wichtigste Unterlage für viele weitere Formalitäten (deshalb unbedingt mehrere Ausfertigungen verlangen).
Das Standesamt, das die Sterbeurkunde ausstellt, benötigt außerdem folgende Unterlagen:
Bei Ledigen: Geburtsurkunden
Bei Verheirateten: Heiratsurkunden
Bei Geschiedenen: Heiratsurkunde mit Scheidungsvermerk oder das Scheidungsurteil
Bei Verwitweten: Die Heiratsurkunde mit Sterbeurkunde des/der Ehegatt-inn-en oder anstelle der einzelnen Urkunden das Familienstammbuch.

Sterbegeldantrag stellen
Die gesetzlichen Krankenkassen zahlen ihren Mitgliedern im Todesfall eine bestimmte Summe aus: Der/die beauftragte Bestatter-in rechnet meist selbst mit der Krankenkasse ab.
(Abtretungserklärung unterschreiben)

Im Sterbefall informieren:
– Arbeitgeber-in
– Fernsprechamt
  (wenn der Anschluß stillgelegt werden soll)
– Finanzamt
  (vorzeitiger Lohnsteuerjahresausgleich)
– Firmen und Verlage wegen Abonnements
– Geldinstitute
– Gericht (Nachlaß, Erbschein)
– Gewerkschaft
  (für die Sterbehilfe und Stoppen der Beiträge)
– Kfz-Haftpflichtversicherung
– sonstige Haftpflicht-, Renten-, Rechtsschutz- und Sachversicherungen
– Kirche
– Krankenversicherung
– Privatversicherung
  (z. B. für Lebensversicherungen)
– Rentenversicherung
  (Ansprüche auf Hinterbliebenenbezüge)
– Unfallversicherung
  (bei Arbeitsunfall oder Berufskrankheit)
– Vermieter-in
– Versorgungsamt.

(aus „Test" 1981)

Wunsch-Liste: Wenn ich tot bin

Für ein „normales" Testament gilt, daß es in der Regel erst nach der Bestattung der Person geöffnet wird, die es als Festlegung ihres „letzten Willens" aufgesetzt hat, – ein Zeitpunkt also, zu dem es bereits für Ihre Wünsche, was den Umgang mit Ihrer Leiche betrifft, zu spät wäre.

Wenn Sie sicher sein möchten, daß Ihre Vorstellungen berücksichtigt werden, wäre es das beste, wenn Sie sie entweder einem Menschen Ihres Vertrauens oder einem Beerdigungsinstitut vorzeitig geben. Institute bieten Ihnen in der Regel einen Vertrag an, der dann sogar rechtsverbindlich ist. Sie können die folgenden Entscheidungen zum Bestandteil dieses Vertrages machen. Das hat – außer der Rechtsverbindlichkeit – den Vorteil, daß darin auch etwas über die Kosten ausgesagt wird.

Die nachfolgende Wunsch-Liste ist als Entscheidungs-Hilfe gedacht. Schneiden Sie die Seiten heraus oder geben Sie das Buch ausgefüllt an die damit betraute Person weiter (ein Buch wird weniger schnell verlegt als ein paar lose Seiten – gerade wenn der Inhalt mit Furcht und Trauer belegt ist).

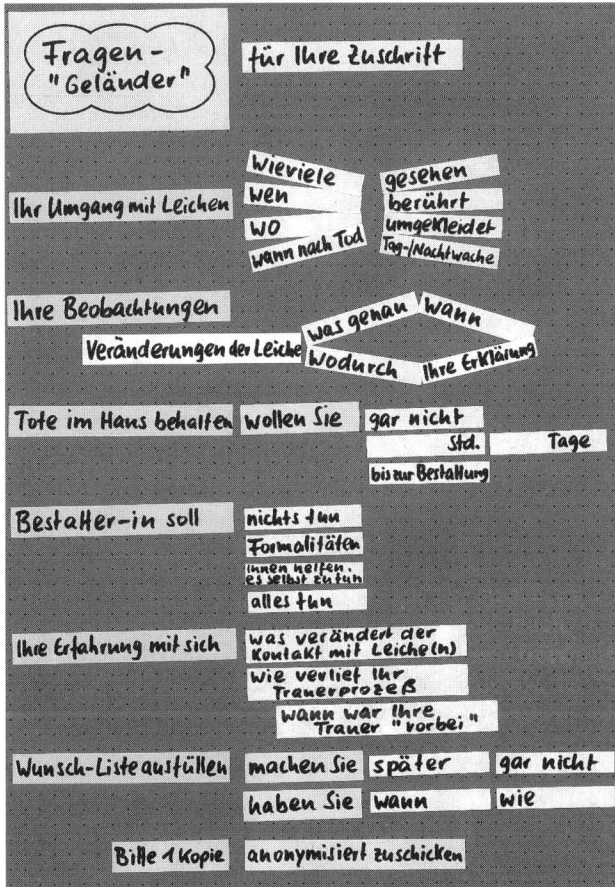

Auf diese Weise werden nicht nur Mißverständnisse vermieden. Klare Wünsche stellen für viele eine große Hilfestellung dar. So werden Hinterbliebene von Rat- und Hilflosigkeit befreit. Offenkundig können Sie selbst so zum Trösten beitragen, wenn Sie andere tatsächlich um „letzte Dienste" bitten oder sie dazu ermutigen können. Und wenn der Übergang tatsächlich fließender ist – wer weiß –, dann tun Sie sich auch noch selbst etwas Gutes.

Zum Schluß noch eine Bitte:
Um Ihre eigenen Erlebnisse besser verstehen und vorhandenes Wissen anderen zugänglich machen zu können, auch um eine wissenschaftliche Forschung über den Umgang mit Leichen und den Veränderungen der Toten anzustoßen, wäre es sehr hilfreich, wenn Sie uns Ihre Erfahrungen brieflich mitteilen würden. Die Briefe zum „Urin-Buch" belegen eindrucksvoll, wieviel Erkenntnisse nur durch eigenes Erleben erworben wurden und erworben werden können. Deshalb wäre ich Ihnen sehr verbunden, wenn Sie sich die Mühe machen und den nebenstehenden Fragebogen mit oder ohne zusätzliche Ergänzungen an die Adresse der vgs verlagsgesellschaft – Breite Str. 118, 50667 Köln – schicken würden. Das Motto sollte sein: Warum über den Tod schweigen? Von ihm können wir lernen, gelassen und zufrieden zu leben.

Es bedankt sich herzlich

Carmen Thomas

P.S. Wenn Sie mögen, können Sie uns auch in Kopie und anonym (alle Namen durchgestrichen) Ihre ausgefüllte „Wunsch-Liste" dazu legen. Das würde uns zeigen, welche Vorstellungen Sie über den Umgang mit Ihrer eigenen Leiche haben. Eine eventuelle Veröffentlichung wäre sicher eine Hilfe für viele andere.

Meine Wünsche, wenn ich tot bin:

Es würde mich freuen, wenn mich versorgte:

1. ....
2. ....
3. ....

Besondere Wünsche:

Waschen		
Gesicht	O	
Hände	O	
Ganzkörper	O	
nur wenn Schließmuskel versagen	O	
gar nicht	O	
Augen	ja	nein
schließen	O	O
Mund	O	O
hochbinden	O	O
mit Lapofix kleben	O	O
Gebiß im Mund lassen	O	O
Gold entnehmen	O	O
Haare		
kämmen	O	O
Bart rasieren	O	O
Nägel		
schneiden	O	O
Verletzungen		
korrigieren	O	O
Schminken	O	O

....
....
....
....
....
....
....
....
....
....
....
....
....
....
....
....
....

Leichenkleidung

umkleiden
    wer ....
    wann ....

                                      ja   nein

eigene Kleidung   O   O
    welche Kleidungsstücke ....
    ....

                                    Kosten: Besondere Wünsche:

Sargwäsche vom Institut
    Totenhemd   O   ....
        Satin   O   ....
        Atlas   O   ....
        Samt   O   ....
        Taft   O   ....
        Papier   O   ....
    Sterbestrümpfe   O   ....
    Sterbeschuhe   O   ....

Sargauskleidung
    Decke   O
    eigene (welche)   O
    von Bestatter-in   O
    keine   O

Umrandung
    mit Rüschen   O
    Sonstiges   O
    keine   O

Kissen
    eigenes (welches)   O
    von Bestatter-in   O
    keins   O

Unterlage
    Stroh   O
    Sägespäne   O
    Torf   O

Aufbahren

Besondere Wünsche:

zu Hause oder bei Angehörigen bleiben
    Zeitraum nach letztem Atemzug   O
        im Krankenzimmer   O
        im Bett   O
        im Sarg   O
        Schlafzimmer   O
        Wohnzimmer   O
        sonstiger Raum   O

im Aufbahrungsraum außerhalb
        im Krankenhaus   O
            im Badezimmer   O
            im Einzelzimmer   O
            im Krankenzimmer   O
            im Kühlraum   O
        im Bestattungsinstitut   O
        in der Leichenhalle   O

Aufbahren
    Zeitraum
        Bett   O
        Sofa   O
        Extraliege   O
        Sarg   O
        Brett   O

Totenwache
    wer   O
      wie lange
        nachts   O
        mit Kerzen   O

Dekoration
    Blumen   O
    Kerzen   O
    Kreuz   O
    Sonstiges

Sarg

Material
    Eiche   O
    Mahagoni   O
    Kirsche   O
    Nußbaum   O
    Lärche   O
    Mahagoni-Imitat   O
    Kiefer   O
    Tanne   O
    Sonstiges   O

Form
    Normalsarg   O
    altdeutsch   O
    Kuppelsarg   O
    anderes Design   O

Verzierung
    patiniert   O
    gebeizt   O
    geritzt   O
    naturlasiert   O
    unbehandelt   O

Beschläge

Kosten: Besondere Wünsche:

Urne

Material
    Marmor   O
        deutscher   O
        portugiesischer   O
        spanischer   O
    Sandstein   O
    Keramik   O
    Metall   O
        Kupfer   O
        Aluminium   O
    Granulat   O

Verzierungen

Grab

Friedhof
    welcher:

Grab
    Einzel-   O
    Familien-   O
    Doppelstelle   O
    Reihen-   O
    Tiefen-   O
    anonymes   O
    Seebestattung   O

Abgrenzung
    Metall   O
    Stein   O
    Hecke   O

Bepflanzung
    was
    wie oft erneuern

Grabstein
    Marmor   O
    Sandstein   O
    Kunststein   O
    Findling   O
    sonstiger   O

Inschrift
    was genau

    Spruch

Grabbesuch
    wer
    wann

Gedenken
    Wochen-/Jahresamt   O
    Gedenktreffen   O

Besondere Wünsche:

Totenfeier

		Kosten:	Besondere Wünsche:
zu Hause			
	Aussegnung	O	....
	Trauerfeier		....
	nur zu Hause	O	....
	ohne Trauerhalle	O	....
	mit Trauerhalle	O	....
anderer Ort			....
	Kapelle	O	....
	Kirche	O	....
	Bestattungsinstitut	O	....
	neutraler Raum	O	....
	nur am Grab	O	....
am offenen Sarg		O	....
am geschlossenen Sarg		O	....
	Dekoration		....
	Kränze	O	....
	Blumenschalen	O	....
	Schnittblumen	O	....
	Spende	O für:	....
Trauerrede			....
	Pfarrer-in	O	....
	neutraler Sprecher-in	O	....
	Wunschredner-in(en)	O	....
Teilnehmer-innen*			....
Kondolenz (Beileidsbezeugung)		O	....
Rezitation (Vorlesen)		O	....
	Was		....
Musik		O	....
Dias		O	....
Fotos		O	....
Videos		O	....

* Namensliste (s. Anlage)

Totenfeier

		Kosten:	Besondere Wünsche:
Sonstiges	O	....	....
Sarg tragen (wer)	O		
Rede am Grab (wer)	O		
Musik am Grab (welche)	O		
Einsenkung in Anwesenheit der Gäste	O		
Blumenwurf	O		
Erdwurf	O		
Grab zuschaufeln	O		
Angehörige (wer)	O		
Bestatter-innen	O		
Totengräber	O		
Sonstige	O		

Meine eigenen Wünsche für:

Leichenschmaus/Reue-Essen

	Kosten:	Besondere Wünsche:
Ort		....
zu Hause	O	....
Gaststätte	O	....
Hotel	O	....
Sonstiges	O	....
Teilnehmer-innen		....
wer*		....
wer nicht		....
in Schwarz	O	....
nicht in Schwarz	O	....
egal	O	....
Stehempfang	O	....
Sitzarrangement		....
Einzeltische	O	....
schmale Tafel	O	....
breite Tafel	O	....
U-Form	O	....
T-Form	O	....
Karree	O	....
Dekoration		....
mit Tischkarten	O	....
Kerzen	O	....
Blumen	O	....
Andenken für Trauergäste		....
für wen		....
was*		....
Essen		....
Buffet	O	....
à la carte	O	....
festes Gericht	O	....
festes Menü	O	....
mein Lieblingsessen	O	....
Trinken		....

*Liste (s. Anlage)

Schriftliche Unterlagen:

	ja	nein	Besondere Wünsche:
Patient-inn-enverfügung	O	O	
(„Patienten-Testament")			
Vertrauensperson, die für mich handeln soll			....
Testament			
privatschriftliches	O	O	....
öffentliches	O	O	....
Berliner Testament	O	O	....
Auflagen an die Erben-innen	O	O	....
Erbvertrag			
gemeinschaftlicher	O	O	....
Vermächtnis			....
Wille zur			
Erdbestattung	O	O	....
Feuerbestattung	O	O	....
Seebestattung	O	O	....
anonymen Bestattung	O	O	....
Organspende	O	O	....
welche			....
Ganzkörperspende	O		
Todesanzeige (Muster beigefügt)	O	O	....
Spruch	O	O	....
Text	O	O	....
soll erscheinen in			....
Lebensrückblick*	O	O	....
mit Foto (welches)	O	O	....
mit Bildmotiv (welches)	O	O	....
Trauerkarten*	O	O	
Text			....
Dankkarten*	O	O	
Text			
* Liste der Empfänger-innen (s. Anlage)			....

....

(Ort und Datum)   (Unterschrift)

Informationsadressen

– Deutsche Hospizhilfe e.V.
Reit 25
212244 Buchholz
Tel.: 0 41 81 - 3 88 55

Berät Schwerkranke über wirklich wirksame Schmerztherapien, verschickt umfangreiche Informationen über den Hospiz-Gedanken und Broschüren wie „Ohne Schmerzen sterben" und „Zu Hause sterben" und vermittelt Kontakte zu vielen hundert Hospiz-Gruppen in Deutschland, die Sterbenskranken und ihren Angehörigen Lebenshilfe geben.

(Ein Handbuch zu diesem Thema: Johann Christoph Student [Hrsg.], Das Hospiz-Buch; Lambertus Verlag 1989)

– Bundesverband des Deutschen
Bestattungsgewerbes e.V.
Schirmerstr. 76
40211 Düsseldorf
Tel.: 02 11 - 67 50 36

Literatur zum Thema

Ariès, Philippe: Studien zur Geschichte des Todes im Abendland. Hanser Verlag, München 1976.
Bartholomäus, Lore: Ich möchte an der Hand eines Menschen sterben. Matthias-Grünewald-Verlag, Mainz 1980.
Caster, Stefaan van Claster: Beim Tod eines geliebten Menschen. In: Internationale katholische Zeitschrift Communio. Bonifatius Verlag, Paderborn 1990.
Dargyay, Eva (Hrsg.); Lobsang Geshe: Das tibetische Buch der Toten. Scherz-Verlag, München 1981.
Elias, Norbert: Über die Einsamkeit der Sterbenden in unseren Tagen. SuhrkampVerlag, Frankfurt 1982.

Friedell, Egon: Das letzte Gesicht - Totenmasken durch die Jahrhunderte. Diogenes Verlag, Zürich 1984.
Goldmann-Posch, Ursula: Wenn Mütter trauern. Kindler Verlag, München 1988.
Heine, Ernst W.: Der Planer. In: Kille Kille. Diogenes Verlag, Zürich 1983.
Ide, Helga: Mein Kind ist tot. Trauerarbeit in einer Selbsthilfegruppe. Rowohlt Verlag, Hamburg 188.
Kübler-Ross, Elisabeth: Interviews mit Sterbenden. Kreuz Verlag, Stuttgart 1974.
Mauder, Albert: Kunst des Sterbens. Pustet-Verlag 1973.
Mitford, Jessica: Der Tod als Geschäft. Walter Verlag, Freiburg 1985.
Mohr, Peider: Sterben zu Hause. In: Rheinisches Ärzteblatt, August 1981.
Ochsmann, Randolph (Hrsg.): Lebens-Ende. Über Tod und Sterben in Kultur und Gesellschaft. AsangerVerlag, Heidelberg 1991.
Paus, Ansgar (Hrsg.): Grenzerfahrung Tod. Styria-Verlag, Graz 1976.
Richter, Klemens: Bestattungsriten in der DDR. In: Deutschland Archiv. Verlag Wissenschaft und Politik, Köln 1987.
Schäfer, Rudolf: Der ewige Schlaf - visages de morts. Keller Verlag, Hamburg 1989.
Schenk, Herrad: Amtude. Verlag Kiepenheuer & Witsch, Köln 1994.
Schiff, Harriet S.: Verwaiste Eltern. dtv, München 1986.
Sogyal, Ringpoche: Das tibetische Buch vom Leben und vom Sterben; Befreit leben im Bewußtsein der eigenen Vergänglichkeit. Scherz-Verlag, München 1993.
Sporken, Paul: Umgang mit Sterbenden. Patmos Verlag, Düsseldorf 1973.
Stubbe, Hannes: Formen der Trauer. Reimer Verlag, Berlin 1985.
Tausch, Anne-Marie und Reinhard: Sanftes Sterben; Was der Tod für das Leben bedeutet. Rowohlt Verlag, Hamburg 1985.
Tausch, Reinhard: Lebensschnitte - Umgang mit belastenden Gefühlen. Rowohlt Verlag, Hamburg 1989.
Tausch-Flammer, Daniela; Bickel, Lis: Wenn Kinder nach dem Sterben fragen. HerderVerlag, Freiburg 1994.
Ziegler, Jean: Die Lebenden und der Tod. Luchterhand Verlag, Frankfurt 1975.

Hallo-Ü-Wagen: Sendungen über den Tod

Datum	Thema	Ort
15.04.76	Umgang mit Sterbenden	Gelsenkirchen
04.05.78	Wie stelle ich mir meinen Tod vor?	Essen
03.04.80	Das Testament	Beckum
06.11.80	„Bei uns liegen Sie richtig!" – Bestattungsunternehmen	Dörentrup
29.10.81	„Herzliches Beileid" oder die Unfähigkeit zu trösten	Kreuztal Buschhütte
21.07.83	Päng, bum, tot? – Sterben im Fernsehen	Büderich
17.11.83	Sarg, Urne oder See – was wird mit der Leiche?	Bochum
19.04.84	Himmel, Hölle, Nichts, Nirwana – was ist nach dem Tod?	Düsseldorf
04.04.85	Aufbahren oder Einsargen – wie trennen wir uns von den Toten?	Bottrop
02.10.86	Den Schmerz zeigen? – Trauerkleidung	Dortmund
30.07.86	Ein Schmerzliches Ereignis – Fehlgeburt	Recklinghausen
05.05.88	Krankenhaus oder zuhaus – wo möchte ich sterben?	Hünxe
23.03.89	Trauer gedruckt? – Todesanzeigen	Hagen
29.06.89	Abschied für immer – will ich mein Sterben erleben?	Telgte
20.07.89	Mein Testament – vom Erben	Hamm
09.11.89	Der letzte Mensch, der uns berührt – Bestatter und Bestatterinnen	Mülheim
04.01.90	Ausgegraben – Kriegserlebnisse	Wesel
12.04.90	Wenn's ans Sterben geht – die letzten Worte	Dinslaken
26.07.90	Mit der Trauer leben? – verwaiste Eltern	Essen
03.01.91	Will ich noch mal geboren werden?	Datteln-Meckinghoven
28.03.91	Zum Teufel! – was haben wir vom Satan?	Hünxe
05.09.91	Das Letzte? – Das eigene Begräbnis planen	Wermelskirchen
16.04.92	Grenzerfahrung? – scheintot	Ibbenbüren
14.05.92	Wie heißt das Handwerk der Soldaten?	Hattingen
04.06.92	Beim Schlußstrich mitziehen? – Sterbehilfe	Wuppertal
19.11.92	Berührungsängste? – vom Umgang mit der Leiche	Alpen
06.05.93	Was dann? – wenn ich wüßte, daß ich bald sterbe	Waltrop
18.11.93	Häuser zum Sterben? – Hospize	Aachen
20.01.94	Was Leichen lehren – von Anatomie und Pathologie	Münster
31.03.94	Sollen Kinder „Tod und Sterben" sehen?	Witten
16.06.94	Was bringen Balsamierte? – die Mumienforscherin	Remscheid-Lennep
06.09.94	Wann kann ich das verstehen? – Freitod	Recklinghausen

Dank

Ganz langsam mußte ich mich herantasten. So schwierig fand ich das Thema „Leichen". Soviel krauses Zeug in meinem Kopf und noch mehr in meinem Herzen. Wie bei „Ein ganz besonderer Saft – Urin" hat die Beschäftigung mit dem Thema für mich weitreichende Folgen gehabt – im Denken, Fühlen und Handeln. Und wie bei dem „Igitt-Thema" Urin haben auch hier viele einzelne Menschen mir mit ihren Erfahrungen Hilfestellung gegeben, ein „normaleres" und damit befreiteres Verhältnis zu den Leichen zu bekommen. Dafür danke ich allen, die mir so offen und ausführlich berichtet und geschrieben haben, und die sich schließlich fast immer ein schweres Herz gemacht haben, indem sie mich an oft besonders traurigen oder schweren Momenten ihres Lebens haben teilhaben lassen. Sie haben jetzt sicher nicht nur mich dadurch beschenkt.

Mein besonderer Dank gilt den Interviewten, die sich ganz unvermittelt so ernsthaft mit sich, ihren Angehörigen, ihren Erlebnissen und Erwartungen an die Profis auseinandergesetzt haben. Das gleiche gilt für die Bestatter-innen, die sich die Mühe gemacht haben, in sich und ihrem Leben nachzugraben. Ein herzlicher Dank auch diesmal wieder an Prof. Schadewaldt, dessen Wissen und Erfahrung stets eine Bereicherung gewesen ist. Ganz besonders danken möchte ich auch denen, deren Materialaufbereitung und Zuarbeit für dieses Buch so wichtig gewesen ist und die mir durch ihre persönlichen Erlebnisse und ihre große Offenheit zu neuen Erkenntnissen verholfen haben: vor allem Monika Wagner, Inge Schmitt, und viele andere Ungenannte mehr.

Nicht zuletzt danke ich auch der Lektorin, Martina Weihe-Reckewitz, sowie Anouk Nicklisch und Susanne Breuer von der vgs verlagsgesellschaft, deren Engagement und Einsatz mir in vielerlei Hinsicht hilfreich waren.

Sie alle und noch viele mehr haben einen erheblichen Anteil an diesem Buch, von dem ich hoffe, daß es helfen kann, die Berührungsängste mit der Leiche ebenso zu hinterfragen und teilweise aufgeben zu können, wie es offenkundig schon vielen mit ihren Berührungsängsten vor dem eigenen Urin bereits gelungen ist.

Na ja, und wer weiß – vielleicht ist es nach der Lektüre doch nicht mehr so vielen Menschen egal, wer sie wie zuletzt berührt.

Das wünscht mit freundlichen Grüßen

Carmen Thomas

Register

A
Aberglauben 58-62, 106
Absoute 55f.
Anatomie 91, 204-213
Andenken 47
Anenzephale 52
anonyme Bestattung 146
Apalliker 52
Ariès, Philippe 41
Aufbahrung 73, 77-81, 86f., 89, 136-144, 228
Auferstehungsglaube 63, 65f., 120, 146
Aura 10
Autopsie 210

B
Ba, siehe Seelenvogel
Bali 36
Beerdigung 113, 120, 146, 207, 213
Beerdigungsriten 65, 101, 120
Begleitung e.G. 57, 162-166, 221
Beinhaus 74
Berufsethos von Bestatter-inne-n 170-186
Bestatten als Beruf 168-200
Bestatter-in, Ausbildung 197
Bestatterkoffer 196
Bestattung, anonyme 146
Bestattungsarten 146
Bestattungsfrist 141
Bestattungskosten 199f.
Bestattungsriten 47, 65f., 71, 76-86
Bestattungswesen 168-200

C
Crashtests 49ff.

D
Denkmal 63

E
Einäschern 146ff.
Einbalsamieren 67, 78, 86f., 89, 205
Einfrieren 33, 87ff.
Endokannibalismus 76
Erdbestattung 66, 77, 146
Eurotransplant 53
ewiges Grab 39

F
Familiengrab 63
Fehlgeburt 142
Feuerbestattung 127, 147-151
Friedhof 63ff., 76, 155-162, 230
Friedhofsgebühr 195
Friedhofsgesetz 155-160
Friedhofsordnung 64
Friedhofssitten 161f.
Friedhofsverwalter-innen 200
Friedhofszwang, siehe Friedhofsgesetz

G
Ganzhirntod 52
Ganzkörperspende 153f.
Gemeinschaftsgrab 63
Grabbauten 67
Grabbeigaben 70f.
Grabhügel 71
Grabkammern 67, 70

H
Hausaufbahrung 19, 79, 105, 127, 164
Herzschrittmacher 15
Herztod 52
Himmelsbestattung 66
Hirntod 52, 54
Hospiz 48, 114f., 118, 221
Hygienevorschriften 90f., 197f.
Hygienevorstellungen 57

J
Jenseits 56, 72
Jüngstes Gericht 55, 77

K
Kanopen 68
Katafalk 73
Katakomben 69
Konservierungsmaßnahmen 205
Krankenhaus 48, 116, 126, 129
Krematorium 146-151
Kremierung, siehe Feuerbestattung
Kryonisten 87f.
Kühlkeller 91
Kultur, orthodoxe 45

L
Leichenabkochung 206
Leichenbehandlung 25, 196ff., 226
Leichenbrett, siehe Totenbrett
Leichengift 23, 64f., 76
Leichenhalle 79ff., 141f.
Leichenkammer 79f.
Leichenkleidung 227
Leichenkonservierung 86ff.
Leichenkosmetik 197f.
Leichenraub 211
Leichenschau 49, 142
Leichenstarre 58, 145, 198
Leichentest 51
Leichenwagen 128
Letzte Ölung 120f.

M
Mausoleum 71, 86
Mumien 67-71, 87, 96
Mumifizierung 67, 71, 205
Mykene 70

N
Nachbarschaftshilfe 101, 107, 162, 191
Nekrophilie 96
Nekropole 77
Nischenbeisetzung 154

O
Obduktion 49f., 92, 129ff., 144, 203-213
Organentnahme 49, 54
Organhandel 49
Organspende 53
Organtherapeut 38
Organtransplantation 50, 52, 54
orthodoxe Kultur 45

P
Pflegenotstand 116
Plattformbestattung 66

R
Religionen 47
Reue-Essen 233
Riten 66, 75, 106f., 110, 117f.

S
Sarg 229
Sarkophag 55, 67
Scheintod 22, 81, 208
Schneewittchensarg 81
Seebestattung 146, 151f.
Seele 62f., 67, 73f., 137ff., 208
Seelenloch 80
Seelenvogel 67
Sektion, siehe Obduktion
Sektionsgeschichte 203
Skelett 204f.
Skelettdarstellungen 204
Sondergenehmigung 12
Spenderkonditionierung 53
Spinalreflex 53
Sterbebegleitung 114f., 162
Sterbebett 39
Sterbegeldantrag 224
Sterbehaus 81
Sterbeurkunde 224

T
Taj Mahal 71
Teilhirntod 52
Testament 56, 62f., 224
Thanatologie 48
Thanatopraxie 89
Totenbett 80
Totenbräuche 83
Totenbrett 77f., 80
Totenfeier 74f., 77, 84, 231f.
Totenfrau 80
Totenfürbitte 56, 80
Totengeleit 55
Totenhemd 80
Totenklage 72, 77, 82
Totenkosmetik 174f.
Totenkult 67, 72
Totenmaske 19f., 48
Totenreich 72
Totenreise 72
Totenschein 143, 223f.
Totenwache 22, 56, 66, 77, 81f.
Totgeburt 142
Transplantationsgesetz 52, 54
Traueranzeige 85
Trauerbegleitung 162-166
Trauerbekundung 55f.
Trauerfeier 75, 84
Trauerkleidung 8
Trauerkultur 166
Trauermusik 161
Trauerphasen 22, 112, 195
Trauerrede 161
Trauerriten 8, 21, 83, 165
Troja 70

U
Übergangsphase 22f., 29, 67, 105, 220f.
Unfallforschung 49f.
Urne 147-151, 153, 155, 229

V
Verwesung 145

W
Witwenverbrennung 72
Wunsch-Liste 224-234

Z
Zwischenhimmel 73
Zwischenreich 54

Von Carmen Thomas sind bei der vgs verlagsgesellschaft bisher folgende Titel erschienen:

Ein ganz besonderer Saft - Urin

Ein lange tabuisiertes und verdrängtes Thema - die Urin-Therapie - feierte durch dieses Buch eine sagenhafte Renaissance.

Da geht es zum Beispiel um:

- Halsschmerzen, die nach ein paar Stunden weggegurgelt sind
- hartnäckige Warzen, die für immer verschwinden
- Arthrose, die durch Einreibungen mit Urin gelindert wird
- Wunden, die blitzschnell heilen

und vieles mehr.

Von der Autorin geschickt mit medizinischen, historischen und kulturgeschichtlichen Hintergründen verwoben, ist dieses Buch ein ungewöhnliches Lesevergnügen und ein Ratgeber zugleich.

„Willi, kannze mich hören?"

Gesagt, gedacht, geschrieben von Carmen Thomas

Seit 20 Jahren veröffentlicht Carmen Thomas regelmäßig Kolumnen in verschiedenen Zeitungen und Zeitschriften. In diesem Buch präsentiert sie eine Auswahl der interessantesten, brisantesten und spannendsten Texte. Von politischen Fragestellungen über gesellschaftliche Phänomene, vom Sportstudio bis zum Offenen Radio, von Politikern und Prominenten bis zu ganz normalen Bürgerinne-n, über vieles hat Carmen Thomas sich Gedanken gemacht und diese aufgeschrieben, in ihrer gewohnten Art: frisch, spritzig, selbstbewußt und oft ein wenig provozierend.